SPHINX

Jean Shinoda Bolen

GÖTTER IN JEDEM MANN

Besser verstehen,
wie Männer leben und lieben

SPHINX

Aus dem Amerikanischen von Pociao

Die Deutsche Bibliothek – CIP– Einheitsaufnahme

Bolen, Jean Shinoda:
Götter in jedem Mann: besser verstehen, wie Männer leben und lieben / Jean Shinoda Bolen. [Aus dem Amerikan. von Pociao]. – Basel: Sphinx, 1991
Einheitsacht.: Gods in everyman ‹dt.›
ISBN 3–85914–231–3

Originaltitel: Gods in Everyman
Erschienen bei Harper & Row, San Francisco, USA

Umschlagbild: Christian Vogt
Umschlaggestaltung: Charles Huguenin
Satz: Sphinx, Basel
Herstellung: Clausen & Bosse, Leck
Printed in Germany
ISBN 3–85914–231–3

Inhaltsverzeichnis

Teil IV
Die Suche nach dem eigenen Mythos – Besinnung auf das Ich

Anhang

Vorwort

Als Autorin von *Göttinnen in jeder Frau* bin ich oft nach den Göttern in Männern gefragt worden. Männer, die meine Vorlesungen über die Göttinnen gehört hatten, fragten: «Und was ist mit uns?» Götter in jedem Mann ist daher eine logische Fortsetzung des ersten Buches; doch zugleich haben mich mein Beruf, die Zeit, in der wir leben und – paradoxerweise – die Tatsache, daß ich eine Frau bin, dazu bewegt, dieses Buch über die Archetypen in Männern zu schreiben.

Als Verfasserin des Buches bin ich eine Frau, die genau das tut, was Frauen seit altersher für Männer getan haben. Frauen sind daran gewöhnt, das Innenleben ihrer Männer zu deuten, weil Männer Frauen häufig Dinge anvertrauen, die sie keinem Mann erzählen würden. Viele Männer entscheiden sich zum Beispiel für eine Therapeutin, weil sie sich bei ihr sicher fühlen und es einfacher finden, sich einer Frau zu offenbaren als einem Mann. Manche Männer geben auch an, daß sie das Gefühl der Rivalität und die daraus resultierenden Folgen vermeiden wollen, die bei ihnen selbst oder einem männlichen Therapeuten entstehen könnten.Nicht zuletzt kann eine bedeutsame Frau eine entscheidende Rolle als «Traumträgerin» im Leben eines erfolgreichen Mannes spielen, wie der Psychologe Daniel Levinson in seinem Buch *Das Leben eines Mannes* betont: auch das ist eine Rolle, die eine Jungsche Analytikerin gelegentlich übernehmen muß. In der Psychoanalyse sprechen Männer über ihr Innenleben und entdecken ihre Stärken und Schwächen. Während sie Erkenntnisse über sich selbst erlangen, zeigen sie auch mir etwas. Ich sehe, wer sich unter der Oberfläche verbirgt, entdekke die Archetypen in meinem Gegenüber und begreife, welche Schwierigkeiten er möglicherweise mit seiner Identität und seinem Selbstwertgefühl hat. Noch einmal Levinson:

> Die besondere Frau ist wie der echte Mentor: ihre Besonderheit liegt in ihrer Verbindung mit dem «Traum des jungen Mannes». Sie hilft den Teil des Selbst zu beleben, der den Traum «enthält». Sie erleichtert ihm den Eintritt in die Erwachsenenwelt und die Verwirklichung seines «Traums». Sie erreicht das zum Teil durch ihre aktiven Bemühungen als Lehrerin, Ratgeberin, Begleiterin, Kritikerin,

Gönnerin. Auf einer tiefer liegenden psychologischen Ebene gibt sie ihm die Möglichkeit, sein inneres weibliches Wesen – C. G. Jungs «Anima» –, das seine heroischen Bemühungen hervorbringt und unterstützt, auf sie zu projizieren.[1]

Aus vielerlei Gründen fühlen sich Männer von Frauen oft besser verstanden als von anderen Männern und offenbaren Frauen mehr als ihnen. So bezeugt der McGill *Report on Male Intimacy*:

> Einer von zehn Männern hat einen Freund, mit dem er über seine Arbeit, sein Geld oder seine Ehe spricht, nur einer von zwanzig dagegen hat einen, dem er seine Gefühle oder Einzelheiten seiner Sexualität anvertrauen kann... Normalerweise versteht ein Mann unter Freundschaft viele «Freunde», von denen jeder einen Teil seines offiziellen Images und daher sehr wenig von ihm selbst erhält, niemand aber kennt mehr als einen kleinen Teil des Ganzen.[2]

McGill entdeckte folgendes: wenn ein Mann sich überhaupt offenbart, dann tut er dies meistens bei einer Frau, manchmal bei seiner eigenen, manchmal bei anderen. Wie die meisten Frauen vermuten, vertrauen Männer eher ihnen als anderen Männern ihre Gefühle, Gedanken und Träume an.

Dazu kommt eine Tatsache, die Jean Baker Miller in *Toward a New Psychology of Women* festgestellt hat: Immer wenn eine starke und eine schwache Gruppe aufeinanderstoßen (Männer – Frauen; Schwarze – Weiße; reiche Arbeitgeber – arme Dienstboten), studiert die unterlegene Gruppe zwangsläufig die andere und weiß infolgedessen mehr über sie als umgekehrt. Aus diesem Grund, und weil Frauen meistens besser auf Menschen eingehen können als Männer, waren sie seit jeher aufmerksame Beobachter von Männern.[3]

Götter in jedem Mann ist daher eine Psychologie des Mannes aus der Sicht einer Frau, die eben das tut, was Frauen seit Jahrhunderten für Männer tun, wenn sie ihnen wichtig sind: sie reflektiert über das, was sie sieht. Wenn sie von den Fehlern und Problemen der Männer spricht, weiß sie, daß sie sehr behutsam sein muß, kennt aber auch die positiven Eigenschaften der Männer. Die Perspektive dieses Buches ist die einer verständnisvollen Beobachterin, eine Folge meiner beruflichen und privaten Erfahrungen.

Ich bin Psychiaterin, Jungsche Analytikerin und Professorin für klinische Psychiatrie an der University of California in San Francisco. In meiner Privatpraxis habe ich sowohl mit Frauen wie mit Männern zu tun. Ich bin eine Frau in einem männlichen Beruf mit vielen männlichen Ratgebern, Freunden und Kollegen. Umgekehrt habe ich Männer ebenso wie Frauen beraten und ausgebildet.

Darüberhinaus war ich ein echtes Kind meines Vaters, «Daddys kleines Mädchen», und mein Vater nahm voller Stolz Anteil an all meinen Leistungen. Infolgedessen fand ich es einfacher als viele andere Frauen, patriarchalische Strukturen zu akzeptieren. Ich war neunzehn Jahre verheiratet; mein Mann und ich führten eine Ehe, die sowohl traditionelle, wie auch egalitaristische Wurzeln hatte. Ich lebte drei Jahre von ihm getrennt und ließ mich dann scheiden. Und schließlich bin ich Mutter eines Sohnes und einer Tochter, die beide zu Beginn der siebziger Jahre zur Welt kamen, des Jahrzehnts, in dem die Frauenbewegung ihren Anfang nahm und alte Stereotypen am heftigsten unter Beschuß gerieten.

Ein zweifacher Einblick in die Psychologie

Dieses Buch verschafft einen «zweifachen Einblick» in die Psychologie, eine Tiefenperspektive, die im Bemühen, zu verstehen, wo unsere Konflikte liegen und wie wir zu größerer Ganzheit gelangen können, einerseits einflußreiche innere Archetypen, andererseits aber auch Stereotypen, die Anpassung fordern, berücksichtigt.

Diese Perspektive entstand aus meiner beruflichen und persönlichen Erfahrung. Im Lauf der Zeit habe ich ein Gespür dafür entwickelt, was in Kopf und Bauch von Männern und Frauen vorgeht, und welche Freude es ist, das Gefühl von Ganzheit und Integration zu spüren, wenn das, was man tut, mit dem übereinstimmt, was man ist. Umgekehrt reagieren unsere Körper und Träume mit Symptomen, Konflikten und Schmerzen, wenn das, was archetypisch wahr ist, bewußt geleugnet und unterdrückt wird. Welches diese Archetypen sind, und wie sie sich bei jedem einzelnen manifestieren, wird erst nach jahrelanger Arbeit in der Psychologie klar.

Wichtig ist auch ein Verständnis dafür, was die Frauenbewegung «Bewußtseinsentwicklung» genannt hat. In den vergangenen zwanzig Jahren haben wir gelernt, daß Stereotypen das menschliche Potential verzerren und einengen können – besonders bei Frauen. In diesem Zeitabschnitt wurde vielen Frauen klar, auf welche Weise das Leben in einer patriarchalischen Gesellschaft sie persönlich beeinflußt. Glaube und Überzeugungen eines jeden Individuums werden von der Kultur geformt, die sich in unseren Gesetzen und Gewohnheiten spiegelt und bestimmt, wie Macht verteilt, Werte und Status definiert werden. In einer patriarchalischen Gesellschaft kommen Frauen nicht gut weg. Doch männliche Klischeevorstellungen üben auch Macht auf Männer aus und beschneiden ihre Identität, indem sie bestimmte Eigenschaften belohnen und andere ablehnen.

Götter und Göttinnen in jeder Person

Wenn ich von Göttern in jedem Mann spreche, weiß ich, daß Frauen oft glauben, ein bestimmter Gott existiere auch in ihnen, ebenso wie mir klar wurde, daß Männer einen Teil ihres Selbst mit einer spezifischen Göttin identifizieren konnten, als ich von Göttinnen in jeder Frau erzählte. Götter und Göttinnen repräsentieren verschiedene Eigenschaften der menschlichen Psyche. In jedem von uns existiert das gesamte Pantheon der griechischen – männlichen und weiblichen – Gottheiten, wenn auch Götter gewöhnlich stärker und nachdrücklicher die Persönlichkeiten von Männern determinieren, so wie es umgekehrt Göttinnen bei Frauen tun.

Jeder Archetyp wird mit bestimmten «gott»– oder «göttin»–gegebenen Eigenschaften und potentiellen Problemen assoziiert. Erkennt man diese Tatsache, verringern sich die Möglichkeiten von Arroganz oder Selbstanklage erheblich. Und weil alles, was aus unseren archetypischen Tiefen aufsteigt, eine Bedeutung für uns hat, kann der Mann, der weiß, welcher Gott oder welche Götter in ihm aktiv sind, möglicherweise leichter entscheiden, wie er sich verhalten soll, weil er weiß, welche Optionen oder Richtungen für ihn persönlich am befriedigendsten sein werden. Kenntnisse über die Götter entpuppen sich manchmal als hilfreich, wenn es darum geht, zerstückelte Teile unseres Selbst «wiederzufinden». Dieser Prozeß kann durch Träume, Erinnerungen und Mythen aus unserem Unbewußten unterstützt werden. Auch für Frauen ist es wichtig, etwas über die verschiedenen Götter in jedem Mann zu erfahren, denn viele von ihnen verwenden eine Menge Energie darauf, Männer (gewöhnlich einen bestimmten Mann) verstehen zu wollen. Psychologisch interessierten Frauen fällt es gelegentlich auf, daß sie immer wieder bei einem bestimmten Männertyp landen. Sie haben das Gefühl, daß sie wirklich wissen sollten, auf «wen» sie da eigentlich abfahren. Die Götter in jedem Mann können ihnen klarmachen, daß sie von einem bestimmten Gott oder dem Archetyp in einer Reihe von Männern angezogen werden, und daß dieser «Gott» mit ihren Erwartungen nicht übereinstimmt. Dies erklärt, warum ihre Beziehungen gewöhnlich unglücklich enden.

Einsicht in die «Götter» gibt den Eltern von Jungen (besonders alleinstehenden Müttern) ein Mittel in die Hand, mit dem sie erkennen und anerkennen können, «wer» ihre Söhne sind. Das Ergebnis sind Eltern, die sich kompetenter fühlen, weil sie verstehen, wie es ist, ihr Sohn zu sein, wie ihm die Welt wahrscheinlich entgegentreten wird, welches seine Stärken und Schwächen sind, und wo er Hilfe brauchen kann.

Männern wie Frauen kann es nicht schaden, wenn sie sich ein deutlicheres Bild von ihren Vätern machen, entweder um ihnen zu verzeihen, oder aber, um sie besser zu verstehen. Einsicht in die Götter und ihre Mythen könnte zu einem objektiven Bild des Vaters führen.

Und weil es «Götter» auch in Frauen gibt, können Frauen mehr über sich erfahren, wenn sie sich mit den Göttern auseinandersetzen. Das Aha-Erlebnis wird möglicherweise besonders von Frauen geschätzt, denen die «Göttinnen» bereits vertraut sind, und die jetzt entdecken, daß ein bestimmter Gott einen Teil ihres eigenen Verhaltens mitbeeinflußt. Es verschafft ihnen vielleicht dieselbe Befriedigung wie uns, wenn ein Puzzlestück paßt – besonders, wenn es das letzte ist, das eine, das noch fehlte, um das Bild zu vervollständigen und dem Leben einen Sinn zu geben. Es gibt Götter und Göttinnen in jeder Person. Mit ihrer Hilfe erleben Sie möglicherweise einen Augenblick der Erleuchtung, wenn etwas, das Sie intuitiv über sich wußten, sich mit einem klaren Bild und eindeutiger Definition verbindet. Als schauten Sie in einen Spiegel und sähen zum ersten Mal Ihr Gesicht, kann Ihnen dieser Blitz offenbaren, worauf andere bei Ihnen reagieren und Ihnen Ihr Selbst deutlicher vor Augen führen.

Ich habe dieses Buch für alle geschrieben, die Jungen und Männer besser verstehen und entweder mehr über die männlichen Archetypen in Männern und Frauen oder über sich selbst und ihre Beziehungen erfahren wollen. Besonders aber für Männer, die versuchen, die Götter in ihrem Inneren zu entdecken und mich immer wieder fragen: «Was ist mit den Göttern in jedem Mann? Was ist mit uns?»

Danksagung

An jedem Kapitel dieses Buches haben viele ungenannte Menschen mitgewirkt – Patienten, Freunde, Kollegen, Verwandte, jeder wichtige Mann oder Junge in meinem Leben – die als Beispiel für verschiedene Aspekte eines Gott-Archetypen dienten oder mir halfen, die Situation eines Jungen oder Mannes in dieser patriarchalischen Kultur zu verstehen. Über Jahre hinweg haben mir Frauen von den Männern erzählt, denen sie nahestanden, und manchmal sah es aus, als verstünden sie die Männer besser als diese sich selbst – besonders die gedankenlosen Männer. Vieles schulde ich Männern, die mit mir zusammen tief in die Jungsche Analyse eingetaucht sind, um Gefühle, Geschichte und Teile ihres Selbst aufzuspüren, von denen sie anfänglich selbst nichts wußten, da sie von ihnen abgeschnitten waren.

Die meisten Beschreibungen sind deshalb Kompositionen verschiedener Aspekte vieler Männer, die mir aufgrund mancherlei Umstände bekannt sind, hauptsächlich aufgrund meiner fünfundzwanzigjährigen psychiatrischen Erfahrungen. Meine Arbeit findet innerhalb eines *Temenos* (griechisch «*Zuflucht*») von Vertrauen, Sicherheit und Geborgenheit statt. Hier wird im Lauf der Zeit das zutage gefördert, was unbewußt oder verdrängt war. Jeder Mann, der mir seine Psyche anvertraute, hat mir ein Stück mehr über die Psychologie anderer Männer und Frauen beigebracht, einschließlich meiner eigenen. Dafür bin ich dankbar. Im ganzen Buch habe ich immer wieder historische Gestalten, berühmte Männer und literarische Gestalten benutzt, um eine bestimmte Facette eines Gottes zu beschreiben. Dabei bezog ich mich auf das Image der Person, ihre Überlieferung, nicht auf persönliche oder berufliche Erfahrungen. Wirkliche Menschen, so stellt sich meist heraus, sind gewöhnlich größer und kleiner als ihre überlebensgroßen Bilder.

Sowohl dieses Buch als auch *Göttinnen in jeder Frau* erwuchs aus den Entdeckungen und Theorien C.G. Jungs. Sein Werk über die Archetypen des kollektiven Unbewußten und die psychologischen Typen bildeten den Grundstein für meine Arbeit. Sigmund Freuds Beschreibung des Oedipus-Komplexes stellte die Verbindung zwischen den griechischen Mythen und der Psyche her, die von den Anhängern Jungs dann viel weiter entwickelt wurde. Fast alles, was seit Jung über archetypische Psychologie geschrieben worden ist, erschien bei Spring Publications, zum größten Teil unter der Leitung von James Hillman. Vieles davon findet sich in den Kapitelanmerkungen und der Bibliographie wieder, dabei war mir Murray Steins Arbeit besonders wichtig.

Das wachsende Bewußtsein für die patriarchalische Kultur, in der wir leben – und ihre Art, Werte, Wahrnehmungen und letztlich jeden einzelnen von uns zu formen –, ist eines der Hauptthemen in diesem Buch, für das ich einer ganzen Generation von Aktivisten, Schriftstellern und Geisteswissenschaftlern Dank schulde, zumeist Frauen. Für meine persönliche Ausbildung danke ich vor allem Gloria Steinem, sowie dem Ausschuß und Personal der Ms. Foundation for Women; Dr. Jean Baker Miller, und Dr. Alexandra Symonds, und den Frauen, die der Task Force and Committees on Women of the American Psychiatric Association angehörten. Anthea Francine, mit der ich zahllose Workshops leitete, hat meine Sensibilität für die Wirkung von Familie und Kultur auf Kinder geschärft, besonders auf solche, deren Archetypen nicht erkannt werden. Alice Millers Schriften vermittelten eine neue Perspektive im psychoanalytischen Denken, die bestätigte, was ich bereits über Kinder wußte, und über den Schaden, den geschädigte Eltern anrichten können.

Dieses Buch war eine sehr leichte Geburt, denn ich ließ ihm die Zeit zu reifen und richtete mich mehr nach meiner inneren Uhr als dem ursprünglichen Abgabetermin. Ich danke Clayton Carlsson, meinem Verleger und Lektor bei Harper & Row, für das Verständnis und die Zeit, die er mir widmete, vor allem aber dafür, daß er Tom Grady beauftragte, mit mir zu arbeiten. Toms feinfühliges Lektorat war genau das Richtige. John Brockman und Katinka Matson, meine literarischen Agenten, haben mir mit ihrem Engagement unschätzbar geholfen.

Mein Vater Joseph Shinoda hat mich stets unterstützt, wenn es darum ging, etwas zu tun. Er vererbte mir seine Intensität, sein rebellisches Wesen, seine Neigung zu Literatur und Geschichte, aber auch seine Begabung zum Sprechen und Schreiben. Er starb zu Beginn meiner psychiatrischen Assistenzzeit und kannte daher weder meine Kinder noch meine Bücher. Er fehlt mir sehr. Zwar war unsere gemeinsame Zeit kürzer, als ich mir gewünscht hätte, doch ich weiß, daß ich Glück hatte, die Tochter eines besonderen Vaters zu sein. Dieses Buch verfügt auch deshalb über Wärme und Einsicht, weil ich einen erfolgreichen Zeus-Vater hatte, gegen den ich aufbegehren und ankämpfen konnte, wenn das, was mir wichtig war und das, was er von mir erwartete, auseinanderklafften.

Mill Valley, Kalifornien, November 1988

Teil I

Götter in jedem Mann

1. Es gibt Götter in jedem Mann

Dieses Buch handelt von den Göttern in jedem Mann, angeborenen Mustern – oder Archetypen –, die tief in der Psyche verborgen liegen und von innen heraus strukturierend auf Männer einwirken. Diese Götter sind mächtige, unsichtbare Veranlagungen, die Persönlichkeit, Beruf und Beziehungen beeinflussen. So prägen sie emotionale Intensität oder Distanz, die Neigung zu geistiger Auseinandersetzung, körperlichen Leistungen oder ästhetischer Sensibilität, die Sehnsucht nach ekstatischem Verschmelzen oder ganzheitlichem Verstehen, den Sinn für Zeit und vieles andere. Verschiedene Archetypen sind verantwortlich für die Unterschiede zwischen Männern und die Komplexität in ihrem Inneren; darüberhinaus legen sie fest, wie problemlos Männer (und Jungen) Erwartungen erfüllen und auf Kosten welchen Teils ihres innersten, authentischsten Selbst sie das tun.

Das Gefühl von Authentizität geht mit der Freiheit einher, angeborene Anlagen und Fähigkeiten entwickeln zu können. Wenn wir akzeptiert werden, uns so geben dürfen, wie wir sind, können wir Selbstbewußtsein und Authentizität gleichzeitig entwickeln. Dies ist jedoch nur dann der Fall, wenn wir durch die Reaktionen von Menschen, die uns wichtig sind, angespornt statt entmutigt werden, wenn wir spontan und ehrlich sind oder in etwas aufgehen können, das uns Spaß macht. Von Kindheit an fungieren erst die Familie und dann die Kultur als die Spiegel, in denen wir überprüfen, ob wir akzeptiert werden oder nicht. Müssen wir uns anpassen, um akzeptiert zu werden, klaffen also das, was wir eigentlich sind, und das, was von uns erwartet wird, weit auseinander, kann es so weit kommen, daß wir eine Maske zur Schau tragen und eine falsche Rolle spielen.

Anpassung als Prokrustesbett

Die von unserer patriarchalischen Kultur geforderte Anpassung gleicht dem Prokrustesbett der griechischen Mythologie. Reisende auf dem Weg nach Athen wurden auf dieses Bett gelegt. Waren sie zu klein, wurden sie wie auf einer mittelalterlichen Folterleiter gestreckt, um hineinzupassen; waren sie zu groß, wurden sie gewaltsam gekürzt.

Manche aber paßten genau, und ebenso gibt es Männer, bei denen Stereotyp (die Erwartung von außen) und Archetyp (das innere Muster) exakt übereinstimmen. Ihnen macht es Spaß, Erfolg zu haben. Für einen Mann jedoch, dessen archetypisches Muster sich von dem unterscheidet, was «er sein sollte», wird die Anpassung an ein Stereotyp möglicherweise zu einer qualvollen Angelegenheit. Kann sein, daß er den Anschein erweckt, sich angepaßt zu haben, in Wahrheit schafft er es jedoch nur unter schweren Opfern, die Rolle zu spielen, und muß wichtige Aspekte seines Selbst einfach abschneiden. Umgekehrt kann es vorkommen, daß ein Mann eine Dimension seiner Persönlichkeit dermaßen streckt, daß sie den Erwartungen entspricht; dann aber fehlt es ihm an Tiefe und Komplexität, was seinen äußeren Erfolg eigentlich zur Farce macht.

Reisende, die die Qual des Prokrustesbettes erduldeten, um nach Athen zu gelangen, mögen sich im nachhinein gefragt haben, ob es sich gelohnt hat – so wie unsere Zeitgenossen gelegentlich, wenn sie «ganz oben» angelangt sind. William Broyles jun. hat im *Esquire* beschrieben, wie fade Erfolg sein kann:

> Jeden Morgen zwängte ich mich in meinen Anzug, griff nach dem Aktenkoffer, ging zu meinem wunderbaren Job und starb ein kleines Stück mehr. Ich war Chefredakteur bei NEWSWEEK, ein Posten, der in den Augen der anderen das Beste vom Besten war; nur hatte er mit mir nichts zu tun. Es machte mir keinen Spaß, diese riesige Institution zu leiten. Ich wollte persönliche Erfüllung, nicht Macht. Für mich war Erfolg viel gefährlicher als Mißerfolg; hätte ich versagt, hätte ich mich entscheiden müssen, was ich wirklich wollte.Der einzige Ausweg bestand darin, die Sache an den Nagel zu hängen, aber ich hatte nichts mehr an den Nagel gehängt, seit ich aus meinem Leichtathletikteam in der High School ausgetreten war. Außerdem war ich mit der Marine in Vietnam gewesen, und Marines werden darauf gedrillt, immer weiter den Hügel raufzumarschieren, ganz egal, was passiert. Ich hatte den Gipfel bereits erreicht, aber mir stank es da oben. Ich hatte den falschen Berg erwischt; alles was ich tun konnte, mich abzuseilen und es mit dem nächsten zu versuchen. Das war nicht leicht: das Schreiben war nicht so einfach, wie ich mir vorgestellt hatte, und obendrein ging meine Ehe in die Brüche. Ich brauchte etwas, ich wußte nur nicht genau, was. Ich wollte den Zwang spüren, mich beweisen müssen, geistig undkörperlich. Ich wollte Erfolg, aber nach Maßstäben, die klar und konkret waren, nicht abhängig von der Meinung anderer. Ich wollte die Intensität und Kameradschaft eines gefährlichen Abenteuers. In früheren Zeiten wäre ich vielleicht nach Westen gegangen oder zur See gefahren, aber ich hatte zwei Kinder und einen Haufen Verantwortung.[1]

Dieser Mann hatte Macht und Prestige, Ziele, für die jeder andere normalerweise den größten Teil seines Lebens braucht, und die er dennoch nur selten erreicht. Er aber litt an einer Krankheit, die ich bei vielen Männern in der Mitte des Lebens beobachte: eine anhaltende, leichte Depression. Wenn man von den eigenen Quellen der Freude und Vitalität abgeschnitten ist, erscheint einem das Leben flach und bedeutungslos. In unserer Kultur haben Männer das Sagen und, so scheint es, die besseren Rollen. Mit Sicherheit die mächtigeren oder einträglicheren. Doch viele Männer leiden an Depressionen und verstecken sich hinter Alkohol, exzessiver Arbeit oder stundenlangem Fernsehen, die alle betäubend wirken. Viele Männer sind frustriert und wütend und reagieren deshalb äußerst gereizt: auf einen Autofahrer etwa, der ihnen den Parkplatz wegschnappt oder das nervtötende Geschrei eines Kindes. Zudem haben sie eine verkürzte Lebenserwartung. Die Frauenbewegung hat die Probleme, unter denen Frauen in einer patriarchalischen Gesellschaft zu leiden haben, deutlich herausgearbeitet; doch wenn man danach geht, wie unglücklich viele Männer sind, muß das Leben in einem Patriarchat auch für sie eine Qual sein.

Die innere Welt der Archetypen

Wenn Sie Ihr Leben sinnlos und fade finden, oder wenn Ihnen etwas fundamental falsch daran erscheint, wie Sie leben und was Sie tun, können Sie sich damit helfen, daß Sie die Diskrepanzen zwischen den Archetypen in ihrem Inneren und Ihren nach außen sichtbaren Rollen aufspüren. Männer sind oft hin- und hergerissen zwischen der inneren Welt der Archetypen und der äußeren Welt der Stereotypen. Archetypen sind mächtige Veranlagungen; im Gewand der Bilder und Mythen der griechischen Götter, wie ich sie in diesem Buch beschreibe, hat jeder seine charakteristischen Triebe, Emotionen und Bedürfnisse, welche die Persönlichkeit prägen. Spielen Sie eine Rolle, die mit einem aktiven Archetyp in Ihnen verbunden ist, wird die Größe und Bedeutung, die diese Rolle für Sie hat, Ihnen Energie verleihen.

Wenn Sie beispielsweise Ähnlichkeit mit Hephaistos haben, dem Kunsthandwerker, Erfinder und Gott der Schmiede, der Rüstungen und wunderbares Geschmeide herstellte, dann können Sie stundenlang einsam in ihrer Werkstatt, Ihrem Büro oder Labor sitzen, völlig versunken in Ihre Arbeit und entschlossen, höchsten Ansprüchen zu genügen. Wenn Sie aber von Ihrer Veranlagung her eher dem Götterboten Hermes gleichen, sind Sie natürlich immer in Bewegung. Ob Reisevertreter oder internationaler Unterhändler – Sie lieben Ihre Arbeit, und diese erfordert eine rasche Auffassungsgabe, besonders dann, wenn Sie sich, wie so häufig, in ethischen Grauzonen bewegen. Wenn Sie einem dieser beiden Götter ähnelten und die Arbeit des anderen tun müßten, wäre sie kein Vergnügen mehr. Denn Arbeit ist nur dann eine Quelle der Befriedigung, wenn sie mit Ihrer besonderen archetypischen Natur und Ihren Talenten übereinstimmt. Auch Unterschiede im Privatleben werden von Archetypen beeinflußt. Ein Mann, der Dionysos, dem Gott der Ekstase gleicht, kann in der Sinnlichkeit des Augenblicks, wo nichts wichtiger ist als die spontane Liebe, völlig aufgehen. Sein Gegenspieler ist der Mann, der wie der Sonnengott Apollon danach trachtet, Kenntnisse zu erlangen und sich auf Techniken aller Art zu spezialisieren, zu denen auch das Liebesspiel gehören kann.

Als Archetypen sind die Götter wie Muster, die Emotionen und Verhalten steuern; mächtige Kräfte, die ihre Rechte geltend machen, ganz gleich, ob sie erkannt werden oder nicht. Von dem Menschen, in dem sie existieren, bewußt erkannt (wenn auch nicht unbedingt benannt) und respektiert, helfen ihm die Götter, wirklich er selbst zu sein, und motivieren ihn, ein sinnvolles Leben zu führen, weil das, was er tut, mit der archetypischen Schicht seiner Psyche verbunden ist. Entehrte und verleugnete Götter üben ebenfalls Einfluß aus, der jedoch gewöhnlich zerstörerisch ist, da sie einen unbewußten Anspruch auf die Persönlichkeit des Mannes geltend machen. Auch eine verzerrte Identifizierung kann schaden; so kommt es vor, daß sich ein Mann dermaßen mit einem bestimmten Gott identifiziert, daß er seine Individualität verliert und geradezu «besessen» wird.

Was ein Archetyp ist

Es war C. G. Jung, der das Konzept der Archetypen in die Psychologie einführte. Archetypen sind präexistente oder latente, angeborene Grundmuster von Sein und Verhalten, Wahrnehmung und Reaktion. Diese Archetypen sind im kollektiven Unbewußten enthalten – dem Teil des Unbewußten, der nicht individueller, sondern allgemeiner Natur ist. Die Muster lassen sich als Götter und Göttinnen personalisieren; ihre Mythen sind archetypische Erzählungen. Sie erwecken Gefühle und Bilder und rühren an Themen, die universal und Teil unseres menschlichen Erbes sind. In unserer von allen geteilten menschlichen Erfahrung klingen sie wahr; daher erscheinen sie vage vertraut, selbst wenn man sie zum ersten Mal hört. Und wenn Sie einen Mythos über einen Gott interpretieren, oder seine Bedeutung intellektuell oder intuitiv als etwas ansehen, das auch Ihr Leben betrifft, so kann das dieselbe Auswirkung haben wie ein persönlicher Traum, der eine Situation und Ihren eigenen Charakter oder den Charakter eines Menschen, den Sie kennen, beleuchtet.

Als archetypische Gestalten sind die Götter so allgemein wie nur möglich: sie beschreiben die grundlegende Struktur eines Teils des Mannes (oder der Frau, denn Gott-Archeytpen sind oft auch in weiblichen Psychen aktiv). Die grundlegende Struktur wird dann von jedem Mann, dessen Einzigartigkeit von Familie, Klasse, Religion, Lebenserfahrung, der Zeit, in der er lebt, seinem Äußeren und seiner Intelligenz geprägt wird, anders «ausgekleidet», «mit Fleisch und Blut» erfüllt oder «spezifiziert». Trotzdem ist er stets daran erkennbar, daß er einem besonderen archetypischen Muster folgt, einem bestimmten Gott ähnlich ist.

Da archetypische Bilder zu unserem kollektiven menschlichen Erbe gehören, sind sie uns «vertraut». Mythen aus Griechenland sind über dreitausend Jahre hinweg lebendig geblieben und werden immer wieder erzählt, weil die Götter und Göttinnen uns Wahrheiten über die menschliche Natur offenbaren. Das Wissen um die griechischen Götter kann Männern dabei helfen, besser zu verstehen, wer oder was in der Tiefe ihrer Psyche agiert. Und Frauen lernen möglicherweise, Männer besser zu verstehen, wenn sie wissen, welche Götter sich in den für ihr Leben wichtigen Männern verbergen, oder entdecken, daß ein bestimmter «Gott» Teil ihrer eigenen Psyche sein kann. Mythen verschaffen die Möglichkeit eines Aha-Erlebnisses: Es ist, als fiele endlich der Groschen und wir verstünden die Natur einer menschlichen Situation intuitiv besser.

Die Ähnlichkeit mit Zeus zum Beispiel ist auffallend bei Männern, die rücksichtslos sein können, Risiken auf sich nehmen, um Macht und Reichtum anzuhäufen, und das Bedürfnis haben, von allen gesehen zu werden, wenn sie einen gewissen Status erreicht haben. Zeus' Geschichten passen häufig sehr gut auf Männer, die mit ihm identifiziert werden. Zum Beispiel könnte ihr Sexual- und Eheleben dem des Schürzenjägers Zeus gleichen. Der Adler, der mit Zeus assoziiert wird, symbolisiert charakteristische Eigenschaften des Archetyps: von seiner luftigen Position aus hat er die beste Übersicht, einen Blick für das Detail und die Fähigkeit, schnell zu handeln, um sich mit seinen scharfen Krallen alles zu packen, was er will.

Hermes, der Götterbote, war der Zeichengeber, Trickster, derjenige, der die Seelen zur Unterwelt führte, Schutzherr der Wege und Grenzen. Ein Mann, der diesen Archetyp verkörpert, wird Probeme haben, sich irgendwo niederzulassen, weil er der Verlockung der offenen Straße und der nächsten Gelegenheit nicht widerstehen kann. Wie Quecksilber schlüpft dieser Mann allen durch die Finger, die ihn angreifen oder festhalten wollen.

Zeus und Hermes stellen sehr verschiedene Muster dar, und daher gibt es große Unterschiede zwischen Männern, die ihnen gleichen. Doch da alle Archetypen potentiell in jedem Mann angelegt sind, können sowohl Zeus als auch Hermes in demselben Mann aktiv sein. Sind die beiden im Gleichgewicht, ist es möglich, daß er sich mit Hilfe von Hermes' innovativen Ideen und seinem Kommunikationsgeschick Geltung verschafft, was wiederum einer der auffallendsten Charakteristika von Zeus ist. Es kann aber auch vorkommen, daß er in einen psychischen Konflikt gerät und zwischen Zeus, der nach Macht strebt, was Zeit und Engagement erfordert, und dem Freiheitsbedürfnis eines Hermes hin- und herschwankt. Und dies sind nur zwei der Gott-Archetypen, die in einer patriarchalischen Gesellschaft positiv bewertet werden.

Die abgelehnten Götter, die verstoßenen also, deren Eigenschaften weder damals noch heute anerkannt werden, beeinflussen die männliche Psyche ebenfalls noch im gleichen Maße wie in der griechischen Mythologie. Schon als Götter begegneten sie bestimmten Vorurteilen; daran hat sich in der westlichen Kultur, der sie als Archetypen der menschlichen Psyche gegenüberstehen, nichts geändert: da ist die Sinnlichkeit und Leidenschaft eines Dionysos, die Ares zugeschriebene Ekstase auf dem Schlachtfeld, die unter anderen Umständen vielleicht im Tanz hätte Ausdruck finden können, Poseidons Emotionalität, die nach innen gerichtete, intensive Kreativität eines Hephaistos oder Hades' introspektive Konzentration. Diese anhaltenden Vorurteile wirken auf die Psychologie von Individuen ein, die derartige Aspekte in ihrem Inneren zu unterdrücken versuchen, um gesellschaftlichen Normen zu entsprechen, welche emotionale Distanz, Coolness und die Anhäufung von Macht belohnen.

Ob Sie arbeiten, Krieg führen oder Liebe machen – wenn Sie nur dem entsprechen, was von Ihnen erwartet wird, von keiner archetypischen Kraft geleitet, werden Sie Ihre Inspiration und Energie vergeuden. Möglich, daß Ihre Leistung belohnt wird, aber wirklich befriedigend ist sie nicht. Umgekehrt werden Sie, wenn Sie etwas tun, das Sie gern tun, innerlich bestätigt, haben Spaß daran, weil es mit dem übereinstimmt, was Sie sind. Und wenn das, was Sie tun, von der äußeren Welt auch noch anerkannt und belohnt wird, haben Sie großes Glück.

Das Aktivieren der Götter

Alle Götter sind potentielle Muster in jeder männlichen Psyche, doch jeder Mann aktiviert nur einige dieser Muster (lädt sie mit Energie auf oder entwickelt sie) und andere nicht. Jung benutzte das Beispiel der Kristallbildung als Analogie, um den Unterschied zwischen (den allgemeinen) archetypischen Mustern und den (in der Psyche wirkenden) aktivierten Archetypen zu erklären: Ein Archetyp ist wie das unsichtbare Muster, wonach bestimmt wird, welche Form und Struktur ein Kristall bei seiner Bildung annehmen wird. Sobald der Kristall anfängt, sich zu bilden, ist das erkennbare Muster einem aktivierten Archetyp analog.

Archetypen lassen sich auch mit den in Keimen oder Samen enthaltenen «vorgebildeten Strukturen» vergleichen. Das Wachstum der Samen hängt von der Bodenbeschaffenheit und den klimatischen Bedingungen ab, von der Tatsache, ob bestimmte Nährstoffe vorhanden sind oder nicht, ob der Gärtner ihnen die richtige Pflege angedeihen läßt oder sie vernachlässigt, von Größe und Tiefe des Topfs, sowie von der Resistenz der Gattung selbst. Es kann sein, daß ein Samen überhaupt nicht wächst oder nicht überlebt, nachdem er die ersten Triebe gebildet hat. Wenn doch, kann er herrlich gedeihen oder verkümmern, je nachdem, welche Bedingungen er vorfindet. Die jeweiligen Umstände bestimmen, wie das, was aus dem Samen entsteht, aussieht, doch die grundlegende Form oder Identität der Pflanze wird – wie ein Archetyp – trotzdem erkennbar.

Archetypen sind fundamentale menschliche Muster, und einige sind bei bestimmten Leuten von Anfang an stärker als andere, beispielsweise menschliche Eigenschaften wie musikalische Begabung, ein intuitives Zeitempfinden, psychische Fähigkeiten, physikalische Koordination oder Intellekt. Als Menschen besitzen wir alle ein gewisses musikalisches Potential, doch einige Individuen (wie Mozart) kommen als Wunderkinder zur Welt, und andere (wie ich) haben Schwierigkeiten, eine einfache Melodie zu behalten. Ebenso verhält es sich mit archetypischen Mustern. Manche Männer scheinen vom ersten Tag an einen bestimmten Archetyp zu verkörpern und folgen ihm mehr oder weniger ihr ganzes Leben lang, bei anderen taucht ein bestimmter Archetyp erst in der Mitte des Lebens auf, etwa, wenn er sich Hals über Kopf verliebt und Dionysos entdeckt.

Veranlagungen und Familienerwartungen

Babys kommen mit bestimmten Charakterzügen zur Welt – sie sind energisch, eigenwillig, sanft, neugierig, haben die Fähigkeit, allein zu sein oder brauchen die Nähe anderer. Körperliche Aktivität, Energie und Wesen sind von Baby zu Baby verschieden: Ein kleiner Junge, dessen kräftiges Schreien die unmißverständliche Fähigkeit verrät, nach dem zu verlangen, was er will, und der sich mit zwei Jahren in jede nur denkbare körperliche Aktivität stürzt, unterscheidet sich stark von dem braven kleinen Jungen mit dem sonnigen Gemüt, der bereits in diesem frühen Alter der Inbegriff der Vernuft ist – der Unterschied ist so groß wie der zwischen dem leidenschaftlichen, sinnlich veranlagten Ares und dem ausgeglichenen, freundlichen Hermes.

Beim Säugling, beim kleinen Jungen und schließlich beim Mann werden Haltungen, die als inhärente Prädispositionen oder archetypische Muster beginnen, durch andere bewertet und mit Ermutigung, Mißbilligung, Angst, Stolz oder Scham beantwortet. Durch die Erwartungen, die die Familie an das Kind stellt, werden bestimmte Archetypen und damit bestimmte Eigenschaften in den Kindern oder sogar ihr Wesen aktiviert oder unterdrückt. Das ehrgeizige, aufstrebende junge Paar, das gemeinsam Karriere macht und bei der Fruchtwasseruntersuchung erfahren hat, daß es «ein Junge ist», träumt möglicherweise schon von Harvard, ehe sein Sprößling überhaupt auf der Welt ist. Es erwartet einen sympathischen Sohn, der seine intellektuellen Fähigkeiten auf ein weit entferntes Ziel richten kann. Ein Sohn mit den archetypischen Veranlagungen eines Apollon oder Zeus wird den Erwartungen voll entsprechen, seinen Eltern Freude machen und gut zurechtkommen. Doch wenn er andere archetypische Muster mitbringt, sind Enttäuschung und Frustration über seine Unfähigkeit, ihren Erwartungen zu entsprechen, ziemlich wahrscheinlich. Ein emotionaler Poseidon oder ein Dionysos mit seinem Hier-und-jetzt-Zeitgefühl wird Probleme mit dem Programm haben, das seine Eltern für ihn entwickelt haben. Und dieser ungleiche Kampf wirkt sich unter Umständen auch auf sein Selbstwertgefühl nachteilig aus.

Häufig kann sich ein Kind in der Familie den Ansprüchen oder dem Stil seiner Familie nicht «anpassen.» Ein Kind, das Einsamkeit schätzt, wie Hades, oder emotionale Distanz, wie Apollon, wird nicht nur andauernd belästigt, sondern von seiner extravertrierten[2], nach außen offenen Familie mitunter sogar für verrückt erklärt. Für den Poseidon- oder Ares-Jungen, der sich in dieser Art von Familie wohlfühlen würde, sieht es dagegen schlecht aus, wenn er in einer kühlen, rationalen, eher reservierten Familie aufwächst, wo seine Bedürfnisse nach Kontakt unterdrückt werden und unbefriedigt bleiben.

In einigen Familien gibt es die Erwartung, daß der Junge wie sein Vater werden und in seine Fußstapfen treten sollte. In anderen, wo der Vater selbst eine Enttäuschung ist, zieht jeder Charakterzug, den der Sohn vom Vater geerbt hat, den Ärger und die Ablehnung auf sich, die die anderen eigentlich dem Vater gegenüber empfinden. Dann gibt es die Erwartung, daß der Sohn die gescheiterten Träume eines Elternteils erfüllen sollte. Was immer man von ihm erwartet, es interagiert mit dem, was archetypisch vorhanden und formbar ist.

Wenn ein kleiner Junge oder ein Mann bei dem Versuch, den Erwartungen zu entsprechen, die Verbundenheit zu seiner wahren Natur opfert, kann es sein, daß er in der Welt Erfolg findet und dies dennoch keinerlei Bedeutung für ihn hat. Ebenso kann es sein, daß er auch hier scheitert, nachdem er zuvor verdrängt hatte, was seinem innersten Wesen entsprach. Wird er jedoch als der akzeptiert, der er ist, und sieht trotzdem ein, daß es wichtig ist, soziale Fertigkeiten oder Konkurrenzfähigkeit zu entwickeln, die er braucht, dann erfolgt seine Anpassung an die Welt nicht auf Kosten seiner Authentizität und Selbstachtung, sondern ist ihm bei der Bildung einer abgeschlossenen Persönlichkeit behilflich.

Menschen und Ereignisse aktivieren Götter

Eine Reaktion, die für einen bestimmten Gott archetypisch oder «typisch» ist, kann durch eine andere Person oder ein Ereignis aktiviert – oder, um mit Jung zu sprechen, konstelliert – werden. Ein Junge, der mit einem blauen Auge nach Hause kommt, kann zum Beispiel, ohne ein Wort zu sagen, seinen Vater in einen wütenden Poseidon verwandeln, der das Bedürfnis hat, sich an dem, der seinem Sohn das angetan hat, zu rächen. Dasselbe blaue Auge kann andererseits, wenn der Vater so reagiert wie Zeus auf seinen Sohn Ares, die Verachtung des Vaters provozieren, weil sein Sohn sich überhaupt auf einen Kampf eingelassen hat. Als Ares verletzt wurde, war Zeus nicht nur ohne Mitgefühl, sondern saß auch noch zu Gericht: er schalt ihn, weil er ein Jammerlappen war und nutzte die Gelegenheit, ihm zu sagen, wie verabscheuenswert und streitsüchtig er sei.

Auch Treulosigkeit provoziert ein ganzes Spektrum von Reaktionen. Was passiert, wenn ein Mann entdeckt, daß seine Frau ihn betrügt, oder die Frau, die er als «seine» bezeichnet, einen anderen Liebhaber hat (obgleich er möglicherweise verheiratet ist und das Ganze für eine kurze Affäre hielt)? Wird er wie Zeus versuchen, den anderen Mann zu vernichten? Will er wie Apollon die Frau umbringen? Bohrt er nach Einzelheiten wie Hermes? Oder denkt er sich komplizierte Möglichkeiten aus, das Paar in flagranti zu erwischen und einer öffentlichen Verurteilung auszusetzen wie Hephaistos?

Größere historische Umstände können eine Situation herbeiführen, die einen Gott in einer ganzen Generation von Männern aktiviert. Beispielsweise experimentierten in den sechziger Jahren junge Männer mit dem dionysischen Hang zu ekstatischen Erfahrungen unter dem Einfluß psychedelischer Drogen. Einige endeten in psychiatrischer Behandlung, andere erlebten eine spirituelle Erleuchtung. Männer, die unter gewöhnlichen Umständen nichts Dionysisches an sich hatten, nahmen an dieser Erfahrung teil und sind heute sinnlicher und ästhetisch bewußter, als sie sonst geworden wären.

Männer, die mit der US-Armee in Vietnam waren, hatten sich entweder freiwillig gemeldet, weil sie sich mit Ares, dem Kriegsgott identifizierten, oder waren Unglückliche, die gegen ihren Willen eingezogen wurden. In beiden Fällen konnte die Situation bestimmte Aspekte des Kriegsgottes aktivieren. Manche Teilnehmer erlebten Kameradschaft, Loyalität und tiefe Verbundenheit unter Männern, die sie sonst nie kennengelernt hätten. Andere waren geradezu «besessen» von der blinden Raserei des amoklaufenden Ares, in der ihr bester Freund vielleicht in einen Hinterhalt geriet. Wieder andere wurden von einer Welle kriegslüsterner Gruppenpsychologie erfaßt, mit dem Ergebnis, daß Männer, die normalerweise keiner Fliege etwas zuleide getan hätten, plötzlich die schrecklichsten Grausamkeiten begingen oder Zivilisten töteten.

«Tun» aktiviert die Götter, «Nichttun» unterdrückt sie

Zielgerichtetheit und Erkenntnisvermögen sind gesellschaftlich akzeptierte Eigenschaften, die Männern wie dem Bogenschützen Apollon, dessen goldene Pfeile ein fernes Ziel erreichten, auf natürliche Weise eigen sind. Jeder andere wird angehalten, diese Fertigkeiten zu erwerben, besonders wenn es darum geht, etwas jetzt gut zu machen, um später etwas zu erreichen.

Im Gegensatz dazu hat der dionysische Junge unterbewertete natürliche Gaben: er läßt sich leicht von der sinnlichen Welt ablenken und geht vollkommen in der unmittelbaren Gegenwart auf. Als kleines Kind liebte er Samt und Seide oder bewegte seinen Körper zur Musik und rührte damit an eine angeborene Sinnlichkeit, die wahrscheinlich nicht gefördert wurde und noch viel weniger Teil des üblichen Lernprogramms für Jungen war.

Es gibt einen Spruch: «Tun heißt Werden», der sehr anschaulich ausdrückt, wie die Götter durch eine selbstgewählte Handlungsweise evoziert oder entwickelt werden können. Häufig geht es einfach um die Frage, ob man sich Zeit dafür nehmen will oder nicht. So kann ein Geschäftsmann beispielsweise merken, wieviel Spaß es ihm macht, mit den Händen zu arbeiten, wenn er stundenlang in seiner Kellerwerkstatt hockt. Doch wenn er Zeit für Hephaistos haben will, darf er keine zusätzliche Arbeit aus dem Büro mit nach Hause nehmen. Ebenso verliert der Mann, der in der Schule nichts Schöneres kannte, als auf dem Sportplatz seine Kräfte zu erproben, die Verbindung zu dem aggressiven, körperlichen Ares in seinem Inneren, wenn er nicht die Zeit und die Gefährten für ein Volleyball- oder Fußballspiel findet oder in einen Sportverein eintritt.

Die Götter und die verschiedenen Lebensphasen

Jeder Mann macht im Verlauf seines Lebens verschiede Phasen durch, wobei jede Phase unter dem Einfluß des ihr eigenen Gottes oder der ihr eigenen Götter steht. Beispielsweise könnte er bis Anfang dreißig eine Mischung aus Hermes, der mit seinen geflügelten Schuhen ständig unterwegs ist, und dem nach Ekstase strebenden Dionysos verkörpern. Dann kommt er an einen wichtigen Scheideweg: Die Frau in seinem Leben stellt ihn vor die Wahl, sich jetzt entweder ganz an sie zu binden oder sie zu verlieren. Wenn er sich entscheidet, diese Bindung einzugehen und zu ihr zu stehen, was (für manche vielleicht erstaunlicherweise) ein weiterer dionysischer Aspekt ist, wird er wahrscheinlich Hermes' Flügel stutzen und den Apollon in seinem Inneren aktivieren, um seine Karriere voranzutreiben. In den folgenden drei Jahrzehnten machen sich andere Archetypen bemerkbar. Vaterschaft und Erfolg beispielsweise können Zeus entwickeln, der Tod seiner Frau oder die Entdeckung, daß er sich mit dem AIDS-Virus infiziert hat, dagegen Hades.

Manchmal, wenn Männer sich stark mit einem bestimmten Archetyp identifizieren, durchlaufen sie Stadien, die alle mit verschiedenen Aspekten desselben Gottes korrespondieren. In den Kapiteln über die jeweiligen Götter werden diese Entwicklungsmuster beschrieben.

Patriarchalische Vorlieben

Das Patriarchat – jenes unsichtbare, hierarchische System, das als unser kulturelles Prokrustesbett dient, indem es Werte festsetzt und Macht verteilt – ist parteiisch. Es gibt immer Gewinner und Verlierer, Archetypen, die bevorzugt, und andere, die unterdrückt werden. Je nachdem werden Männer, die bestimmte «Götter» verkörpern, gefördert oder abgelehnt.

Bewußt oder unbewußt vermitteln Mütter und Väter, Gleichaltrige, Schulen und andere Institutionen, die kleine Jungen oder Männer für ihr Verhalten belohnen oder bestrafen, patriarchalische Werte, die die Anhäufung von Macht, rationales Denken und Einflußnahme betonen. Die Folge ist, daß Männer lernen, sich anzupassen und ihre Identität zusammen mit ihren Gefühlen abzutöten. Sie lernen, eine korrekte Persona (Maske oder Gesicht, das ein Mensch aufsetzt, um der Welt gegenüberzutreten) und die dazu passende «Uniform» ihrer sozialen Klasse zur Schau zu tragen.

Alles, was für andere Menschen oder bestimmte Standards des Verhaltens «nicht akzeptabel» ist, wird für den Mann möglicherweise zu einer Quelle des Schuldbewußtseins oder der Scham, so daß ihm keine andere Wahl bleibt als das Prokrustesbett. Dann folgt eine psychologische «Zerstückelung», denn jetzt töten Männer (und Frauen) Archetypen oder Teile ihres Selbst ab oder verdrängen sie, weil sie ihnen das Gefühl vermitteln, den Anforderungen nicht gewachsen zu sein oder sich für etwas schämen zu müssen. Metaphorisch gesehen ist die biblische Ermahnung: «Ärgert dich aber deine rechte Hand, so haue sie ab und wirf sie ins Feuer», eine Aufforderung zu psychologischer Selbstverstümmelung. Was Männer in sich häufig abtöten, sind die emotionalen, verletzlichen, sinnlichen oder instinktiven Aspekte ihres Seins. In der Psyche jedoch bleibt alles, was abgetötet oder begraben wird, lebendig. Ein Archetyp kann eine Weile im «Untergrund» verbringen, aber er taucht wieder auf oder wird ins Bewußtsein zurückgeholt, wenn er in einer bestimmten Beziehung oder Situation (entweder zum ersten Mal überhaupt oder zum ersten Mal seit der Kindheit) auf Akzeptanz stößt. Für Männer, die ein Doppelleben führen, können nicht allgemein akzeptierte Gefühle und Taten eine Schattenexistenz behalten, die sie verstohlen und abseits von anderen pflegen, bis die ganze Sache auffliegt und einen Skandal zur Folge hat. So geschehen bei bekannten TV-Predigern, die öffentlich gegen die Fleischeslust zu Felde zogen und dann überführt wurden, dem verhaßten Dionysos selbst verfallen zu sein.

Die Götter kennen – eine Bereicherung des Selbst

Das Wissen um die Götter ist eine Quelle persönlicher Bereicherung. Sie werden in diesem Buch alle griechischen Götter kennenlernen, während wir uns von Bild und Mythologie zum Archetyp vorarbeiten. Sie werden sehen, inwieweit jeder Gott die Persönlichkeit und Vorlieben des Individuums beeinflußt, und lernen, auf welche Weise Bedeutung und spezifische psychologische Problematiken mit ihm assoziiert werden.

Ein Verständnis der Götter muß mit einem Wissen über das Patriarchat verknüpft sein. Beide sind mächtige, unsichtbare Kräfte, die interagieren, um Individuen zu beeinflussen. Das Patriarchat steigert den Einfluß mancher Archetypen und mindert denjenigen anderer.

Wissen um die Götter kann Selbsterkenntnis und Selbstakzeptanz verstärken, Männern einen Weg eröffnen, mit anderen über sich selbst zu sprechen und kann Männer und viele Frauen befähigen, Entscheidungen zu treffen, die zu Selbstverwirklichung und Freude führen können. In *Courage to Create* definiert der Psychologe Rollo May Freude als «eine Emotion, die mit einem gesteigerten Bewußtsein einhergeht – begleitet von der Erfahrung, sich selbst zu verwirklichen.»[3] Archetypen sind Potentiale. In uns – und unserer patriarchalischen Kultur – gibt es Götter, die befreit und Götter, die unterdrückt werden müssen.

Neue Theorie und Perspektive der Psychologie

Dieses Buch präsentiert Männer und männliche Psychologie in einem neuen und andersartigen Licht. Als ich anfing, Themen der Mythologie und Theologie zurückzuverfolgen, entdeckte ich eine für das Patriarchat typische, abweisende Haltung ihren Söhnen gegenüber. Dieselbe Haltung vertritt auch die Theorie der Psychoanalyse.

In Kapitel 2: «Väter und Söhne: Patriarchalische Mythen» beschreibe ich die Folgen der väterlichen Ablehnung und Aggressionen auf die männliche Psyche. Dieses Kapitel verarbeitet die Erkenntnisse der Psychoanalytikerin Alice Miller, die darauf hinwies, daß der Oedipuskomplex mit der Absicht des Vaters beginnt, den Sohn zu töten. Jede Familie oder Kultur, in der Söhne als Bedrohung für den Vater angesehen und dementsprechend behandelt werden, übt einen schädlichen Einfluß auf die Psyche des Sohns und das Klima innerhalb der Gesellschaft aus. Dies ist eine neue Perspektive der Psychologie.

Darüberhinaus ist *Götter in jedem Mann* eine Betrachtung der männlichen Psyche, die den Einfluß der Gesellschaft auf die Entwicklung von Archetypen für ebenso wichtig hält. Dies ist ein neuer Akzent in der Psychologie C. G. Jungs.

Im 12. Kapitel, «Der fehlende Gott», stelle ich Betrachtungen über das Auftauchen eines neuen männlichen Archetyps an, eine Möglichkeit, die auf Rupert Sheldrakes Theorie des morphogenetischen Feldes zurückgeht.

Schließlich bildet dieses Buch eine systematische, kohärente Möglichkeit, die Psyche des Mannes mit Hilfe männlicher Archetypen in Gestalt personifizierter griechischer Götter zu verstehen (die sich auch in Frauen manifestieren). Mein vorangegangenes Buch, *Göttinnen in jeder Frau* beschrieb griechische Göttinnen und weibliche Archetypen (die sich auch in Männern manifestieren) als Basis einer archetypischen Psychologie der Frau. Gemeinsam stellen die beiden Bände eine neue systematische Psychologie von Mann und Frau dar, welche die Unterschiede zwischen uns und zugleich die Vielschichtigkeit in uns zu erklären versucht. Basierend auf dem Pantheon griechischer Gottheiten spiegelt diese Psychologie die Fülle unserer menschlichen Natur wider und weist auf die Göttlichkeit hin, die wir erleben, wenn das, was wir tun, aus der Tiefe unseres Seins kommt und wir die heiligen Dimensionen unseres Lebens spüren.

2. Väter und Söhne: Patriarchalische Mythen

Im streng persönlichen Bereich formt das Patriarchat die Beziehung zwischen einem Vater und seinem Sohn; im äußeren Rahmen allgemeiner Gewohnheiten setzen patriarchalische Normen fest, welche Einstellungen und Werte in einem Mann, aber auch in seiner Beziehung zu anderen Männern gefördert und belohnt werden sollen, mithin, welche Archetypen anderen gegenüber einen Vorteil haben. Um Selbsterkenntnis zu erlangen, die zu einer Bereicherung seines Daseins führt, muß ein Mann sich der verschiedenen Einflüsse auf seine Einstellungen und sein Verhalten bewußt sein: Er muß verstehen, was ein Patriarchat ist und wie es seine Söhne prägt.

In den Mythen einer Kultur spiegeln sich ihre Werte und Beziehungsmuster. Einen guten Anfang für die Betrachtung unserer eigenen Mythen bilden Luke Skywalker und sein Vater Darth Vader aus den *Star Wars*-Filmen. Archetypische Geschichten und Gestalten – ob aus zeitgenössischen Kinofilmen oder alten griechischen Mythen – verraten uns Wahrheiten über die Familiengeschichte unserer Menschheit und die Rollen, die auch wir möglicherweise darin spielen. Darth Vader, ein mächtiger Vater, der versucht, seinen Sohn zu vernichten, wandelt ein Thema ab, das uns von griechischen Zeiten bis heute vertraut ist.

Luke Skywalker jedoch symbolisiert den zeitgenössischen Helden, der in uns allen steckt. Um ein Luke Skywalker zu sein, muß ein Mann von heute aufdecken, was in der Vergangenheit ihm persönlich und der gesamten Menschheit widerfahren ist. Er muß seine authentische Identität entdecken, sich im psychologischen wie im spirituellen Sinne mit seiner Schwester verbünden (als mächtige Frau eine innere und zugleich eine äußere Möglichkeit) und sich gleichgesinnten Männern und anderen Geschöpfen im Kampf gegen die zerstörerische Macht anschließen. Nur der Sohn kann (indem er nicht der Angst und Macht anheimfällt und somit wird wie sein Vater) den seit langer Zeit verborgenen liebevollen Aspekt des Vaters in Darth Vader freisetzen. Dieser steht als Symbol dafür, was ein Patriarchat aus einem Mann machen kann.

Die große, bedrohliche Gestalt mit dem schwarzen, metallischen Gesicht ist der Inbegriff eines Mannes, dessen Streben nach Macht und Machterhaltung zu seinem ganzen Lebensinhalt geworden ist und ihn aller menschlichen Züge beraubt hat. Eine finstere Ausstrahlung geht von ihm aus. Damit gleicht er einer leistungsfähigen, gnadenlosen Maschine, die die Befehle ihrer Vorgesetzten ausführt und umgekehrt erwartet, daß seine Befehle ebenso widerspruchslos befolgt werden. So jedenfalls sieht Luke seinen abweisenden, zerstörungswütigen Vater. Darth Vader ist ein gutes Bild für die Schattenseite des Patriarchats.

Darth Vaders eigentliches Gesicht ist unter einer metallischen Maske verborgen, die ihm als Kennzeichen, Schild und Lebenserhalt dient. Er kann sie nicht abnehmen, denn er ist so verstümmelt, daß er ohne sie sterben wird – eine gute Metapher für Menschen, die sich mit ihren Personas identifizieren, den Masken oder Gesichtern, die sie der Welt gegenüber zur Schau tragen. Da ihnen ein Privatleben fehlt, das ihnen etwas bedeutet, stützen sie sich allein auf ihre Persona und ihre Stellung. Sie haben weder enge gefühlsmäßige Bindungen noch Emotionen, deshalb würden sie einen erheblichen Verlust von Macht und Status nicht überleben.

Darth Vader ist eine archetypische Vaterfigur, die in derselben Tradition steht wie die griechischen Himmelsvater–Götter. Uranus, Kronos und in geringerem Maße auch Zeus lehnten ihre Kinder, besonders ihre Söhne ab, denn sie befürchteten, daß diese ihre Autorität untergraben könnten. Luke Skywalker, der Sohn, wird als Held auf eine abenteuerliche Reise geschickt – auch er ein Archetyp. Ich war daher überrascht und auch wieder nicht überrascht, als ich entdeckte, daß Joseph Campbell, der ausgezeichnete Mythologe und Autor des Werkes *The Hero With a Thousand Faces* einen bedeutenden Einfluß auf George Lucas hatte, dem wir die *Star Wars*-Filme verdanken.[1]

Die Verbindung zwischen dem Mythologen Campbell, dem Mythenmacher Lucas und der Psychologie C. G. Jungs ist nicht verwunderlich. Jungs psychologische Theorie liefert den Schlüssel zum Verständnis dafür, daß Mythen so lange in unserer Phantasie fortbestehen. Ob wir uns dessen bewußt sind oder nicht: Mythen leben durch uns und in uns. In der westlichen Welt sind es die alten griechischen Mythen, die sich am stärksten erhalten haben.

Mythologische Geschichten sind wie archäologische Fundorte, die uns Kulturgeschichte überliefern. Manches ist nur ein Haufen kleiner Scherben, die wir zusammensetzen und aus denen wir unsere Schlüsse ziehen; anderes ist gut und detailliert erhalten, wie die Fresken, die einst unter der Asche von Pompeji begraben lagen und heute freigelegt sind.

Ich glaube, daß die griechische Mythologie auf eine Zeit zurückgeht, die mit der Kindheit unserer Zivilisation vergleichbar ist. Ihre Mythen können uns eine Menge über die Einstellungen und Werte verraten, mit denen wir aufgewachsen sind. Wie persönliche Familiengeschichten oder -mythen vermitteln sie der heutigen Generation etwas von dem, wer wir sind und was von uns erwartet wird, oder anders ausgedrückt, was in unserer genetischen Erinnerung gespeichert und Teil des psychologischen Erbes ist, das uns prägte und unsichtbar auf unsere Wahrnehmung und unser Verhalten einwirkt.

Die olympische Familiengeschichte

Mythen über Zeus und die Olympier sind «Familiengeschichten», die ein Licht auf unsere patriarchalische Abstammung und deren enormen Einfluß auf unser persönliches Leben werfen. Sie handeln von den Einstellungen und Werten, die uns die Griechen, Abkömmlinge der Indoeuropäer mit ihren Kriegsgöttern, überlieferten. Diese waren in Wellen über das alte Europa und die griechische Halbinsel hereingebrochen, um deren frühe Einwohner, die die Große Göttin verehrten, zu unterwerfen. Die Geschichten erzählen von unseren Gründungsvätern und ignorieren das matriarchalische Reich, das ihnen vorausging, oder erwähnen es höchstens beiläufig.

Wie es in Familien oft der Fall ist, verspüren die Menschen, wenn die kämpferischen Gründungsjahre vorüber sind, den Drang oder das Bedürfnis, festzuhalten, was geschehen ist und einen Familienstammbaum aufzustellen. Hier sind wir Homer (etwa 750 v. Chr.) und Hesiod (etwa 700 v. Chr.) zu großem Dank verpflichtet. Homers *Ilias* und *Odyssee* bewahrten mythologische Themen in Epen, die eine gewisse historische Basis hatten, während Hesiod in der *Theogonie*, einer Dichtung über Entstehung und Abstammung der Götter, zum ersten Mal den Versuch unternahm, die zahllosen mythologischen Überlieferungen sinnvoll zu ordnen.

Am Anfang herrschte Hesiod zufolge Chaos (die Leere), aus dem Gaia (die Erde) entstand. Sie gebar die Berge, das Meer und Uranos (den Himmel), mit dem sie sich paarte. Aus dieser Verbindung gingen zwölf Titanen hervor – alte, uranfängliche Naturgewalten, die im antiken Griechenland verehrt wurden. In Hesiods Götterlehre waren die Titanen ein frühes Herrschergeschlecht, Eltern und Großeltern der olympischen Götter.

Uranos, die erste patriarchalische Gestalt oder Vaterfigur der griechischen Mythologie ärgerte sich über Gaias Fruchtbarkeit; es gefiel ihm nicht, so viele Kinder zu haben. Die späteren Kinder versteckte er im breitbrüstigen Körper Gaias und erlaubte ihnen nicht, ans Tageslicht zu kommen. Gaia litt sehr unter der Gewalt, die ihren neugeborenen Kindern angetan wurde.

Deshalb rief sie ihre Titanenkinder zusammen und bat sie um Hilfe. Wie

Hesiod berichtet, war ihr Zorn so groß, daß sie furchtlos erklärte: «Oh, ihr Kinder von mir und dem grausigen Vater, sobald ihr willig mir zu gehorchen, so rächt an dem eignen Erzeuger schlimme Schmach; zuerst hat ja er selber gefrevelt.»[2]

So wird in Hesiods *Theogonie* Uranos' Gewalt gegen seine Kinder zum Übel, das alle spätere Gewalt hervorbrachte. Es war die Erbsünde des Himmelsvater-Gottes, die sich in den nächsten Generationen wiederholte.

Alle Titanen waren «von Entsetzen erfaßt» und hatten Angst, einzugreifen, mit Ausnahme des jüngsten, Kronos, (den die Römer Saturn nannten). Nur er reagierte auf Gaias Hilfeschrei mit den Worten: «Mutter, so will denn ich dir dies versprechen und möchte gern das Werk vollenden, denn unser verrufener Vater kümmert mich wenig, zuerst hat er ja übel gehandelt.»[3]

Bewaffnet mit einer Sichel, die seine Mutter ihm gab und einem von ihr entworfenen Plan lauerte er seinem Vater auf. Als Uranos sich näherte, um sich mit Gaia zu paaren, griff Kronos nach der Sichel, hackte seinem Vater das Geschlecht ab und warf es ins Meer. Nachdem er seinen Vater kastriert hatte, stieg Kronos nun zum mächtigsten Gott auf. Er regierte mit seinen Brüdern, den Titanen über das Universum und erschuf neue Gottheiten.

Kronos paarte sich mit seiner Titanenschwester Rhea. Dieser Verbindung entsprang die erste Generation der olympischen Götter – Hestia, Demeter, Hera, Hades, Poseidon und Zeus.

Doch erneut versuchte ein patriarchalischer Erzeuger – diesmal war es Kronos selbst – seine Kinder zu vernichten. Die Prophezeiung vor Augen, durch seinen eigenen Sohn entthront zu werden, und entschlossen, es nicht so weit kommen lassen, verschlang er jedes Kind unmittelbar nach der Geburt, ohne auch nur festzustellen, ob es sich um einen Sohn oder eine Tochter handelte. Alles in allem fielen ihm drei Töchter und zwei Söhne zum Opfer.

Voller Gram angesichts des Schicksals ihrer Kinder wandte sich Rhea, erneut schwanger, an Gaia und Uranos und bat sie, ihr dabei zu helfen, dieses letzte Kind zu retten. Ihre Eltern rieten ihr, sich nach Kreta zu begeben, wenn der Zeitpunkt der Geburt nahte, und Kronos mit einem in Windeln gewickelten Stein zu überlisten. In seiner Hast verschlang Kronos auch diesen Stein, in der Annahme, es handle sich um sein Kind.

Dieser letzte, gerettete Sohn war Zeus, der seinen Vater tatsächlich entmachtete und zum erhabensten Herrscher aufstieg. Er wuchs in einem Versteck heran, bis er ein junger Mann war, und brachte Kronos mit Hilfe seiner ersten Gemahlin Metis, der präolympischen Göttin der Weisheit, dazu, seine olympischen Geschwister wieder auszuspeien. Mit ihnen als Verbündeten besiegte er Kronos und die Titanen. Über drei Generationen hinweg hatte Gewalt neue Gewalt hervorgebracht.

Nach ihrem Sieg warfen die drei Brüder – Zeus, Poseidon und Hades – das Los, um das Universum untereinander aufzuteilen. Zeus gewann den Himmel, Poseidon das Meer und Hades die Unterwelt. Obwohl Erde und Olymp ein von allen gemeinsam regiertes Territorium sein sollte, dehnte Zeus mit der Zeit seine Herrschaft auch über diese Gebiete aus. (Die drei Schwestern verfügten entsprechend dem patriarchalischen Charakter der griechischen Religion über keinerlei Besitzansprüche.)

Im Zuge seiner sexuellen Eroberungen zeugte Zeus die nächste Göttergeneration, aber auch die Halbgötter, die sich zu überlebensgroßen Helden der Mythologie entwickelten. Und während er immer mehr Kinder in die Welt setzte, fühlte auch er sich, wie zuvor sein Vater, von der Möglichkeit bedroht, daß einer seiner Söhne ihn entmachten könnte. Es gab eine Prophezeiung, nach der Metis, die erste seiner sieben Frauen, ihm zwei Kinder schenken würde; eines davon wäre ein Sohn, der über Götter und Menschen herrschen würde. Als Metis schwanger wurde, fürchtete er, daß sie diesen Sohn gebären könnte, und brachte sie mit Hilfe einer List dazu, sich zu verkleinern. Dann verschlang er sie, um seine Geburt zu verhindern. Wie sich herausstellte, war das Kind kein Sohn, sondern eine Tochter – Athene – die schließlich Zeus' Haupt entsprang.

Himmelsgötter als Väter

Die Vater-Götter in der griechischen Mythologie haben Eigenschaften, die den Gottheiten aller patriarchalischen Kulturen eigen sind. Als Symbole oder Ideale sind Vater-Götter mächtige männliche Wesen, die über andere herrschen, überlebensgroße Versionen der Machthabenden innerhalb der Gesellschaft. Als solche sind sie archetypische Figuren, deren Mythologie, metaphorisch betrachtet, uns viel über die Psychologie solcher Männer verrät.

Patriarchalische Götter sind autoritäre männliche Wesen, die im Himmel oder auf Bergen leben, sie regieren also von oben und aus der Ferne. Sie erwarten Gehorsam und haben das Recht, zu tun, was ihnen gefällt, solange sie oberste Götter sind. Als Kriegsgötter erwächst ihre Macht aus dem Sieg über ihre Rivalen, daher hüten sie eifersüchtig ihre Vorrechte und verlangen Unterwerfung. Wegen ihrer großen Machtfülle fürchten sie das Schicksal, von ihrem eigenen Sohn entmachtet zu werden. Als Väter sind sie oft alles andere als väterlich und verhalten sich ihren Nachkommen gegenüber äußerst abweisend.

In dem Versuch, seine Kinder zu «begraben», unterdrückte Uranos das

Potential seiner Kinder, und verwehrte ihnen, zu wachsen und sich so zu entwickeln, wie es ihnen bestimmt war. Kronos, der sich seine Kinder «einverleibte» oder «verschlang», versuchte, sie zu einem Teil seiner selbst zu machen. Aus metaphorischer Sicht ist das die Art, wie ein Vater seine Kinder daran hindert, zu wachsen und größer zu werden als er selbst, beziehungsweise seine Stellung oder Werte in Frage zu stellen. Er hält sie im Dunkeln, ist nicht bereit, sie dem Einfluß von Menschen, Erziehung oder Werten auszusetzen, die ihren Horizont erweitern würden. Er besteht darauf, daß sie sich weder von ihm unterscheiden noch von den Plänen, die er für sie gemacht hat, abweichen. Wenn ein Kind nicht unabhängig denken oder handeln kann, wird es auch keine Bedrohung darstellen. Ein Vater, der die Autonomie und das Wachstum seiner Kinder behindert, leidet daher unter etwas, das ich «Kronos-Komplex» nenne.

Zeus wiederum brachte seine schwangere Frau dazu, sich zu verkleinern und verschlang sie. Sie wurde klein, verlor ihre Macht und auch ihre Attribute – so, wie sich das Patriarchat das matriarchalische Reich einverleibt hatte, und Eigenschaften, die einst mit einer Göttin assoziiert worden waren, in den Besitz eines Gottes übergingen. Diese künstliche Herabminderung gleicht der Art, wie manche Frauen sich verändern, wenn sie heiraten und schwanger werden. Sie verlieren ihre Selbständigkeit und die Autorität, die sie früher innehatten, indem sie sich Ehemännern unterwerfen, die häufig nach dem Vorbild des autoritären Zeus agieren.

Ödipus: Nicht schuldig im Sinne der Anklage

Wir überspringen viele Generationen und kommen zu der mythischen Gestalt des Ödipus, der, ohne zu wissen, was er tat, seinen Vater tötete und seine Mutter heiratete. Freud begründete seine Psychoanalyse auf der Theorie des sogenannten Ödipuskomplexes, indem er behauptete, dieser Mord und die darauffolgende Heirat mit seiner Mutter sei der unbewußte Wunsch jeden Sohnes. Freud selbst behandelte bestimmte Männer, die bei ihm studiert hatten, wie ödipale Söhne, die aus dem Weg geräumt werden mußten, wenn er befürchtete, daß deren Größe ihm eines Tages gefährlich werden könnte (so Jung und Adler, deren Ideen von seinen eigenen abwichen). Als Jung ihm einen Traum erzählte, den er als Ursprung seiner Theorie über das kollektive Unbewußte ansah, war Freud überzeugt, daß er nichts anderes als der Ausdruck des Wunsches war, ihn, Freud, zu töten.[4]

Freud hielt Laios, Ödipus' Vater, für ein unschuldiges Opfer des Ödipus-Mythos. Doch diese Version ist, wie die Psychoanalytikerin Alice Miller hervorhebt, von der Wirklichkeit weit entfernt.[5]

Laios war der König von Theben. Als er nach Delphi kam, um zu erfahren, warum seine Frau ihm keine Kinder gebar, antwortete das Orakel: «Laios, du wünschst dir ein Kind. Du wirst einen Sohn haben. Doch hat das Schicksal gewollt, daß du durch seine Hand sterben wirst... denn Pelops, den du einst seines Sohnes beraubt hast, hat dich verflucht.» Laios hatte dieses Verbrechen als junger Mann begangen, als er gezwungen war, sein Land zu verlassen und Zuflucht bei König Pelops fand, der ihn aufnahm. Laios zahlte ihm seine Großmütigkeit zurück, indem er Chrysippos, Pelops' schönen jungen Sohn, verführte, der sich daraufhin das Leben nahm.

Laios versuchte zunächst, seinem Schicksal zu entgehen, indem er sich von seiner Frau trennte. Doch nach einer Weile nahm er die sexuelle Beziehung zu ihr trotz der Warnung wieder auf, und Iokaste gebar ihm einen Sohn. Aus Furcht vor der Prophezeiung beschloß Laios, seinen neugeborenen Sohn zu töten, indem er ihn mit durchstoßenen und aneinandergefesselten Füßen in den Bergen aussetzen ließ. Doch der Hirte, der mit dieser Aufgabe betraut wurde, hatte Mitleid mit dem unschuldigen Kind, übergab es einem befreundeten Hirten und kehrte zu Laios zurück, vor dem er so tat, als habe er alles so ausgeführt, wie man ihm befohlen hatte. Nun konnte Laios aufatmen, in der sicheren Gewißheit, daß sein Kind mittlerweile vor Hunger und Durst gestorben, oder von den wilden Tieren des Waldes zerfleischt worden war. Der Hirte nannte den Jungen Ödipus («Schwellfuß», wegen der Verletzungen an den Füßen) und überließ ihn einem befreundeten Ehepaar. Seine Stiefeltern zogen ihn auf und ließen ihn in dem Glauben, er sei ihr eigener Sohn.

Als er zum Mann herangereift war, begab sich Ödipus auf den Weg nach Boetia. Er kam zu einer Kreuzung, wo er von einem alten Mann in einem Streitwagen überholt wurde, der mit seinem Stock ausholte und ihn auf den Kopf schlug. Ödipus geriet über den unerwarteten Angriff in Wut, schlug mit seinem Gehstock zurück, stürzte den Angreifer vom Wagen und tötete ihn. Nach diesem Vorfall setzte er seinen Marsch fort, ohne im Traum daran zu denken, daß er etwas anderes getan hatte als sich an einem Hergelaufenen zu rächen, der versuchte hatte, ihm ein Leid anzutun. Nichts an der Kleidung oder Ausrüstung des alten Mannes hatte darauf hingewiesen, daß er von vornehmer Geburt sein könnte. In Wirklichkeit jedoch war es sein Vater Laios, der König von Theben.

Alice Miller betont, wie ungerecht es ist, Ödipus die Schuld zu geben:

> In der Tragödie von Sophokles bestraft sich Ödipus mit Blindheit, indem er sich die Augen aussticht. Obwohl er in Laios seinen Vater nicht erkennen konnte, obwohl Laios für dieses Nichterkennen verantwortlich war, obwohl dieser ihn bei

ihrer Begegnung zum Zorn provoziert hatte, obwohl er Iokaste gar nicht begehrte, sondern dank seiner Klugheit, die ihm half, den Orakelspruch zu lösen und Theben zu retten, zu ihrem Mann bestimmt wurde, obwohl Iokaste, seine Mutter, ihren Sohn an den Schwellfüßen hätte erkennen müssen, scheint bis heute niemand an der Beschuldigung des Ödipus Anstoß genommen zu haben.[6]

Weiter hebt Alice Miller hervor, wie «selbstverständlich es schon immer war, daß Kinder für das, was man ihnen antat, die Verantwortung zu tragen hatten; und es war wichtig, daß diese Kinder auch noch im Erwachsenenalter nichts von diesen Zusammenhängen merken durften.»[7]

Laios' gescheiterter Versuch, seinen Sohn Ödipus zu töten, schimmert in den Mythen der griechischen Himmelsvater-Götter durch, die alle versuchten, ihre Söhne zu töten. Jedesmal fühlt sich der Vater, wie in der psychoanalytischen Theorie über den Ödipuskomplex, von einem gerade gezeugten oder neugeborenen Kind bedroht und sieht seinen Sohn als gefährlichen Rivalen an. Kronos und Zeus fürchteten, daß ihre Söhne ihnen dasselbe antun könnten wie das, was sie ihren eigenen Vätern angetan hatten; Laios fürchtete, daß sein Sohn Mittler der Vergeltung sein könne. In der Mythologie ist die Rationalisierung für Väter, die ihre Söhne töten, stets die Formel: «... aufgrund einer Weissagung.» Die heutige psychiatrische Erklärung würde lauten: «... aufgrund einer paranoiden Vorstellung.» In der Psychologie Jungs hieße es: «... aufgrund der Projektion des Schattens» (der auftritt, wenn Menschen anderen Menschen ihre eigenen verdrängten oder abgelehnten Gefühle, Motivationen oder Aktionen zuschreiben).

Projektionen und Aktionen, die daraus entspringen, prägen die Menschen, die von ihnen betroffen sind. Ein Kind, das behandelt wird, als sei es schlecht, das abgelehnt, alleingelassen und mißbraucht wird, reagiert mit Schuldgefühlen. Es muß denken, es habe die Strafe verdient, die es bekommt und leidet auf diese Weise doppelt: einmal, weil es schlecht behandelt wird und zum anderen, weil es die Schuld akzeptiert.

Zeus und sterbliche Könige wie Laios waren territoriale Herrscher über andere Menschen. Jeder von ihnen hatte seine Macht über ein bestimmtes Gebiet und seine Völker gefestigt und herrschte darüber wie ein König. Diese Form der Herrschaft und die in ihr implizierten Werte sind patriarchalischer Natur; sie bilden eine Hierarchie von Männern, in der jeder seine festgesetzte Stellung hat: Zeus oder Gott thronen ganz oben, kleinere Gottheiten darunter, dann erst folgen die sterblichen Könige, die ihren Ursprung auf Gott zurückführen. Ganz unten stehen loyale Vasallen und die Bürger. Große Konzerne, an deren Spitze Präsident und Vorstand stehen, sind das moderne Gegenstück zu Zeus und den Olympiern. Die bewaffneten Streitkräfte tragen noch zur Formalisierung der Hierarchie bei, ebenso die Römisch-Katholische Kirche und die meisten Bruderschaften.

Machtlose Mütter in patriarchalischen Familien

Alle olympischen Götter, einschließlich Zeus, hatten Mütter, die selbst machtlos einem mächtigen, häufig mißgünstigen Vater unterworfen waren, und die meisten hatten Frauen, die sich von ihnen beherrschen ließen. Frauen, ob Göttinnen oder Sterbliche, schnitten, von wenigen Ausnahmen abgesehen, schlecht ab, wenn sie sich mit den Göttern einließen. Und wenn Frauen und Mütter, die herabgesetzt werden, machtlos und nicht imstande sind, ihre Söhne (und Töchter) zu beschützen, fühlen diese sich von ihnen verraten. Denn die Mutter, die sie zur Welt brachte, ist ihre Beschützerin und Ernährerin; sie ist die erste Erfahrung, die ein Neugeborenes mit der Welt macht, und sie ist zunächst allmächtig. Daß sie den Sohn später nicht beschützen kann oder ihn verläßt, oder ihm jemand anderen vorzieht, ist ein Verrat, eine Ablehnung, die er ihr und jeder Frau, von der er gefühlsmäßig je abhängig wird, vorhalten kann. Als erwachsener Mann kann er die ohnmächtige Wut, die er als Kind seiner eigenen Mutter entgegenbrachte, an anderen Frauen auslassen. Diese Kette von Ereignissen hilft, eine Quelle der Ablehnung gegenüber den relativ machtlosen Frauen in patriarchalischen Gesellschaften zu erklären.

Um die Dinge noch weiter zu komplizieren, lassen Frauen, die von ihren Vätern, Ehemännern, Brüdern oder einer Gesellschaft, die sie einschränkt, nur weil sie Frauen sind, unterdrückt werden, ihren Groll (oft unbewußt) an machtlosen Männern aus – ihren Söhnen –, besonders wenn der kleine Junge anfängt, seinem Vater nachzueifern und sein angeborenes Selbstbewußtsein oder kampflustiges Temperament zeigt. Dies kann die Form offenen Mißbrauchs oder der Ablehnung annehmen, es kann aber auch mit Sarkasmus und Demütigung einhergehen. Schwestern, die die Wucht der ungerechten Behandlung spüren, können ihre Brüder auf ähnliche Weise bestrafen, so lange diese jung oder klein genug sind. Diese Kettenreaktion ist eine weitere Quelle der Ablehnung gegenüber Frauen, die in ihrer Kindheit begründet liegt, von vielen Männern nicht vergessen und , sobald sie selbst groß und mächtig geworden sind, an Frauen ausgelassen wird.

Das Heim als Burg des Mannes

In einer patriarchalischen Kultur herrscht jeder Mann über seine Familie und besitzt innerhalb seines Haushalts die Autorität eines Königs. Der konservative rechte Flügel und fundamentalistische christliche Sekten machen kein Hehl aus ihrer Abneigung gegen eine Gesetzgebung oder gegen staatliche Sozialleistungen, die ihrer Meinung nach «traditionelle Familienwerte untergraben», mit anderen Worten, die Position des Herrn und Meisters innerhalb der Familie gefährden, die nach dem patriarchalischen Familienmodell aufgebaut ist. Das Patriarchat ist verantwortlich für die «traditionelle» Opposition dagegen, daß Frauen autonom über ihren Körper, ihren Besitz oder die Frage, ob sie Kinder haben wollen, entscheiden, aber auch für den Widerstand gegen Frauenhäuser, die den Frauen als Zuflucht vor gewalttätigen Männern dienen.

Ein Himmelsvater, der eine Dynastie aufbaut, hat großes Interesse daran, Einfluß auf die Karriere seiner Söhne zu nehmen und sie darauf vorzubereiten, ihren festgesetzten Platz in der Welt einzunehmen. Damit kann er das Leben seiner Söhne «verschlingen», dann nämlich, wenn ein solcher Sohn die Ambitionen seines Vaters erfüllt statt herauszufinden, was er selbst will. Dieser verzehrende Aspekt wird jedoch besonders stark, wenn die Neigungen des Sohnes in eine andere Richtung gehen, als sein Vater von ihm erwartet.

Ein überlebensgroßes Beispiel der amerikanischen Politik für einen Himmelsvater, auf den die Behauptung, er habe seine Söhne «verschlungen», zutrifft, war Joseph P. Kennedy. Als Sohn von Einwanderern schlug Kennedy überall gesellschaftliche Ablehnung entgegen. Sein ganzer Ehrgeiz war es, bis an die Spitze vorzustoßen, wenn nicht aus eigener Kraft, dann mit Hilfe seiner Söhne. Kennedys Festigung von Reichtum und Macht, sein Streben nach Anerkennung und seine Frauenaffären machten ihn zu einer modernen Version des griechischen Gottes Zeus. Zuerst erwartete er von Joe Kennedy jun., für den die Rolle des extravertrierten Politikers möglicherweise maßgeschneidert war, daß er sich um das Amt des Präsidenten der Vereinigten Staaten bewarb. Als Joes Flugzeug abgeschossen und er getötet wurde, ging die Erwartung, diese Rolle zu übernehmen, ohne Rücksicht auf persönliche Neigungen und körperliche Schwierigkeiten automatisch auf den nächsten Sohn, John F. Kennedy, über. Und nach J.F.K.s Ermordung bezahlte auch der dritte Sohn, Robert F. Kennedy, mit seinem Leben.

Daß Väter nicht gerade liebevoll mit ihren Kindern umgehen und ihre Söhne als Rivalen empfinden, trifft nicht nur auf die griechische Mythologie zu. Bei vielen Gesprächen mit Männern in meiner psychiatrischen Praxis habe ich gehört, wie vaterlos sie sich fühlten, wie distanziert und streng, wie abweisend, zugeknöpft, rivalitätsbewußt oder sogar abweisend sich ihre Väter gaben, wieviel Traurigkeit, Schmerz und Wut dies in ihren Söhnen (und Familien) auslöste, und wie dieses Muster über Generationen hinweg weitergegeben wurde. Väter erzählen mir, daß sie sich vorgenommen hatten, ihren Kindern Nähe und Unterstützung zu vermitteln, und daß sie ihren Söhnen trotzdem manchmal unglaubliche Ablehnung entgegenschleudern. Dann haben sie Gewissensbisse und sind verstört darüber, welchen Haß ihre Kinder in ihnen freisetzen konnten.

Entfremdung zwischen Vater und Sohn beginnt mit dem Groll des Vaters oder damit, daß er im Sohn einen Rivalen sieht, ein Gefühl, das ausgelöst werden kann, noch bevor der Sohn geboren wird. Die Schwangerschaft seiner Frau kann Gefühle aus seiner Kindheit aktivieren. Es kann sogar sein, daß er versucht, sich mit einer kurzen Affäre gegen die Depressionen oder das Gefühl der Ohnmacht zur Wehr zu setzen. Die Nähe zu seiner schwangeren Frau kann Erinnerungen an seine schwangere Mutter wachrufen und an den Schmerz, den die Schwangerschaft und ein neues Geschwisterchen ihm als Kind zugefügt hatten.

Als Ehemann (wie damals als Kind) verliert er seine zentrale Rolle im Leben der fürsorglichen, stillenden Frau. Mit der Schwangerschaft beginnt sie, sich ihm zu entziehen: Sie wendet sich nach innen, ist müde oder kann Dinge, die sie früher gemeinsam hatten, nicht mehr mitmachen. Sie beschäftigt sich mehr mit sich selbst und weniger mit ihm, vielleicht verliert sie sogar das Interesse am Sex, der als Hauptquelle seines Selbstbewußtseins fungierte, und zugleich die einzige Möglichkeit war, ihr nahe zu sein.

Die Wut, Ablehnung und Rivalität, die er als kleines Kind gegen das neue Baby empfand und später verdrängte, wird nun durch die Schwangerschaft seiner Frau neu entfacht. Und da für einen werdenden Vater solche Gefühle noch weniger akzeptabel sind als für einen kleinen Jungen, müssen sie ebenso unterdrückt werden wie zuvor. Genau wie ein griechischer Vater-Gott befürchtet er, von seinem Rivalen ausgestochen zu werden.

Ein Kind, besonders das erste, versetzt den Mann in ein neues Stadium seines Lebens. Viele Männer fürchten sich davor, die Verantwortung für eine Familie zu übernehmen. Wenn Arbeitsplätze unsicher oder Aufstiegschancen gering sind, muß der werdende Vater sich fragen lassen, ob er in der Lage ist, eine Familie zu ernähren. Das Gefühl, diesen neuen Test seiner Männlichkeit nicht zu bestehen, kann zu der irrationalen Befürchtung führen, das Kind sei nicht von ihm.

Darüberhinaus könnte er das schreckliche Gefühl haben, in eine Falle getappt zu sein. Früher war es so, daß man Empfindungen wie «Klotz am Bein» mit der Ehe assoziierte, heute dagegen sind Ehe und Kinder separate Entscheidungen, die unterschiedlichen Lebensphasen zugeordnet sind. Jetzt jagt dem Mann die Aussicht auf ein Kind mehr Angst vor einer Falle ein als die auf eine Hochzeit. Die Ankunft eines Kindes bringt es häufig mit sich, daß der Vater eine Hypothek aufnimmt oder eine Lebensversicherung abschließt, denn von nun an wird er für eine Weile der einzige sein, der das Geld verdient. Es kann sein, daß er einen unbefriedigenden Job behalten oder schwarz arbeiten muß, um die Rechnungen zu bezahlen. Während also andere dem Paar gratulieren und viel Wirbel um seine schwangere Frau machen, kann es sein, daß der werdende Vater mit Angst und Schrecken an die Zukunft denkt, statt sich auf sein Baby zu freuen.

Später steht das Neugeborene im Mittelpunkt der Aufmerksamkeit, und erneut wiederholen sich für viele Männer möglicherweise schmerzliche Kindheitserfahrungen. Wie er befürchtet hatte, hat das Kind den Vater tatsächlich verdrängt, zumindest vorübergehend. Wenn man (in einer Analyse) männliche Gefühle untersucht, zeigt es sich, daß er seine Frau vielleicht um die Möglichkeit beneidet, ein Baby zu haben und die Arbeit eine Zeitlang aufzugeben, oder eifersüchtig auf die Aufmerksamkeit und Körperwärme ist, die das Baby beansprucht, ganz besonders, wenn das Paar keine sexuelle Beziehung hat. Die Brüste, die er ganz selbstverständlich für sich beanspruchte, «gehören» nun seinem kleinen Sohn. Die Ankunft des Babys hat ihre traute Zweisamkeit ein für allemal beendet.

In einer patriarchalischen Gesellschaft haben Babys und Väter nicht viel Gelegenheit zur gegenseitigen Nähe. «Nie eine Windel gewechselt zu haben», pflegte für Männer im allgemeinen etwas zu sein, auf das sie stolz waren. Kinder – und ganz besonders Söhne – legten Zeugnis ab für die Männlichkeit des Vaters und waren ein Mittel, seine Macht auszudehnen oder seine Ambitionen auszuleben, doch persönliche Freude an ihnen hatte er kaum. Da er mit der Pflege des Kindes nichts zu tun hatte, kam die Fähigkeit des Himmelsvaters, sich um sein Kind oder für sein Kind zu sorgen, nie richtig zum Zuge.

Nach vielen Gesprächen mit einer Generation von Männern, die während der Wehen und im Augenblick der Geburt anwesend und aktiv beteiligt waren, habe ich den Eindruck, daß eine tiefe, zärtliche Bindung zu ihren

Kindern dort beginnt. Wenn jedoch eine solche Bindung nicht einsetzt, und ein frischgebackener Vater weder Zärtlichkeit entwickelt, noch das Gefühl, sein Kind und seine Frau beschützen zu müssen, wird er ärgerlich und unwillig, denn er erlebt die Schwangerschaft seiner Frau und die Geburt des Kindes als eine Reihe von Deprivationen. Wut auf «den Eindringling», besonders, wenn es ein Sohn ist, und Wut auf seine Frau, die ihn wegen eines Kindes «verlassen» hat, sind Gefühle, die ihm bewußt oder unbewußt zu schaffen machen. Wenn sie in der Therapie analysiert werden, stellt sich gewöhnlich heraus, daß solche aggressiven Gefühle noch tieferliegende Ängste überdecken, etwa die Furcht, verlassen zu werden oder mangelndes Selbstbewußtsein.

Es kann sein, daß ein Vater reagiert, indem er den Sohn mit körperlicher Züchtigung, verbalen Attacken und Spott traktiert – alles im Namen der Disziplin, oder um seinem Sohn zu helfen, ein «Mann zu werden». Vielleicht versucht er, seinen Sohn beim gemeinsamen Spiel auszustechen. Jede im Spaß begonnene Rauferei endet mit einem heulenden kleinen Jungen, der anschließend verspottet wird, weil er geweint hat. Der Vier- bis Sechsjährige, der seiner Mutter erklärt: «Ich wünschte, Daddy käme nicht nach Hause», kann wirklich Angst vor der Rivalität und dem Groll seines Vaters haben und nicht einfach nur die Theorie vom Ödipuskomplex bestätigen.

Der Sohn, der seinem Vater die Zuneigung seiner Mutter stiehlt und die Eifersucht des Vaters herausfordert, wird als erwachsener Mann, wenn die Macht seines Vaters zu schwinden beginnt, diese tatsächlich übernehmen. Wenn er nicht wie in den Mythen der griechischen Himmelsgötter auf irgendeine Weise «verschlungen» wird, erreicht er eines Tages einen Punkt, an dem er die Macht des Vaters herausfordern und seine Autorität stürzen kann.

Die Doktrin von der Erbsünde und die hartnäckige Behauptung der Psychoanalytiker, daß alle Söhne ihre Väter töten und ihre Mütter heiraten wollen, sind Theorien, um die Ablehnung zu rechtfertigen, die grollende Himmelsväter ihren Söhnen gegenüber empfinden. Und Sprüche wie «Eine ordentliche Tracht Prügel hat noch niemandem geschadet» unterstützen noch die Notwendigkeit von «Disziplin.»

Söhne werden erst mißtrauisch, dann furchtsam und schließlich aggressiv gegenüber Vätern, die sie von Anfang an für schlecht oder verwöhnt halten und dementsprechend behandeln. Das ist nicht der Fall, wenn der Vater seinen Sohn füttert, mit ihm spielt, ihm etwas beibringt und eine positive Bezugsperson für ihn ist. In diesem Fall ist der Sohn seinem Vater vielleicht sogar näher als seiner Mutter und manchmal lieber mit ihr, bei anderen Gelegenheiten lieber mit ihm zusammen.

Häufig hat der Sohn einen distanzierten Himmelsvater, der ihn nicht mißhandelt, sondern nur gefühlsmäßig und auch körperlich nicht viel anwesend ist. Diese Vatererfahrung ist vielen meiner männlichen Patienten gemeinsam. Sie erzählen von einer Kindheit, in der der Sohn sich nach Aufmerksamkeit und Anerkennung seines Vaters sehnte (statt, wie es die Ödipustheorie nahelegt, Aggressionen zu hegen). Diese Söhne vermißten und idealisierten in der Kindheit ihre Väter.

Solange ein Sohn hofft, von seinem Vater bemerkt, als sein Sohn anerkannt zu werden, scheinen die vorherrschenden Gefühle Sehnsucht und Traurigkeit zu sein. Groll auf den Vater kommt erst später, wenn der Sohn seine Hoffnungen und Erwartungen begraben hat und nicht länger von ihm geliebt werden will. Groll kann auch einer gewissen Desillusionierung entspringen: wenn sich herausstellt, daß sein Vater mit dem Idealbild, das er von ihm hatte, nichts zu tun hat. Die Beziehung zwischen gefühlsmäßig distanzierten Himmelsvätern und ihren heranwachsenden oder erwachsenen Söhnen nimmt oberflächliche, häufig ritualisierte Formen an. Wenn Vater und Sohn zusammenkommen, laufen stets die gleichen Gespräche ab, eine festgelegte Reihe von Fragen und Antworten («Na, wie läuft's denn so?») spult sich ab, in denen keiner von beiden etwas von seinem Innenleben preisgibt. Aus psychologischer Sicht wirkt eine solche Beziehung zwischen Himmelsvater und Sohn wie eine nach außen für beide Seiten angenehme Entfremdung. Dennoch kann die Enttäuschung gleich unter der Oberfläche lauern.

Offene Ablehnung kann auch entstehen, weil der Sohn merkt, daß er seinem Vater nur etwas bedeutet, wenn er seinem Stolz schmeichelt. Hat der Sohn das Gefühl, daß er persönlich seinem Vater gleichgültig ist, dieser sich jedoch in den Leistungen seines Sohnes sonnt, wird die Entfremdung größer. Sportlich veranlagte Söhne fühlen sich besonders auf diese Weise ausgenutzt.

Der Psychologe Bruce Ogilvie, Autor des Werkes *Problem Athletes* und Pionier im Bereich Sportpsychologie, beschreibt einen jungen Mann, der in seine Sprechstunde kam. Er war ein wunderbarer Shortstop und eine potentielle Nummer eins für die Baseball-Liga, brach jedoch unerklärlicherweise zusammen, als Scouts der Baseball-Liga kamen, um ihn auf dem Platz zu beobachten.

> Er war auf dem Feld und zeigte, was er konnte, als er plötzlich zehn Bälle hintereinander verpatzte. Ich sagte: «Warte mal, ich möchte, daß du die ganze Sache noch einmal mit mir zusammen durchlebst...» Er fing an und beschrieb mir jeden Ball, den er erfolgreich nach Hause brachte, bis er plötzlich rausplatzte: «Oh,

> Jessas, da ist der Schweinehund! Da ist mein Dad, schleicht sich gerade da unten auf die Tribüne.» Sein Vater hatte nie anders mit ihm kommuniziert als auf sportlicher Ebene. Nachdem wir die Erfahrung gemeinsam nacherlebt hatten, erkannte er, daß, wenn er seinen eigenen Ansprüchen entsprach, er zugleich die Ambitionen seines Vaters erfüllte. Und damit konnte er sich nicht abfinden. Ich könnte unzählige solcher Geschichten erzählen. In jeder Stadt von Amerika kommt so etwas vor.[8]

Dieser spezielle Sportler kam nicht damit zurecht, daß alles, was seinen Vater an ihm interessierte, seine sportlichen Leistungen waren. Er ertrug es nicht, die Ambitionen seines Vaters zu erfüllen, ebenso wenig wie dessen Bedürfnis, sich im Ruhm seines Sohnes zu sonnen. Das ist die Rolle, die von Söhnen, besonders erstgeborenen Söhnen, häufig erwartet wird, und deshalb werden sie bei ihrer Geburt auch so hochgeschätzt (höher als Töchter). Der stolze Vater verteilt Zigarren und verkündet, daß er nun «einen Sohn und Erben» habe, der seinen Namen (und seine Ambitionen) weiterführen werde. Schon weil er ein Junge ist, beweist er die Männlichkeit des Vaters. Allein die Geburt eines Sohnes erfüllt in einer patriachalischen Gesellschaft das Bedürfnis des Vaters, einen Sohn zu haben. Danach kommt das Bedürfnis, daß sein Sohn die in ihn gesetzten Erwartungen erfüllen möge – statt als Vater zu akzeptieren, daß dieser mit besonderen Gaben und Talenten zur Welt gekommen ist, mit emotionalen Bedürfnissen, Handicaps und Persönlichkeitsmerkmalen, und womöglich auch dem Wunsch, selbst einen Sinn im Leben zu entdecken.

Kindsopfer

Außer der griechischen Mythologie, die bis auf unbedeutende Details mit der römischen identisch ist, sind das Alte und Neue Testament Hauptquellen der Familiengeschichte für die westliche Zivilisation. Es gibt viele Parallelen zwischen den beiden Traditionen. Sowohl die Indoeuropäer, die auf der griechischen Halbinsel einfielen, als auch die Israeliten, die von Ägypten ins gelobte Land zogen, kamen als Eroberer und Migranten in ein bereits besiedeltes Gebiet, wo die Große Göttin verehrt wurde. Beide Völker hatten Himmelsvater-Götter mit kriegerischen Eigenschaften, die von oben, von Bergen aus, regierten.

Und in beiden findet eine Entwicklung im Charakter des Himmelsgottes statt; eine weniger ablehnende, fürsorglichere Haltung wird bemerkbar. In der griechischen Mythologie vollzieht sich der Wandel mit einer Reihe von Himmelsgöttern, wobei Zeus die zentrale Figur ist. Zwar wurde der biblische

Gott als Ganzheit angesehen, doch besaß er verschiedene Namen – Jahwe und Elohim in der ursprünglichen Sprache des Alten Testaments. Mit der Zeit veränderte sich der biblische Himmelsgott: er war weniger ein strafender als ein schützender Gott, der sich um seine menschlichen «Söhne» sorgte.

Betrachtet man sie vom psychologischen Standpunkt als Familiengeschichten, gehen die Parallelen noch weiter. Das griechische Thema des Himmelsvaters, der sich durch die Geburt und/oder das Heranwachsen seiner Kinder bedroht fühlt, seine Versuche, sie sich einzuverleiben oder zu verschlingen, und die Ablehnung seinen Söhnen gegenüber sind auch in der Bibel gegenwärtig, allerdings unter der Maske von Gehorsam und Opferbereitschaft verborgen.

Um die Forderungen des biblischen Himmelsgottes zu erfüllen, mußte man bereit sein, den eigenen Sohn zu opfern. Jahwe stellte Abraham auf die Probe, indem er ihm befahl, seinen einzigen Sohn Isaak, den er über alles liebte, auf einem Berg als Brandopfer darzubringen. Die Tatsache, daß Abraham sich einverstanden erklärte, bedeutete, daß er die Probe bestanden hatte. (Ebenso sollte Agamemnon, als er die Ausfahrt des griechischen Heeres nach Troja vorbereitete und feststellte, daß eine Flaute das Auslaufen verhinderte, als Gegenleistung für den ersehnten Wind seine Tochter Iphigenie opfern, wozu er bereit war.)

Obgleich heutige Kinder nicht mehr buchstäblich auf den Altar gelegt werden, damit ihre Väter Proben bestehen und sich beweisen können, werden sie im übertragenen Sinne auch heute noch «geopfert», und zwar auf mehreren psychologischen Ebenen: Erfolgreiche Männer sind oft abwesende Väter, emotional und körperlich vom Leben ihrer Kinder abgeschnitten. Sie opfern die Möglichkeit der Nähe zu ihren Kindern für ihre Jobs, ihre Rollen. Und sie opfern auch das Kind in sich selbst, den spielerischen, spontanen, vertrauensvollen, emotional ausdrucksstarken Aspekt ihrer Persönlichkeit.

Patriarchalische Kulturen haben etwas gegen Unschuld, lehnen kindliche Eigenschaften ab und belohnen Männer für ihre Fähigkeit, wie Abraham, Agamemnon und Darth Vader zu sein, die Gehorsam gegenüber einer höheren Instanz und Ehrgeiz (oder Gehorsam gegenüber einem fordernden Gott) höher bewerteten als die fürsorgliche Liebe zu einem Kind.

Isaak: Opfer des Sohnes

Gott befahl Abraham, dem Patriarchen aus dem Alten Testament, in das Land Morija zu gehen und dort auf einem Berg seinen Sohn Isaak als Brandopfer darzubringen. Ich denke an den jungen Isaak, und stelle mir vor, wie begeistert er war, seinen Vater auf dieser Reise begleiten zu dürfen – ohne zu wissen, welchem Zweck sie diente. Drei Tage, nachdem sie aufgebrochen waren, erreichten sie ihr Ziel. Dort sammelte Isaak eifrig Holz und half Abraham beim Bau des Altars. Schließlich fragte er verwirrt: «Siehe, hier ist Feuer und Holz; wo aber ist das Schaf zum Brandopfer?», worauf sein Vater antwortete: «Mein Sohn, Gott wird sich ersehen ein Schaf zum Brandopfer.[9]

Ich nehme an, daß Isaak diese Antwort akzeptierte und neugierig war, wann und woher das Schaf kommen sollte. Wann, so frage ich mich, merkte der Junge, daß sein Vater Vorbereitungen traf, ihn zu opfern? War es, als Abraham ihn fesselte? War es, als er Isaak auf den Altar legte, oben auf das Holz? Oder erst, als Abraham nach dem Messer griff, um seinen Sohn zu schlachten? Ich kann mir vorstellen, daß er Ungläubigkeit und Furcht empfand, sich verraten fühlte, als ihm dämmerte, daß er selbst das Opfer sein würde. Vielleicht erklärte Abraham ihm, daß er einem Gott gehorchte, der den Tod seines einzigen Sohnes verlangte; das hätte Abraham geholfen, seine Tat zu rechtfertigen, aber daß es Isaak getröstet hätte, wage ich zu bezweifeln. Er wußte nur, daß er bei seinem Vater nicht sicher war, daß sein Vater im Begriff war, ihn zu töten.

Dann rief der Herr Abraham an und sagte: «Abraham, Abraham, lege deine Hand nicht an den Knaben und tu ihm nichts, denn nun weiß ich, daß du Gott fürchtest und hast deines einzigen Sohnes nicht verschont um meinetwillen.»[10] Da hob Abraham den Blick und sah einen Widder hinter sich, der sich mit den Hörnern in einem Dickicht verfangen hatte, und er nahm ihn und brachte ihn an seines Sohnes statt zum Brandopfer dar.

Daraufhin wurde Abraham von Gott gesegnet, weil er bereit war, seinen Sohn zu töten: «Ich habe bei mir selbst geschworen, dieweil du solches getan hast und hast deines einzigen Sohnes nicht verschont, daß ich deinen Samen segnen und mehren will wie die Sterne am Himmel und wie den Sand am Ufer des Meeres.»[11]

Iphigenie: Opferung der Tochter

Eine andere Erfolgsstory, die sich auf die Bereitschaft des Vaters stützt, sein Kind zu opfern, findet sich in der Ilias. Dieses Mal war der Vater der König Agamemnon, Führer des griechischen Heeres im Kampf um Troja. Er sammelte seine Armee und bereitete sich darauf vor, mit einer riesigen Flotte nach Troja auszulaufen. Doch eine Flaute hinderte ihn am Auslaufen, und die Männer wurden unruhig. Der Ruhm, die Beute und die Macht, die Agamemnon winkten, wenn seine Streitkräfte Troja eroberten, wären verloren, wenn nicht bald gute Winde aufkämen. Agamemnon zog einen Seher zu Rate, der erklärte, die Winde würden kommen und seine Flotte könne nach Troja segeln, wenn Agamemnon bereit sei, seine schöne, unschuldige Tochter Iphigenie zu opfern.

Agamemnon ließ seine Frau benachrichtigen und befahl ihr, ihm Iphigenie zu schicken, damit sie den berühmtesten aller griechischen Helden, Achilles, Sohn des Königs Peleus und der Meeresgöttin Thetis heirate. Man kann sich vorstellen, welche Aufregung die Nachricht von dieser Hochzeit verursachte, und wie das junge Mädchen zum Lager ihres Vaters reiste, beladen mit kostbaren Gewändern und Geschenken, mit welcher Ungeduld sie sich ihren zukünftigen Bräutigam ausmalte, wenn sie an ihren Hochzeitstag dachte.

An welchem Punkt realisierte Iphigenie, daß etwas nicht in Ordnung war? Wie lange ließ ihr Vater sie in dem Glauben, daß sie heiraten würde? Wann wußte sie, daß sie nur dorthin gebracht worden war, um geopfert zu werden? Trug sie ihr Hochzeitskleid? Näherte sie sich dem Ort, an dem sie getötet werden sollte, in dem Glauben, hier werde die Hochzeit vollzogen? Irgendwann muß sie gemerkt haben, daß ihr Vater sie getäuscht hatte und nur der Tod sie erwartete. Und als sie das in seiner ganzen Tragweite begriff, muß sie sich unendlich betrogen, ängstlich und vollkommen verlassen vorgekommen sein.

Agamemnon brachte sie tatsächlich als Opfer dar. Die Winde kamen und die griechische Flotte segelte nach Troja, um einen Krieg zu führen, der zehn Jahre dauern sollte. In einer anderen Version der Geschichte wurde Iphigenie von der Göttin Artemis gerettet, die die Königstochter in letzter Minute durch eine Hirschkuh ersetzte.

So war Agamemnon ein weiterer Vater, der für die Bereitschaft, sein Kind zu töten oder töten zu lassen, belohnt wurde. Aus psychologischer Sicht vernichtet der Vater, der das Vertrauen seiner Tochter bricht und ihre Unschuld zerstört, einen entsprechenden Teil seiner eigenen Persönlichkeit. Die Tochter kann symbolisch die Anima ihres Vaters darstellen (Jungs Terminus für den weiblichen Aspekt eines Mannes), ebenso seine Frau, die seine andere Hälfte (ironisch «bessere Hälfte» genannt) repräsentiert und in diesen Geschichten nicht um Rat gefragt, sondern getäuscht wird. Im übrigen besäße sie gar nicht die Macht, ihren Sohn oder ihre Tochter zu verteidigen.

Ich bezweifle, daß Abraham Sarah aufforderte, sich für immer von ihrem gemeinsamen Sohn Isaak zu verabschieden, als sie ins Land Morija aufbrachen. Ich bezweifle, daß Abraham ihr sagte, er habe vor, Gott zu gehorchen und Isaak als Brandopfer darzubringen. Hätte Sarah gewußt, was passieren würde, hätte sie, so könnte man erwarten, dies zu verhindern versucht. Hätte sie die Macht besessen, es zu verhindern, wäre Isaak zu Hause geblieben.

Und Iphigenie auch, hätte ihre Mutter gewußt, was Agamemnon vorhatte, als er Iphigenie unter einem Vorwand nach Aulis kommen ließ.

Um ein rücksichtsloser Soldat oder Anführer oder ein moderner Vorstandsvorsitzender oder Unternehmer zu sein, muß ein Mann (oder eine Frau, die heutzutage ebenfalls eine solche Rolle übernehmen kann), gewöhnlich bereit sein, über Leichen zu gehen, Gefühle zu unterdrücken und das Streben nach Anerkennung oder Erfolg in der Männerwelt höher stellen als Familienbande. Im Militärlager oder seinem zeitgenössischen Gegenstück auf dem freien Markt ist kein Platz für Verletzlichkeit, Zärtlichkeit und Unschuld. Und in einem Ambiente, in dem einer gewinnt und der andere verliert, gibt es keinen Raum für Großzügigkeit oder Mitgefühl mit Gegnern, Wettstreitern und Rivalen. Solche Eigenschaften gelten als Schwäche, die man opfern muß. «Töte, oder du wirst getötet!» heißt die Devise.

Die Mythen und Geschichten von Männern, die bereit waren, ihre Kinder zu töten und erzählen, wie sie dafür belohnt wurden, sprechen für sich. Sie zeigen, was in einer patriarchalischen Gesellschaft gefordert wird: der Obrigkeit zu gehorchen und alles zu tun, um die einmal erreichte Autorität zu erhalten.

Dieses Wertesystem hat unmittelbare und negative Konsequenzen auf die Beziehung zwischen Vätern und Söhnen. Autoritäre Väter reagieren zornig auf alles, was sie als Aufsässigkeit und Ungehorsam empfinden. Sie bestrafen ihre Söhne (und Töchter), weil sie nicht tun, was ihnen aufgetragen wurde oder von ihnen erwartet wird, aus welchem Grund auch immer.

Das Bedürfnis, eine autoritäre Stellung um jeden Preis zu erhalten, trägt zu den schlimmsten Fällen von Kindesmißhandlung bei. Es kann vorkommen, daß sich ein Vater über sein Baby, das nicht aufhören will zu schreien, oder seinen zweijährigen Sohn, zu dessen natürlicher Entwicklung es gehört, nein zu sagen, so aufregt, weil er glaubt, sie seien aufsässig oder machten sich über seine Autorität lustig. (Keineswegs zufällig führt es ihm zugleich seine eigene Hilflosigkeit und Unfähigkeit, Herr der Situation zu bleiben, vor Augen.) Diese Reaktion wird als paranoid bezeichnet. Der Vater sieht seinen Sohn nicht als Kind, das nur es selbst ist und genau das tut, was alle Babys oder Zweijährigen tun, sondern reagiert auf das, was er wahrnimmt, und wird daher seinem Kind nicht gerecht.

Noch häufiger lädt der Sohn den Zorn seines autoritären Vaters auf sich, wenn er älter wird. Es kann sein, daß er nicht tut, was man ihm befohlen hat, daß er anzweifelt, was sein Vater sagt, eine andere Meinung als er vertritt oder sich offen gegen ihn auflehnt. Doch Autoritäten in Frage zu stellen, Dinge selbst zu entdecken, gehört zum normalen Lernprozeß.

Aus psychologischer Sicht besteht das Problem nicht darin, daß der Vater Autorität besitzt und ausübt. Kinder entwickeln Vertrauen und Sicherheit, wenn es eine Autorität gibt, die feste und angemessene Grenzen setzt. Doch entspricht es durchaus nicht den Bedürfnissen des Kindes nach Festigkeit, wenn sein Vater unter dem Deckmantel väterlicher Autorität eifersüchtig ist, weil er emotional verdrängt wird, oder seinem Sohn unbedingt zeigen muß, wer Herr im Haus ist.

Dann spielt der Vater die Rolle des distanzierten, zornigen Himmelsvaters, der in dem Sohn eine Bedrohung seiner Position sieht. Da seine Wut irrational ist, reagiert der Sohn zunächst verwirrt und verletzt. Die Situation spitzt sich zu, gegenseitiges Mißtrauen und Entfremdung sind die Folge. Paradoxerweise wird der Sohn sich aus diesem Grund später, wenn er erwachsen ist, genauso verhalten wie sein Vater.

In der Psychologie spricht man davon, daß der Sohn «sich mit dem Aggressor identifiziert» statt mit dem Opfer, das er in Wirklichkeit war. Er hat gelernt, die Eigenschaften, die den Zorn seines Vaters provozierten, abzulehnen – auch wenn es keine schlechten Eigenschaften waren.

Zwar wird der Sohn einen Vater, der pausenlos an ihm herummäkelt, ihn beschimpft und verspottet, kaum gern haben, noch mehr aber wird er es hassen, sich schwach, inkompetent, ängstlich, hilflos und gedemütigt zu fühlen. Er lernt, seine eigene Verletzlichkeit angesichts der strengen Beurteilung und Wut seines Vaters zu verabscheuen. Wie schlecht er sich fühlte, vermischt sich mit der Vorstellung von «Schlechtigkeit» an sich, und diese Verwirrtheit steigert die patriarchalische Kultur noch, indem sie das Bewußtsein von Verletzlichkeit mit Schwäche, Feigheit und «Weinerlichkeit» gleichsetzt. Liebe zu schönen Dingen, Sinnlichkeit und emotionale Spontaneität werden desgleichen als unmännliche Züge deklariert, die versteckt oder jedenfalls so tief vergraben werden müssen, daß das Bewußtsein sie nicht wahrnimmt.

Jungen und Männer lernen, daß es in einem Patriarchat gefährlich sein kann, Mitleid mit einem Opfer zu zeigen, daß sie dabei Gefahr laufen, ihre eigene akzeptierte Position zu verlieren. Diese Gefahr ist besonders groß, wenn Männer in einer Gruppe Macht über andere ausüben, ein Tier quälen oder eine schwächere Person foltern, verprügeln oder gar nacheinander vergewaltigen. Ein Mann in meiner Praxis hat mir erzählt, welchen Hohn und Spott er als kleiner Junge hatte erdulden müssen, als er verhinderte, daß ein paar andere Jungen ein Kätzchen quälten. Dafür mußte er zahlen: von dem Tag an machten sie sich gnadenlos über ihn lustig.

Andere Männer berichteten von Scham und Gewissensbissen, weil ihnen der Mut fehlte, zu protestieren oder einzugreifen. Sie sagen: «Ich habe keinen Finger gerührt», und erklären so ihr schweigendes Einverständnis zu dem, was die Männergruppe, der sie angehörten, einer Frau, einem Homosexuellen, einem Juden, Asiaten, Mexikaner oder Schwarzen antaten. Diese Männer stammten aus Familien, in denen sie nicht als Opfer elterlicher Gewalt aufwuchsen, daher identifizierten sie sich später nicht im selben Maße mit dem Aggressor, wie es ein mißhandelter Junge vielleicht getan hätte. Trotzdem machten sie mit, und das scheint bei Männern, die in Gruppen auftreten, nichts Ungewöhnliches zu sein.

Wenn ein mißhandelter Junge größer wird, Einfluß gewinnt und imstande ist, selbst kleinere Kinder einzuschüchtern, wird er es gewöhnlich tun (zum Glück gibt es Ausnahmen). Schikanen in Studentenverbindungen mit ihren Prügelorgien und Schlimmerem, das Fortbestehen von unmenschlich schwierigen Medizinalpraktiken als Feuerproben, die es zu überstehen gilt, oder die Art, wie man in West Point mit «plebes» umspringt, sind brutale Einführungen einer neuen Generation durch die mißhandelte vorherige Generation.

«Wenn ich es ausgehalten habe, kannst du es auch», heißt das Motto, mit dem solche Initiationsriten gerechtfertigt werden – eine eindeutige Identifikation mit dem Aggressor. Prügelorgien in Studentenverbindungen erneuern Erfahrungen, die viele Männer als Kinder mit ihren wütenden, größeren, älteren Brüdern gemacht haben. Der jüngere Bruder ist immer die Zielscheibe der Aggression und befindet sich seinem älteren Bruder gegenüber in der gleichen unterlegenen Position oder Opferrolle, in der sich sein Bruder dem Vater gegenüber befand. Diese unterschwellige Wiederholung des «Wenn ich es ausgehalten habe, kannst du es auch»-Schemas läuft gewöhnlich unbewußt ab.

Identifikation mit anderen Männern

Daß Männer in einer Kultur, die Entfremdung und Wettbewerb zwischen Männern fördert, überhaupt wechselseitiges Vertrauen und Liebe entwickeln können, ist bemerkenswert. Wie Untersuchungen über den psychologischen Status von Männern belegen, schaffen die meisten das nicht.

Es gibt Ausnahmen: Zeiten, in denen Männer sich wirklich nahe kommen, gewöhnlich, wenn sie «im selben Boot sitzen» und die private Subkultur, die sie vorübergehend teilen, eher egalitär als patriarchalisch und rein männlich aufgebaut ist. Einige Männer, die heute längst berufstätig sind, erzählten mir von einem goldenen Zeitalter der Jugendfreundschaft, das nur in Arbeitervierteln möglich war, von Sommern, in denen keiner wegfuhr und der Freundeskreis von morgens bis abends zusammen sein konnte. Das war, bevor Mädchen wichtig wurden und sie sich in Gewinner und Verlierer aufteilten. Zwar gingen sie später getrennte Wege, doch legte diese Erfahrung den Grundstein für die spätere Suche nach Freundschaften mit Männern. Ähnlich erzählen Männer aus der Oberschicht, die auf Internaten waren, gelegentlich von geschlossenen Zirkeln, in denen sie eine Fähigkeit zur Freundschaft entwickelten, die sie nie wieder verloren. Auch Freiwillige, die sich in einer Frontkompanie aufeinander verlassen müssen, sprechen von engen Banden untereinander.

Obgleich sich die einzelnen Situationen voneinander unterscheiden, hatten diese Jungen oder Männer stets das deutliche Gefühl, daß «sie die Sache gemeinsam durchstehen» mußten. Die für alle gleichen Bedingungen machten es ihnen leicht, sich miteinander zu identifizieren. Sie waren in der Situation «ebenbürtiger Brüder», die vorübergehend dem unsichtbaren, entzweienden und hierarchischen Einfluß des Patriarchats entflohen waren, der Männer gewöhnlich trennt und voneinander isoliert.

Luke Skywalker und «sein Schicksal»

Unmittelbar vor dem Höhepunkt von *Rückkehr der Jedi-Ritter*, dem dritten Film der *Star Wars*-Reihe, findet eine bezeichnende Unterhaltung zwischen Darth Vader und seinem Meister, dem Imperator statt, der ihm erzählt, daß «der junge Skywalker einer von uns» sein wird. Und in dem darauffolgenden Kampf auf Leben und Tod zwischen Luke Skywalker und Darth Vader, ist Luke versucht, voller Angst und Haß zu reagieren, sich dazu verleiten zu lassen, seiner mörderischen Wut freien Lauf zu lassen, die, wie ihm der Imperator sagt, sein «unabwendbares Schicksal» ist – und sich dadurch mit dem Aggressor zu identifizieren. Luke Skywalker macht sich keine Illusionen über den Imperator und seinen Todesstern. Er will nicht Teil eines Imperiums sein, das Macht über alle anderen anstrebt, Freiheit unterdrückt und blinden Gehorsam verlangt – übersteigerte Werte des Patriarchats –, selbst wenn ihm dafür eine Führerrolle versprochen wird.

Weil er sich von dem Versprechen auf Macht nicht verleiten und von der Angst, naiv und dumm zu sein, weil seine Lage hoffnungslos ist, nicht überwältigen läßt, kann sich Luke gegen sein «unabwendbares Schicksal» auflehnen. Folgerichtig gibt er nicht nach und wird nicht zu einem gefühllosen Mann, der Befehle erteilt, wie sein Vater. Er weigert sich, Liebe gegen Macht, oder Loyalität gegen eine sichere Position einzutauschen, und beharrt auf seinem Glauben an ein anderes System selbst im Angesicht der vermeintlichen Unbesiegbarkeit des Status Quo. Durch seinen Mut und sein Engagement für das, woran er glaubt, kann er der Versuchung, ein zweiter Darth Vader zu werden, widerstehen und gewinnt.

Alle Männer und Frauen in patriarchalischen Kulturen sehen sich derselben Verlockung ausgesetzt: Werden sie sich mit den Aggressoren identifizieren und sich ihnen anschließen? Augenblicke der Wahrheit und Zeiten voller Entscheidungen kommen immer dann, wenn das Überleben eines Luke Skywalker – oder seines weiblichen Gegenstücks, Prinzessin Leia – in uns auf dem Spiel steht. Bis zu unserem Tod bleibt das Leben eine unendliche Geschichte, die uns immer wieder aufs neue vor solche Augenblicke der Wahl stellt. Wir können uns dafür entscheiden, nicht auf- oder nachzugeben und dem treu zu bleiben, was uns wirklich wichtig ist, selbst wenn wir Grund zur Angst haben. Um uns treu zu bleiben, müssen wir wissen, wer wir sind. Psychologisch gesehen, verbinden uns die aktiven Archetypen in unserem Inneren mit dem, was für uns die größte Bedeutung hat. Zu wissen, welche Archetypen die bedeutungsvollsten sind, verrät uns also etwas Wichtiges über unsere eigentliche Natur und hilft uns, unseren Standpunkt zu behaupten. Ein solches Wissen macht uns mächtiger.

In den folgenden Kapiteln begegnen wir den Göttern, deren Archetypen in jedem Mann existieren und auch Frauen vertraut sind. Zuerst lernen wir Zeus, Poseidon und Hades kennen, die Vaterarchetypen, deren abgeschlossene Kapitel den ersten Teil umfassen. Dann geht es weiter mit der Generation der Söhne – Apollon, Hermes, Hephaistos, Aris und Dionysos – jeder einzelne mit einer deutlichen Persönlichkeitsstruktur, die vom Patriarchat und dessen Vätern abwechselnd entweder favorisiert oder abgelehnt werden.

Teil II

Der Vaterarchetyp- Zeus, Poseidon und Hades

Zeus, Poseidon und Hades bildeten die erste Generation der olympischen Götter und repräsentieren die drei Aspekte des Vaterarchetyps. Sie teilten die Welt untereinander auf, und jeder herrschte über ein genau festgelegtes Territorium. Als Archetypen und Metaphern müssen Gott und Territorien stets gemeinsam betrachtet werden: Zeus und der Himmel, Poseidon und das Meer, Hades und die Unterwelt. Die Erde wurde ebenfalls von Zeus beherrscht, ohne ausdrücklich als sein Gebiet ausgewiesen zu sein.

Zeus herrschte über alles. Er war der oberste Gott, und seine persönlichen Attribute sind diejenigen, die wir mit mächtigen Vätern, Königen, Vorstandsvorsitzenden von Konzernen, Oberbefehlshabern von Armeen, Alpha-Männchen und Führerfiguren assoziieren. Poseidon und Hades sind Schattenaspekte von Zeus – jene Seiten des Vaterarchetyps, die Männer an der Macht unterdrücken oder ignorieren, wenngleich beide auch für sich allein stehen.

Biologische Vaterschaft und Vaterarchetyp haben nichts miteinander zu tun. Es könnte beispielsweise sein, daß Sie die Kapitel über die drei Vatergötter lesen und Ihren eigenen Vater nicht darunter entdecken, weil er nicht dabei ist: Vielleicht folgt er stattdessen einem der olympischen Söhne, von denen jeder seine eigene charakteristische Art hat, Vater zu sein. Ein Zeus muß nicht jeder menschlichen Familie vorstehen, und dennoch ist sein Einfluß in jeder patriarchalischen Gesellschaft auf eindrucksvolle Weise spürbar.

In Patriarchaten ist Zeus der vorherrschende Archetyp in der Kultur – und, interessant für die Psychologie –, in der Psyche der Männer. Wie in der Mythologie die Welt, so wurde auch die männliche Psyche aufgeteilt – in das bewußte, geistige Reich der Macht, des Willens und Denkens (Zeus), das Reich der Emotion und des Instinkts (Poseidon), das häufig unterdrückt, entwertet und manchmal von der bewußten Wahrnehmung abgesplittert wird, und der vagen, gefürchteten Welt unsichtbarer Schemen und unpersönlicher Archetypen (Hades), die häufig nur in Träumen durchscheint.

Anders als die drei Götter, die festgelegte archetypische Muster repräsentieren, jedes durch sein besonderes Reich definiert, hat ein Mensch potentiell Zugang zu all diesen Bereichen, kann sie bewußt durchlaufen und ihre Aspekte in seine bewußte Persönlichkeit integrieren.

Die Bedingungen, unter denen diese drei herrschenden männlichen Götter entstanden, sind noch heute als Muster im Leben vieler Menschen existent. Zeus, Poseidon und Hades hatten einen distanzierten Vater, dessen Animosität sich auf die Angst gründete, daß sie ihn und ihre entmachtete Mutter, die verzweifelt war, weil sie ihre Söhne nicht beschützen oder für sie sorgen konnte, eines Tages stürzen und übertreffen könnten. Viele von uns kommen aus solchen Familien. Darüberhinaus leben wir alle, unabhängig von unserer speziellen Ursprungsfamilie, in einem Patriarchat, das die Anhäufung von Macht höher bewertet als alles andere und Männer begünstigt, die dieses Ziel erreichen. Ein Muster, das, wie wir noch sehen werden, einen bedeutenden Einfluß auf die Psyche des Mannes hat.

Ein spiralförmiger Weg des Wissens

Die Zeus-, Poseidon- und Hades-Kapitel folgen einer spiralförmigen Form: In der erste Runde hören wir von einem Gott und seiner Mythologie, dann folgt das archetypische Muster und schließlich beschäftigen wir uns damit, wie der Gott oder Archetyp das Leben eines bestimmten Mannes beeinflußt. In der letzten Runde geht es darum, wie sich der Mann, der diesem speziellen Gott folgt, seelisch entwickeln kann.

Wie eine Komposition oder ein Gedicht bedeutet die Spiralform, daß wir einen roten Faden oder ein bestimmtes Thema durch die einzelnen Bewegungen hindurch verfolgen. Jede Schleife erweitert und vertieft zugleich die Bedeutung der einzelnen Gottarchetypen. Ich möchte denselben Gott aus allen möglichen Blickwinkeln beleuchten, so daß sich mit jeder Wiederholung das Bild des Gottes abrundet und in seiner Vielschichtigkeit durchschaubarer wird.

Die Spiralform richtet sich an beide Hälften unseres Gehirns: das Verständnis, das aus der linken Hälfte stammt, kommt durch unser lineares Bewußtsein, das Informationen mittels Worten und Logik absorbiert; die rechte Gehirnhälfte dagegen speichert Bilder, Empfindungen, Erinnerungen und Gefühle, die persönlich und kollektiv sind, zeitgebunden und zeitlos zugleich, wobei sie ihnen weder eine Ordnung noch Logik auferlegt. Ein Aha-Erlebnis entsteht, wenn sich eine Überkreuzung von rechts nach links oder von links nach rechts ergibt und uns plötzlich ein neues Stück Wissen klar wird – dann haben wir etwas über Vielschichtigkeit gelernt und sind berührt oder bewegt von dem, was wir nun wissen.

3. Zeus, Gott des Himmels – Reich des Willens und der Macht

Er war Herrscher über den Himmel, Regengott und Wolkenballer, der den schrecklichen Donnerkeil schwang. Seine Macht war größer als die aller anderen Götter zusammen.
Dennoch war er weder allmächtig noch allwissend.

Edith Hamilton, *Mythology*

Der himmlische Zeus, in seiner Herrlichkeit ein Gott, der als Licht erscheint und den Menschen Erleuchtung und Bewußtsein bringt, erweist sich in seiner Finsternis als Feind aller Lebenskraft, der, gefangen in seinen Strukturen und Gesetzen, jede Veränderung und jede Bedrohung des Status Quo fürchtet und ablehnt.

Arianna Stassinopoulos, *The Gods of Greece*

Zeus war der höchste und mächtigste aller olympischen Götter. Als Himmelsgott herrschte er auf dem Olymp, einem hohen, fernen Berg, dessen schroffe Gipfel häufig umwölkt sind. Als er und seine Brüder Poseidon und Hades das Los warfen und die Welt unter sich aufteilten, erhielt Zeus den Himmel, Poseidon das Meer und Hades die Unterwelt. Die Erde und der Olymp sollten allen dreien zustehen, doch Zeus hatte vom Himmel aus das ganze Gebiet im Blick und herrschte darüber.

Der Himmel unterscheidet sich vom Meer oder von der Unterwelt ebensosehr wie die Persönlichkeiten der einzelnen, über die verschiedenen Gebiete herrschenden Götter. Um sich in den Himmel hinaufzuwagen, muß man die Erde verlassen, den Kontakt zur materiellen Welt aufgeben, gewinnt dafür jedoch einen weiten Überblick. Von einem solchen Punkt aus sieht man den Wald, nicht aber die einzelnen Bäume.

Zeus war der Gott des Donnerkeils, sein Symbol der Blitzstrahl. Heute noch fürchten wir, wenn wir gegen ein patriarchalisches Gebot verstoßen, «vom Blitz getroffen zu werden», und atmen erleichtert auf, wenn er ausbleibt. Als Regenbringer sorgte Zeus für das, was zum Wachstum benötigt

wird. Ob er als strafender oder Kinder zeugender Gott auftrat – seine Macht drückte sich meistens von oben und aus der Ferne aus.
Wie alle erfolgreichen Herrscher hatte er ein besonderes Gespür für Strategie und ging Bündnisse ein, mit deren Hilfe er die Titanen schlug. Er etablierte und konsolidierte seine Macht. Vor allem aber, und das gehört zu seinen charakteristischen Eigenschaften, zwang er anderen seinen Willen auf.

Wir werden wie Zeus, wenn wir nach Status und Macht streben, entweder Macht über andere, oder die Macht, etwas zu erreichen. Es ist das Reich der mächtigen Männer, die über politische und ökonomische Macht verfügen, angefangen beim legendären König Arthur und dem historischen römischen Kaiser Augustus Caesar bis hin zu zeitgenössischen politischen Führern einschließlich der englischen Premierministerin Margaret Thatcher, die durch ihr Beispiel beweist, daß das Himmelsreich nicht eine ausschließlich männliche Domäne ist, sondern im Streben nach Macht und der Fähigkeit zu entschlossenem Handeln Ausdruck findet.

Vom psychologischen Standpunkt aus am deutlichsten – und besonders im Vergleich mit den Reichen Poseidons und Hades' –, symbolisiert der Himmel eine bewußte Haltung, eine Perspektive, die vor allem für Kontrolle, Macht und Willen steht.

Zeus, der Gott

Zeus (Jupiter oder Jovis, wie er bei den Römern genannt wurde) war der höchste Gott unter den griechischen Olympiern. Ein Himmelsgott, der den Olymp beherrschte und Blitze schleuderte. Sein symbolisches Tier war der Adler. Zeus wurde als «Wolkenballer“ bezeichnet, als derjenige, der «günstige Fahrtwinde schickte», «Vater der Götter und Menschen» (obgleich er in der griechischen Mythologie nicht ihr Vater war: Mehrere Götter waren seine Brüder und Schwestern, und er hat weder die Erde erschaffen noch die Menschheit gezeugt). Er verlieh den Königen ihre Autorität, wachte über ihre Rechte und Macht, hielt die Gesetze aufrecht und strafte die Missetäter.

Zeus wurde als mächtiger Mann mit Bart dargestellt; häufig mit seinem Zepter oder einem Blitzstrahl auf einem Thron sitzend. Die berühmteste ihn darstellende Statue war eines der sieben Weltwunder der alten Welt, Pheidias hatte sie aus Gold und Elfenbein geschaffen und im Tempel des olympischen Zeus in Olympia aufgestellt. Das majestätische Äußere war nur ein Aspekt dieses Gottes, den anderen bildete der Schürzenjäger, dessen zahllose Eroberungen so manchen Künstler inspirierten.

Sein Name leitet sich aus der indogermanischen Wurzel «div» mit der

Bedeutung «scheinen» ab. Licht und Macht sind seine vorherrschenden abstrakten Attribute.

Genealogie und Mythologie

Die Geschichte seiner Geburt wurde bereits im zweiten Kapitel dieses Buches dargestellt. Er war das jüngste und letztgeborene Kind von Rheia und Kronos. Drei Schwestern und zwei Brüder waren ihm vorausgegangen, und Kronos hatte sie alle verschlungen.

Rheia rettete Zeus, indem sie Kronos überlistete und ihm statt des Kindes einen in Windeln gewickelten Stein gab, wodurch es vor dem gleichen Schicksal bewahrt wurde. Später wurde er in einer Höhle auf Kreta verborgen und von einer Nymphe oder Ziege aufgezogen (je nach Version).

Als er zum Mann herangewachsen war, überredete er die weise Metis, Kronos ein Mittel zu geben, damit dieser seine Geschwister und einen Stein ausspie. Dann kämpfte er mit seinen Brüdern Poseidon und Hades, sowie anderen Verbündeten darum, Kronos und die Titanen zu stürzen, die vom Olymp aus regierten. Nach zehn Jahren hatte er sein Ziel erreicht. Hier erwies sich Zeus als Stratege und Bündnispartner, der am Ende erfolgreich war, weil er die Zyklopen und Hunderthändigen (die ihm dankbar waren, weil er sie befreit hatte) auf seiner Seite hatte. Die Zyklopen schenkten Zeus Blitz und Donner, die Hunderthändigen dagegen die außergewöhnliche Feuerkraft von hundert blitzeschleudernden Armen.

Zeus und seine Gemahlinnen

Nachdem er seinen Vater Kronos und die Titanen besiegt hatte, stürzte sich Zeus in eine Reihe von Liebschaften mit weiblichen Gottheiten, Nymphen und sterblichen Frauen, mit denen er himmlische Eigenschaften, Halbgötter und fast die gesamte zweite Generation der Olympier zeugte. Hesiod zählt mehrere offizielle Gemahlinnen auf: Metis, Themis, Eurynome, Demeter, Mnemosyne, Leto und schließlich Hera. Die meisten waren «ältere» Göttinnen, d.h. sie wurden schon verehrt, bevor Zeus an die Macht kam. Nachdem ihre Völker besiegt worden waren, mußten sie ihr göttliches Wesen Zeus unterwerfen.

Die erste war Metis, eine Göttin, die für ihre Weisheit berühmt war und ihm Athene schenkte. Die Titanin Themis, eine Göttin der Gerechtigkeit und Ordnung, war seine zweite Frau; sie gebar ihm die Horen und die Moiren. Eurynome, seine dritte Frau, schenkte ihm die Charyten. Mit seiner olympischen Schwester Demeter zeugte er Persephone, mit Mnemosyne (Erinnerung) die neun Musen. Seine sechste Gemahlin war die Titanin Leto, die ihm Apollon und Artemis gebar.

Zeus und Hera

Als olympische Tochter von Kronos und Rheia stand Hera von ihrem Rang her auf derselben Stufe wie Zeus. Sie erweckte sein Verlangen; entschlossen, sie zu verführen, verwandelte er sich in einen vor Kälte zitternden Kuckuck. Als sie das arme kleine Wesen sah, bekam Hera Mitleid mit ihm und hielt es an ihre Brust, um es zu wärmen – worauf Zeus seine Verkleidung abstreifte und sie zu verführen versuchte. Doch sie setzte sich erfolgreich zur Wehr, bis er versprach, sie zu heiraten. Die Flitterwochen der beiden dauerten dreihundert Jahre, dann nahm Zeus seine alten Gewohnheiten wieder auf. Die griechische Mythologie ist voll von seinen Affären, Heras Demütigungen und ihrer rasenden Eifersucht.

Obwohl Homer dafür gesorgt hat, daß die Zwistigkeiten zwischen Hera und Zeus in aller Öffentlichkeit ausgebreitet wurden, gilt Hera vor allem als Göttin der Ehe. Im Frühling wurde sie als jungfräuliche Hera verehrt, im Sommer und Herbst dagegen, nachdem sie ein heiliges Bündnis mit Zeus, dem Vervollkommner geschlossen hatte, als Hera, die Vollendete oder Vollkommene. Im Winter verwandelte sie sich in eine trauernde Witwe (obgleich Zeus unsterblich war) und zog sich Jahr für Jahr für eine Weile zurück. Im Frühling versenkte man ein Bild von ihr in einem Teich, und sie kehrte als jungfräuliche Hera wieder zurück.

Zeus, der Schürzenjäger

Zeus hatte mindestens dreiundzwanzig Affären, die ihm zahlreiche Nachkommen bescherten, darunter zwei Olympier: Hermes, den Götterboten, dessen Mutter Maia war, und Dionysos, den ekstatischen Gott des Weines, dessen sterbliche Mutter Semele hieß. Glaubt man Homer, so war Zeus auch Vater von Aphrodite, ihre Mutter war eine Seenymphe namens Dione.

Zeus' Liebesaffären mit sterblichen Frauen waren Verführungen, bei denen er oft eine nichtmenschliche Gestalt annahm. Er verwandelte sich in einen Goldregen, um Danaë zu schwängern, die ihm den Helden Perseus schenkte. Bei Antiope war er ein Satyr; Leda verführte er in Gestalt eines Schwans und Europa als weißer Stier.

Die «anderen» Frauen und ihre Nachkommen zogen immer wieder Heras Zorn auf sich. Zeus gelang es meistens nicht, seine Liebschaften geheimzuhalten, selbst, als er Io in eine Kuh und Kallisto in eine Bärin verwandelte.

Zwar rettete er jedesmal die Kinder, die aus diesen Affären entstanden, manchmal aber schaffte er es nicht, die Frau, die Heras Eifersucht erweckt hatte, vor ihrem Zorn zu bewahren.

Zeus und Ganymedes

Zeus beschränkte seine Sinnlichkeit – ganz im Sinne der griechischen Kultur, die er repräsentierte – nicht allein auf Frauen. Ganymedes war ein schöner trojanischer Jüngling, der zum Olympus getragen wurde, entweder von einem Wirbelwind oder einem Adler, um Zeus als Mundschenk und, so die meisten Quellen, als Geliebter zu dienen. Dann schickte Zeus Hermes zum Vater des Jungen, um ihm Nachricht zu geben und ihn mit einem Gespann göttlicher Rosse (oder einem goldenen Weinstock, je nach Version) für den Verlust seines Sohne zu entschädigen. In Rom wurde Ganymedes häufig Catamitus genannt, was als Ursprung des englischen Wortes *catamite* (Lustknabe) gilt. Unsterblich wurde er in der Konstellation Aquarius als Wassermann.

Zeus und seine Kinder

Zeus zeugte viele Kinder. Seine Nachkommenschaft umfaßte Götter, Göttinnen und Halbgötter, Früchte seiner zahllosen Verbindungen mit himmlischen und sterblichen Frauen.

Er war der erste griechische Himmelsgott, der seine vielen Söhne und Töchter beschützte, sich ihnen gegenüber als großzügig erwies und ihnen vertraute. Als Dionysos' Mutter während der Schwangerschaft starb, nähte Zeus den Fötus in seinen Oberschenkel und trug ihn dort bis zu seiner Geburt aus. Er überließ seiner kleinen Tochter Artemis alles, was sie brauchte, um Göttin der Jagd zu werden – Pfeile und Bogen, Hunde und die Wahl ihrer Gefährten. Seiner Tochter Athene vertraute er seine Machtsymbole an. Er schlichtete einen Streit zwischen Apollon und Hermes, indem er darauf bestand, daß Hermes die Kühe, die er seinem älteren Halbbruder gestohlen hatte, zurückgab, was ihnen schließlich den Weg zur Freundschaft ebnete.

Doch auch der finstere Aspekt eines aggressiven Vaters gehörte zu seiner Natur. Er konnte ein inzestuöser Vater sein, der seine Tochter Persephone verführte, oder aber ein Vater, der Hades die Erlaubnis gab, sie zu entführen und zu vergewaltigen und auf ihre Hilfeschreie nicht reagierte, als Hades sie fortschleppte. Eine Legende gibt Zeus die Schuld an Hephaistos' verkrüppeltem Fuß: er soll den Jungen vom Olymp gestoßen haben, als der Partei für seine Mutter ergriff – ein klarer Fall von Kindesmißhandlung. Ein anderer Sohn, Ares, wurde psychologisch abgelehnt; Zeus haßte ihn. Und als er befürchtete, Metis werde einen Sohn gebären, der ihm seine Vormachtstellung streitig machen könnte, verschlang er sie, um diese Möglichkeit zu verhindern.

Doch wie auch immer Zeus seine Kinder behandelte, seine Zeugungskraft war ein wesentlicher Teil seiner Natur.

Zeus, der Archetyp

Er hat die Aufgabe, von einem Gipfel aus mit Macht und Autorität über ein auserwähltes Reich zu herrschen. Männer, die im wirklichen Leben «Bergkönig» spielen und Erfolg haben, sind wie Zeus. Sie haben dieselben charakteristischen Eigenschaften und Neigungen; das ihnen zugrunde liegende Muster ist der Zeus-Archetyp.

Zeus als Archetyp des Königs

Zeus hatte den Ehrgeiz und die Fähigkeit, ein Reich zu gründen, über das er als oberster Gott regierte. Der Drang, über sein eigenes Gebiet zu herrschen, ist ein wichtiger Bestandteil dieses Archetyps, der Männer (und Frauen) nach dem Vorbild dieses Gottes prägt.

Wenn Zeus der Archetyp ist, so ist das Bedürfnis, «ein Königreich zu schaffen», seine treibende Kraft. Zumindest macht er sich den Ausspruch «Mein Heim ist meine Burg» zu eigen, und deshalb braucht er ein Haus und eine Familie. Ein Mann, der diesem Archetyp gleicht, wird wahrscheinlich heiraten und Kinder zeugen, die er als Erweiterungen seiner selbst betrachtet. Von seiner Frau erwartet er, daß sie die perfekte Hausfrau ist und sich voll den Kindern widmet, während er sich kaum engagiert.

Eine Familie zu gründen, ist ein Teil des umfassenderen, visionären Motivs, ein eigenes Königreich zu etablieren. Ein Zeus strebt nach Autorität und Macht, und es stört ihn nicht, wenn er Gefahren auf sich nehmen muß, um seine Ziele zu erreichen. Er ist lieber sein eigener Herr, als für jemand anderen zu arbeiten. Und wenn er ein weitsichtiger Zeus ist, weiß er schon bei der Gründung seines ersten Geschäftes, daß dies nur der Anfang ist.

König Arthur ist eine legendäre Version dieses Archetyps. Er begann als unbekannter Niemand und war dazu bestimmt, ein kriegführendes feudalistisches Land unter seinem Banner zu vereinigen. Heute sind die auf dem Spiel stehenden Schlachtfelder gewöhnlich ökonomische Bereiche, und ein wagemutiger junger Unbekannter, der zum Unternehmer wird – beispielsweise Ross Perot, der sein Texas-Unternehmen zu einem multinationalen Konzern für elektronische Datensysteme aufgebaut hat – personifiziert den Archetyp des Königs.

Dieser drückt sich auch durch «Erbmonarchie» aus: bei Männern, die in einen bestimmten Familienstatus und Wohlstand hineingeboren werden, die den Mantel der Macht sozusagen erben. Wenn der Archetyp mit der ererbten Rolle zusammenfällt, wird die treibende Kraft der Drang des Mannes sein, die Grenzen seines Königreichs auszudehnen, mehr und mehr ökonomische Macht und Prestige anzuhäufen.

Das große Haus und das imponierende Bürogebäude sind Symbole dieses Archetyps. Sobald die Macht gefestigt ist, muß Camelot errichtet werden.

Zeus als Archetyp von Entschlossenheit

Blitzstrahl und Adler sind die beiden Hauptsymbole des göttlichen Zeus. Zugleich sind sie bemerkenswert treffende Ausdrucksmittel für die tatkräftige Entschlossenheit «aus der Ferne», die den Zeus-Archetyp charakterisiert.

Der Adler segelt in großer Höhe über das Land, sieht von Horizont zu Horizont. Dennoch kann er die kleinste Bewegung seiner Beute erkennen und rasch herabstoßen, um das kleine Nagetier oder Kaninchen mit seinen Krallen zu greifen. So gehört es zum Wesen von Zeus, ständig auf der Suche nach etwas zu sein, das er sich aneigenen will oder gerade braucht. Dies kann ein bestimmtes Produkt sein, ein potentieller Angestellter oder eine Gesellschaft; wenn er entdeckt, was er will, wird er es beharrlich so lange verfolgen, bis er es hat. Er verfügt über den großen Überblick – die Vision –, aber auch über einen Sinn für das einzelne, bedeutende Detail. Konzentriert er sich auf das Detail, dann mit voller Aufmerksamkeit, denn er hat nicht die Absicht, es wieder aus dem Blick oder aus den Klauen zu lassen. Doch wie ein Adler, dessen Beute plötzlich davonstiebt oder einem anderen Räuber zum Opfer fällt, kann er trotz aller Energie und Anstrengung, die er in ein bestimmtes Ziel gesteckt hat, von einer Sekunde auf die andere die Richtung wechseln, den Verlust abschreiben und sich neuen Zielen zuwenden.

Zeus' Blitzstrahl war ein Symbol für seine strafende Macht. Auch er kommt aus der Ferne und trifft genau – doch erst, wenn dunkle Sturmwolken aufgezogen sind und Donnergrollen das Zusammenballen von Gefühlen, das Aufsteigen von Zorn ankündigt. Der eifersüchtige Zeus tötete Iasion mit seinen Blitzen, als er sich mit der Göttin Demeter auf dem dreimal gepflügten Feld vereinigte. Ein anderer Blitzstrahl traf Phaëton, als der Junge die Gewalt über das feurige Gespann verlor, das den Sonnenwagen zog.

Der Blitzstrahl kann ein Symbol für die «Feuerkraft» sein, ebenso wie der Adler die Fähigkeit ausdrücken kann, sich entschlossen für etwas oder jemanden zu entscheiden. Für einen Unternehmenschef wie Lee Iacocca, der den Chrysler-Konzern vor dem Abgrund des Bankrotts rettete, ist die Fähigkeit, jemanden einzustellen (und zu feuern) von entscheidender Bedeutung für seinen Erfolg. Es stimmt, daß der Rausschmiß das Ende einer Karriere oder des Arbeitslebens eines loyalen Angestellten bedeuten kann und natürlich auch seine Familie betrifft. Für einen Mafiaboss bedeutet «den Kerl loszuwerden» möglicherweise Mord. Doch so etwas läßt Zeus ungerührt, und Männer, die diesen Archetyp personifizieren, verbringen über derartigen Angelegenheiten sicher keine schlaflosen Nächte.

Der ehemalige Präsident Reagan dagegen schien es nicht übers Herz zu bringen, jemanden direkt zu entlassen. Obgleich er Zeus' Stellung innehatte, war er nicht gerade für Entscheidungsfreudigkeit bekannt, die sonst ein Kennzeichen dieses Archetyps ist.

Zeus als Bündnisstifter: Geschäftsbeziehungen

Ein erfolgreicher Zeus kann sehr gut mit anderen mächtigen Männern kooperieren. Er zeichnet sich bei «Gipfeltreffen» aus, schmiedet Bündnisse und setzt Grenzen fest, alles nur, um quid pro quo-Vereinbarungen zu treffen. Sein Wort ist genug. Er will mit Leuten zu tun haben, die Macht besitzen und entscheidungsfreudig sind. Er erwartet von anderen, für ihre Interessen selbst einzutreten, so wie er es von sich gewohnt ist. Bündnisse sind lebensnotwendig, wenn er seine Machtbasis festigen und sein Reich ausdehnen will, natürliche Ziele für den Zeus-Archetyp.

Heutzutage schließt der Zeus-Mann Bündnisse mit Bankiers und Lieferanten, Vertrieben und sogar Konkurrenten, oder mit Bezugsquellen, Bürokraten und Stiftungen statt Feudalherren und Monarchen. Titel und Reiche haben sich verändert, die äußere Form dagegen ist gleichgeblieben.

Der göttliche Zeus verhalf den Olympiern mit Hilfe der Hunderthändigen und der Zyklopen zur Macht. Ohne deren Hilfe hätte er die Titanen nicht besiegen können. Sie halfen ihm, weil er sie befreite. In der Geschäftswelt muß ein Zeus abwägen, wann er «seine Chips einlöst»: Ist jetzt die Zeit gekommen, auf Dank für gewährte Gefallen zu setzen? Wenn ja, wird ein erfolgreicher Zeus dies mit Gespür und Feingefühl tun. Mit jeder dieser Transaktionen schmiedet ein Zeus neue Bündnisse und konsolidiert seine Position, wie es Mario Puzos Film *Der Pate* mit Marlon Brando in der Hauptrolle so bewundernswert gezeigt hat: der Archetyp des Zeus in der Maske des Mafiabosses.

Zeus als Bündnistifter: Ehen

Für den Archetyp Zeus, der sich vor allem dadurch definiert, daß er es schafft, sein Reich zu konsolidieren, ist auch die Ehe ein Mittel, um Bündnisse zu schmieden und Macht zu festigen. Königliche Ehen wurden durch Premierminister arrangiert. Patriarchalische Ehen sind in allen Kulturen Allianzen zwischen Familien, in denen Besitzwahrung und Fortbestand des Clans die obersten Ziele sind. Zeus' offizielle Ehen spiegeln dieses Muster wider.

Eine geeignete Frau zu finden, ist für Zeus nicht eine Herzensangelegenheit oder eine Seelenverbindung, sondern eine Sache des Staates, eine Allianz, die dem Ziel dient, ein Reich zu festigen oder zu erweitern. Wenn die Beziehung auch von Leidenschaft, Freundschaft oder anderen Aspekten geprägt sein soll, die persönliche Bedürfnisse befriedigen, müssen andere Archetypen hinzutreten.

Kein Wunder, daß die Ehe zwischen Zeus und Hera ein perfektes Konfliktmodell ist. Wenn zwei so mächtige Archetypen eine Verbindung eingehen, hat jeder ganz unterschiedliche Intentionen. Für Hera ist die Ehe eine heilige Verpflichtung und hat Vorrang über alles andere in ihrem Leben, wobei Monogamie und Treue für ihr Wohlbefinden von entscheidender Bedeutung sind. Wenn Hera der vorherrschende Archetyp einer Frau ist, sucht diese Frau in der Ehe die Möglichkeit persönlicher Erfüllung, Ergänzung und Vervollkommnung.

Zeus, der Schürzenjäger

Seine Zielgerichtetheit in bezug auf Frauen ist charakteristisch für seine «Adler»-Natur. Er sieht, welche Frau er begehrt, und tut alles, um ihr nahezukommen: nimmt eine andere Gestalt an, trägt einen verletzlicheren Teil seines Wesens zur Schau oder verwandelt sich in einen glühenden Liebhaber. Hat er Erfolg gehabt, wendet sich seine Aufmerksamkeit höchstwahrscheinlich wieder seinem Arbeitsbereich zu. Vielleicht unbewußt unternimmt er nichts, um sich gegen eine Schwangerschaft zu schützen, denn er hat ein starkes Bedürfnis, Nachkommen zu zeugen. Kennzeichnend ist auch, daß er «für sein Fleisch und Blut» sorgt, finanziell für seine Kinder aufkommt und die Vaterschaft anerkennt.

Zeus, der Himmelsvater

Der Trieb, Kinder zu haben, ist Teil des Zeus-Archetyps. Seine Erwartungen an sie sind mit denen an seine Untergebenen vergleichbar: gehorsam zu sein und seine Befehle auszuführen. Seine Lieblingskinder verkörpern das Idealbild seiner selbst, einen gerechten und erhabenen Menschen, der sich nie «von seinen Gefühlen hinreißen läßt». Diese Eigenschaften hat er an seine Kinder Apollon und Athene weitergegeben; sie finden ihre Entsprechung in einem leistungsorientierten, rationalen Sohn, der gut in der Schule und im Sport ist, oder auch in einer Tochter, deren Geist so funktioniert wie der seine, und die eine besondere, durch gegenseitige Bewunderung gekennzeichnete Vater-Tochter-Beziehung zu ihm hat. Er ist der Ratgeber, der die Ausbildung und Karriere seiner Kinder in die Hand nimmt, wie er es auch oft für andere junge Menschen tut, die er in der Geschäfts- oder Berufswelt unter seine Fittiche nimmt. Dafür erwartet er Loyalität und fühlt sich betrogen, wenn ein Untergebener oder ein Kind «erwachsen wird» und dann einen anderen Standpunkt vertritt als er.

Zeus ist der Archetyp eines dynastischen Vaters, der eine Familie gründet. Er wünscht sich viele Kinder und Enkel, die sein Erbe verwalten. Deshalb versucht er sich durchzusetzen, wenn es darum geht, was seine Kinder mit ihrem Leben anfangen werden, nicht nur zu seinen Lebzeiten, sondern darüber hinaus. Von einem dynastischen Trieb, aber auch von seiner Natur als fürsorglicher Vater motiviert, wird ein Multimillionär-Zeus sein Unternehmen so strukturieren und aufteilen, daß sein Vermächtnis über Generationen hinweg erhalten bleibt. Ein weniger imponierender Zeus mit einem kleineren Reich wird dasselbe im kleineren Rahmen tun.

Eine für Zeus typische Eigenschaft ist es, ein Vater sein zu wollen, der sich rührend um seine Kinder kümmert, und stolz darauf zu sein, wie gut ihm das gelingt. Die Größe seines Hauses spiegelt diesen Zug wieder, aber sie drückt auch sein Bedürfnis nach einer Domäne aus. Der fürsorgliche Vater ist normalerweise großzügig, doch diese Eigenschaft geht auf den Wunsch zurück, seine Kinder zu kontrollieren, und ist mit seinen Erwartungen an sie verknüpft. Wer im Budget der Zeus-Familie was bekommt, spiegelt wie in staatlichen Haushalts-Budgets die Ziele des Mannes an der Spitze.

Zeus ist, archetypisch gesehen, ein autoritärer Vater, der stets das letzte Wort hat. Möglich, daß er eine sehr offene Kommunikation mit seinen Kindern pflegt, aber Familien- und Geschäftsentscheidungen werden so getroffen, wie Lee Iacocca es beschreibt: «Bis zur eigentlichen Entscheidung wollte ich immer demokratisch sein. Doch danach werde ich zum rücksichtslosen Diktator. Okay, jetzt habe ich alle gehört, sage ich dann. Wir machen es folgendermaßen...»[1]

Zeus, der Mann

Das Leben des Mannes Zeus zeigt, wie sein archetypisches Muster aussieht, wenn es ausgelebt wird. Es ist ein aus vielen Beispielen zusammengesetztes Bild, das dem Zeus-Mann als Spiegel seiner selbst dienen könnte. Wenn wir durchschauen, welche Muster ihn von Kindesbeinen bis ins hohe Alter prägen, können wir vielleicht auch lernen, ihn zu erkennen.

Die meisten Männer, die Zeus ähneln, haben auch andere Aspekte. Gewöhnlich gibt es mehr als einen Gott in jedem Mann. Mit anderen Worten, eine Menge von dem, was jetzt folgt, paßt zum Zeus-Mann, aber nicht unbedingt alles. Es könnte auch sein, daß das Zeus-Muster (wie die anderen) nur während einer bestimmten Phase im Leben des Mannes dominant und nicht der beherrschende innere Einfluß seines ganzen Lebens ist. Dann ist Zeus in bestimmten Phasen ganz offensichtlich gegenwärtig, in anderen dagegen bleibt er im Hintergrund. Zum Beispiel kann die Geburt eines Kindes eine Zeusphase einleiten. Er stellt sich um und versucht, sich eine bestimmte Stellung in der Welt zu erarbeiten und eine Familie zu gründen, auch wenn er solche Ambitionen nie geäußert hatte. Ebenso ist es möglich, daß ein Mann (oder eine Frau) nur in einem Bereich seines (ihres) Lebens von Zeus geprägt ist, entweder im Geschäft oder in seinen (ihren) persönlichen Beziehungen.

Die frühen Lebensjahre

Das Zeus-Baby macht sich schon früh bemerkbar; es zeigt einen überaus starken Willen. Wenn es sich etwas in den Kopf gesetzt hat, ist es nicht leicht, es davon wieder abzubringen, beispielsweise, wenn es etwas in der Hand hält und nicht losläßt oder nach etwas greifen will. Da haben wir den kleinen Dickkopf, der mehr als andere zu dem Klischee von den schrecklichen Zweijährigen beigetragen hat. Wenn er «Nein!» sagt, meint er es.

Um sein autokratisches Wesen zu mäßigen und die ihm innewohnenden Fähigkeiten zu entwickeln, tut es einem Zeuskind gut, zu Hause und in der Schule Fairness und Gerechtigkeit zu lernen, über praktische Dinge nachzudenken oder Spielzeug und Gegenstände zu haben, die es bedienen oder manipulieren kann. Es ist typisch für den kleinen Zeus, daß er, sobald man ihn sich selbst überläßt, seine eigene kleine Welt schafft, in der er bestimmt, was passiert.

Er baut Straßen für seinen Wagenpark, stellt seine Spielzeugsoldaten auf dem Schlachtfeld auf und errichtet eine Stadt, statt ein Buch zu lesen oder vor sich hinzuträumen. Wenn er die Wahl hat, spielt er lieber mit anderen als allein. Er ist der kleine Junge, der immer der Anführer auf dem Spielplatz ist, oder, wenn ihm das verwehrt wird, das Gefühl hat, schrecklich zu kurz zu kommen.

Eltern

Schon als Kleinkind schafft es der junge Zeus, allein durch die Kraft seines Willens, manche Mütter, die von autoritären Männern dominiert wurden, einzuschüchtern. Er ist der geborene Boss, eine Eigenschaft, die manche Väter provoziert – besonders die autoritären, die ihm auf ziemlich üble Weise zeigen können, wer Herr im Haus ist. Es kommt vor, daß Eltern sich an diesem Kind die Zähne ausbeißen, aber es ist wichtig, daß sie ihm nicht nachgeben und zulassen, daß er sich schon mit zwei oder drei Jahren zu einem kleinen Tyrannen entwickelt. Andererseits müssen sie darauf achten, sich nicht auf frontale Machtkämpfe einzulassen, in denen er lernt, daß der Stärkere immer recht hat.

Mehr als bei anderen Kindertypen müssen sich die Eltern immer wieder klarmachen, daß er nur ein Baby oder ein Kleinkind ist – auch wenn er sich benimmt wie Ludwig XIV. oder Heinrich VIII. Eltern, die ihr Kind vor eine angemessene Wahl stellen, statt sich in Machtspielchen verwickeln zu lassen, ermutigen es, zu denken und zu handeln, und auch das sind angeborene positive Zeus-Eigenschaften. Es ist besser, zu fragen: «Möchtest du lieber dies oder das haben, dies oder jenes tun, dahin oder dorthin gehen?», als es auf einen Kampf darüber ankommen zu lassen, wer nein sagen und das letzte Wort haben kann. Außerdem ist das besser, als die Entscheidung dem zu überlassen, der körperlich stärker ist; die Regel, daß der Stärkere immer recht hat, ist für den jungen Zeus allzu verführerisch. Setzen Sie feste Grenzen und rechnen Sie damit, daß diese erprobt werden. Ein Kind muß eine umsichtige elterliche Macht zu spüren bekommen, um zu begreifen, daß seine Eltern Autorität haben und sie auch ausüben.

Wenn die Dinge zu seiner Zufriedenheit geklärt sind, kann dieses Kind völlig in dem aufgehen, was es gerade macht. Normalerweise hat es ein extravertiertes, umgängliches Wesen. Sobald eine Angelegenheit erledigt ist, tritt auch wieder Frieden ein.

Die schlimmste Kombination für seine Entwicklung ist eine schwache, passive Mutter und ein dominierender, aggressiver Vater. Dann wird sich dieses Kind mit dem Aggressor identifizieren, sobald es dazu in der Lage ist – und es hat Zeit. Je nachdem, wie schlecht es von einem Vater, der ihm zeigt, wer der Herr im Haus ist, behandelt wird, und ob seine Mutter in der Lage ist, ihn zu beschützen, kann man es dazu bringen, sich höheren Autoritäten zu beugen. Tritt dieser Fall ein, wird es Gewalt über andere auszuüben versuchen, die schwächer sind als er. (Vergessen Sie nicht, daß auch die Mutter der aggressive Elternteil sein kann.)

Der Zeus-Sohn eines erfolgreichen, emotional distanzierten Vaters hat ein Rollenmodell, das er bewundert und das ihm darüberhinaus hilft, erkennbare Fortschritte in der Welt zu machen. Hat er gleichzeitig eine fürsorgliche Mutter, die ihn mit ihrer Liebe umsorgt, wird er in dem Glauben aufwachsen, ein Recht auf alles zu haben, was er will, voller Vertrauen in sich und seinen Platz in der Welt. Sein Wesen und die Fürsorge seiner Mutter verstärken noch das Gefühl, «jemand» zu sein.

Adoleszenz und erste Erwachsenenjahre

In seiner Jugend sind seine Beziehungen zu Autoritätspersonen häufig das Thema, das ihn am meisten beschäftigt. Als junger Mann verfügt er über eine Selbstsicherheit, die autoritäre Menschen häufig herausfordern, ihm zu zeigen, «wer Herr im Haus ist». Möglich, daß er mit ihnen aneinandergerät, doch er hat Zeit und kann fürs erste auch mit ihnen kooperieren. Als guter Stratege weiß er, daß es nichts bringt, sich auf einen Machtkampf einzulassen, den er nicht gewinnen kann.

Gewöhnlich wird er von seinen Geschlechtsgenossen auf der High School und im College oder überall sonst als natürlicher Führer angesehen. Er verabredet sich mit den hübschesten Mädchen und ist sexuell aktiv. Zugleich ist er Pragmatiker, kein Idealist; er akzeptiert die Welt so, wie sie ist, und will seinen Anteil. Wie intelligent er auch sein mag, ein Intellektueller ist er nicht. Er neigt nicht zu Selbstbeobachtung und verschwendet seine Zeit nicht damit, über die Vergangenheit oder seine Gefühle nachzudenken, ganz zu schweigen von den Gefühlen anderer. Was ihn angeht, so ist alles in Ordnung, und das Leben ist etwas, mit dem man klarkommen kann.

Beruf

Von dem Tag, an dem er seinen ersten schlechtbezahlten Job nach der Schule bekam, hat er die Augen offengehalten und darüber nachgedacht, was er alles anders machen würde, wenn er die Möglichkeit hätte. Viele andere Jungen in seinem Alter betrachten einen solchen Job nur als Geldquelle und tun alles, was von ihnen erwartet wird oder sogar mehr. Der Zeus-Junge dagegen hat ein lebhaftes Interesse an der Geschäftswelt als solcher, beurteilt die Leute, für die er arbeitet, und lernt, gewöhnlich allein, was funktioniert und warum. Wenn er auf dem Land oder im Ghetto aufwächst, wird sich seine Aufmerksamkeit auf jedes «Geschäft» richten, das sich ihm anbietet, von Anbaufrüchten bis zum Drogenhandel oder anderen Dummheiten. Es ist typisch für ihn, daß er den größeren Rahmen nie aus den Augen verliert und sich trotzdem immer wieder auf das einstellen kann, was für ihn möglich ist. Er fragt sich, warum ältere Männer, die das Sagen haben, nie das tun, was er für notwendig und offensichtlich hält, oder zögern, Gelegenheiten zu ergreifen, die er sich an ihrer Stelle nicht entgehen ließe. Niemand muß ihm etwas über Eigeninitiative oder harte Arbeit erzählen oder darauf aufmerksam machen, daß er nach Gelegenheiten Ausschau halten muß; das ist für ihn gar keine Frage.

Manchmal verfolgt er einen bestimmten Zweck und die Zeus-Perspektive kommt ihm zu Hilfe, gleichgültig, welchen Bereich er sich ausgesucht hat. So greift er gern auf alte Freundschaften zurück und spannt sie für seine Zwecke ein. Er hat nichts gegen den Kapitalismus, der ihm die Möglichkeit verschafft, weiterzukommen. Und er besitzt mehrere natürliche psychologische Vorteile, die ihn antreiben. Macht, Geld oder Besitz zu scheffeln, ist ein Spiel, das er problemlos beherrscht, weil er realistisch und zuversichtlich ist und das, was andere tun, nie persönlich nimmt. Wenn er mit einem größeren Konflikt in seinem Unternehmen fertigwerden muß, der möglicherweise andere finanziell ruiniert oder zur Folge hat, daß er Leute, die für ihn gearbeitet haben, feuern oder ein Exempel statuieren muß, dann kann er mit Befehlen um sich werfen wie Zeus mit seinen Blitzstrahlen. Ebenso ungerührt erteilt ein Zeus-Mann, der einen hochrangigen Posten im Pentagon oder in einer Verbrechergang bekleidet, Befehle, die Menschen das Leben kosten können. Seine emotionale Distanz bewahrt ihn vor schlaflosen Nächten.

Beziehungen zu Frauen

Als ehemaliger Außenminister hat Henry Kissinger einmal bemerkt, daß «Macht ein Aphrodisiakum» ist. Die Aura des «wichtigen Mannes», die einen Zeus umgibt, zieht einige Frauen an und macht einen Teil seines Erfolges aus. Er würde nie wie ein verliebter Narr einer Frau nachlaufen – hier geht er, wie bei seiner Arbeit auch, strategisch vor. Wenn ihm eine bestimmte Frau für eine Verabredung, einen Job oder eine Ehe zusagt, präsentiert er sich in genau der Form, in der er sie am wahrscheinlichsten um den Finger wickeln oder für sich einnehmen kann.

Sein Geld und seine Macht sieht er als wesentlichen Teil seiner Anziehungskraft. Wie Aristoteles Onassis, als er Jacqueline Kennedy den Hof machte, hat er das Gefühl, daß sich aus ihnen das Recht ableitet, bestimmte Frauen besitzen zu wollen. Er erwartet nicht, daß eine Frau ihn nur um seiner selbst oder um seiner Seele willen liebt, denn die, so glaubt er, ist ohnehin nichts wert.

Er hat kein Interesse an einer egalitären Beziehung zu einer Frau, weder in der Ehe noch in einer Freundschaft. Außerdem ist er nicht in der Lage, seine Gefühle zu diskutieren. Er ist unbeirrbar davon überzeugt, daß eine Frau das tun sollte, was er ihr sagt, und ihn ansonsten besser in Ruhe läßt.

Beziehungen zu Männern

In seinem Spiel des Lebens sind nur Männer «mit von der Partie». Manche sind seine Konkurrenten und Verbündete, wobei er sich darüber klar ist, daß der Konkurrent von heute der Verbündete von morgen sein kann oder umgekehrt. Andere Spieler sind wie Türme oder Springer in einer Schachpartie, dessen Züge er kontrolliert. Er rückt mit einem vor und opfert dafür einen anderen. Es ist ein Fehler von Männern, die seine Verbündeten sind oder für ihn arbeiten, zu glauben, sie bedeuteten ihm persönlich etwas – kaum ist das Spiel zu Ende, sind sie entbehrlich. Aus seiner Sicht gilt das für jeden, und deshalb erwartet er, daß andere ebenso denken und sich ihm gegenüber dementsprechend verhalten. Obgleich er rücksichtslos sein kann, hat es häufig nicht den Anschein, denn er weiß, daß er nichts davon haben wird, wenn er sich Feinde macht. Und er empfindet im Grunde kein großes Mitgefühl, wenn Menschen «sich zu Herzen nehmen», daß sie austauschbar sind – sie hätten es besser wissen müssen. Im übrigen hält er jede Äußerung von Verletzlichkeit, Bedürftigkeit oder Gefühl für Zeichen von Dummheit oder Schwäche. (Würde er sich in solchen Angelegenheiten besser beobachten – was untypisch wäre –, würde er vielleicht erkennen, welches körperliche Unbehagen dies in ihm auslöst, und sich möglicherweise sogar fragen, warum das so ist.)

Eine Quelle des Erfolgs ist seine Fähigkeit, zu verhandeln und Vereinbarungen zu treffen, und dies tut er pausenlos. Er verhandelt klug, weil er die Menschen studiert und darüber nachgedacht hat, was sie wollen und womit sie sich zufriedengeben werden. Ein besonders talentierter Zeus ist häufig sehr sensibel und nimmt bis zu einem gewissen Grad Rücksicht auf die (unausgesprochenen) Bedürfnisse anderer Menschen, einschließlich deren Bedürfnis, das Gesicht zu wahren.

Die exklusiven Clubs, in denen sich Männer zum Lunch treffen, Golf spielen oder zusammen auf Entenjagd gehen, sind Bastionen der Macht und Privilegien Zeus', die den unterschiedlichsten Zwecken dienen. Die Mitgliedschaft ist ein wichtiger Indikator dafür, daß ein Mann seinen Weg gemacht hat. Hier lassen sich weitere Bündnisse schließen, die den Interessen der Familie oder des Unternehmens förderlich sind. Außerdem sind solche Clubs Zufluchten, wo ein Zeus-Mann unter Männern sein kann, die genauso sind wie er und ihre ganze Energie darauf verwenden, Macht anzuhäufen. Kein Wunder, daß sie psychologisch unreif oder unterentwickelt sind. Ihre Vorstellung von Vergnügen wird am Beispiel des Bohemian Grove Camp deutlich, einer Ansammlung der mächtigsten Männer von Amerika, angefangen bei Konzernchefs bis hin zu ehemaligen und aktuellen US-Präsidenten. Hier kann man sich betrinken, Frauen aufreißen (zwar sind in Bohemian Grove keine Frauen zugelassen, weder als Mitglieder, noch im Personalbereich, doch ist es ein Mekka für Prostituierte), herumgröhlen, fluchen und die ungeheuerlichsten Spielchen aufziehen, bei denen Männer die Rolle von Frauen übernehmen.

Sexualität

Ein erfolgreicher Zeus-Mann ist das Gegenstück zu einem «Alpha-Männchen» in Studien über Primaten in hierarchischen Spezies. Alpha-Männchen erwarten Erfolg, sind aggressiv, schüchtern Männchen von niedrigerem Rang ein, suchen sich ihre Weibchen aus (wenigstens als Primaten) und sind sexuell aktiver als untergeordnete Männchen. Der göttliche Zeus verhielt sich wie ein Alpha-Männchen, als er seine Macht erwarb und festigte, zahllose Frauen schwängerte und jede Menge Nachkommen zeugte. Sexuelle Heldentaten sind für den Zeus-Mann dasselbe wie politische oder ökonomische Macht: damit beweist er den anderen, daß er alles haben kann, was er will. Der Schürzenjäger Zeus sieht in einer begehrenswerten Frau eine Art von «Zierde», mit der er sich schmücken kann, ein Statussymbol. Vielleicht begehrt er sie als neue Errungenschaft, als sexuelles Objekt, vielleicht fallen alle diese Möglichkeiten zusammen.

Trotz aller Erfolge, die der Zeus-Mann angeblich bei Frauen hat, ist es ein offenes Geheimnis, daß er nicht gerade ein guter Liebhaber ist. Dazu müßten andere Archetypen in ihm vorhanden sein. Zeus ist emotional distanziert, hat keine irdische Natur, versucht nicht, Frauen zu gefallen und ist nicht leidenschaftlich. Er ist sexuell aggressiv, und er kann verführerisch sein – es kommt aber auch vor, daß er seine Libido über lange Zeiträume hinweg allein auf die Arbeit konzentriert.

Weil dem Zeus-Mann die Anhäufung von Macht so wichtig ist, werden andere Aspekte seiner Persönlichkeit unterdrückt. Als erstes ist dabei seine Fähigkeit zur emotionalen Nähe betroffen, deren Mangel sich auch auf seine sexuelle Ausdrucksfähigkeit auswirkt. Die Wahl seiner Geschlechtspartner reflektiert diese Gefühlsarmut, besonders wenn er immer älter und seine

Partnerinnen immer jünger werden – das ist das klassische Bild des alternden Zeus inmitten einer Schar junger Nymphen.

Gleichzeitig ist es möglich, daß er davon träumt, sich von einer mächtigen Frau sexuell beherrschen zu lassen. Prostituierte, zu deren Klientele einflußreiche Männer gehören, erzählen, daß sie immer wieder aufgefordert werden, derartige Phantasien umzusetzen. Wenn ein Mensch jedoch seine Erotik nur mit einer Frau ausleben kann, die so jung ist, daß sie seine Tochter oder Enkelin sein könnte, oder davon träumt, sich als machtloser, unterwürfiger Knabe einer dominierenden Frau auszuliefern, dann ist entweder seine Fähigkeit zu sexuellen Beziehungen nicht ausgereift oder aber er verwechselt sie mit Macht.

Handelt es sich um einen homosexuellen Zeus, bleibt das Muster dasselbe, nur wird es sich etwas übertriebener bemerkbar machen: Es gibt eine größere Zahl von Geschlechtspartnern. Und wie Zeus, der Ganymedes zum Olymp bringen ließ, wird der Betreffende sein Haus mit einem schönen Jüngling teilen – wenn nicht einer ganzen Schar davon.

Ehe

Ein Who's Who der Zeus-Gemahlinnen offenbart, daß er ausschließlich ebenbürtige oder ranghöhere Frauen heiratete. Historisch gesehen brachten diese Ehen eine Verlagerung der Macht mit sich, da einst mächtige Göttinnen und ihre Eigenschaften nun einem männlichen Kriegsgott unterworfen waren. Genauso verhält es sich im wirklichen Leben, wenn ein ehrgeiziger Mann eine Frau aus guter Familie heiratet und dadurch ihre Attribute – Status und Reichtum – in seinen Besitz übergehen läßt. Jeder ehrgeizige Mann, der die Tochter seines Chefs heiratet und dadurch einen Vorteil gewinnt, den er ansonsten nicht hätte, folgt Zeus' Beispiel. Die Wahl einer Frau, die seinen Aufstieg begünstigt, kann Berechnung gewesen sein, aber auch eine unbewußte Entscheidung des Zeus-Archetyp. Im letzteren Fall fühlt er sich unwiderstehlich von der Frau angezogen, mit deren Hilfe er seinen Mythos, jemand Bedeutendes zu werden, ausleben kann.

Die meisten Zeus-Männer heiraten in einer Lebensphase, in der sie sich etablieren. Für einen jungen Mann, dessen ganzes Leben durch den Zeus-Archetyp geprägt sein wird (es sei denn, das Leben selbst aktiviert andere Aspekte in ihm), ist diese frühe Hochzeit sehr bedeutsam. Zeus wäre nicht der entscheidende Archetyp, wenn dieser Mann eine Frau heiratete, in die er sich verliebt hat. Vom Zeus-Standpunkt aus wäre sie eine sehr unpassende Wahl – aber eine, die ihm hilft, eine Verbindung zu einem irrationalen, sehr emotionalen, irdischen oder spirituellen Teil seines Selbst herzustellen, so sehr er sich auch bewußt gegen alles sperrt, was sie repräsentiert. Umgekehrt kann ihre Forderung nach einem erfolgreichen Zeus einen entscheidenden Einfluß auf ihn ausüben, falls er sein Leben mit anderen, ebenfalls mächtigen Aspekten seines Selbst begonnen hat.

Ganz gleich, welchen potentiellen Einfluß eine Frau auf seine Entwicklung hat, seine tatsächliche Macht in der Beziehung läßt es wahrscheinlicher erscheinen, daß er der dominante Teil ist und sie eine traditionelle patriarchalische Ehe führen, die um seine Bedürfnisse und die selbstverständliche Erwartung kreist, daß sie ihre Arbeit gut macht. Wenn sie nicht stark genug ist, um einen Konflikt herbeizuführen, der ihn verändert, wird sie ihr Bedürfnis nach Nähe oder alle Träume, die über das hinausgehen, was sie gemeinsam haben, aufgeben müssen.

Wenn er ein Frauenheld ist und er mit seiner Hochzeit quasi sein Terrain abstecken wollte, und wenn sie vom Archetyp der Hera bestimmt wird, werden ihre tiefsten Überzeugungen und die potentielle Erfüllung, die sie sich von der Ehe erhoffte, dieser Kombination zum Opfer fallen. Dann endet sie möglicherweise so wie Hera: besessen von deren nachtragendem und eifersüchtigem Schattenaspekt. Wenn er sie aber liebt und ihm der Schmerz, der sein oberflächliches Verhalten auslöst, nicht gleichgültig ist, könnte dies seiner seelischen Entwicklung förderlich sein.

Die meisten Zeus-Männer haben gleich nach der Werbung und den Flitterwochen keine Zeit mehr für ihre Ehe oder ihre Frauen. Ein solcher Mann kann der irrigen Meinung sein, daß die viele Zeit, die er für seine Arbeit aufbringt, in Wirklichkeit ihr und den Kindern zugute kommt. Wenn nur er darüber entscheidet – und in Ehen, wo er alle Macht hat, wird das der Fall sein – ist die Ehe nicht sehr persönlich, nicht intim, schenkt er ihr nicht viel Aufmerksamkeit. Und den meisten Frauen, die mit Zeus-Männern verheiratet sind, bleibt nichts anderes übrig, als seine Definition der Ehe zu akzeptieren. Zum Glück ändert sich das allmählich, und Frauen – besonders wenn sie nicht dem Hera-Archetyp folgen – verlassen ihre Zeus-Männer. Doch wenn sie eine Affäre hat, wird er alles tun, um seinen Rivalen zu vernichten, koste es, was es wolle, so wie Zeus einen Blitzstrahl gegen Demeters Geliebten schleuderte.

Kinder

Zeus-Männer zeugen nicht einfach Kinder, die meisten gründen Familien und haben Dynastien im Sinn; das ist Teil der Vision, die sie von sich selbst haben. Ein erfolgreicher Zeus ist seinen Kindern wahrscheinlich behilflich, im Leben vorwärtszukommen, und sorgt finanziell für sie. Doch emotional ist er distanziert, gelegentlich sogar unerreichbar. Zwar ist er körperlich häufig abwesend, dennoch liegt alle Autorität und Macht in seiner Hand.

Es ist möglich, daß Zeus-Väter die Karriere ihrer Kinder vorausplanen und ihnen ein anderes Leben, für das sie möglicherweise geeignet gewesen wären, unmöglich machen; ebenso ist es möglich, daß sie ihr Wachstum erleichtern und ihre natürlichen Fähigkeiten durch den Zugang zu Ausbildung und anderen Chancen, die sie ihnen bieten können, fördern. Die Kraft ihrer Persönlichkeit und ihre Autorität haben einen starken Einfluß darauf, wie sie ihre Kinder beurteilen. Ihre Meinung, auch wenn sie nicht richtig ist, und die Vorurteile oder Werte, die sie vertreten, haben enormes Gewicht – genau wie umgekehrt der Wunsch der Kinder, von ihren Vätern anerkannt zu werden, möglicherweise nie in Erfüllung geht. Unter Umständen kämpfen sie ihr ganzes Leben lang dafür – wenn sie nicht schon vorher verzweifeln und aufgeben.

Alle olympischen Götter und Göttinnen der zweiten Generation blickten zu Zeus als Vater auf. Manche wurden von ihm bevorzugt, andere verstoßen, verwöhnt, abgelehnt oder verachtet. Wir selbst leben in einer patriarchalischen Kultur, die durchdrungen ist von Zeus-Werten, ganz gleich, wie der Archetyp unserer persönlichen Väter ausgesehen haben mag. Wie ein bestimmtes Kind mit einem Zeus-Vater zurecht kommt, hängt von seinem archetypischen Muster und von der Kraft des Egos ab, durch welches das Kind seinen Archetyp ausdrückt.

Die mittleren Lebensjahre

Irgendwann in der Mitte seines Lebens zieht der Zeus-Mann Bilanz und sieht, wie erfolgreich seine Karriere bisher verlaufen ist, ob er einen Platz an der Spitze erreichen kann und ob er diesen speziellen Berg besteigen will. Es kann sein, daß er vorübergehend an Verstimmungen leidet und seinen üblichen Schwung verliert, solange diese Unsicherheit – häufig ohne daß er sich dessen bewußt wird – andauert. Vielleicht erklärt er jetzt, daß nun endlich die Zeit für den lange versprochenen Urlaub oder das Ferienjahr gekommen ist, vielleicht flirtet er auch mit der Möglichkeit einer größeren Veränderung. Es paßt nicht zu ihm, über sich und seine Motive nachzugrübeln, doch spürt er jetzt vielleicht insgeheim bohrende Zweifel, ob die ganze persönliche Expedition zum Gipfel, der er sich so zielstrebig verschrieben und andere Menschen (und deren Bedürfnisse) geopfert hat, die Anstrengung wert ist. Vielleicht erkennt er sogar irgendwo tief in seinem Inneren, daß er sich getäuscht hat.

Die Mitte des Lebens ist eine Zeit, in der andere erfolgreiche Zeus-Männer erkennen, daß sie ihren persönlichen Gipfel erreicht haben. Vielleicht hatte der eine geplant, sein eigenes kleines Geschäft zu gründen, eine Ranch zu kaufen, eine Abteilung zu leiten oder den Vorsitz in einem bestimmten Bereich zu führen, und er hat es geschafft – Ziele, die ein anderer Zeus-Mann nicht einmal als Station auf dem Weg zu seinem eigenen Gipfel betrachtet hätte. Um ein erfolgreicher Zeus zu sein, bedarf es nicht eines Donald Trump (der aufsehenerregend erfolgreiche Milliardär und Immobilienspekulant), man braucht nur ein persönlich gesetztes, bedeutungsvolles Ziel zu erreichen und zu entdecken, daß einem dies Befriedigung verschafft. Dann kann die Mitte des Lebens eine Zeit sein, in der man sich «zurücklehnt und den Ausblick genießt.»

Für einen Zeus-Mann kann die Mitte des Lebens eine Zeit großer emotionaler Schwierigkeiten sein, wenn vernachlässigte Teile seines Selbst oder vernachlässigte Beziehungen sich auf dramatische Weise bemerkbar machen. Vielleicht sind seine halbwüchsigen Kinder in Schwierigkeiten geraten, vielleicht hat seine Frau beschlossen, ihn zu verlassen, vielleicht hat er einen Herzinfarkt oder lebt irgendeine lange unterdrückte Phantasie aus. Es kommt vor, daß seine Arroganz ihn für seine eigenen Grenzen blind macht, er sich nach all dem schwer verdienten Erfolg überschätzt und auf spektakuläre Weise scheitert. Danach wird er entweder entdecken, daß er ohne enge Beziehungen zu anderen Menschen allein und verbittert zurückbleibt oder gedemütigt ist, aber fähig, aus schmerzlichen Erfahrungen zu lernen und bestimmte Bereiche seines Lebens neu zu ordnen.

Die Mitte des Lebens kann bei Männern, die während der ersten Hälfte ihres Lebens hauptsächlich von Zeus beeinflußt waren, doch mit Hilfe ihrer Beziehungen zu anderen Menschen reifen konnten, bedeutsame Verschiebungen hervorrufen. Jetzt können und wollen sie mehr Zeit mit Menschen verbringen, die ihnen nahestehen, und selbst bei ihrer Arbeit ertappen sie sich dabei, daß sie andere unter ihre Fittiche nehmen oder Freundschaften vertiefen. Ist das der Fall, stehen die Chancen nicht schlecht, daß die Krise einer nahestehenden Person – die Ehefrau, ein Kind oder ein Elternteil – den Betreffenden darauf gestoßen hat, wie wertvoll ihm im Grunde Menschen sind.

Die späteren Lebensjahre

Wenn er sich je mit sich selbst beschäftigt, wird der Zeus-Mann merken, daß das Bedürfnis, seinen Willen durchzusetzen und andere Menschen zu beherrschen, ihn in jeder Phase seines Lebens begleitet hat. In den späteren Jahren sieht er sich noch immer mit dieser Tatsache konfrontiert, besonders, wenn er ein erfolgreicher Zeus ist. Kann er die Kontrolle abgeben? Ob es eine Familie, ein Gemüsehandel oder das Columbia Broadcasting System ist, wie bei Bill Paley: Auf die Kontrolle zu verzichten oder zuzusehen, wie man sie ihm gewaltsam entreißt, ist gewöhnlich eine schmerzliche Erfahrung, es sei denn, man hat diesen Archetyp überwunden und ist ein bißchen weise geworden.

Wie die Generationen griechischer Väter-Götter, die fürchteten, von ihren Söhnen entmachtet zu werden, kämpft ein Zeus-Mann darum, das Unvermeidliche abzuwenden. Es kann sein, daß er einen wirklichen Sohn daran gehindert hat, ihn herauszufordern, nachdem er in ihm von Anfang an einen Konkurrenten sah. Vielleicht hat er sogar seine Söhne so verdorben, daß er nun keinen angemessenen Erben hat. Dennoch werden andere Männer kommen, um die Macht zu übernehmen, sobald sich sein Griff um das jeweilige Zepter lockert. Und wahrscheinlich wird er versuchen, sein Vermögen mit Hilfe eines Testaments über das Grab hinaus zu kontrollieren. Dieser aussichtslose Kampf um die Macht ist das Schicksal eines Mannes, der sein ganzes Leben nach dem Zeus-Archetyp ausgerichtet hat.

Psychologische Schwierigkeiten

Jeder Gott oder Archetyp hat das Potential, bestimmte psychologische Schwierigkeiten hervorzurufen. Für den Mann, der Zeus auf dem Olymp sein will, gehen mit dem Territorium des himmlischen Reiches bestimmte Probleme und Einschränkungen einher. Er selbst und andere müssen während seines Aufstiegs mit Gefühlen bezahlen, und wenn er den Gipfel erst erreicht hat, erweist sich sein Mangel an Bewußtsein, gepaart mit Macht, möglicherweise als äußerst destruktive Kombination.

Ein sprechender Kopf ist ein unvollständiger Mann

Zeus' Reich war der Himmel, und der vom Zeus-Archetyp beherrschte Mann neigt dazu, in seinem Kopf zu leben und sich durch Worte und Macht auszudrücken. Er hat einen natürlichen Vorteil in einer industriellen, patriarchalischen Gesellschaft. Diese sieht in einem Vorgesetzten einen «sprechenden Kopf», der nicht mit seinen Händen oder dem Körper, sondern mit Ideen und Abstraktionen arbeitet (Geld zum Beispiel, Investment, Gesetze und Macht) einen Mann, der von seinen Gefühlen abgeschnitten ist, der sich durch Mitgefühl nicht rühren läßt, denn dies würde ihn zu einem «Schwächling» oder «Waschlappen» machen. Ein solcher Mann hat eine überlegene Stellung inne und damit die Macht, Worte zu benutzen, denen man glaubt und gehorcht. Diese Macht ist für ihn ebenso alltäglich wie die Fähigkeit, nach dem Telephonhörer zu greifen und einen Befehl zu geben, der aus seinem Willen Taten werden läßt, seine Worte zum Gesetz zu erklären, ganz gleich, ob zu Hause, im Geschäft oder auf dem Schlachtfeld, oder zu sagen: «Es werde Licht», und Licht werden zu lassen.

Ein Mann, der vom Zeus-Archetyp in seinem Inneren dominiert wird (zugleich der vorherrschende Archetyp in unserer Kultur), beraubt sich häufig der Möglichkeit, seinen Körper als einen empfindsamen Teil seiner selbst zu erleben, der nehmen, aber auch geben kann. Vielleicht prahlt er damit, wie viele Meilen er laufen kann, wie gut er in Form ist, welche Kondition er hat. Ein solcher Stolz hat mehr mit der Beherrschung des Körpers, weniger mit Freude an ihm zu tun. Auch von seinem Herzen als gebendes und nehmendes emotionales Organ ist er abgeschnitten. Der Zeus-Mann hat oft keinerlei Kontakt zu seiner eigenen Sinnlichkeit und gefühlsmäßigen Reaktionen, was ihm die Fähigkeit nimmt, auf dieser Ebene mit anderen zu kommunizieren oder diese Aspekte seines Selbst überhaupt zu erkennen. Die emotionale Unreife zeigt sich nicht selten in einer abartigen Sinnlichkeit und Sexualität, in Scham und Schuldgefühlen, in der Verurteilung und Abwertung von anderen, die nicht ebenso radikal von ihren Empfindungen abgeschnitten sind wie er. Er ist eine unvollständige Person, unterentwickelt auf eine Art, die ihm meist selbst nicht bewußt ist.

«Er sieht vor lauter Wald die Bäume nicht»

Der Zeus-Mann brüstet sich damit, den größeren Rahmen zu sehen, die Dinge unter Kontrolle und damit einen größeren Überblick zu haben. Es ist möglich, daß er einen Krieg gegen die Armut führt und sich noch nie mit einem Bettler unterhalten hat (doch – vorausgesetzt, er kann sich selbst durchschauen – schmunzelt über den Typen im Peanuts Comic, der sagt: «Ich liebe die Menschheit, das sind Leute, die ich nicht ausstehen kann».)

Kann sein, daß er ein Fachmann für Pädagogik ist, ohne jemals volle Verantwortung für ein Kind gehabt oder auch nur eines von ganzem Herzen geliebt zu haben. Er hält seine Perspektive für erhaben, und da man ihn als Autorität anerkennt, hat er keinen Grund, seine Position anzuzweifeln. Wenn ihn dann jemand herausfordert, der über eigene Erfahrung verfügt und außerdem emotional reagiert, wird er ihn mit der Bemerkung abtun: «Der (oder die) sieht den Wald vor lauter Bäumen nicht.» Dabei sollte er sich lieber Gedanken darüber machen, daß er selbst «die Bäume vor lauter Wald» nicht sieht.

In Vietnam zum Beispiel scheiterte Zeus trotz seiner Sachkenntnis auf der ganzen Linie. Männer, die so schnell zur Spitze aufgestiegen waren, daß man sie einst als «Senkrechtstarter» bezeichnet hatte, führten von Washington, D.C. aus einen Krieg und glaubten allen Ernstes, daß die überlegene Feuerkraft der Vereinigten Staaten ihn entscheiden würde. Sie berücksichtigten nicht, wie sich Individuen in Vietnam verhalten würden oder warum sie sich ausgerechnet so verhielten und damit dazu beitrugen, daß der Krieg nicht zu gewinnen war. Wer immer sich ausgedacht hat, daß der rote Schalter zur Auslösung eines Atomkrieges hinter einem menschlichen Herzen liegen sollte, damit der Präsident ein stumpfes Messer ziehen und die Person eigenhändig töten müßte, bevor er den Schalter betätigt, hat erkannt, daß ein Zeus-Mann «die Bäume vor lauter Wald» nicht sieht, und man ihm deshalb Leiden und Tod bewußt machen muß, bevor er aus der Ferne weitreichende Entscheidungen trifft.

Die Macht des Stärkeren

Zeus ist ein Archetyp, der Männer (und Frauen) dazu prädisponiert, nach Macht zu streben und sie zu gebrauchen. Gefahr ist im Verzug, wenn Macht angehäuft wird. Lord Acton, ein Historiker aus dem 19. Jahrhundert, der sich der Doktrin von der Unfehlbarkeit des Papstes vehement widersetzte, schrieb: «Macht tendiert zur Korruption, und absolute Macht zur absoluten Korruption.» Seine Äußerung ist zu einem geflügelten Wort geworden, einem prägnanten Statement, welches auf ein Prinzip anspielt, das wir als richtig anerkennen und das von Zeus-Männern in kleinem und großem Rahmen immer wieder bestätigt wird.

In der Vergangenheit haben einflußreiche Männer geglaubt, daß Gott selbst sie zu Herrschern ausersehen hatte – kein Wunder, wenn man berücksichtigt, daß Zeus der vorrangige Archetyp in ihnen war. Gesetze sind als Gegengewicht zu den Exzessen von mächtigen Männern entstanden, doch selbst heute fühlen und handeln Zeus-Männer oft «außerhalb des Gesetzes».

Der Mann, der seine Macht über andere ausnutzt, wird durch seine Überzeugung von der «Macht des Stärkeren» noch weiter korrrumpiert. Wenn Männer ihre Frauen verprügeln, ihre Kinder mißhandeln und/oder sexuell mißbrauchen, dienen nicht selten selbstbetrügerische Ausflüchte in ihrer schlimmsten Ausprägung – «Ich habe ein Recht dazu» – als Rechtfertigung.

«Schwer ruht das Haupt, das eine Krone drückt»: Angst vor dem Thronräuber

Macht und Paranoia gehen oft Hand in Hand. Männer in Spitzenpositionen fürchten, abgesetzt zu werden, zweifeln an Motiven und Loyalität, behindern das Wachstum von anderen, damit diese nicht zu stark werden und schaffen sich dadurch genau jene Feinde, die sie fürchten. Das ist die Geschichte von Uranos, Kronos und Zeus und ein Schattenaspekt des Vater-Archetyps.

Aufgeblasenheit und Pomp: Des Kaisers neue Kleider

Ein Mann mit Autorität und Macht, der auf dem Gipfel seines Berges sitzt, tendiert zu der Vorstellung, die Tatsache, daß er auf einem Gebiet eine Autorität sei, mache ihn zu einem Experten für alles mögliche. Beispielsweise haben Ärzte die Neigung, sich psychologisch aufzuspielen, möglicherweise, weil sie routinemäßig Entscheidungen über Leben und Tod treffen müssen und andere ihnen Fachkenntnisse auf Gebieten unterstellen, die ihnen gar nicht vertraut sind. So sind sie Opfer ihrer Einbildung, wenn Ärzte sich für kluge und gut informierte Investoren halten, obgleich sie von Kapitalanlagen nicht das Geringste verstehen – ein Fehler, den sie normalerweise mit herben Verlusten bezahlen müssen.

Das aufgeblasene Bild, das ein Zeus-Mann von sich hat, macht ihn empfänglich für Manipulationen durch Menschen, die sich bei ihm einschmeicheln, während er andererseits Menschen, die ein solches Verhalten ablehnen, unterdrückt. Genau das ist in dem Märchen «Des Kaisers neue Kleider» der Fall. Wenn ein Mann meint, einen Anspruch auf Schmeicheleien zu haben und diesen Glauben schenkt, wird er ehrliche Menschen oder die Wahrheit ablehnen und die Konsequenzen hinnehmen. Wie Greshams Gesetz, das besagt, schlechtes Geld vertreibe das gute aus dem Umlauf, verdrängen Schmeicheleien die Wahrheit. Und so werden Männer, die Macht über andere ausüben und «die Wahrheit nicht hören wollen», unausweichlich von ihr abgeschnitten.

Schwierigkeiten für andere

Die Kombination von emotionaler Distanz, mangelnder emotionaler Reife und der Macht, die ein Zeus-Mann gewöhnlich besitzt, wirft eine Vielzahl von Problemen auf. Eine Frau, die sich Intimität und Nähe von einem solchen Mann erhofft, wird enttäuscht, weil er Beziehungen vernachlässigt, sobald er sie etabliert hat (um Beziehungen zu erhalten und zu vertiefen, müßte er andere Archetypen entwickelt haben). Wenn sie Hera gleicht und er ein Schürzenjäger ist, wird sie unter seiner Treulosigkeit zu leiden haben. Und mit Sicherheit schadet es ihrer eigenen Entwicklung, wenn sie sich von Eifersucht und Rachegefühlen überwältigen läßt.

Auch die Kinder werden von der Abwesenheit und Nörgelei ihres Vaters negativ beeinflußt. Sie fühlen sich emotional alleingelassen oder abgewiesen und haben, wenn sie seinen Erwartungen nicht gerecht werden können, häufig Probleme mit ihrem Selbstwertgefühl.

Opfer eines rücksichtslosen Zeus leiden ganz offensichtlich unter ihm und behalten Narben in ihrem Gefühlsleben, die entweder dazu führen, daß sie selbst rücksichtslos werden (was für einen Sohn wahrscheinlicher ist) oder sich anderen, ähnlichen Konstellationen aussetzen.

Möglichkeiten der seelischen Entwicklung

Ein Zeus-Mann ist sich häufig gar nicht im klaren darüber, daß er Probleme hat und lernen muß – bis ihm eine größere Krise vor Augen führt, daß er Gefühle nicht länger ignorieren kann, weder seine eigenen noch die der anderen. Wachstum beginnt für den Zeus-Mann häufig erst, nachdem er erfahren hat, was Demut und Verletzbarkeit bedeutet.

Wo ist der Rest von mir?

Die Botschaft, daß etwas nicht stimmt, muß den Zeus-Mann zunächst einmal erreichen. Wie im beachtlichsten Auftritt des ehemaligen Präsidenten als Schauspieler wacht er auf, stellt fest, daß bestimmte Teile von ihm fehlen und fragt sich verwundert: «Wo ist der Rest von mir?» (Reagan spielte den Football-Star George Gipp in *Knute Rockne: All American*, der in einem Krankenhaus aufwachte und, als er sah, daß man ihm sein Bein amputiert hatte, sagte: «Wo ist der Rest von mir?»)

Bei seinem Mangel an Introspektion (denn Introspektion bedeutet, sich in Hades' Reich zu begeben) und seiner emotionalen Distanz, wird er kaum einsehen, daß er auf grausame Art von sich oder anderen abgeschnitten ist, bis etwas Drastisches passiert und ihm schmerzlich bewußt wird, daß etwas schiefläuft. Wenn er schließlich aufwacht, kommt die Botschaft gewöhnlich von jemandem, der ihm nahe steht: die Ehefrau, die er mit seinen Affären betrogen oder durch seine Arbeit vernachlässigt hat, verläßt ihn; das Kind, um das er sich nie richtig gekümmert hat, lehnt sich gegen ihn auf oder will nichts mehr mit ihm zu tun haben. Erst nachdem sie sich von ihm gelöst haben, spürt er, was sie ihm bedeuten.

In der Psychotherapie wird ihm viel langsamer bewußt, wie abgeschnitten er von anderen und von seinen Gefühlen ist. Doch weil er Kontrolle braucht und annimmt, daß es eine Sache des Willens ist, sucht ein Zeus-Mann nur sehr selten Hilfe von außen. Normalerweise wird er auf psychologische Schwierigkeiten reagieren, indem er sich über die Situation erhebt, beispielsweise, indem er sich in die Arbeit stürzt. Gewöhnlich kommt ein Zeus-Mann nur deswegen zu einem Psychiater, weil seine Frau darauf drängt und dann kommt er eben „wegen ihr". Oder er kommt, weil der Kindertherapeut beide Eltern in die Therapie einbeziehen will.

Die Botschaft verstehen: Herzinfarkt

Obgleich ein Zeus-Mann alle möglichen medizinischen Probleme haben kann, ist es häufig ein Herzinfarkt, der ihn lahmlegt. Es ist eine sehr bezeichnende, symbolische Krankheit, auf die er mit einer radikalen Veränderung seines Lebens reagieren muß. Daß er «kein Herz» hat, also das Organ vernachlässigt, das seit jeher als Sitz der Emotion angesehen wird, hätte ihn um ein Haar das Leben gekostet. Wenn er überleben will, muß er vom Gipfel herabsteigen, denn der Sauerstoff, den sein Herz braucht, ist dort oben zu dünn. Dieser Mann erhält am Ende vielleicht die Botschaft, daß er nicht nur an einem physischen Problem leidet, sondern daß dieses das körperliche Symptom für einen emotionalen Konflikt ist.

Verliebt

Es kann vorkommen, daß sein Herz ihm auch auf andere Art einen Strich durchs Leben macht. Zum Beispiel, wenn er sich verliebt. Von Eros' Liebespfeilen getroffen, fühlt er sich von seinem Unbewußten unwiderstehlich und leidenschaftlich zu einer Frau hingezogen, ohne die er nicht mehr sein kann. Seine Vernunft läßt ihn im Stich, er vernachlässigt sogar seine Pflichten. Jung nennt dieses Phänomen Enantiodromie und meint damit, daß alles, was ist, früher oder später in sein Gegenteil übergeht. Emotionen und Instinkte, die der Zeus-Mann nicht wahrnehmen wollte, sondern verdrängt hat, erheben sich jetzt und werfen den Verstand über Bord. Eine Krise ist die Folge, die den Status Quo seiner Psyche zerstört und seine Ehe erschüttert, aber sein eingeschnürtes Herz auch mit neuer Lebenskraft versorgt. Das Bedürfnis nach einem emotionalen Reich, das niemals anerkannt worden ist, präsentiert sich jetzt bewußt als Schicksal.

Kopflos

Ein großer Verlust kann den Zeus-Mann ebenfalls verändern, indem er seine emotionalen Barrieren aufbricht und seine Vernunft trübt. Vorübergehend ist er «außer sich vor Kummer» und stürzt in tiefe Abgründe. So schmerzlich seine Trauer auch sein mag, so schrecklich der Auslöser war – jetzt ist er nicht mehr von der leidenden Menschheit abgeschnitten, er kommt vom Berg herab und wird «ein Mensch».

Die Erfahrung kann ihn verändern, indem sie ihn für Poseidons Reich der Emotionen empfänglich macht, das ihn mit seinen eigenen Gefühlen und seinem Bedürfnis nach anderen Menschen konfrontiert. (Oder der Zeus-Aspekt macht sich nach einer Weile wieder geltend, wie bei einem vorübergehend entmachteten politischen Führer, der alles, was passiert ist, als demütigend empfindet und infolgedessen seine Gefühle aus Angst, es könnte sich wiederholen, noch brutaler als zuvor unterdrückt.)

Heilung für das, was ihn krank macht

In der Gralslegende gibt es einen König – eine Zeus-Gestalt – der an einer geheimnisvollen Wunde dahinsiecht. So lange diese Wunde nicht heilt, bleibt sein Königreich eine Wüste. In seinem Schloß befindet sich der Gral, der ihn heilen kann – doch dies wird nur geschehen, wenn ein junger Mann, ein unschuldiger Narr, an seinen Hof kommt, den Gral sieht und eine Frage stellt. In einer Version lautet diese Frage: «Was heilt dich?» Die Erkenntnis, daß etwas nicht stimmt, muß vor dem Heilungsprozeß stehen. Die Frage: «Was ist mit dir?» muß gestellt und beantwortet werden.

In der Legende befindet sich die symbolische Wunde, die nicht heilen will, entweder im Oberschenkel, nahe den Genitalien, oder in den Genitalien selbst. Eine solche Wunde schlägt sich auf den Ausdruck des Instinkts und der Leidenschaft nieder, beeinflußt Sexualität, Zeugungskraft und Kreativität. Kein Wunder, daß sein Königreich eine Wüste ist, denn mit einer solchen Wunde ist kein Leben möglich.

Der verwundete König kann den Zeus-Archetyp oder die Macht als herrschendes Prinzip in einem Patriarchat repräsentieren. Er kann aber auch den patriarchalischen Vater in einer gestörten Familie oder den vorherrschenden Archetyp in der Psyche eines Mannes bedeuten. Immer wenn ein verwundeter Zeus herrscht, gibt es ein überwältigendes Bedürfnis, die Macht zu bewahren, die Wachstum und Ausdrucksfähigkeit erstickt. Emotionale Leere, Mangel an Kreativität und Depressionen sind die Folge. Das Königreich - eine Kultur, eine Familie oder die Psyche eines Mannes – erscheint dann als verlassene Wüste, in der nichts gedeiht. Um einen Heilungsprozeß in Gang zu setzen, muß ein unschuldiger Narr die Psyche oder die Szene betreten.

Aus dem Blickwinkel eines Zeus ist es närrisch, sich unschuldig oder naiv zu verhalten. In seiner Position, die ihn mit allen Befugnissen der Macht ausstattet, erfordert es von einem Zeus-Mann großen Mut, möglicherweise wie ein Narr dazustehen, in seiner Verletzbarkeit andere um Hilfe zu bitten oder eine neue Erfahrung mit der Neugier eines Kindes und der Unerfahrenheit eines Amateurs anzugehen. Genau das aber müßte er tun, wenn er seelisch reifen will.

4. *Poseidon, Gott des Meeres – Reich der Gefühle und des Instinktes*

Wenn er mit seinem Pferdewagen über das Meer stürmt, verkörpert Poseidon, Gott des Meeres und Gott der Pferde, die beiden jahrhundertealten Symbole des Unbewußten: Pferd und Wasser. Wasser hat im Menschen immer das unendliche Mysterium beschworen, die unzähligen Chancen und unzähligen Gefahren im Meer des Unbewußten. Ohne selbst eine feste Form zu haben, ist es ständig in Bewegung, kaum sich verändernd und doch nie dasselbe in zwei aufeinanderfolgenden Augenblicken. Das Pferd dagegen symbolisiert in seiner primitiven Kraft den instinktiven Trieb unserer eigenen, ungeschliffenen Natur... Poseidon war der primitivste Gott von allen, der Erderschütterer, Gott der Stürme und Erdbeben, Urheber plötzlicher Verwüstungen durch Flutwellen – Gefahren, die losbrechen, wenn die unter der Oberfläche des Bewußtseins schlummernden Kräfte explodieren.

Arianna Stassinopoulos, *The Gods of Greece*

Großer Gott Poseidon, von dir beginn ich zu singen
Du bewegst die rastlos wogende See und die Erde...
Erderschütterer! Zwiefach schenkten die Götter dir Ehre: Meister bist du der Rosse, du bist auch der Retter in Seenot
Heil dir, Poseidon, Erderhalter, dunkel Gehaarter!
Seliger du, mit gütigem Herzen!

Homer, *Hymne an Poseidon*

Poseidon lebte in der Tiefe des Meeres, in dem Königreich, das ihm zufiel, als er mit seinen Brüdern Zeus und Hades das Los über die Aufteilung der Welt warf. Um die Emotionalität, die er verkörpert, und seine psychologische Domäne zu erfassen, brauchen wir nur an die Launen des mächtig wogenden Meeres zu denken. Gleichgültig brausen donnernde Wellen mit schrecklicher, zerstörerischer Kraft über alles hinweg, das ihnen im Weg ist. Wie eine heftige Gefühlsaufwallung, die einen überwältigt und die Vernunft erstickt, erhob sich Poseidon aus seinem Palast in der Tiefe des Meeres und wütete, dann zog er sich wieder zurück. Die Menschen nannten ihn Flutenbringer und Erderschütterer, um die enorme aufwühlende und zerstörerische Macht der Natur und des menschlichen Wesens zu bezeichnen.

In Träumen und Metaphern symbolisiert das Meer das Unbewußte. In den seichten Wassern gleich unter der Oberfläche liegen Emotionen und Erinnerungen, die leicht auffindbar und persönlicher Natur sind; in ihren dunklen Tiefen dagegen existieren primitive Kreaturen und unzählige Schemen, die über all das hinausgehen, was ein Mensch mit eigenen Augen gesehen haben kann: das kollektive Unbewußte. Wasser und Emotionen haben eine symbolische Verbindung, was das Meer zu einem geeigneten Reich für Poseidon machte, der emotional und leidenschaftlich reagierte, wenn man ihn reizte. Sein symbolisches Tier war das Pferd, das häufig die Kraft und Schönheit körperlicher Instinkte verkörpert, ein Landtier, das Poseidons prä-olympische Herkunft als Erdvater-Gott bezeugt.

Wie wir noch sehen, wenn wir Hades begegnen, symbolisiert auch die Meerestiefe das persönliche und kollektive Unbewußte: als Sitz verdrängter persönlicher Gefühle und Instinkte ist sie ein emotionales Reich, das alle Menschen miteinander teilen. Familien von Poseidon-Männern kennen diesen Aspekt des Vater-Archetyps in seiner schrecklichsten Ausprägung, wenn Gefühle ungezügelt hervorbrechen und der Haushalt regelmäßig von Zornausbrüchen heimgesucht wird. Die patriarchalische Gesellschaft erlaubt es Vätern als Herren und Meistern über die Familien, ihre Wut an diesen auszulassen – und häufig kaum irgendwo anders.

Auch wenn wir zur Zielscheibe der emotionalen Ausbrüche eines Poseidon-Vaters wurden (insbesondere, wenn er Alkoholiker war), kann er in uns selbst existieren. Jeder, der sich unerwartet von heftig aufwallenden Gefühlen überwältigt sah, die aus unbekannten Tiefen kamen, jeder, der schon einmal vor Kummer, Wut oder Rachelust am ganzen Körper zitterte, weiß, was die Intensität eines Poseidon bedeutet.

In einer von Zeus geprägten Welt lernen wir, unsere Gefühle und Instinkte abzuwerten, zu verstecken und sie mit einem Deckel zu verschließen, solange es geht. Und wenn wir wie der rationale Apollon oder die kühl denkende Athene sind (Zeus' Lieblingskinder), schaffen wir sehr gut, unsere Gefühle zu unterdrücken – bis zu einem bestimmten Punkt. Wir träumen häufig von Flutkatastrophen, Überschwemmungen und sind besessen von der Angst vor Erdbeben, wenn Poseidons Welt droht, unsere Verteidigungsmechanismen zu durchbrechen, die (mit Hilfe unserer Zeus-, Athene- oder Apollon-Tendenzen) errichtet wurden, um uns vor unseren Gefühlen und ihrem Ausdruck abzuschirmen.

Doch selbst in einer von Zeus dominierten Welt finden sich manche Leute in Poseidons Reich sehr gut zurecht. Sie sind wie Seeleute, die mit Schiffen die Meere befahren oder Menschen, die nicht daran denken, irgendwo anders zu leben als an der Küste. Diese Männer (und Frauen) leben und arbeiten im Einklang mit ihrem emotionalen und instinktiven Lebensrhythmus. Ich denke zum Beispiel an Dylan Thomas' wunderbare, emotional so ausdrucksvolle Dichtung, an sein turbulentes Leben, an die Zeile: «Geh nicht so sanft in diese gute Nacht. So wüte, wüte doch, daß man das Licht dir umgebracht», die etwas von seiner Vertrautheit mit Poseidons Reich durchschimmern läßt. Diese Eigenschaft prägt auch Beethovens Musik und Eugene O'Neills oder Tennessee Williams' Stücke – sie waren Männer, die eine Möglichkeit gefunden hatten, den Schrecken, die Schönheit und Macht der düsteren Emotionen eines Poseidons auszudrücken und ihnen Gestalt zu verleihen.

Poseidon, der Gott

Poseidon (den die Römer Neptun nannten) war der griechische Gott des Meeres. Er wurde dargestellt als mächtiger Mann, der einen Dreizack trägt, und als Gegenstück zu Zeus.

Aus diesen Gründen wird er mit dem Reich des Meeres identifiziert; der Name Poseidon bedeutete «*Gemahl der Da*» (*Posei-da-on*), eine Bezeichnung für die Erde. Er wurde mit Erdbeben assoziiert und Erderschütterer genannt. Seine wichtigsten symbolischen Tiere sind der Stier und das Pferd.

Poseidons Temperament ist seine charakteristischste Eigenschaft. Er ist jähzornig, gewalttätig, rachsüchtig, zerstörerisch und gefährlich – ein Gott, der sich wie das wütende Meer mit Stürmen und Turbulenzen umgibt. Aber er kann auch ruhig sein wie das Meer: Wenn er in seinem funkelnden Wagen mit den goldmähnigen Schimmeln über die Wellen brauste, glätteten sich die Wogen und die Ungeheuer des Meeres tollten friedlich an seiner Seite.

Genealogie und Mythologie

Wie alle seine Geschwister außer Zeus wurde Poseidon (ein Sohn von Kronos und Rhea) von seinem Vater verschlungen, weil dieser fürchtete, sein Sohn könne ihm eines Tages gefährlich werden. In manchen Versionen von seiner Geburt entkam Poseidon wie Zeus seinem Schicksal. In einer heißt es, man habe Kronos statt seiner ein Fohlen gezeigt, das dieser sich einverleibt habe. In einer anderen Version schleuderte Kronos seinen Sohn gleich nach der Geburt ins Meer, statt ihn zu verschlingen, mit der Absicht, ihn zu ertränken. In der verbreitesten Schilderung jedoch wurde er von seinem Vater verschlungen und erst befreit, als Zeus Kronos herausforderte und mit Metis' Hilfe dazu brachte, seine drei Schwestern und zwei Brüder wieder auszuspeien. Dann besiegten die olympischen Brüder und ihre Verbündeten Kronos und die Titanen. Sie warfen das Los, um das Universum unter sich aufzuteilen, wobei Poseidon das Meer zufiel.

Poseidon jedoch gab sich nicht zufrieden mit seinem Los. Er stritt mit Athene um den Besitz der Städte Attika und Troizen und mit Hera um Argolis. Im Wettstreit um Attika sollten die Gegner den Bürgern ein Geschenk machen. Athene schenkte ihnen den Olivenbaum, während Poseidon mit seinem Dreizack den Akropolisfelsen spaltete und eine dunkle Quelle entspringen ließ. Als die Bürger sich für Athenes Geschenk entschieden und er verlor, setzte er die umliegende Ebene unter Wasser. Auch Troizen wurde überschwemmt. In seinem Kampf um Argolis mit Hera erging es ihm nicht besser, und als er verlor, ließ er aus Rache alle Flüsse austrocknen. Er versuchte vergeblich, Zeus Aegina und Dionysos Naxos streitig zu machen. In seinem Kampf mit Helios um Korinth jedoch hatte er Erfolg: Er erhielt den Isthmus und Helios die Akropolis. Auch gegen Zeus lehnte Poseidon sich gelegentlich auf und schmiedete – erfolglose – Pläne gegen ihn.

Poseidon und Frauen

Zunächst erweckte Thetis, eine Nereide oder Seegöttin, seine Aufmerksamkeit, um die er mit Zeus wetteifern mußte, der sie ebenfalls begehrte. Als Prometheus jedoch erklärte, daß Thetis einen Sohn gebären würde, der größer würde als sein Vater, zogen sich beide Götter von ihr zurück, und Zeus verband sie mit einem Sterblichen. (Der griechische Held Achilles ging als Sproß aus dieser Verbindung hervor.)

Als nächstes warb er um Amphitrite, eine andere Nereide, die sich seinen Annäherungsversuchen voller Abscheu widersetzte. Er vergewaltigte sie, und sie floh ins Atlasgebirge, um ihm zu entkommen. Schließlich warb der charmante Delphinus für ihn, und sie willigte ein, die Gemahlin Poseidons zu werden. Zum Dank setzte Poseidon das Sternbild des Delphins an den Himmel.

Die Ehe zwischen Poseidon und Amphitrite verlief nach demselben Schema wie die von Zeus und Hera, denn auch Poseidon war ein Frauenheld. Amphitrites rachelüsterne Eifersucht richtete sich stets gegen die andere Frau. Ein schreckliches Beispiel dafür war Scylla, in die sich Poseidon verliebte: Amphitrite warf Zauberkräuter in Scyllas Bad und verwandelte so die schöne Frau in ein bellendes Ungeheuer mit zwölf Füßen, sechs Köpfen und jeweils drei Reihen furchtbarer Zähne. Scylla bewohnte die Meerenge von Messina und verschlang Seeleute, die sie von vorüberfahrenden Schiffen raubte.

Medusa erlitt ein ähnlich entsetzliches Schicksal. Nachdem Poseidon sich in einem der Athene geweihten Tempel mit ihr vergnügt hatte, verwandelte die Göttin Medusa in ein schreckliches Wesen mit Schlangenhaaren; ein Blick auf ihr Gesicht genügte, um den Betrachter versteinern zu lassen.

Als Demeter auf der ganzen Erde nach ihrer entführten Tochter suchte, stach sie Poseidon ins Auge, der sie begehrte. Um ihm zu entkommen, verwandelte Demeter sich in eine Stute und verbarg sich in einer Herde wilder Pferde. Poseidon jedoch ließ sich von seinem Vorhaben nicht abbringen, verwandelte sich in einen Hengst und vergewaltigte sie.

Poseidon und seine Kinder

Amphitrite gebar Poseidon drei Kinder, einen Sohn und zwei Töchter. Außerdem hatte er zahllose weitere Nachkommen, von denen viele in der Mythologie als Ungeheuer dargestellt werden. Poseidon zeugte heißblütige Riesen und wilde Söhne von normaler Größe. Alle Söhne erbten sein aufbrausendes Temperament und konnten sich nie auf die unerschütterliche Loyalität ihres Vaters verlassen.

Als Odysseus seinen einäugigen Sohn, den Zyklopen Polyphemus blendete, verfolgte Poseidon ihn mit unerbittlichem Haß und bestrafte alle, die ihm halfen. Zum Beispiel versperrte er den Hafen eines seefahrenden Volkes mit einem großen Berg, nachdem es Odysseus unterstützt hatte, und verwandelte das Rettungsschiff in einen Felsen. Die Odyssee war nur wegen Poseidons Groll ein so langwieriges Unterfangen.

Poseidons Feindseligkeit gegen die Trojaner

In seinem finsteren, grollenden Wesen war Poseidon einzigartig. Seine Wut auf die Trojaner war so groß, daß er bei der Belagerung der Stadt die Griechen unterstützte, gegen Zeus' ausdrücklichen Befehl. Sein Haß entsprang einem alten Streit. Poseidon und Apollon hatten eine Vereinbarung mit König Laomedon getroffen (dem Vater Priams und Großvater von Paris und Hektor, der zu Beginn des Trojanischen Krieges schon lange tot war). Gegen ein festgesetztes Entgelt sollten sie die Mauer seiner Stadt Troja bauen. Doch als sie fertig waren, hielt der König sein Versprechen nicht ein und weigerte sich, zu zahlen. Poseidon rächte sich «bis in die zweite und dritte Generation» (so wie es auch das Alte Testament als Rachemaß kennt).

Poseidon und Kreta: Der Stier aus dem Meer

König Minos aus Kreta bat Poseidon, einen Stier aus den Fluten steigen zu lassen, den er ihm opfern wolle. Poseidon ließ wirklich einen schönen Stier erscheinen, der Minos so gefiel, daß er ihn zu seiner Herde schickte, statt ihn zu opfern. Erzürnt machte Poseidon das Tier rasend und flößte der Königin Pasiphaë Liebe zu dem Stier ein. Die Frucht dieser Vereinigung war der Minotaurus, ein Ungeheuer, halb Mensch, halb Stier, das der König im Labyrinth unter seinem Palast hielt.

Poseidons friedlicher Aspekt

Zwar war Poseidon für seine Zornausbrüche, seine Zerstörungswut und eine allgemein stürmische Veranlagung berühmt, doch besaß er auch einen weniger bekannten friedlichen und großzügigen Aspekt. In ruhigeren Phasen besuchte er seine getreuen Äthiopier, die ihm reiche Opfer darbrachten, und vergaß für eine Weile die Jagd auf Odysseus. In einem Gnadenakt (und mit Hilfe eines Erdbebens) verwandelte er Thessalien, das früher ein riesiger See war, in fruchtbares Land. Außerdem erhob er Ino und ihren Sohn zu Meeresgottheiten und bestellte Castor und Pollux zu Beschützern der Seefahrer, denn sie besaßen die Fähigkeit, dem Sturm Einhalt zu gebieten.

Poseidon – der Archetyp

Stellen Sie sich vor, Sie blickten auf ein sanftes Meer und wüßten, daß unter seiner Oberfläche ein temperamentvoller, wütender und rachsüchtiger Gott lebte, der sich voller Zorn aus den Fluten erheben und alles unter sich begraben könnte, was ihm im Weg ist. Auf diese Weise verstehen Sie sofort einige der Haupteigenschaften des Poseidon-Archetyps. Dieser ist Teil des Zeus «unterlegenen» Vater-Archetyps und wird von Männern, die Zeus ähnlich sind und danach trachten, alles unter Kontrolle zu haben, unterdrückt.

Wenn Emotionen unterdrückt werden, begibt sich dieser Archetyp in den Untergrund und wird nicht in die Persönlichkeit des Menschen integriert. Ein Poseidon frißt die Gefühle in sich hinein, statt ihnen Ausdruck zu verleihen. Irgendwann aber kann er seine Natur nicht länger unterdrücken; in Wut und Schmerz macht sich der primitive Drang Luft, denjenigen zu vernichten, der einem Schmerz zugefügt hat – ganz gleich, wie die Umstände sind.

Poseidon ist auch der Archetyp, der ein psychologisches Reich von großer Schönheit und Tiefe offenbaren kann. Poseidons unterseeische Welt ist vom Olymp aus nicht einsehbar und wurde in der griechischen Mythologie nicht beschrieben. Zugang zu emotionalen Tiefen ist ein wenig gewürdigter Aspekt der männlichen Psyche, der in patriarchalischen Kulturen abgewertet und verdrängt wird. Von normalen Amerikanern aus der Mittelklasse zum Beispiel wird erwartet, daß sie ihre Gefühle beherrschen können, ebenso wie man von Engländern der Oberschicht stets Haltung erwartet.

Ein weniger verbreiteter Aspekt des Poseidon wird durch unterirdisches Wasser symbolisiert. Es bedeutet emotionale Tiefe, unter der Erde verborgen, unausgesprochen und unsichtbar, und dennoch da als tiefe, nach innen gerichtete Kraft, die man anzapfen oder ausdrücken muß, um sie zu erkennen.

Der Archetyp des Tiefseetauchers

Poseidon war der einzige olympische Gott, der Zugang zu den Tiefen des Meeres hatte. Er konnte tauchen und so lange unter Wasser bleiben, wie er wollte; auf einen Befehl hin trugen die goldmähnigen Rosse seine Kutsche an die Oberfläche, und die Geschöpfe der Tiefe tollten in seiner Nähe – Wunschtraum eines jeden Tauchers. Poseidon ist eine Metapher für Männer oder Frauen, die tief ins Reich der Gefühle und Emotionen eintauchen können und Zugang zu dem erlangen, was dort ist: Seele und Schmerz, Schönheit und Schrecken der Tiefe, Orte, die so verborgen und dunkel sind, daß man sie kaum erkennt und nur vage ahnt, was sich dort befindet. Hier existieren Abgründe und Tiefen, die unermeßlicher sind als alles, was ein Mensch ausloten oder verstehen könnte.

Ein Mann, der von Poseidons Natur abgeschnitten ist, bis er schluchzt, wenn er betrunken ist, oder aus Kummer oder Zorn in diesen Bereich stürzt, ist beim Betreten von Poseidons Reich so überwältigt, daß er um sich schlägt wie ein Ertrinkender.

Der Tiefseetaucher-Aspekt des Poseidon-Archetyps wird dagegen ausgedrückt durch den Dichter, Dramatiker, Schriftsteller, Komponisten, Musiker oder Psychotherapeuten, der immer wieder vor der Versuchung steht, tiefer und tiefer in den Bereich der Emotionen vorzustoßen, wo er (oder sie) kollektive menschliche Tiefe vermutet. Menschen aus Kulturen, die historisch gelitten haben, Kunst und Literatur hochschätzen und in ihrem nationalen Wesen gefühlvoller sind als andere (zum Beispiel Russen oder Iren), scheinen diesen Bereich mehr zu respektieren als andere und gestehen ihren Männern ein hohes Maß an Emotionen, Irrationalität und Gefühlsausdruck zu.

Der Archetyp des Königs

Wie Zeus und, weniger ausgeprägt, Hades, strebt auch Poseidon nach Macht über ein Gebiet, nach dem Respekt und der Kontrolle, die mit der Position eines Königs einhergehen. Der Poseidon-Mann spürt das Verlangen, jemand «Bedeutendes» zu sein. Einem Mann, der von seinem Archetyp her ein Poseidon ist, mangelt es jedoch an der Indifferenz, dem strategischen Denken und der Willensstärke, die in einem Himmelsgott-Patriarchat benötigt werden, um erfolgreich zu sein und ein «Königreich zu gründen». Seine beruflichen Leistungen können dann denen des Gottes Poseidon ähneln, der immer wieder strittige Gebiete an andere Götter verlor, öffentlich gedemütigt wurde und mit ohnmächtiger Wut reagierte.

Bei der Intensität der mit dem Gott assoziierten Gefühle ist ein Mann, der diesen Archetyp auslebt, gewöhnlich ein schlechter Verlierer. Bei Zeus wurde jeder Streit «offen und ehrlich» durch speziell ernannte Richter entschieden. Wie Männer, die die Regeln nicht verstehen, nach denen ihnen Besitz und Ehre geraubt werden, und die nicht mit Anstand verlieren können, reagierte Poseidon mit Wut. Am häufigsten rächte er sich mit Überflutungen, und ebenso überströmt sein Archetyp die männliche Psyche mit Gefühlen und schwemmt alles rationale Denken weg.

Wenn ein solcher Mann es nicht schafft, sich in der Welt zu behaupten, wird sein Heim die einzige Domäne sein, in der er König ist.

Träger des Dreizack

Poseidons Wahrzeichen war der Dreizack, ein Phallussymbol, das ihn zusammen mit seinem Namen «Gemahl der Erde» historisch als prä-olympischen Gott ausweist, als Gemahl der Großen Göttin, die drei Aspekte besaß: Jungfrau, Mutter und altes Weib. Poseidons Dreizack war ein dreifaches Phallussymbol und wies auf seine Funktion als Liebhaber der dreifachen Göttin hin. Wie seine beiden Tiersymbole Pferd und Stier ist der Dreizack ein (wenn auch sehr abstrakter) Ausdruck seiner Sexualität und Fruchtbarkeit.Der Träger des Dreizacks ist sexuell potent, zur Befruchtung fähig. Diese ist ausdrücklich nicht auf den Gebär-Aspekt der Frau (die Göttin als Mutter) beschränkt, sondern wird auf die jungfräuliche, unberührte, unschuldige Frau (die Göttin als Jungfrau) und auf die weise Frau (die Göttin als altes Weib) ausgedehnt. In ihrer prosaischsten archetypischen Form zeigt sich diese willkürliche, sexuell ausgelebte, psychopathische Männlichkeit in Männern, die keinen Unterschied zwischen alten und jungen Frauen machen. In einer verantwortungsbewußten menschlichen Beziehung ist der Träger des

Dreizacks Ehemann der Jungfrau, Mutter und weisen Frau, die in seiner Frau ko-existieren. Als ihr lebenslanger Partner ist er der Liebhaber der Jungfrau, die er geheiratet hat, dann der Mutter seiner Kinder und später der alten Frau, die sie eines Tages sein wird. In seiner abstraktesten Bedeutung ist Poseidon «Gemahl der Erde» als lebensspendende Feuchtigkeit, welche die Erde braucht, um fruchtbar zu sein. Er repräsentiert das unterirdische Wasser, und wie der Gott Poseidon die Erde spaltete, um Wasser sprudeln zu lassen, symbolisiert der Dreizack die Macht, diese Quelle anzuzapfen.

Poseidon, der unerbittliche Feind

Die Geschichte von Poseidons erbarmungsloser zehnjähriger Jagd auf Odysseus ist eine Geschichte vom väterlichen Zorn über die Blendung seines einäugigen Zyklopensohnes. Keine Rede davon, daß Polyphemus die Absicht hatte, Odysseus und seine Männer zu verschlingen und nur Odysseus' Schliche und Mut ihn daran hinderten. Dies ist eine Gerechtigkeit, die auf dem alten Maß «Auge um Auge» basiert und für die nichts anderes zählt. Eine solche «Gerechtigkeit» ist in Wirklichkeit Rachsucht: man zahlt dem anderen heim, was er einem angetan hat. Poseidon nimmt sich Zeit, um alte Rechnungen zu begleichen; seinen Groll mindern nicht einmal die Jahre. Es kann drei Generationen dauern, wie bei den Trojanern, aber irgendwann kommt der Tag der Abrechnung.

Viele Geschichten und viele Männer folgen diesem Archetyp. Filmstars wie Charles Bronson in *Ein Mann sieht rot* und George C. Scott in *Hardcore – Ein Vater sieht rot* haben Poseidon-Väter gespielt, die ihre Rache selbst in die Hand nehmen und die Kinoleinwand mit Bildern blutiger Vergeltung überschwemmen. Ebenso verfolgte William «Bull» Halsey, Admiral der Pazifischen Flotte im Zweiten Weltkrieg japanische Kriegsschiffe über weite Strecken des Ozeans hinweg, getrieben von dem gleichen unerbittlichen Haß, mit dem Poseidon den treulosen Odysseus jagte. Seine Devise lautete: «Ein guter Japaner ist ein toter Japaner.» Und selbst Jahwe, der Gott des Alten Testaments, behauptete und artikulierte diesen Aspekt des Poseidon-Archetyp, als er erklärte: «Mein ist die Rache».

Poseidon als Archetyp des wilden Mannes

Robert Bly, ein bekannter Dichter und Kopf der amerikanischen Männerbewegung, bezeichnet die Männlichkeit, die Männer – vor allem solche, die in den 60er Jahren heranwuchsen – zurückfordern müssen, als «wilden Mann auf dem Grund des Sees». Dieses Bild stammt aus der Geschichte vom

Eisenhans in *Grimms Märchen:* Es war einmal ein Wald, den alle mieden, denn die Jäger, die ihn betraten, kehrten nie wieder zurück. Eines Tages drang ein fremder Jäger, der keine Furcht kannte, in den Wald ein. Sein Hund jagte wilde Tiere unweit eines tiefen Sees, als sich ein nackter Arm aus dem Wasser streckte, ihn packte und hinabzog. Der Jäger sah es, ging zurück und holte drei Männer, die mit Eimern kommen und das Wasser ausschöpfen mußten. Als sie auf den Grund sehen konnten, so lag da ein wilder Mann, der braun am Leib war wie rostiges Eisen, und dem die Haare über das Gesicht bis zu den Knien herabhingen.

Bly erklärt, daß der wilde Mann ein Symbol für Vitalität ist, instinktiv, ungezähmt von Frauen, im Einklang mit der Natur und Teil der Natur – die aber beleidigt und vernachlässigt, sogar gefürchtet wird, bis Männer diese Quelle der Stärke und Vitalität ins Bewußtsein rücken, anaylsieren und ihr einen Platz in der Gesellschaft zurückerobern.

Ich halte den wilden Mann am Grund des Sees für das Bild eines verlassenen und entehrten Poseidon, eines verdrängten Archetyps im Unbewußten, der hier nur einen anderen Namen hat. Im Märchen wird der wilde Mann von einem Jungen aus der Gefangenschaft befreit. Zum Dank verspricht der wilde Mann, dem Jungen zu helfen: immer wenn er in Not gerät, soll der Junge zu dem Wald zurückkehren und nach ihm rufen. Der wilde Mann ist eine Quelle der Stärke und Macht, ein Archetyp, auf den der Junge zählen kann, wenn er ihn braucht. Im Verlauf dieses Prozesses wird der Junge zu einem mutigen und liebevollen Mann, und der wilde Mann verwandelt sich in einen stolzen König.

Poseidon, der Mann

Poseidons Sphäre ist das Reich der Emotionen. Der Mann, der diesem Archetyp folgt, steht in direkter Verbindung zu seinen Instinkten und Gefühlen, die er spontan und unmittelbar ausdrückt, wenn er extravertiert ist, oder in sich hineinfrißt, wenn er introvertiert ist. In beiden Fällen ist sein Gefühl tief und intensiv. Und er wächst auf in einer Kultur, die von Jungen und Männern erwartet, daß sie keine Gefühle zeigen.

Die frühen Lebensjahre

Das Poseidon-Kind regt sich über alles auf, das ihm etwas bedeutet. Besonders, wenn es extravertiert ist, reagiert es heftig und spontan auf Phänomene, die seine Gefühle oder irgendwelche Handlungen herausfordern. Der kleine Poseidon möchte haben, was ihm gefällt und zwar sofort. Er hat Hunger auf etwas und heult vor Frustration und Wut, wenn er es nicht gleich bekommt. Sein ganzer Körper und auch seine Stimme drücken Lust aus, wenn er sich durchsetzt, aber es muß sofort sein – es später zu bekommen, interessiert ihn nicht. Das Verlangen des Augenblicks schwindet dahin, und dann ist die Sache nicht mehr so begehrenswert wie seine Emotionen ihm vorgegaukelt hatten. Doch selbst wenn er sich in seinen Gefühlen verliert, die vorübergehend sehr intensiv sein können, kann man seine Aufmerksamkeit so leicht ablenken, wie man eine plötzliche Überschwemmung in Kanäle leiten und so die Gefahr bannen kann. Im Gegensatz zu seinem Bruder Zeus besitzt Poseidon die Gabe, das Ziel, das eben noch wichtig war, völlig aus den Augen zu verlieren und sich in etwas anderes zu vertiefen.

Ein Kind, das Angst vor strengen Eltern hat, lernt möglicherweise, seine Gefühle zu verbergen, aber sie bleiben im Verborgenen bestehen. Stille Wasser sind tief, heißt es, und das trifft auch auf einen introvertierten kleinen Poseidon zu, der nach außen ruhig wirkt, obwohl in seinem Innern die leidenschaftlichsten Gefühle toben können.

Wenn dem Poseidon-Jungen schon zu Hause nicht seine Spontaneität und Emotionalität ausgetrieben werden, so ist es spätestens in der Schule so weit. Man zieht ihn auf, wenn er weint, befiehlt ihm, stillzusitzen, wenn er zappelig ist und aufspringt, verlangt, daß er die Unordnung, die er überall hinterläßt, beseitigt – kurz, er stellt fest, daß er pausenlos gemaßregelt wird, weil er nicht den sehr viel engeren Vorstellungen der anderen über sein Verhalten entspricht. Er und seine Emotionen und das Durcheinander, das er überall hinterläßt, scheinen andere enorm auf die Palme zu bringen.

Eltern

Wenn er Glück hat, wird ein Poseidon-Junge in eine Familie geboren, die von ihren Anlagen her wie geschaffen für ihn ist – eine Familie, die Gefühle, Drama, Weinen und Lachen braucht und dies auch nach außen offen zeigt. Eine solche Umgebung toleriert auch das Chaos, das sich ergibt, wenn mehrere Individuen viele verschiedene Dinge tun, die in den unterschiedlichsten Stadien der Vollendung begriffen sind, und Pünktlichkeit ist ihr egal (man kann nicht die Uhr danach stellen, wann das Essen auf dem Tisch steht oder wann Leute im Haus ein- und ausgehen). Wenn dies auf seine Familie und seine Umgebung zutrifft, dann erlebt der kleine Poseidon eine Atmosphäre, in der er akzeptiert und anerkannt wird. Andererseits bereitet sie ihn nicht unbedingt auf die äußere Welt vor, wie er sofort merkt, wenn er in die Schule kommt.

Manche Poseidon-Kinder dagegen wachsen in Familien auf, die ihre Gefühle nicht so offen, spontan und ungehemmt zeigen, sondern Wert auf Manieren, Vernunft, Gehorsam und Sauberkeit legen, die erwarten, daß ihre Mitglieder eine Aufgabe beenden und dann alles säuberlich wegräumen. Ein solches Kind ist von seinem Temperament her ein Mensch am falschen Ort (ein rechtshirniger Mensch in einer linkshirnigen Welt). In einem solchen Heim wird wahrscheinlich dauernd an ihm herumgemäkelt, ganz gleich, was es tut (oder nicht tut): sein Zimmer ist nicht aufgeräumt, es erledigt seine Pflichten nicht pünktlich, seine Sachen fliegen überall herum undsoweiter. (Dabei behauptet es, genau zu wissen, wo alles ist, trotz der Unordnung, und findet seine Sachen nicht wieder, wenn man es gezwungen hat, das Zimmer aufzuräumen.) Auch seine Gefühlsstärke stößt mit großer Wahrscheinlichkeit auf Mißbilligung; es heißt: «Große Jungen weinen nicht» (wenn es weint) oder «Sei nicht so albern» (wenn es glücklich ist). Wenn das Kind das, was man ihm sagt, zu sehr befolgt, wird es sein natürliches Selbst unterdrücken und so werden, wie seine Eltern es haben wollen.

Im Idealfall wird «seine Art» erkannt, akzeptiert und respektiert, und mit elterlicher Geduld und Mühe kann der kleine Junge sogar lernen, ordentlich zu sein und mit Zeit und Arbeitsabläufen fertig zu werden – denn er hat keineswegs das natürliche Bedürfnis, etwas im voraus zu planen. Die Poster-Botschaft: «Es hat nicht geregnet, als Noah seine Arche baute» gehört an die Wand eines jeden Poseidon-Jungenzimmers. (Wie wir noch sehen werden, folgt keiner der Götter, die uns die innere oder emotionale Welt offenbaren, der linearen Zeit, daher würde es auch vielen anderen Leuten gut tun, diese Botschaft zu befolgen.)

Im schlimmsten Fall sieht sich der Poseidon-Sohn mit übertrieben strengen Eltern konfrontiert, die Gehorsam verlangen und wütend werden, wenn er versucht, sich treu zu bleiben und nicht rechtzeitig fertig ist, keine Ordnung hält oder seine Aufgaben nicht macht. Kann sein, daß die Eltern dieses Verhalten als Aufsässigkeit empfinden, die man ihm austreiben muß. In einer solchen Situation wird er wahrscheinlich auch für seine natürliche Gefühlsbetontheit bestraft oder verachtet. Was sein Verhalten noch schlimmer macht und ihm zusätzliche Probleme einbringt, ist das Gefühl, überlegen zu sein oder ein Recht auf etwas zu haben. Das provoziert andere, ihm zeigen zu wollen, wer das Sagen hat, und einen solchen Machtkampf kann er nicht gewinnen. (Der kleine Zeus schafft es viel besser, diese Gefühle zu verstekken.) In einer solchen Umgebung kann der Poseidon-Sohn sehr gut lernen, seine Gefühle zurückzuhalten und sich zu beherrschen – nur um seine Wut später an Schwächeren auszulassen.

Ein Poseidon-Teenager ist gewöhnlich ein gefühlsbetonter, heftig veranlagter junger Mann, der stark unter der Umstellung der Hormone zu leiden hat und immer auf der Jagd nach begehrenswerten Frauen ist. Er will sich die Hörner abstoßen, nicht eine feste Freundin haben. Von einem jungen Poseidon aus der Mittelklasse wird in dieser Lebensphase erwartet, daß er aufs College geht und sich hauptsächlich um die Schule kümmert, aber das interessiert ihn nur mäßig.

Zudem werden Poseidons Temperament und seine Talente in den meisten Schulen nicht gewürdigt: Er reagiert emotional und macht Entscheidungen davon abhängig, wie er sich fühlt, daher zappelt er in der intellektuellen, akademischen Welt wie ein Fisch auf dem Trockenen. Die Schönheit der Logik geht ihm ab, analytische oder sich ständig wiederholende Arbeiten verabscheut, Prüfungen haßt er, und die meisten der vorgeschriebenen Kurse findet er langweilig. Um in der Schule gut zu sein, muß er andere Archetypen entwickeln.

Ein sportlicher Poseidon fühlt sich im Wasser am wohlsten, spielt Wasserball oder schwimmt. Vielleicht findet er seinen Platz auch in einer Theatergruppe, wo er seinen Gefühlen freien Lauf lassen, sie für eine Rolle nutzbar machen und Anerkennung finden kann.

Er hat keineswegs die Absicht, gute Noten zu bekommen, obgleich er sich am Ende meistens doch hinter seine Bücher klemmt und seine Arbeit erfolgreich erledigt, wenn andere ihm begreiflich machen können, daß dies notwendig ist und er die nötige Intelligenz besitzt. Doch wie gut er auch ist, akademische Leistungen bedeuten ihm nicht viel. Und normalerweise weiß er ohnehin nicht, was er später einmal werden will.

Wenn er in der High School schlecht abschneidet, während die Zeit für den Aufnahmeantrag ins College oder der Berufseinstieg immer näher rückt, fühlt er sich zunehmend ausgeschlossen. Dieses Muster kann sich noch häufiger wiederholen, wenn seine zielorientierten Altersgenossen anfangen, materielle Güter zu ernten und er immer unzufriedener mit seinem Los wird.

Beruf

Eine Arbeit zu finden, die ihm etwas bedeutet und ihm zugleich Selbstwertgefühl, ein Einkommen und den Respekt der anderen einbringt, ist in industriellen und unternehmerischen Nationen wie der unsrigen zuweilen problematisch. Ein Poseidon-Mann fühlt sich in Büros oder Fabriken nicht wohl. Wenn er in diesen Bereichen Erfolg haben will, muß er seine Gefühle unterdrücken, einen anderen Gott in sich entwickeln und dessen Rolle übernehmen. Wenn er sich anpassen kann und das tut, was einem anderen Männertyp persönliche Befriedigung verschaffen würde, hat er das Gefühl, nur für das Geld zu arbeiten, selbst auf den höchsten Ebenen von Macht und Prestige. Wenn er aber nie die linkshirnigen Fähigkeiten entwickelte, die sein Arbeitsplatz erfordert, ein stürmisches Temperament hat, das er nicht zu beherrschen lernte, und darüber hinaus Schwierigkeiten mit Autoritäten hat, wird er eine unrentable Tätigkeit ausüben und weder Befriedigung aus seiner Arbeit noch seinen Anteil am materialistischen «Wohlstand» ziehen können – was ihn noch wütender macht.

Eine Arbeit, die ihm etwas bedeutet, erlaubt ihm, seiner Natur zu folgen, denn hier kann er die Fähigkeit entwickeln, aus einem tiefen Gefühl heraus Dinge zu beurteilen und zu tun. Poseidon-Männer haben häufig eine Gabe dafür, mit der Natur zu arbeiten (einschließlich der menschlichen Natur), wo das Leben nach Zyklen, Jahreszeiten und Gezeiten bemessen wird. Hier lernt er, seinen Instinkten zu vertrauen und mit Pflanzen, lebenden Geschöpfen, Strömungen, Klima oder Menschen umzugehen.

Beziehungen zu Frauen

Zwei Aspekte des Poseidon-Mannes lassen es wahrscheinlich erscheinen, daß er Frauen beherrschen will: seine patriarchalische Haltung und die Wucht seines ungestümen Temperaments. Daher kann es passieren, daß er bewußt oder unbewußt ihre Gefühle überrollt und ihre Grenzen verletzt. Von der Pubertät an wird er ein Nein nicht respektieren, wenn er sexuell erregt ist und schon eine gewisse körperliche Nähe erreicht hat. Diese Einstellung kann zu verschiedenen Graden an Vergewaltigung führen, angefangen damit, daß er das Bedürfnis seiner Partnerin, die Sache langsamer anzugehen, mißachtet, bis dahin, daß er sie zum Geschlechtsakt zwingt, sobald sie sich küssen oder anfassen läßt.

Mit modernen Frauen, die selbst eine Karriere verfolgen, kommt er meistens nicht zurecht. Er ist alles andere als ein erfolgreicher Yuppie, trotzdem verhält er sich oft so, als habe er als Mann das Recht, eine höhere Position zu bekleiden als Karrierefrauen. Diese Kombination führt zu Wettbewerbssituationen, in denen die Frau einen Vorteil hat und häufig gewinnt. Wie Athene in ihrem Streit mit dem Gott Poseidon erkennt sie, was in einer bestimmten Situation zu tun ist, während er sich nicht darum kümmert und ihr daher unterlegen ist.

Ein Poseidon befindet sich in der Zeus-orientierten Welt der westlichen Industriegesellschaften im Nachteil. In einer Kultur, die ein solches Verhalten negativ bewertet, reagiert er eher emotional als rational. Obgleich man ihn gewöhnlich in Ruhe läßt, da er eine gewisse Autorität ausstrahlt, kann er das Gefühl haben, daß er aus dem Rennen um Leistung und Status ausgeschlossen wurde. Er «spricht eine andere Sprache» und wenn er sich nicht sehr gut anpaßt, seine Gefühle unterdrückt und eine lineare, zielgerichtete Strategie entwickelt, wird er sich in einer Welt, die Distanz und Strategie fordert, nicht zurechtfinden.

Manchmal kommt es zu andauernden Bindungen zwischen einem Poseidon-Mann und einem Mann, der am entgegengesetzten Ende des psychologischen Spektrums steht. Jeder fühlt sich von der Möglichkeit angezogen, das zu entwickeln, was unbewußt in ihm ist. Poseidon-Männer haben die Gabe zu Loyalität und emotionaler Tiefe – beides keine Eigenschaften, die in der Zeus-Welt gefördert werden; hier muß ein Mann auf dem Weg nach oben flexibel und konkurrenzfähig sein, und Leute, die nicht Schritt halten, hinter sich lassen.

Sexualität

Poseidons Sexualität beginnt als Naturgewalt, die Folge eines stürmischen Temperaments in Verbindung mit einem mächtigen, instinktiven Wesen. Stier und Roß sind Symbole des Gottes Poseidon und Bilder, die seinen angeborenen, willkürlichen Geschlechtstrieb sehr gut darstellen: er verkörpert den «Sexbolzen», der jederzeit fähig und willig ist.

Der Poseidon-Mann kann ebenso unsensibel sein wie der Gott Poseidon, als er die auf der Suche nach ihrer entführten Tochter wahnsinnig gewordene Demeter auf den ersten Blick begehrte und ihr seinen Willen aufzwang. Viele Frauen, die mit Poseidon-Männern verheiratet sind, mußten lernen, daß sein sexuelles Verlangen stets Vorrang hat, ganz gleich, womit sie gerade beschäftigt sind oder was ihnen auf der Seele liegt. Kann sein, daß sie wie Demeter versucht, sich zu verstecken oder ihm aus dem Weg zu gehen, indem sie ihre Sexualität herunterspielt – und, wie die Göttin, damit scheitert.

So lange er dem Archetyp folgt und sich sexuell wie eine Naturgewalt verhält, ist er «unmenschlich», hat keinerlei psychische Beziehung zu seiner Partnerin. Die Kräfte in seinem Inneren überfluten nicht nur ihn, sondern auch andere Menschen in seiner Umgebung.

Ist unser Poseidon homosexuell veranlagt, wird er (besonders vor AIDS) deutlicher als sein heterosexuelles Gegenstück die Rolle des Sexualprotzes unter den reichlich vorhandenen Geschlechtspartnern ausleben. Ein älterer homosexueller Poseidon inszeniert möglicherweise den Mythos von Poseidon und Pelops neu. Der Gott Poseidon begehrte einen jungen Mann namens Pelops, der so schön war, daß Poseidon ihn zum Olymp brachte. Ähnlich verhält es sich, wenn heute ein älterer, etablierter Homosexueller Gönner und Liebhaber eines jungen Mannes wird und ihn in seine Welt einführt.

Sowohl Zeus wie auch Poseidon wurden als mächtige Männer dargestellt, die viele Frauen begehrten, heirateten und jede Menge Kinder zeugten. Beide machten aber auch aus ihrer Lust an schönen jungen Männern kein Hehl, was im antiken Griechenland durchaus üblich war. Moderne, einflußreiche heterosexuelle Zeus- und Poseidon-Männer fühlen sich manchmal, wenn sie merken, daß sie älter werden, verstört und bedroht von der Anziehungskraft junger Männer und ihren eigenen diesbezüglichen Träumen.

Ehe

Die Geschichte von Poseidons Werbung und seiner Hochzeit mit Amphitrite offenbart die metaphorischen Details, die erforderlich sind, damit ein Poseidon-Mann eine Bindung zu einer Frau eingehen kann. Poseidon sah Amphitrite tanzen und verliebte sich in sie. (Er verliebte sich, was viel mehr ist als sexuelle Begierde; sie entsprach dem inneren Bild seiner Geliebten – Jungs «Anima».) Als er um sie warb – sie vergewaltigte –, erschrak sie und floh an einen Ort, an dem sie vor seiner Macht sicher war. Er verhielt sich ihr gegenüber so, wie er es gewohnt war: er zwang ihr seine Begierde auf, verletzte sie, überwältigte sie mit seiner Leidenschaft. Dann litt er unter dem Verlust dieser besonderen, einmaligen Frau, die er mit seiner üblichen Art nicht zurückgewinnen konnte. In dieser Lage ist auch der menschliche Poseidon, der zu spät realisiert, daß seine Geliebte vor ihm geflohen ist.

Um sie zurückzugewinnen, brauchte Poseidon die Hilfe eines Delphins, der entdeckte, wo sie sich versteckte und sie überredete, den Meeresgott zu heiraten. Der Poseidon-Mann stellt häufig fest, daß er den «Delphin» in sich entwickeln muß, der die Gabe besitzt, sich auf eine andere Person einzustellen (sie «findet», obgleich sie sich verbirgt) und in hohem Maße sensibel, fürsorglich und mitteilsam sein kann. Es bleibt ihm nichts anderes übrig, wenn er die Frau, die er liebt, überreden will, freiwillig zu ihm zurückzukehren; sie wird keinesfalls bleiben, nur um sich dann von ihm beherrschen zu lassen.

Macht ein Poseidon-Mann diese Erfahrung, und heiratet er eine Frau, die einen solchen Einfluß auf ihn ausübt, dann leben sie in einem «schönen unterseeischen Palast» – in tiefer emotionaler Verbundenheit also.

Viele Poseidon-Ehen spiegeln jedoch alles andere als tiefe Verbundenheit oder Schönheit, dann nämlich, wenn der Mann sich nicht entwickelt und seinen Groll und seine Wut (beispielsweise wegen seiner Arbeit oder auch eines fehlenden Arbeitsplatzes) an ihr ausläßt. Mangel an emotionaler Kontrolle, Machtspiele, das Gefühl, auf seine ehelichen Rechte pochen zu können – all dies trägt mit dazu bei, daß schlechte Poseidon-Ehen zu den schlimmsten überhaupt gehören, ganz besonders dann, wenn Alkohol oder andere Arten von Mißbrauch hinzukommen.

Wie Zeus- und Hades-Männer ist der Poseidon-Mann eheorientiert. Diese drei Archetypen sind besonders überzeugte Verfechter patriarchalischer Familien, in denen der Mann unangefochtenes Oberhaupt ist.

Kinder

In Anbetracht seines leicht erregbaren Temperaments geht es den Kindern eines Poseidon-Mannes entweder sehr gut oder sie haben besonders viel zu leiden. Ein Poseidon, der als Kind akzeptiert und angeleitet wurde, andere Aspekte in sich zu fördern, und der sich darüberhinaus einen sicheren Platz in der Welt erobert hat, kann ein wunderbarer Vater sein. Er ist aufgeschlossen und für Gefühle empfänglich, der Inbegriff eines starken Mannes, der lacht und weint, ein Vater, der für seine Kinder da ist – ganz anders als der distanzierte Vater, der das in unserer Kultur übliche Modell vertritt.

Als Vater und Ehemann kann er jedoch auch furchtbar sein; gewöhnlich fällt beides zusammen. Die emotionalen und manchmal tätlichen Angriffe auf seine Frau hinterlassen Spuren bei den Kindern. Seine Söhne haben traumatische Angst vor seiner Wut und kuschen vor ihm, verhalten sich aber mit großer Wahrscheinlichkeit genauso wie er, wenn sie Oberwasser haben. Viele von Poseidons Söhnen spiegelten die schlimmsten Aspekte seines Wesens wider. Einer war als Vergewaltiger bekannt und wurde «Meeressatyr» genannt; andere waren zerstörerische Ungeheuer, riesig und wild.

Poseidons Töchter entwickelten sich im allgemeinen nicht zu bemerkenswerten Persönlichkeiten. Die Erfahrungen der Kindheit machen sie zu hervorragenden Kandidatinnen für weitere Schikanen. Und weil sie auf den Schmerz, der dem Verhalten ihres Vaters zugrunde liegt, reagieren, können sie die Rolle von Retterinnen in der Not übernehmen.

Die mittleren Lebensjahre

In der Mitte des Lebens haben die meisten heterosexuellen Männer geheiratet und Kinder gezeugt, und es hat sich herausgestellt, ob das Leben, das daraus resultiert, gut oder schlecht ist. Daher stürzt er gewöhnlich in eine größere Midlife-Crisis, wenn seine Frau ihn zu dieser Zeit verläßt. Ist das der Fall, überfluten seine Gefühle ihn und andere, wobei sie nicht selten emotionale Komplexe aufwühlen, die bis zu diesem Zeitpunkt unbemerkt im Unterbewußtsein verborgen gewesen waren.

Die Mitte des Lebens kann Depressionen oder dramatische Veränderungen in Menschen auslösen, die ihre Poseidon-Natur unterdrückt und sich der Erwartung, daß sie diese Gefühle unterdrücken sollten, angepaßt haben, um mit der Umwelt zurechtzukommen und sich darauf zu konzentrieren, erfolgreich zu sein. Das Tragische ist, sie können Positionen mit Status und Macht erreichen, um die andere sie beneiden, nur um dann zu entdecken, daß diese Macht ihnen persönlich nichts bedeutet. Sie haben gelebt, als wären sie jemand anders, nicht sie selbst. Und dieser schlechte Handel holt sie nun in der Mitte des Lebens ein.

Ein solcher Mann sagt: «Gut und schön, aber was habe ich davon, wenn ich Vizepräsident bin und die Hälfte meiner Zeit im Flugzeug verbringe? Meine Kinder wachsen ohne mich auf.» Was tun? Den Job aufgeben mitsamt den dazugehörigen Annehmlichkeiten? Manche Poseidon-Männer versuchen es – und beschwören eine Ehekrise herauf, wenn sie mit Frauen verheiratet sind, die ein Absinken ihres Lebensstandards nicht verkraften.

Das unbewußte Ziel, die emotionale Tiefe zu erreichen, zu der ein Poseidon-Mann von Natur aus befähigt ist, macht eine Frau unwiderstehlich für ihn. Oder er fühlt sich von einem jungen Mann angezogen, der entweder den vernachlässigten kleinen Jungen in ihm oder eine unterdrückte sexuelle Orientierung repräsentiert. Die Homosexualität kann eine innere Krise bewirken, selbst wenn er seinen Gefühlen nicht nachgibt. In jedem Fall ist die Intensität, mit der die unterdrückten Gefühle schließlich hervorbrechen, explosiv, und die Anpassung, die er so sorgsam erreicht und abgesichert hat, stürzt in sich zusammen wie ein Kartenhaus. Es führt zu dramatischen Veränderungen, wenn die Natur ein halbes Leben lang unterdrückt wurde und – beinahe wie eine Rache – in der zweiten Hälfte des Lebens aufbricht, um ihre Rechte geltend zu machen.

Die späteren Lebensjahre

Wenn der Poseidon-Mann die letzte Kurve nimmt und in die Zielgerade des Lebens einbiegt, kommt das Bild seiner symbolischen Pferdenatur noch einmal zum Vorschein. Hat er die Verbindung zu seinen Instinkten und Gefühlen erhalten, zugleich aber die Fähigkeit entwickelt, in die Zukunft zu blicken und Strategien zu entwickeln? Lebt er im Einklang mit dem Pferd – seiner instinktiven Natur – und kann dennoch denken, beobachten, Entscheidungen treffen? Wenn ja, führt er ein authentisches und erfülltes Leben.

Oder hat er das «Pferd» mißbraucht und getötet, weil andere es nicht schätzten und ihn um seiner Gefühlsbetontheit willen verachteten? War seinem Pferd das Ende beschieden, weil er es aus seinem Leben verdrängte (wie die junge Hauptfigur in Peter Shafers Stück *Equus*), nachdem er sah, welche Schwierigkeiten es ihm einbrachte, ihm zu folgen? Ist er in seinen letzten Lebensjahren von der Quelle seines Wesens und jeglicher Bedeutung abgeschnitten, ein entfremdeter, oberflächlicher Mensch?

Oder hat er sich von seiner «Pferde»-Natur tyrannisieren lassen, so daß er niemals Urteilsvermögen und Zurückhaltung entwickeln konnte? Seinen Instinkten und spontanen Gelüsten zu folgen, wenn das Leben immer komplexer wird, birgt die Gefahr des Scheiterns, der Vergeltung und des Leidens. Wenn ein solcher Mensch älter wird, ist er immer weniger anziehend, immer weniger menschlich, im Gegensatz zu dem Poseidon-Mann, der seiner wahren Natur folgt und dieses Potential weiterentwickelt.

Das höchste menschliche Potential, diesen Archetypus auszuleben, wird von der Figur des Poseidon selbst symbolisiert, der in einer von weißen Pferden gezogenen Kutsche über die Wellen rauscht und die See besänftigt, während die Geschöpfe der Tiefe um ihn herumtollen. Dieser Poseidon-Mann (oder die entsprechende Frau) kann in die Tiefsee hinabtauchen, wo er (sie) zu Hause ist und ihre Schönheit und Heiterkeit erfahren, ohne Angst vor dem, was andere als Ungeheuer bezeichnen würden, die ihm (oder ihr) an dunklen Stellen auflauern.

Erst die Angst verwandelt die schemenhaften Elemente aus der Tiefe der menschlichen kollektiven Psyche in «Ungeheuer»; sie an die Oberfläche zu bringen, wo man sie sehen und auf sie reagieren kann, transformiert sie.

Wir alle spüren die Gegenwart der unausgesprochenen, unvollständigen, enorm einflußreichen Kräfte in unserem eigenen Inneren, und vielleicht fürchten wir sie, bis ein Poseidon-Dichter, -Schriftsteller, -Komponist, -Psychologe, -Tänzer oder -Künstler sie ans Tageslicht bringt. Ein solcher Mensch, der seiner instinktiven Natur folgt und sich im emotionalen Element heimisch fühlt, überträgt die Ängste in bewußte, menschliche Eigenschaften.

Psychologische Schwierigkeiten

Psychologische Schwierigkeiten tauchen auf, wenn Poseidons Gefühlsbetontheit und seine instinktiven Triebe die Persönlichkeit eines Menschen unkontrolliert und ungehindert überfluten. Schwierigkeiten ergeben sich auch, wenn die typischen Eigenschaften eines Poseidons herabgesetzt werden, wenn er als der, der er ist, nicht akzeptiert wird.

Poseidon ist Zeus' Schatten – der emotionale Aspekt des Vaterarchetyps, der unterdrückt oder begraben wird, und daher in einem Mann, der sich bewußt mit Zeus identifiziert, nicht entwickelt oder zugänglich ist.

Zuviel Fluidität: Emotionale Instabilität

Die spontanen emotionalen Reaktionen, die für ein Baby natürlich sind, stellen für einen Erwachsenen ein psychologisches Problem dar. Ein Baby schreit, wenn ihm etwas weh tut, wenn es hungrig ist oder sich unbehaglich fühlt, wenn es Angst oder sonst etwas anderes hat. Es gluckst zufrieden, wenn alles in Ordnung ist und kann von einer Minute auf die andere von einem emotionalen Zustand in den nächsten wechseln. Es kann sich nicht selbst beobachten, kann nicht warten, nicht verstehen: Schmerz ist Schmerz, Bedürfnis Bedürfnis, Trost entweder erreichbar oder nicht, und nichts anderes zählt. Das Baby taucht aus dem flüssigen Bereich des Fruchtwassers als emotional reagierendes Wesen, das sich als Mittelpunkt seines Universums empfindet, in die Welt. Es nimmt keine andere Realität wahr als seine eigene subjektive Erfahrung von Bequemlichkeit, Bedürfnis oder Schmerz. Und für ein Baby ist es vollkommen in Ordnung, so zu sein.

Ganz anders sieht die Sache für einen erwachsenen Menschen aus. Ein Mann, der von seinen ständig wechselnden, subjektiven Gefühlen beherrscht wird, der auf nichts und niemanden Rücksicht nimmt, ist selbstsüchtig, emotional verkrüppelt und hat keinen Sinn für das richtige Maß. Andere halten ihn für emotional unreif oder instabil. Dabei muß man bedenken, daß soziale Normen für angemessenes männliches Verhalten die Verdrängung von Gefühlen verlangen .

Wenn es um Gefühle in der Öffentlichkeit geht, ist «zu viel» eine soziale und politische, aber auch psychologische Wertung, und das kulturelle Stereotyp ist mächtig. Poseidon-Männer können ihre Gefühlsbetontheit bis zu einem Punkt steigern, an dem sie von einem oder mehreren Gefühlen «besessen» sind und mit Recht als «außer sich» gelten.

Flutwellen und Erdbeben: Zerstörerische Emotionen und Umwälzungen

Poseidon war der mythologische Ursprung von Überschwemmungen und wurde auch Erderschütterer genannt. Die Entsprechung in der Psyche ist ein einflußreicher emotionaler Komplex, der die normale Persönlichkeit mit voller Wucht trifft. Die Vernunft bricht zusammen, die Realität wird verschluckt oder fortgeschwemmt und der Mensch wie König Lear im Sturm von Wahnsinn gepackt. Erst wenn das Wasser zurückweicht oder die Erde sich beruhigt, kann der Aufbau oder Wiederaufbau beginnen. Dann ist er ruhig genug, um sein Ego zu beobachten, vielleicht sogar imstande, die Erfahrung zu verstehen und sich und seine Beziehungen, die er zweifellos vorübergehend zerstört hat, wiederaufzubauen.

Die «Flutwelle» könnte eine vergrößerte Version des normalen emotionalen Temperaments sein. Ein Mann (oder eine Frau) reagiert beispielsweise auf einen Verlust oder Betrug, indem er (sie) die Schleusen zu mehr Kummer und Wut öffnet, als er (sie) je zuvor empfunden hat – die Gefühle sind nicht neu, nur potenziert.

Als «Erdbeben» könnte man den Ausbruch des Menschen bezeichnen, der seine Gefühle stets in sich vergraben hat. Nach innen gewandte Gefühle existieren wie Wasser in unterirdischen Höhlen; sie sind tief und beherbergen blinde Tiere, die nie das Licht des Tages gesehen haben – eine Entsprechung für unterdrückte und daher unentwickelte, primitive emotionale Komplexe. Das unterirdische Wasser folgt Verwerfungen, und wenn sich der Druck unter der Oberfläche erhöht, spürt man ein leichtes Grollen, das jedoch vor dem ersten richtigen Beben gewöhnlich nicht beachtet wird. Erst nach einer größeren Erschütterung fällt einem das vorangegangene «Rumpeln» auf, das auf die mangelnde Stabilität unter der Oberfläche aufmerksam machte. Wenn das Leben eines Poseidon-Mannes zu einem besonders verletzbaren Zeitpunkt oder bei einer Verwerfung eine Wendung zum Schlechten nimmt, ist eine Erschütterung die Folge, und Gefühle, die seit frühester Jugend und sogar seit der Kindheit unterdrückt worden waren, strömen in die Psyche ein. Die primitive, irrationale Wut, mit der ein Poseidon andere Menschen attackiert, kann nicht nur sie, sondern auch (und sogar mehr) ihn selbst überwältigen.

So wie es Leute gibt, die in der Nähe eines wütenden Meeres wohnen, so gibt es andere, die in einem erdbebengefährdeten Gebiet leben. Beide müssen Wetterberichte und Seismographen verstehen und aus Erfahrung lernen, was zu erwarten ist, wie man sich darauf vorbereiten kann und wie man bauen muß, um sich gegen eine potentiell gefährliche Flutwelle oder ein Erdbeben zu schützen. Männer (oder Frauen), deren Poseidon-Temperament gelegentlich ihr Ego überwältigt, müssen sich ihrer Empfindlichkeit bewußt werden, sich so viel wie möglich über Umstände solcher Erschütterungen aneignen und Möglichkeiten entwickeln, mit diesem mächtigen Teil ihrer selbst zu leben. Menschen, die von der zerstörerischen Wut eines Poseidon in ihrer Umgebung betroffen sind, sollten lernen, Warnzeichen zu erkennen.

Sie können sich aber auch zurückziehen, so wie Leute, die das nächste große Beben nicht miterleben wollen, aus Kalifornien wegziehen.

Auge um Auge

Poseidons Mythologie kommt immer wieder auf seinen Groll und Vergeltungsdrang zurück. Homers Odyssee schildert die Geschichte von Poseidons unerbittlichem Haß auf Odysseus, nachdem dieser seinen einäugigen Zyklopensohn geblendet hatte. Es war Poseidon zu verdanken, daß Odysseus' Heimkehr so unendlich lange und schwierig wurde. Dieser dunkle Aspekt des Vaterarchetyps sucht Rache – «Auge um Auge». Häufig duldet er keinerlei Neutralität bei seinem Feldzug: «Wer nicht mit mir ist, ist gegen mich.» Seine Vergeltung basiert weder auf Gerechtigkeit noch Recht und verschont keine Unschuldigen – Kinder und Kindeskinder büßen gleichermaßen für die Sünden ihrer Väter.

Als negativer emotionaler Komplex kann Poseidons Rache zu einer alles verzehrenden Kraft werden, welche die Persönlichkeit des Mannes, der sie empfindet, ebenso zerstört wie diejenigen, gegen die sie sich richtet. Ein derart fanatischer Mann legt Bomben, versucht, jemanden finanziell zu ruinieren oder richtet seine Anstrengungen darauf, den Ruf eines anderen Mannes zu zerstören – wenn er nicht nur wie besessen davon träumt. Die innere Situation ist dieselbe: Er ist von einem mächtigen negativen Aspekt des Poseidon überwältigt.

Mangelndes Selbstwertgefühl

Immer wenn die natürlichen Eigenschaften eines Menschen nicht dem Stereotyp von «Männlichkeit» entsprechen, das nach Zeus modelliert wurde, leidet sein Selbstwertgefühl. Poseidon-Männer werden kritisiert, weil sie «zu emotional» oder «nicht rational genug» sind, und ein solcher Mann verinnerlicht möglicherweise die Kritik so lange, daß er damit fortfährt, wenn die anderen schon lange aufgehört haben, davon zu sprechen. Und wenn er nicht die Zustimmung hat, die er braucht, oder mit der Leichtigkeit vorwärtskommt, die ein Geburtsrecht der dem Ideal entsprechenden Männer zu sein scheint, steigert sich seine Kritik, während seine Selbstachtung noch weiter leidet. Er läßt sich nicht zu einer Arbeit inspirieren, die ihm gefallen würde, sondern versucht stattdessen, jemand zu sein, der er nicht ist. Hat er Erfolg, gibt ihm die Verdrängung seiner wahren Natur das Gefühl, ein Blender zu sein oder etwas völlig Bedeutungsloses zu tun – und das beeinflußt sein Selbstwertgefühl. Solange er Groll oder Rachegefühle hegt, kann er sich gar nicht gut fühlen, denn negative Gefühle wirken sich negtiv auf unser Wohlgefühl und Wohlergehen aus.

Schwierigkeiten für andere

Ein Poseidon-Mann will heiraten – wie alle Himmelsvater-Archetypen. Dabei kann es sein, daß er wie Zeus Affären hat und eine sensible Frau in eine eifersüchtige Amphitrite verwandelt, deren Rachegelüste an Hera gemahnen.

Es kann schrecklich sein, mit ihm zusammenzuleben, wenn er ein reizbarer, aufbrausender Poseidon ist, der unangemessen auf alles reagiert, was ihn aus dem Gleichgewicht bringt. Die Schwierigkeiten beim Zurückhalten von Emotionen und Instinkten, gepaart mit Frustration und Wut, läßt ihn leicht zu einem ausfallenden Ehemann oder Vater werden, besonders wenn Alkohol ins Spiel kommt und ihn zusätzlich aus der Fassung bringt.

Möglichkeiten der seelischen Entwicklung

Übt Poseidon den entscheidenden Einfluß aus, wird es nur dann zu einer seelischen Entwicklung kommen, wenn die natürliche Verbundenheit des Poseidon-Mannes zum emotionalen Bereich in seiner Arbeit, seinen Beziehungen oder seiner Kreativität Ausdruck findet. Da er dazu neigt, sich von starken Gefühlen hinreißen zu lassen, muß der Poseidon-Mann Fähigkeiten entwickeln, objektiv zu beobachten, zu reagieren und zu denken.

Entwicklung eines beobachtenden «Selbst»

Die meisten von uns empfinden einen Gegensatz zwischen «man selber sein» und entweder «außer sich sein vor...» oder «nicht bei Sinnen sein». Wir erkennen, daß es Zeiten gibt, in denen wir auf signifikante Weise «nicht wir selbst» sind. In Jungs psychologischem Denken definieren diese Termini einen Zustand, in dem ein emotionaler Komplex die Persönlichkeit übernimmt und vorübergehend das Ego, das normalerweise vorherrschend ist, ausschaltet. Das Ego ist das unbeirrbare, beobachtende, erinnernde und entscheidende Element in der Psyche – das, was man meint, wenn man «ich» sagt. Ein Komplex ist ein archetypisches Muster, das emotional gefärbt ist. Wenn es vorübergehend mehr Macht oder Energie hat als das Ego, kann es die Persönlichkeit für eine Weile «übernehmen» oder «besetzen».

So kann beispielsweise ein Vater «wie besessen» Rachepläne schmieden, wenn einem seiner Kinder etwas zuleide getan worden ist. Er ähnelt dabei

Poseidon bei seiner unerbittlichen Jagd auf Odysseus: nur seine Wut und seine Rache zählen; er ist nicht einmal offen für Unterstützung, Trost oder Hilfe für das Kind, in dessen Namen er handelt. Derselbe Komplex könnte durch dieselbe Situation auch in einem anderen Mann aktiviert werden, jedoch nicht mit dieser Gewalt, denn das Ego dieses Mannes ist im Verhältnis zu dem Komplex stärker. Ein solcher Mann kann sich lebhaft ausmalen, wie er Rache nimmt und mit der Waffe in der Hand durch die Straßen marschiert, aber er sieht ein, daß er gegen den Haß, der ihn bedroht, ankämpfen muß, und weiß, daß das, was wirklich wichtig ist, die Gefühle und Bedürfnisse seines Kindes sind. Vom gleichen Komplex wiederum kann sich ein dritter Mann schon bei einer winzigen Provokation, möglicherweise sogar einer eingebildeten, hinreißen lassen.

Wenn ein emotionaler Komplex das «Selbst» überwältigt, verliert dieses seine beherrschende Stellung. Der Mensch ist sich des Geschehens unter Umständen gar nicht bewußt oder blind dafür, während die Leute in seiner Umgebung ganz anders darauf reagieren. Es kann vorkommen, daß sie ihn verspotten, fürchten oder ihm aus dem Weg gehen, aber auch, daß sein Komplex einen gleichermaßen unbewußten Komplex in anderen anspricht. Vielleicht kämpft der Betroffene gegen den Komplex an, wenn er spürt, daß er überreagiert oder sich auf eine Art verhält, die nicht zu ihm paßt. In der Psychotherapie wie im Leben läßt sich dieser Komplex aufspüren und erforschen. Allein den Komplex zu beobachten, verschiebt die Energie von ihm zum Ego. Mit der Zeit sieht das «Selbst», was passiert und wehrt sich dagegen, von einem Komplex überwältigt zu werden; dann verliert dieser seine Energie und seinen Einfluß und zieht sich zurück. Wenn Mitgefühl für sich und andere, die von dem Komplex betroffen sind, diesen Prozeß begleiten, fördert dies die seelische Entwicklung des Betroffenen und verbessert seine Beziehungen zur Außenwelt.

Ein Mann (oder eine Frau), der im wässrigen Reich des Poseidon lebt und sich von Emotionen überwältigen läßt, muß die Fähigkeit entwickeln, die Umstände distanziert und objektiv wahrzunehmen (aus einer Zeus-Perspektive also). Manchmal muß er außerdem erkennen, daß seine Emotionen an archetypische Bilder (in einem kollektiven Unbewußten, das, wie wir im nächsten Kapitel sehen werden, dem Reich des Hades angehört) gebunden sind.

Die Schule der Delphine: Vom falschen Bedürfnis zu herrschen

Als Poseidon sich in Amphitrite verliebte, glaubte er, sie überwältigen und beherrschen zu können. Sie floh und hätte ihn niemals geheiratet, wäre nicht die Fürsprache des Delphins gewesen, die sie überzeugte. Aus Dankbarkeit setzte Poseidon das Sternbild des Delphins an den Himmel.

Wenn ein Poseidon-Mann vom Delphin lernt – ein Geschöpf, das sich in seinem Bereich ebenso zu Hause fühlt wie er selbst – versucht er nicht, zu dominieren und überwältigen oder nach Territorien zu streben, die anderen gehören. Wenn Gefühle und Emotionen das natürliche Medium sind, in denen er sich sozusagen fühlt wie ein Fisch im Wasser, ist es für einen Mann nicht schwer, Fähigkeiten zu entwickeln, die persönliche Beziehungen und mitfühlendes Verständnis fördern. Außerdem besitzt er ein natürliches Potential für emotionale Ausdruckskraft, das ebenfalls gefördert und entwickelt werden muß. Doch trifft dies nicht nur auf künstlerische oder geistige Fähigkeiten zu, auch ein Talent für Gefühle muß sich entfalten können.

Kreativer Ausdruck

Um Tiefe und Intensität eines Poseidon in Dichtung, Literatur oder Schauspiel Ausdruck zu verleihen, muß der Archetyp des Hermes entwickelt werden. Hermes ist der Götterbote, der Worte (und Seelen) von einer Ebene in die andere überführte. Ein Poseidon mit einem angeborenen Talent für Musik oder Kunst kann höchst gefühlvolle Kunst oder Musik hervorbringen. Was immer das Medium ist, es fördert in jedem Fall stürmische Gefühle zutage, während das ansonsten potentiell hochexplosive Temperament ein kreatives Ventil findet. Was in der Tiefe der Psyche vor sich geht, erhält eine Form und wird als Kunst ins Bewußtsein erhoben.

Hephaistos, Gott der Schmiede, ist ein weiterer Archetyp, der helfen kann, Poseidons Emotionen in kreative Arbeit umzuwandeln. Hephaistos war mehr noch als Poseidon ein verschmähter Gott; doch statt zu explodieren, schuf er schöne und nützliche Gegenstände. Seine Wut wurde transformiert, statt an anderen ausgelassen.

Poseidons Wirkung verwässern

Wenn andere Archetypen aktiv sind, verliert Poseidon gewöhnlich die Macht, eine Persönlichkeit mit seinen Gefühlen zu überschwemmen und zu überwältigen. Daher besteht ein guter Weg zur seelischen Entwicklung darin, andere Götter (und Göttinnen) zu entwickeln. Besonders hilfreich sind der Sonnengott Apollon, Athene, die Göttin der Weisheit, und Zeus – drei Gottheiten, welche die Fähigkeit symbolisieren, Konsequenzen zu berücksichtigen, objektiv zu sein und Distanz zu erwerben. Dies alles sind Fähigkeiten, die ein Poseidon-Mann entwickeln muß.

5. *Hades, Gott der Unterwelt – Reich der Seelen und des Unbewußten*

Obgleich er Herrscher über das Totenreich ist, sollte man Hades nicht mit dem Teufel oder Satan verwechseln. Als Todesgott ist er streng, unnachgiebig und gerecht, unwiderruflich in seinem Urteil; er selbst aber ist nicht böse, weder ein Feind der Menschheit noch ihr Versucher.

Philip Mayerson, *Classical Mythology in Literature, Art, and Music*

Hades zweiter Name war Pluto, was im Griechischen Reichtum und Wohlstand bedeutet. Seine unsichtbaren Schätze wurden symbolisiert durch das Füllhorn in seiner Hand, das überfloß von Früchten und Gemüse, Juwelen, Edelsteinen, Gold und Silber.

Hades ist der Gott, der über unsere Ahnen herrscht und die Dunkelheit in unserem Leben, unsere Depressionen, Ängste, unsere emotionalen Erschütterungen und unseren Kummer mit der Möglichkeit ausstattet, zu Erleuchtung und Erneuerung zu führen.

Arianna Stassinopoulos, *The Gods of Greece*

Hades, der Gott der Unterwelt, hieß ebenso wie die Domäne, die er beherrschte. Da er unter den Götern nur selten personifiziert und wenig bekannt war, galt er als «der Unsichtbare». Man muß in in die Tiefe hinabsteigen, um sich mit seinem Reich vertraut zu machen. Erst dann stellt man fest, daß es tatsächlich Schätze zu entdecken gibt in diesem trüben, kalten und finsteren Reich, das die Mystiker als dunkle Nacht der Seele und psychologisch vorgebildete Zeitgenossen als tiefe Depression bezeichnen, in der man von der gewöhnlichen Realität abgeschnitten ist, unfähig, Gefühle zu empfinden oder den «Sonnenschein» des täglichen Lebens zu ertragen.

Der Geist des Todes führt zum Hades. Der Tod einer Beziehung, der Tod einer Art zu sein, der Tod eines Lebenszieles, einer Hoffnung, einer Bedeutung kann einen in dieses Reich verschlagen. Die Aussicht auf den körperlichen Tod ist, wenn sie als Wahrscheinlichkeit oder Sicherheit empfunden wird, eine Erfahrung, die den Menschen in die Unterwelt katapultieren kann.

Die meisten Menschen begegnen Hades oder betreten sein Reich ungewollt. Wie Achilles in Troja kann der Held – der Mann (oder die Frau), dessen Ego mit Erfolg gleichgesetzt wird – in einem Kampf oder auf dem Schlachtfeld fallen. Dieses Ereignis stellt das Ende seiner heroischen Ambitionen oder des Glaubens an die eigene Unsterblichkeit dar. Der ungewollte Abstieg kann aber auch durch die Rolle eines Opfers bewirkt werden. Vielleicht wird eine Frau (oder ein Mann) vergewaltigt, geschlagen oder mißhandelt, vielleicht fühlt sie sich hilflos, empfindet Schrecken und betritt eine starre, kalte, von allem losgelöste Unterwelt. Das ist eine durch Gewalt bewirkte «Entführung», wie sie Persephones Schicksal war.

Andere begegnen Hades oder betreten sein Reich freiwillig. Für Psyche war es die letzte ihrer heroischen Aufgaben, weil es die einzige Möglichkeit war, sich wieder mit Eros zu vereinigen. Liebe war auch die Motivation für Orpheus, der in den Hades hinabstieg, um seine Frau Eurydike zu suchen, und Dionysos fand hier seine Mutter Semele. In der sumerischen Mythologie begab sich Inanna-Ishtar freiwillig ins Schattenreich zu Ereshkigal, ihrer dunklen Schwester. Außer der Liebe war die Suche nach Weisheit eine Triebfeder: Odysseus mußte in die Unterwelt, um den blinden Seher Tiresias nach dem Heimweg zu befragen. Der freiwillige Abstieg birgt stets große Gefahren, denn es gibt keine Garantie auf eine sichere Rückkehr.

Hades' Reich ist das Unbewußte, sowohl im persönlichen als auch im kollektiven Sinne verstanden. Es ist der Sitz der Erinnerungen, Gedanken, und Gefühle, die wir verdrängt haben, aller Empfindungen, die zu schmerzlich, zu beschämend oder zu inakzeptabel sind, um sie der Oberwelt zu zeigen – Begierden, die wir nie gestillt haben, Möglichkeiten, die nur vage Umrisse geblieben sind. In der Unterwelt des kollektiven Unbewußten existiert alles, das sein könnte, alles, das je war. Es ist das Reich, das der römische Dichter Terenz gemeint haben muß, als er sagte: «Nichts Menschliches ist mir fremd.»

Hermes, der Götterbote, geleitete die Seelen in die Unterwelt und holte Persephone zurück. Iris, die weniger bekannte Botin der Götter, konnte sie ebenfalls nach Gutdünken betreten und verlassen. Nachdem Persephone von einem Granatapfel gegessen hatte und in die Oberwelt zurückgekehrt war, kam sie in regelmäßigen Abständen wieder, um als Königin des Totenreiches diejenigen zu empfangen und zu leiten, die sich freiwillig in die Unterwelt hinabwagten. Hades konnte zwar die Unterwelt verlassen und tat es auch (in der Mythologie allerdings nur zwei Mal), doch war sie das ihm zugefallene Reich, über das er herrschte.

Nicht nur in der Mythologie, auch im Leben können einige Figuren hinabsteigen und wieder zurückkehren, manche begleiten und führen andere Seelen, und manche kennen das Reich aus eigener Anschauung, weil sie dort leben oder sich vorübergehend dort aufhalten. Psychologen zum Beispiel ist die Domäne des Hades durchaus vertraut. Sowohl die Psychologie in ihrer ursprünglichen Bedeutung (abgeleitet von der griechischen Entsprechung für Seele: *psyche*) als auch die Thanatologie (von Thanatos, dem griechischen Gott des Todes) sind Bereiche, die mit dem Hades assoziiert werden.

Ein Psychotherapeut sollte eine archetypische Beziehung zu Hermes, Persephone, Dionysos oder Hades haben, um in die Psyche eines Menschen eindringen zu können. Diese Archetypen ermöglichen ihm, sich mit dem Unbewußten und allem, was dazugehört auseinanderzusetzen, selbst dem Wahnsinn. Dieselben Archetypen verleihen der Arbeit mit Tod und Sterben einen Sinn. C. G. Jung in der analytischen Psychologie und Elisabeth Kübler-Ross in der Thanatologie wurden zu Führern ihres jeweiligen Bereichs, aber erst, als sie selbst den Abstieg hinter sich gebracht hatten. Depressionen und Sterbeerlebnisse sind die häufigsten Initiationen für das Reich des Hades. Danach, so erklärten die Eingeweihten der Eleusischen Mysterien, gibt es keine Angst vor dem Tod mehr.

Doch im Herrschaftsbereich des Zeus, auf dem Olymp, fürchtete man Hades sehr. Das Patriarchat und die patriarchalischen Religionen sehen im Hades einen Hort des Bösen, eine Satanssphäre, eine Dimension, vor der man sich nach dem Tod hüten muß, und die auch im Leben abgewertet wird. Solange die Kultur und das Individuum sich nur mit Zeus und den Himmelsgöttern identifizieren, wird die Unterwelt ein erschreckender Ort bleiben, statt als Quelle von Reichtümern akzeptiert zu werden. Alles was wir brauchen, um unsere Ganzheit wiederzuentdecken, existiert in der Unterwelt; wenn wir sie mit dem kollektiven Unbewußten gleichsetzen, sind die Schatten, die dort leben, wie Archetypen – Formen, die lebendige Energie brauchen, gestaltlose Potentiale in Erwartung ihrer Geburt.

Die Unterwelt in ihrer negativsten, christlichen Ausformung heißt Hölle und wird mit Feuer und Verdammnis assoziiert. Hel war die altnordische Göttin des Totenreichs; aus ihrem Namen leitet sich der Begriff ab. Der keltische Herr über den Tod hatte den Titel Helman. Wie bei Hades verschmolz der Name der Gottheit mit seinem Reich. Barbara G. Walkers Forschungsergebnisse scheinen darauf hinzudeuten, daß die vorchristliche «Hölle» eine Art uterines Heiligtum oder eine verborgene Höhle der Wiedergeburt war, wie man aus dem altnordischen *hellir* schließen könnte. Die noch weiter zurückliegende Vorstellung von Hel war die eines mit Fegefeuer gefüllten kesselförmigen Schoßes. Die Unterwelt, anfänglich ein Mutter-

Bereich, ging später in die Sphäre der Väter über. Und je mehr Bedeutung die Werte der Himmelsgötter erlangten, um so ungezügelter wuchs der Schrecken vor der Unterwelt, um so negativere Züge nahm sie an.

Auch Hades ist ein verdrängter Aspekt des Vaterarchetypus. Im Patriarchat herrscht Zeus wie auf dem Olymp. Seine Version des Vaterarchetypus ist ausschlaggebend. Bei einzelnen Menschen, aber auch in der Gesamtheit der Kultur, existiert Hades als eine Kraft des Unbewußten, die nur durch einen Abstieg erfahren und beurteilt werden kann.

Hades, der Gott

Hades war Herrscher der Unterwelt, des unterirdischen Königreichs, in dem die Schatten der Toten Zuflucht fanden. Auch einige mythologische Unsterbliche wurden hierher verbannt, nachdem sie den Kampf um die Vorherrschaft gegen Zeus und die Olympier verloren hatten.

Seinen Namen auszusprechen galt als unglückbringend, deshalb erhielt er eine Reihe von anderen Titeln. Er war der «Unsichtbare» (Aidoneus) oder «Reiche». Später gaben die Griechen ihm den Namen «Pluton» (aus dem sich das römische «Pluto» ableitete), während die Römer ihn «Dis» nannten (nach *dives*: Reichtümer). Andere, weniger verbreitete Bezeichnungen waren der Gute Ratgeber, der Hochgerühmte, der Gastfreundliche, der Festverschließende und der Hassenswerte. Auch als Zeus der Unterwelt oder Unterirdischer Zeus war er bekannt.

Zwar stellten sich die Griechen Hades als grimmigen, kalten und grausamen Herrscher vor, schrieben ihm jedoch niemals teuflische oder übelwollende Eigenschaften zu. Hades wurde wie Zeus oder Poseidon als reifer Mann mit einem Bart dargestellt. Er besaß eine Tarnkappe, die ihm die Zyklopen geschenkt hatten. Als Gott des Reichtums hielt er ein Füllhorn in der Hand.

Genealogie und Mythologie

Hades war ein Sohn von Kronos und Rhea, der gleich nach der Geburt von seinem Vater verschlungen wurde. Als Zeus und Metis Kronos dazu verleiteten, die Kinder, die er verschluckt hatte, wieder auszuspeien, schlossen sich Hades und Poseidon ihrem Bruder Zeus im Kampf gegen Kronos und die Titanen an und gewannen. Nach ihrem Kampf warfen die Brüder das Los, um die Welt aufzuteilen, und Hades gewann die Unterwelt.

Hades zeugte keine Kinder, und die Mythologie weiß nicht viel über ihn zu berichten. Die meiste Zeit verbrachte er unsichtbar in der Unterwelt, die er nur zwei Mal verließ. Einmal verwundete Herakles ihn laut Homer mit einem Pfeil, so daß er Hilfe auf dem Olymp suchen mußte, ein Vorfall, der jedoch nur beiläufig erwähnt wird. Bedeutsamer war die Reise mit dem Ziel, Persephone zu entführen.

Der Raub der Persephone

Persephones Vergewaltigung ist der einzige bedeutsame Mythos, der sich mit dem Namen Hades' verbindet. Hades wünschte sich Persephone zur Frau und entführte das junge Mädchen mit Wissen und Zustimmung ihres Vaters Zeus. Inmitten ihrer Gespielinnen pflückte sie Blumen auf einer Wiese, als sie eine wunderschöne hundertblütige Narzisse entdeckte, die eigens dazu bestimmt war, sie zu verführen, und entfernte sich von den anderen. Sie bückte sich, um die Blüte zu pflücken, doch im gleichen Augenblick tat sich die Erde auf, und in ihrem dunklen Schlund erschien Hades in einer von mächtigen schwarzen Rossen gezogenen Kutsche. Hades packte das zu Tode erschrockene Mädchen, das nach seinem Vater schrie; doch da dieser von Anfang in das Geschehen eingeweiht war, hörte er nicht auf ihre Hilferufe.

Dann stürzten sich Hades' Pferde hinab und brachten Persephone und Hades in die Tiefe der Unterwelt. Die Erde schloß sich über ihnen, als sei nichts geschehen.

Persephone schmachtete in der Unterwelt, während ihre Mutter Demeter über das Verschwinden ihrer Tochter trauerte und die ganze Welt nach ihr absuchte. Schließlich zog sich Demeter in ihren Tempel zurück. Als Folge davon wuchsen keine Früchte mehr auf den Feldern, wurden keine Kinder geboren, sproß kein neues Leben mehr auf der Welt. Hungersnöte bedrohten die Erde und ihre Bewohner. Erst dann gab Zeus Demeter nach und schickte Hermes aus, um Persephone zurückzuholen.

Hermes stieg in die Unterwelt hinab. Neben Hades auf einem niedrigen Lager sitzend fand er eine untröstliche Persephone, die sich nie mit ihrem Schicksal abgefunden hatte. Als sie begriff, daß Hermes gekommen war, um sie zu holen, war sie überglücklich. Doch bevor sie die Kutsche bestieg, die sie in die Oberwelt zurückbringen sollte, gab Hades ihr von einem Granatapfel zu essen.

Anschließend wurde sie mit ihrer Mutter vereinigt, und der Frühling kehrte zurück und brachte überall neues Leben und grüne Triebe hervor. Hätte Persephone in der Unterwelt nichts gegessen, wäre sie zu ihrer Mutter zurückgekehrt, als sei nie etwas geschehen. Da sie aber von dem Granatapfel gegessen hatte, den Hades ihr reichte, mußte Persephone fortan einen Teil des Jahres – die Wintermonate, wenn die Erde brachliegt – mit Hades in der

Unterwelt verbringen. Auf diese Weise wurde sie zur Königin des Schattenreiches.

Hades und Dionysos

Ein fast unsichtbarer Faden, der Hades mit Dionysos, dem Gott der Ekstase, verbindet, wurde von dem bekannten Mythologen Walter F. Otto in seinem Werk *Dionysos: Mythos und Kultus* verfolgt. Er zitiert eine Zeile aus Heraklit: «Hades und Dionysos sind ein und dasselbe» und weist darauf hin, daß Dionysos die Myrthe an Hades weitergab, als er in die Unterwelt kam, um nach seiner Mutter Semele zu suchen. So wurde die Myrthe fortan sowohl mit Dionysos als auch mit den Toten assoziiert. Und auch Karl Kerenyi vertritt in seinem Werk *Die Mysterien von Eleusis* die These, Dionysos und verschiedene Versionen von Hades tauchten als Doppelgänger auf – ein weiterer Beleg für die Austauschbarkeit oder enge Beziehung zwischen den beiden Gottheiten.

Dionysos war ursprünglich ein Gott der Fruchtbarkeit und des Wachstums. Als solcher flossen in seine Verehrung die Jahreszeiten ein, und er hätte wie Persephone einen Teil des Jahres in der Unterwelt verbracht. Dann wären er und Hades tatsächlich vereinigt gewesen. Dionysos waren Leiden, Verstümmelung und Wiedergeburt als Perioden des Wahnsinns wohlbekannt. Daher konnte er in die Unterwelt, in Hades' Reich hinabsteigen.

Die Unterwelt

Die toten Bewohner der Unterwelt, die hier die Ewigkeit verbrachten, galten als bloße Schatten ihres lebenden Selbst. Es war ein schrecklicher Ort, und die meisten hielten sich auf der (nach einer Pflanze benannten) Asphodelus-Wiese auf. Einige Auserwählte bewohnten Elysium, «die Insel der Seligen». Auf dem tiefsten Grund der Unterwelt lag Tartarus, ein Ort ewiger Finsternis, wo die Schlechten bestraft und die Titanen gefangen gehalten wurden.

Doch der Hades wurde nicht nur mit einer unterirdischen Sphäre, sondern auch mit dem fernen Westen assoziiert. Odysseus segelte nach Westen zu Persephones Hain, einer rauhen, sonnenlosen Küste am Ende der Welt, um den Eingang zum Hades zu finden.

Die Toten wurden von Hermes in die Unterwelt geleitet. Sie brauchten eine kleine Münze, um Charon, den Fährmann zu bezahlen, der sie über den Styx setzte. Dann traten sie durch Tore, die von Cerberus bewacht wurden, einem riesigen, dreiköpfigen Hund, der sie bereitwillig einließ, jedoch am

Verlassen hinderte. Beim Eintreten wurden sie von den drei Richtern Minos, Rhadamanthys und Aeatus empfangen.

Ein paar lebende Sterbliche betraten die Unterwelt und kehrten zurück: Herakles holte Cerberus für eine seiner Aufgaben; Psyche kam, um sich von Persephone eine Dose mit einer Schönheitssalbe füllen zu lassen; Odysseus sprach mit dem Schatten des blinden Sehers Tiresias und Aeneas suchte den Schatten seines Vaters. Andere Sterbliche dagegen kehrten nicht zurück: Theseus und Pirithous kamen, um Persephone zu entführen und wurden von Hades in die Ketten des Vergessens gelegt.

Hades, der Archetyp

Hades war also nicht nur ein Name für den Gott der Unterwelt, sondern auch die Bezeichnung für die Unterwelt selbst. Daher gibt es auch zwei Archetypen des Hades: eine archetypische Veranlagung und ein archetypisches Reich.

Bedeutsam für die Definition der beiden Archetypen sind folgende Charakteristika: Der Gott trug eine Tarnkappe und war daher eine unsichtbare Größe. Er verließ die Unterwelt nur selten und wußte nicht, was in der Oberwelt oder auf dem Olymp vor sich ging. Er lebte in seinem eigenen Bereich mit körperlosen Schattenwesen, visuellen Echos ihres früheren, lebenden Selbst, vorstellbar vielleicht als farblose Hologramme. Hades jedoch hieß der «Reiche», und seine Domäne war eine Quelle unterirdischer Schätze.

Hades als Archetyp des Einsiedlers

Der menschliche Einsiedler, der sich in seine Abgeschiedenheit zurückzieht und weder bemerkt noch beachtet, was in der Welt vor sich geht, führt eine Hades-Existenz. Vielleicht hat er verloren, was einst Bedeutung für ihn besaß und lebt nun wie die Schatten in der Unterwelt, mechanisch, ohne Lebenskraft, besonders, wenn er zugleich depressiv veranlagt ist. Er kann ein isolierter und paranoider Hades sein wie der Milliardär Howard Hughes in seinen letzten Jahren. Hughes' Reichtum ermöglichte ihm, ein Stockwerk seines eigenen Hotels in Las Vegas zu bewohnen, das niemand betreten durfte, der nicht von ihm persönlich dazu ermächtigt worden war. Darüberhinaus wurde er von Leibwächtern geschützt – im wahrsten Sinne des Wortes Gefangener seines eigenen Reiches.

In seinen jüngeren Jahren hatte es durchaus nicht den Anschein, daß Hughes sozial unfähig und nicht imstande sein würde, eine akzeptable Persona zu entwickeln. Er führte ein bedeutendes Filmstudio, leitete eine Fluggesellschaft und zeigte sich mit den schönsten Filmstars der Welt am Arm. Damals hatte Hughes keine Schwierigkeiten, die ewige, typisch männliche Frage: «Und was machen Sie?» zu beantworten. Ein Hades-Mann, der keine akzeptable Antwort geben kann und nicht über eine gewisse Position und den entsprechenden Reichtum verfügt, ist ein Mann ohne Persona, was ihn in der Welt der Menschen zu einem unsichtbaren Mann macht. Wenn er keine Familie hat, kann er auch allein in einem anonymen Hotelzimmer in dem Teil der Großstadt leben, der die Unterwelt beherbergt, wo Pornoläden, Prostituierte und Drogenhändler ihren Geschäften nachgehen, wo Penner und Ausgestoßene der Gesellschaft in Häusereingängen schlafen. Dieser Ort ist wie Hades, die Unterwelt, während er selbst dem unsichtbaren Hades gleicht.

Wenn ein Mann wegen seiner Veranlagungen und der äußeren Umstände keine andere Wahl hat, als so zu leben wie Hades, wirkt er auf den ersten Blick vielleicht bemitleidenswert. Ist er jedoch körperlich sicher und kann die grundlegenden Bedürfnisse des Überlebens befriedigen, so ist er relativ zufrieden mit seinem Schicksal. Er ist gern allein und mag weder beachtet noch belästigt zu werden.

Hades als Pluton, Archetyp des Reichen

Ein anderer Typ von Einsiedler hat vielleicht die äußere Welt gekostet und weiß, daß er die Subjektivität und Fülle seiner inneren Welt vorzieht – der Pluton-Aspekt des reichen Hades. In einer extravertierten Gesellschaft wie der unsrigen, die Produktivität so hoch einschätzt, werden Menschen nicht ermutigt, ihre Zeit allein zu verbringen und «nichts zu tun». Daher bewertet sie den introvertierten Einsiedler negativ oder sieht ihn schief an, weil er so viel Zeit allein verbringt. Diese Ablehnung wird noch verschärft durch seine subjektive Reaktion auf Menschen, Dinge oder Ereignisse in der äußeren Welt, die nur deshalb merkwürdig anmutet, weil sie so subjektiv ist.

Hades, der einsiedlerische Pluton ist jedoch «ein fehlendes Stück» bei vielen Menschen, die mit der Gelegenheit, sich auf diese Art mit sich selbst zu beschäftigen, ganz und gar nichts anfangen können. Introvertierte Menschen können über ein Innenleben verfügen, das sie in Verbindung mit ihren eigenen subjektiven Reaktionen auf äußere Erfahrungen bringt. Ein Typus von Introversion (die «introvertierte Empfindung» in Jungs psychologischer Typologie) wird als innerer Dialog, Vision oder körperlicher Sinneseindruck wahrgenommen.

Hades als vorherrschenden Einfluß zu erleben, kann eine sehr bereichernde Erfahrung sein. Der Einsiedler Hades ist eine Quelle der Kreativität, die in allen Künsten, vor allem den visuellen, Ausdruck findet. Fellinis Filme, vor allem *Julia und die Geister* und *8 1/2* sind Beispiele für die Fülle und Subjektivität dieses inneren Reiches.

Hades kann auch der Teil der Psyche sein, der einen Menschen auf seine subjektive Reaktion Menschen, Dingen oder Situationen gegenüber aufmerksam macht, ebenso wie ein Traum. So erzählte mir ein Hades-Mann folgendes Beispiel: Als er unerwartet einer Frau begegnete, die ihn zwei Jahre zuvor betrogen und sehr verletzt hatte, flammte ein Technicolor-Bild vor seinem geistigen Auge auf, in dem ihr Körper voller Messer steckte. Dieser Vorstellung folgte das körperliche Gefühl, ein großes Loch im Herzen zu haben. Statt Aggression, Wut oder psychischen Schmerz erlebte er körperliche Symptome, eindringliche Gegenstücke zu Träumen im Wachzustand.

Aus der Perspektive der äußeren Welt ist diese introvertierte, idiosynkratische Art der Reaktion auf Menschen, Dinge oder Situationen eine Verzerrung der Realität. Schon sehr früh, als Kinder, lernen Menschen, die unschuldig ihre Umwelt auf diese Art erfahren, ihren Wahrnehmungen zu mißtrauen, weil diese von anderen nicht akzeptiert werden. Wenn sie können, isolieren sie diesen Aspekt ihres Selbst und klassifizieren ihn häufig als nicht akzeptabel oder verrückt. Damit schalten sie das aus, was eine Quelle des Reichtums und des Unbewußten sein könnte. Hades-Menschen aber brauchen diese Verbindung zu ihrem Innenleben.

Ohne Zugang zu Zeus' Sicht einer objektiven Realität und Poseidons emotionaler Empfindsamkeit, die beide notwendig sind, um Hades subjektive Wahrnehmung auszugleichen und ihr einen Sinn zu verleihen, läuft der Hades-Mensch Gefahr, sich emotional zu isolieren und in eine eigene Welt zurückzuziehen.

Hades als Guter Ratgeber

«Guter Ratgeber» war eine der vielen Bezeichnungen, die einen potentiellen Aspekt dieses Archetyps beschreiben. Als Quelle subjektiven Wissens kann Hades tatsächlich ein guter Ragtgeber sein. Wir müssen in unser Inneres hineinschauen, wenn wir wichtige Entscheidungen treffen, denn niemand außer uns selbst kann den subjektiven Wert einer Erfahrung einschätzen. Eine objektive, vernünftige Entscheidung ist möglicherweise ohne Bedeutung, nur eine oberflächliche Wahl, die die Umwelt täuscht. Zu lernen, welche Entscheidung einem persönlich wirklich etwas bedeutet, ist von Mensch zu Mensch verschieden. Hades hilft uns mit körperlichen Symptomen, instinktiven Reaktionen, inneren Stimmen und Geistesblitzen zu erkennen, wie wir auf jemanden oder auf bestimmte Umstände reagieren. Wenn es um wirklich wichtige, persönliche Entscheidungen in unserem Leben geht, spielt der subjektive Faktor, den wir Hades verdanken, eine entscheidende Rolle.

Hades, der Unsichtbare: Unzureichende Persona

Mit seiner Tarnkappe war Hades der unsichtbare Gott, selbst wenn er die Unterwelt verließ, was zu einem Gott ohne ausgeprägte Persona sehr gut paßt. (Eine Persona ist die äußere Maske unserer Persönlichkeit, eine Mischung aus dem, wie wir aussehen, wie wir uns kleiden, was wir tun, wie wir uns verhalten – der Stoff, der einen ersten Eindruck vermittelt.) Außerdem würde er als Herrscher über dieses besondere Reich ohnehin jede Party verderben.

Hades ist ein Archetyp mit einem reichen Innenleben, der sich jedoch weder mit Worten noch Gefühlen mitteilen kann. Wenn dieser Archetyp vorherrscht, wird der Mensch eine gesellschaftlich unauffällige Existenz führen. Andere sehen die verborgenen Schätze nicht und fühlen sich in seiner Gegenwart oft unbehaglich.

Hades als «Zeus der Unterwelt»: Archetyp des Herrscher-Königs

Hades, Zeus und Poseidon herrschten über ihre eigenen Reiche, und jeder gibt ein Beispiel für den Archetyp des Königs. Persönlichkeiten und Territorien unterschieden sich, eins aber war den drei Göttern auf fundamentale Art gemeinsam: Alle setzten ihren Anspruch auf ihr jeweiliges Gebiet durch, alle suchten sich eine Frau, die sie zu ihrer offiziellen Gemahlin machten, und alle waren patriarchalische Gestalten (obgleich Hades keine Kinder hatte).

Hades, der Archetyp des Entführers: Inzestuöser Schatten des Zeus

Als Hades beschloß, Persephone zu seiner Gemahlin zu machen, warb er nicht um sie, sondern entführte und vergewaltigte sie – mit Zeus' Wissen und Einverständnis. Und als Persephone ihren Vater um Hilfe bat, wandte Zeus den Blick ab. Bei vielen inzestuösen Vätern sind Zeus und Hades Versionen von Dr. Jekyll und Mr. Hyde. Wie Zeus ist ein solcher Mann eine hervorragende Stütze der Gemeinde und ein strenger (häufig puritanischer) Vater, der für seine Familie sorgt; aber er ist auch der Vater, der «den Blick abwendet und auf ihr Schreien nicht hört», der seine Tochter, (wie Hades) ohne mit der Wimper zu zucken, vergewaltigt oder verführt. In dieser psychologischen Situation ist Hades der archetypische Schatten des Vaters – der Inbegriff des Schlechten in ihm, das heimlich an der Tochter, die nicht fliehen kann, abreagiert wird. Er selbst ist der vergewaltigende Vater, der seine Tochter in die Unterwelt entführt. Wenn er sie vergewaltigt, betrügt er sie um ihre Unschuld; sie ist nicht mehr die unbeschwerte Jungfrau in einer sonnigen, sicheren Welt; sie wird die Gefangene seines geheimen, dunklen Reiches und kann danach häufig genug auch ihrem eigenen Schattenreich nicht mehr entfliehen.

Hades, der Entführer als imaginärer Liebhaber

Hades, der Entführer kann sich völlig unsichtbar als geistiger Liebhaber manifestieren, ein Archetyp, der nur in der Psyche einer Frau existiert und dort ein Eigenleben entwickelt. Eine leicht verständliche Parallele in der Kindheit ist der imaginäre Spielgefährte. Jetzt, im Leben der erwachsenen Frau wird er zum imaginären Liebhaber. Er leistet ihr Gesellschaft und unterhält sich mit ihr, vielleicht schreibt er Gedichte, gibt ihr Ratschläge, macht Versprechungen. Er wird ihr einziger Vertrauter und kann mit seinen Kommentaren ihren Rückzug aus der Welt begünstigen, der sie zunehmend daran hindert, mit anderen Menschen zu interagieren.

Es ist nicht ungewöhnlich, daß normale Menschen, die (in Jungs psychologischen Termini) «introvertierte Empfindungstypen» sind, Stimmen oder Geräusche hören. Viele Musiker zum Beispiel sind daran gewöhnt, Musik zu «halluzinieren», und jede Menge Leute hören Stimmen oder haben Visionen. Um einen imaginären Liebhaber zu entwickeln, muß eine Fähigkeit zu dieser Art von lebhafter innerer Erfahrung gegeben sein, dazu kommt ein Privatleben ohne bedeutsame Beziehungen. Vielleicht handelt es sich um eine Person mit wenig Kontakt zur Außenwelt, möglicherweise aufgrund von mangelnder körperlicher Anziehungskraft und/oder sozialer Fertigkeiten oder aus Angst.

Diese «Entführung durch Hades» resultiert in einer Privatwelt, wo die Frau eine innere Beziehung zu ihrem körperlosen Liebhaber unterhält. Das hat den gleichen Effekt auf ihr Leben wie eine wirkliche, aber heimliche Affäre; sie isoliert sie, auch wenn sie ihren möglicherweise langweiligen Job weitermacht und kaum auffällt.

Ein Mann, der als Einsiedler lebt, kann ebenfalls seine imaginäre Persephone haben. Vielleicht ist sie eine wirkliche Frau, die er aus der Ferne bewunderte, und die sich nun langsam zu einer autonomen «Größe» in seiner inneren Welt entwickelt. Wenn das geschieht und in seinem Kopf die

Grenze zwischen der eingebildeten und der wirklichen Frau verwischt, wird er sich der Frau auf irgendeine unpassende oder verrückte Art nähern.

Hades (der Ort) als Archetyp der Unterwelt

Hades war die Unterwelt, das unterirdische Reich, in dem sich die Seelen der Toten einfanden, ein Ort, den nur wenige Götter besuchen und wieder verlassen konnten. Daher ist Hades sowohl ein archetypisches Reich, als auch eine Veranlagung.

Hades (der Ort) als archeypisches Bild der Depression

Als Persephone in die Unterwelt entführt und dort gefangen gehalten wurde, würde man sie aus heutiger Sicht als depressiv einstufen: sie saß einfach nur da, aß und trank nichts mehr und glaubte, nie wieder das Tageslicht sehen, eine Blume pflücken oder ihre Mutter umarmen zu können. Währenddessen verwandelte sich in ihrer Abwesenheit die ganze Welt in eine Wüste, in der nichts mehr gedieh.

Depressive Menschen handeln und fühlen wie Persephone. Sie sind von allem isoliert, was ihnen wichtig war: emotionale Leere ist die Folge. Manchmal ist sogar alle Empfindung für Lebendiges und Farbiges verschwunden, und die Welt erscheint im wahrsten Sinne des Wortes grau in grau. Diese Art von Depression läßt sich mit dem Abstieg in die innere Welt der Bilder und Stimmen in Verbindung bringen und wurde von Joanna Greenberg – Hanna Green – in einem autobiographisch gefärbten Roman (*Ich habe dir nie einen Rosengarten versprochen*) über den Rückzug eines Heranwachsenden aus der Realität wunderbar beschrieben.

Kleinere Abstiege in die Unterwelt dagegen gehören zum täglichen Leben. Das sind Zeiten, in denen man sagt: «Ich fühle mich heute fehl am Platz» und damit meint, daß man deprimiert ist.

Die Schattenwelt

In Jungs Psychologie hat «der Schatten» einen zweifachen Inhalt. Er umfaßt erstens die Teile unseres Selbst, die entweder für uns oder unsere Vorstellung von dem, «was die Leute sagen» könnten, wenn sie davon erführen, nicht akzeptabel sind. Aus diesem Grund müssen wir solche Gedanken, Handlungen, Einstellungen und Gefühle verstecken, manchmal nicht nur vor anderen, sondern auch vor uns selbst. Dieser Teil des Schattens korrespondiert mit Freuds Es-Theorie und dem finsteren Tartarus, jenem Teil des

Hades, wo die besiegten Titanen und andere Unsterbliche, die die Götter des Olymp beleidigt hatten, gefangengehalten wurden.

Doch zweitens enthält Jungs Vorstellung des Schattens auch «positives» Schattenmaterial, ein vielversprechendes Potential auf der Schwelle zum Bewußtsein, also noch im Schatten statt im Licht. Dieses Material entspricht in vielerlei Hinsicht den unterirdischen Schätzen, die Hades zugeschrieben werden.

Das Jenseits: Reich der Toten

Für die Griechen war der Hades ein Reich der Toten. Hier versammelten sich die Seelen der Toten, um als körperlose Wesen ewig fortzuleben oder aus dem Fluß des Vergessens (Lethe) zu trinken und ohne Erinnerung an ihre frühere Existenz wiedergeboren zu werden. Als archetypischer Ort symbolisiert der Hades das Jenseits, ein Konzept, das sich auf die Theorie gründet, daß die Seele nach dem Tod weiterlebt.

Medien, die glauben, mit den Seelen von Verstorbenen Verbindung aufnehmen zu können, Menschen, die in einer Sterbeklinik arbeiten und spirituelle Praktiken, die auf der Annahme basieren, daß die Seele Hilfe braucht, um den Übergang zu bewältigen, übernehmen die Aufgabe des Götterboten Hermes, der sich frei zwischen den verschiedenen Dimensionen bewegen konnte und die Seelen in den Hades führte.

Das persönliche und kollektive Unbewusste

Die Unterwelt entspricht symbolisch dem persönlichen und kollektiven Unbewußtben. Alles, was wir vergessen haben, ist im persönlichen Unbewußten gespeichert: bestimmte Erinnerungen brauchen nur einen kleinen Anstoß, um ins bewußte Gedächtnis zurückgeholt zu werden; andere, schmerzlichere Erinnerungen können aktiv versteckt oder unterdrückt worden sein. Sie «existieren» in diesem Reich, auch wenn wir uns nicht an sie erinnern.

Das kollektive Unbewußte ist das Reich der Archetypen oder universeller menschlicher Muster, die durch äußere Umstände konstelliert, heraufbeschworen oder provoziert werden können. Diese Muster existieren seit Anbeginn der Zeit und sind von Menschen ausgelebt worden, die schon lange tot sind. In gewissem Sinne existieren sie als «Schatten» – oder Archetypen, die in der Tat immer neu wiedergeboren wurden.

Hades, der Mann

Die entscheidende Frage für den Hades-Mann ist die Anpassung: Kann er sich treu bleiben und trotzdem in die äußere Welt integrieren? Seine angeborene subjektive Veranlagung wird nicht gefördert, im Gegenteil, er wird nach einem Persönlichkeitsstandard beurteilt, der das genaue Gegenteil seines Selbst verkörpert. Gewöhnlich wächst er in einer Kultur auf, die ihm fremd ist und von ihm verlangt, über die Grenzen seines einen Archetyps hinauszuwachsen, wenn er sich einen Platz darin erobern will.

Kindheit

Ein in sich gekehrtes Kind wie Hades hinterläßt normalerweise kaum einen Eindruck. Die Unsichtbarkeit, für die Hades bekannt war, beginnt schon früh, denn er hat weder einen starken Willen noch ein aufbrausendes Temperament wie seine Brüder. Gelegentlich kommt es vor, daß er auffällt, weil er «merkwürdig» reagiert. Andere haben das Gefühl, daß er häufig unerwartet reagiert, besonders auf Menschen oder Situationen, die ihm fremd sind. Es interessiert ihn nicht, welche Wirkung etwas oder jemand auf andere, sondern nur, welche es auf ihn hat.

Nehmen wir an, ein neuer Babysitter kommt ins Haus, oder der kleine Hades begegnet zum ersten Mal seiner Großmutter. Statt die grauhaarige Dame anzulächeln, zieht er sich vielleicht voller Angst zurück oder weint, weil sie eine unangenehme Empfindung auslöst oder er etwas Erschreckendes in ihrem Gesicht entdeckt.

Selbst wenn er nichts Außergewöhnliches tut, zieht er es vor, sich zurückzuhalten und eine Erfahrung über sich ergehen zu lassen, statt sie bewußt zu suchen. Daher erscheint er als kleines Kind schüchtern, und wenn er älter wird, ernst und verschlossen. Diese Zurückhaltung wird negativ beurteilt, besonders bei einem Jungen. Von Anfang an wird das Hades-Kind normalerweise nicht so viel Ermutigung bekommen wie andere, extravertierte Kinder. Die Entfaltung seines Selbstbewußtseins ist schwierig, im besten Fall gehemmt; häufig entwickelt er ein negatives Bild von sich.

Eltern

Es gibt einige sehr schwierige Auseinandersetzungen zwischen Hades-Söhnen und ihren Eltern. Hades paßt einfach nicht in das übliche Bild eines kleinen Jungen, mit der Folge, daß nicht nur er, sondern auch seine Eltern sich abgelehnt fühlen.

Es ist etwas Autistisches an Hades' Persönlichkeit, das sich schon außerordentlich früh bemerkbar macht. Wenn er bekümmert ist, sind seine Empfindungen oder Wahrnehmungen häufig rein subjektiv, während andere nicht im entferntesten ahnen, was in ihm vorgeht. Diese Besonderheit gibt vielen Müttern das Gefühl, etwas falsch zu machen, mit der Folge, daß sie wütend werden.

Vater-Sohn-Kombinationen schneiden häufig noch schlechter ab. Ein besonders trauriges Mißverhältnis besteht zwischen einem extravertierten, geselligen Vater (besonders wenn er ein Mann ist, für den «introvertiert» gleichbedeutend mit «Waschlappen» ist), der Zigarren austeilt und seinem neugeborenen Sohn einen Miniaturbaseball mit passender Mütze schenkt, und dem häufig ernsthaften, in sich gekehrten Jungen, den er als Sohn hat. Er erwartete, einen Jungen zu haben, der aus dem gleichen Holz geschnitzt ist wie er selbst, einen Jungen, auf den er stolz sein könnte, sein Partner, einen kleinen Kerl, den er trainieren und zu den Spielen mitnehmen könnte. Und der Hades-Sohn ist ganz anders. Wenn er darüberhinaus einen Sohn für sein Selbstwertgefühl brauchte, dann könnten Enttäuschung und Wut unter der freundlichen Fassade schlummern und sich gegen den Sohn richten, der seinen Erwartungen nicht gerecht wurde.

So kann es sein, daß der kleine Hades nicht gerade das Gefühl hat, willkommen zu sein, und sich in eine innere Welt zurückzieht, die ihm im Gegensatz zu seiner Umwelt als Zuflucht erscheint. Der Hades-Junge kommt ohnehin sehr gut ohne andere Menschen aus und und spielt am liebsten allein – oder mit einem imaginären Freund. Vom Kindergarten an redet man ihm ein, mehr auf andere zuzugehen, und dennoch wird er alle Versuche seiner Mutter, sich um ihn zu kümmern, damit er abhängig von ihr ist und auf ihre Bedürfnisse eingeht, zu durchkreuzen wissen. Normalerweise lernt er, daß irgend etwas mit ihm nicht stimmt, weil er so ist, wie er ist.

Wenn die Eltern seine Individualität respektieren und akzeptieren können, daß die Fähigkeit zum Alleinsein eine Stärke, nicht eine verrückte Laune ist, kommt er ganz gut zurecht. Trotzdem wird er normalerweise nicht ermutigt, die Dinge auf seine subjektive Art wahrzunehmen und muß zusehen, wie er seine Erfahrungen interpretiert oder seine subjektiven Reaktionen unterdrückt.

Ein Kind, das die Aura anderer Menschen sieht, wird sich zum Beispiel ziemlich komisch fühlen, wenn es merkt, daß es den anderen nicht so geht, und vielleicht gar nicht daran denken, die Farben, die es sieht, mit Informationen über den betreffenden Menschen in Verbindung zu bringen. Ebenso wird es sich, wenn es in bestimmten Situationen einen Druck auf dem Solarplexus spürt, vage unwohl fühlen, ohne zu wissen, daß dieses Gefühl eine Reaktion auf etwas ganz Spezifisches ist, das es buchstäblich «krank macht».

Obgleich Eltern nicht unbedingt imstande sind, solche subjektiven Erfahrungen zu teilen, können sie ihrem Sohn helfen, sich der Welt, in der er lebt, anzupassen, indem sie mit Geduld, Ermutigung und spezifischer Anleitung auf ihn eingehen – etwa so, wie man auch ein Kind aus einer fremden Kultur oder eines mit einer Wahrnehmungsbehinderung vorsichtig aus seiner Reserve locken würde. Mit liebevoller Unterstützung taucht er vielleicht aus der Kindheit auf und hat das Gefühl, kompetent und selbstsicher zu sein. Das aber wird nicht passieren, wenn man ihn wegen seiner subjektiven Reaktionen und seines mangelnden Wissens verspottet – dann macht er einfach nur dicht. Die Erziehung ist äußerst wichtig für seine psychologische Entwicklung, denn es ist wünschenswert, daß er eine objektive Wahrnehmung und Vernunft als Gegengewicht zu seiner inneren Subjektivität ausbildet. Darüberhinaus kann er Vertrauen in Beziehungen entwikkeln, wenn er so geliebt wird, wie er ist, und den nötigen Freiraum behält. Der Hades-Sohn ist alles andere als ein Bilderbuchkind und braucht spezielle Rücksichtnahme.

Adoleszenz und erste Erwachsenenjahre

Ein heranwachsender Hades folgt einem anderen Trommler als die meisten seiner Altersgenossen und gerät in Schwierigkeiten, wenn er versucht, sich dem Druck jugendlicher Konformität zu beugen. Er begreift nicht, woher die anderen immer genau wissen, was gerade in ist, macht sich nichts aus modischen Klamotten und würde zu den meisten «angesagten» Parties sowieso nicht gehen, selbst wenn er eingeladen würde. Wenn er eine extravertierte Seite entwickelt hat, die «gut genug» ist, um ihn durchzuschleusen, und wenn er die innere Sicherheit besitzt, er selbst zu sein, hat er mittlerweile gelernt, daß er ein ausgeprägter Individualist ist. Immerhin hat er genug Oberflächlichkeit erfahren, um zu wissen, daß er lieber allein ist als mit den meisten anderen Leuten zusammen. Inzwischen hat er vielleicht auch einen oder zwei Freunde; mehr braucht er nicht.

Wenn er aufs College gehen oder Karriere machen will, muß er andere Archetypen entwickeln. Bildung fördert Apollons rationales Denken und objektive Wahrnehmung und lehrt Lesen und Schreiben, beides Hermes-Eigenschaften. Beide Götter können ihm helfen, aufgeschlossener zu sein. Doch er geht ein Risiko ein, wenn er dies zu gut schafft und versucht so zu sein, wie andere es von ihm erwarten – das Risiko, einen Arbeitsplatz zu finden, auf dem er zwar etwas leisten kann, der ihm aber nichts bedeutet.

Der Schlüssel, mit dem er die innere und äußere Welt verbindet, liegt darin, ein Interesse, das aus seiner inneren Erfahrung erwächst, in eine Beschäftigung zu überführen. Dieses Interesse schenkt ihm eine In-der-Welt-Identität und die Möglichkeit, seinen Lebensunterhalt mit etwas zu verdienen, das ihm wichtig ist.

Dieser Archetyp ist nicht machtorientiert, da ihm Ehrgeiz, Aufgeschlossenheit und Persona fehlen. Wenn er nicht andere Archetypen entwickelt, könnte der junge Hades auf der Highschool oder irgendwann sonst «auf der Strecke» bleiben. Kann sein, daß man ihn höchstens als ungelernten Arbeiter mit schlechter Bezahlung einstellt. Doch egal, was er tut, meistens erledigt er seine Arbeit äußerst gewissenhaft. Häufig behält er einen gleichförmigen Job, der keine Herausforderung bietet, weil das «wirkliche» Leben sich ohnehin in seinem Inneren abspielt.

Wenn ein Hades-Mann darüberhinaus einen gut entwickelten Hermes-Aspekt hat (der archetypische Vermittler, der sich zwischen den Welten bewegt und Informationen hin und her trägt, Seelenführer zum Hades), dann kann er eine tiefe Ebene erreichen, über die er Zugang zur Welt hat. Diese beiden Archetypen ergänzen sich besonders gut bei der Arbeit in Sterbekliniken, beim Filmemachen, in der Tiefenpsychologie, Literatur, Theologie und anderen Bereichen. Hier entdeckt der junge Hades, daß er ein Talent für sinnvolle Arbeiten hat, die er um ihrer selbst willen liebt.

BEZIEHUNGEN ZU FRAUEN

Hades fällt vor allem wegen seiner kaum existenten Beziehung zu Frauen auf. Wenn man nach der Wärme und dem Gefühl ginge, das er beispielsweise bei gesellschaftlichen Anlässen ausstrahlt, so könnte er ebensogut tatsächlich unsichtbar sein. Die üblichen Rituale bei Verabredungen mit Mädchen oder Flirterei sind nichts für ihn: jeder Versuch in diese Richtung schlägt unweigerlich fehl. Mangelnde Erfahrungen mit Frauen oder Ablehnung durch sie sind für Hades-Männer alltäglich.

Doch wie Dante, der Beatrice einmal sah und sich wegen einer inneren Beziehung zu ihr zur *Göttlichen Komödie* inspirieren ließ, können Hades-Männer durch die subjektive innere Erfahrung einer wirklichen Frau, die sie kaum kennen, tief beeinflußt werden. Ein Hades-Mann ist imstande, eine tiefe Seelenverwandtschaft zu einer Frau zu entdecken, wenn sie die Schätze seiner inneren Welt teilen kann. Es scheint das Schicksal zu sein, daß diese beiden stets aufeinander zutreiben, denn die Chancen, daß einer von ihnen

Anstrengungen unternimmt, den anderen zu finden, sind äußerst gering. Wenn es mit der Geselligkeit nicht klappt, führt er möglicherweise ein zurückgezogenes Leben ohne viel Kontakt zu Frauen.

Beziehungen zu Männern

Der zurückgezogene, gar heimlichtuerische Hades weiß nicht, wie er mit der Kameradschaft von Männern umgehen soll. Er fühlt sich isoliert und bleibt auf seinem Weg mehr oder weniger ein Einzelgänger. Andere Männer lassen ihn in Ruhe. Er hat etwas an sich, das sie davon abhält, ihn zu hänseln – oder ihn in ihre Gemeinschaft aufzunehmen. Einer von ihnen zu sein interessiert ihn nicht, und das läßt ihnen keine Macht über ihn. Im übrigen strahlt seine innere Zielgerichtetheit Stärke aus. Er ist «anders», aber nicht so, daß er sich als Zielscheibe ihrer Verachtung eignete. Die wenigen Freunde, die er im Leben haben kann, müssen in sein Reich vorstoßen, eventuell unzählige Diskussionen über seine Art, die Welt zu sehen, auf sich nehmen.

Sexualität

Hades' Sexualität kann äußerst komplex sein. Er ist imstande, das keusche Leben eines Mönchs leichter zu führen als jeder andere und wird es tun, falls er zum Einsiedler wird. Wenn jedoch eine geistige Beziehung zu einer Frau sexuelle Aspekte annimmt, ist dies eine mächtige Initiationserfahrung, die über den körperlichen Verkehr hinaus zu einem vielschichtigen inneren Erlebnis wird. Als Folge davon aktiviert er möglicherweise ein ekstatisches, dionysisches Potential.

Es gibt jedoch auch potentielle Parallelen zur sexuellen Geschichte des Gottes Hades, der Persephone entführte und vergewaltigte. Er hatte ein lüsternes Auge auf Minthe geworfen, diese aber wandelte sich in eine Pfefferminzpflanze, bevor er ihr zu nahe kommen konnte. Dasselbe wiederholte sich mit Leuka, die zur weißen Pappel wurde. Deshalb hatte er sexuelle Beziehungen nur mit Persephone, die er entführte und dann zu seiner Frau machte. Auch Zeus und Poseidon nahmen sich ihre Frauen häufig mit Gewalt, doch es war Hades, der den schlechten Ruf besaß, den anderen nahm man es nicht übel. Möglich, daß das Leben dem Mythos folgt, denn Vergewaltigung innerhalb und außerhalb der Ehe, Inzest und sexuelle Belästigung von seiten mächtiger Männer ist nichts Ungewöhnliches. Sie kommen damit durch, wenn die Frauen abhängig sind oder weniger Glaubwürdigkeit und Macht besitzen als sie. Doch wenn ein Hades-Mann sich so verhält, wird er mit hoher Wahrscheinlichkeit verurteilt und abgestempelt, weil er nicht im

Dunstkreis der Macht lebt. Stattdessen entsprangen seine Handlungen möglicherweise irgendwelchen Phantasien, die sich um eine wirkliche Frau drehten. Vielleicht ging er auf sie zu, weil er fälschlicherweise glaubte, sie wollte eine sexuelle Beziehung zu ihm. Was immer er unter solch falschen Annahmen tut, wird unangemessen sein – und sie oder andere werden dafür sorgen, daß jeder davon erfährt.

Ehe

Wenn er eine Frau findet, die ihn liebt, heiratet er sie. Wie Zeus und Poseidon will auch Hades eine Familie gründen, Stabilität und Ordnung sichern. Eine Heirat nimmt entscheidenden Einfluß auf sein Leben. Ohne sie wird er ein Einzelgänger und Außenseiter bleiben, vielleicht sogar ein Einsiedler. Mit Frau und Kindern dagegen wird er Teil einer Familie und durch sie auch einer Gemeinschaft. Seine Frau vermittelt zwischen ihrem introvertierten Mann, der Außenstehenden gegenüber oft unzugänglich ist, und anderen Menschen. Häufig muß sie sein Verhalten sogar den gemeinsamen Kindern erklären.

Wenn er Teil einer umfassenden, traditionellen, patriarchalischen Familie innerhalb einer geschlossenen ethnischen oder religiösen Gemeinde ist, können andere ihm helfen, eine Ehe mit einer viel jüngeren, sexuell unerfahrenen Frau «zu arrangieren». Auf diese Weise wird auch sie in eine Ehe «entführt», ohne daß sie die Freiheit besäße, Widerstand zu leisten.

Kinder

Zwar besaß der Gott Hades (als einziger der wichtigen Götter) keine Kinder, doch ein Hades-Mann kann biologisch trotzdem Vater werden. Wenn er seinem Archetyp treu bleibt, wird er ein ziemlich grausamer, humorloser und patriarchalischer Vater, der Pünktlichkeit und Ordnung verlangt, emotional verschlossen ist und seinen Kindern nicht dabei hilft, erfolgreich ihren Weg zu machen.

Ein Hades-Mann, der als Kind geliebt wurde, ist ein unauffälliger Vater, dessen Kinder seine Liebe allein durch seine Ausstrahlung aufnehmen müssen (was sie tun). Es kann vorkommen, daß er die Schätze seines Innenlebens mit ihnen teilt und ihre Vorstellungskraft fördert – wenn sie klein sind, durch die Auswahl von Bilderbüchern und Geschichten, später dadurch, daß er mit ihnen darüber spricht, wie er bestimmte Dinge sieht. Am besten kann er sich öffnen, wenn er mit jemandem allein ist. Ist sein Sohn ebenfalls introvertiert, können die beiden stundenlang ohne ein Wort im gleichen Raum verbringen. Ein aufgeschlosseneres Kind dagegen redet und zeigt ihm, was es erlebt hat, während er aufmerksam zuhört.

Die mittleren Lebensjahre

Das Leben eines Hades-Mannes kann sich um die Lebensmitte in eine Fülle von Richtungen entwickeln. Mehr als fast jeder andere Archetyp hängt sein Leben von äußeren Umständen ab und, was noch wichtiger ist, davon, ob er andere archetypische Muster entwickelt hat.

Ein reiner Hades ist ein Einzelgänger, der in seiner eigenen Welt lebt. Wenn er in der Lebensmitte ohne Familie oder ohne die Möglichkeit ist, in der äußeren Welt zurechtzukommen, taucht er möglicherweise ganz in seine Unterwelt ab. Er kann zum Einsiedler werden, der in einem billigen Hotelzimmer wohnt, oder ein chronisch kranker Mensch, der sich in seine eigene Welt flüchtet, aber auch Mönch oder Bruder in einem religiösen Orden wie dem der Trappisten, die stetes Stillschweigen bewahren.

Wenn er die Unterstützung einer Familie oder Gemeinschaft hat und arbeitet, ist er mit hoher Wahrscheinlichkeit das stabile, patriarchalische Oberhaupt der Familie. Hat er seine intellektuellen Fähigkeiten entwickelt, ist er jetzt vielleicht Akademiker – versunken in ein Gebiet, das ihm ausreichend Spielraum für ein reiches Innenleben läßt. Hat er seine Ausdrucksfähigkeiten in Kunst oder Literatur vertieft, wird seine Arbeit in hohem Maße subjektiv sein.

Falls er durch seine wichtigen, langandauernden Beziehungen oder seine Arbeit gezwungen war, mehrere andere Archetypen zu entwickeln und auszuleben, ist er vielleicht nicht nur ins Reich der Emotionen, sondern auch in das des Geistes und des Willens und ins innere Reich vorgestoßen. Ohne Hades als vorherrschenden oder entscheidenden Archetyp wird ein Mann nicht so natürlich mit diesem Reich umgehen. Viele Männer tun das nicht, besonders wenn ihnen die Ansprüche der äußeren Welt in der ersten Hälfte des Lebens keine Probleme bereiten. Daher ist der Hades-Mann, der sich an die äußere Welt anpassen mußte, in der Mitte des Lebens oft tiefer in diese Bereiche integriert als die meisten anderen Männer.

Die späteren Lebensjahre

Das Muster, das ein Hades-Mann um die Lebensmitte entwickelt hat, wird mit hoher Wahrscheinlichkeit auch die späteren Jahre prägen. Sein enger Kontakt zur inneren Welt der Träume und Bilder und die Beziehung zum kollektiven Unbewußten verwandelt den nahen Tod häufig in einen ohne

Angst erlebten Übergang in eine andere Welt. Die Jung'sche Analytikerin Jane H. Wheelwright beschrieb in *Death of a Woman* die Analyse einer sterbenden Frau, wobei ihr auffiel, daß die träumende Psyche den Tod nicht fürchtet. Ihr Buch ist ein Beweis für den Wert intensiver psychologischer Arbeit mit Träumen im Angesicht des Todes.

Wenn Menschen über einen längeren Zeitabschnitt hinweg sterben, lösen sie sich unaufhaltsam von der äußeren Welt; sie trennen sich von ihren Bindungen zu Ereignissen, Menschen und Dingen und wenden sich nach innen. Dann werden sie wie der Mann oder die Frau oder der Aspekt eines Menschen, der Hades symbolisiert: auf natürliche Weise von der äußeren Welt abgeschnitten und heimischer in der Unterwelt. Vielleicht läuft dieser Prozeß auch in Patienten ab, die sich im fortgeschrittenen Stadium der Alzheimerschen Krankheit befinden oder im Koma liegen. Sind sie in der inneren Welt, sehen sie Bilder, hören, empfinden sie in Hades' Reich? Vielleicht begegnen sie, wie viele sterbende Menschen berichtet haben, sogar «den Schatten» anderer wieder, die ihnen im Tod vorausgegangen sind.

Psychologische Schwierigkeiten

Die Probleme von Männern (oder Frauen) mit einer Hades-Disposition resultieren aus ihrer introvertierten, subjektiven Perspektive.

Persona-Probleme: Der Unsichtbare

Wie der Gott, der kaum sein Reich verließ, und wenn, dann nur mit einer Tarnkappe, ist der Hades-Mann unsichtbar, weil er Menschen am liebsten meidet oder ihnen nicht sein wahres Gesicht zeigt. Außerdem interessiert es ihn nicht, was in der Welt vor sich geht, daher hat er keine Ahnung von den neuesten Trends, Sportergebnissen, politischen Entwicklungen, Klatsch und Tratsch auf Cocktailparties oder bei Grillabenden. Seine Reaktionen sind stets subjektiv, was viele Leute verstört, daher hat er gelernt, ruhig und unsichtbar zu bleiben statt aufzufallen.

Der Einsiedler: Eine gespaltene Persönlichkeit

Der Hades-Mann neigt zum Einzelgängertum. Wenn Umstände und Mitmenschen seine Neigung, anderen zu mißtrauen und sein Gefühl, einer wettbewerbsorientierten Gesellschaft nicht gewachsen zu sein, fördern, wird er sich in sein Schneckenhaus zurückziehen. Er behält seine Empfindungen und Gefühle für sich. Sein Leben ist von emotionaler Armut, wenigen Beziehungen und mangelnder emotionaler Spontaneität gekennzeichnet. Andere kümmern sich kaum um ihn, denn die nicht-verbale, häufig auch ausgesprochene Botschaft, die er ausstrahlt, lautet: «Laßt mich in Ruhe.» Als Einzelgänger lebt er in einer abgeschlossenen inneren Welt und führt ein schizoides Dasein, das auf einem stabilen, aber eingeschränkten psychischen Krankheitszustand beruht.

Minderwertigkeitskomplex

Der Hades-Mann hat in einer Zeuswelt dieselben Schwierigkeiten wie ein Schwarzer in einer weißen Welt. In einer weißen Welt findet der Schwarze kein positives Bild von sich selbst: er wird wie ein minderwertiger Mensch behandelt und ist Zielscheibe für negative oder Schattenprojektionen. Die Welt der Psyche funktioniert nach ähnlichen Gesetzen. Wenn wir von Jungs Beschreibung psychologischer Typen ausgehen und seine Beobachtung akzeptieren, daß die «minderwertigen» Funktionen gewöhnlich abgewertet werden und das Gegenteil der sehr bewußten, eingesetzten, «überlegenen» Funktionen sind, repräsentiert Hades die minderwertigen Funktionen in der westlichen, patriarchalisch-industriellen Welt. Gefordert werden harte Tatsachen oder objektive Realität und logisches Denken; belohnt wird die Fähigkeit, an die Spitze vorzustoßen, erfolgreich um Status, Macht und Wohlstand zu kämpfen. So leidet ein Hades wahrscheinlich unter Minderwertigkeitsgefühlen, mangelnder Selbstachtung und mangelndem Vertrauen, weil er nicht der Standardvorstellung eines «richtigen» Mannes entspricht.

Minderwertige Leistungen sind in unserer Gesellschaft ebenfalls eine Quelle mangelnder Selbstachtung. Es ist schwer, sich in einer fremden Kultur durchzusetzen, und diese Situation ist damit vergleichbar. Die dominante, extravertierte Leistungsgesellschaft ist dem Hades-Mann fremd. Doch ist es möglich, dies zu kompensieren, eine «zweite Sprache» zu entwickeln, sich einer anderen Kultur anzupassen und sogar hervorzutun. Trotzdem wird er das grundlegende Minderwertigkeitsgefühl nicht los, diese ständige Selbstbeobachtung und die Gewißheit, ein Versager zu sein, selbst wenn sich der Erfolg einstellt.

Depression: Emotionale Austrocknung

Hades ist vom Reich der Emotionen isoliert. Obgleich jeder von uns in die Dimension objektiver Realität und nüchternen Denkens vorstoßen muß, um die einfachsten Anforderungen einer Grundausbildung zu erfüllen, und damit gezwungen ist, die Sprache der äußeren Welt zu lernen, ist es durchaus möglich, emotional auf dem Stand eines Analphabeten zu bleiben. Es wird nicht verlangt, daß man lernt, wie andere sich fühlen und warum; man wird auch nicht geprüft oder erhält zusätzliche Anleitungen, wenn man Probleme mit der Einschätzung seiner eigenen oder fremder Gefühle hat. Diese Fähigkeit kommt entweder von selbst oder entwickelt sich durch starke emotionale Bindungen, wozu der Hades-Mann von seinem Wesen her nicht prädisponiert ist. Daher das Problem der emotionalen Austrocknung, das zu einer anhaltenden leichten Depression beiträgt (bei Männern im allgemeinen und Hades-Männern im besonderen). Die innere Subjektivität des Hades läßt sich vielgleicht auf die rechte Gehirnhälfte zurückführen, die zerebrale Hemisphäre, deren Stimmungslage im allgemeinen pessimistisch ist.

Verzerrung der Realität

Introvertierte Wahrnehmung ist gefärbt von subjektiven Einflüssen; das ist ihre Natur. Das Beste ist es, sowohl objektiv wie subjektiv wahrnehmen zu können, genau zu beobachten, was draußen vorgeht und dann subjektiv darauf zu reagieren, um die Erfahrung zu vertiefen. (Genauigkeit und Objektivität betreffen das, was übereinstimmend oder kollektiv wahrgenommen und als «Realität» definiert wird.)

Im Zusammenspiel mit Rückzug und Mißtrauen jedoch können subjektive Wahrnehmungen pathologisch verzerrt und von der Realität losgelöst werden. Es ist nicht das Ausmaß an verzerrter Wahrnehmung, das die «Weißkittel» auf den Plan ruft, um einen in die psychiatrische Abteilung zu transportieren, sondern das, was der Betreffende mit dieser Wahrnehmung anstellt (was er sagt, was er tut, wer davon betroffen ist) und ob es andere Menschen in seiner Umgebung gibt, die entweder mitfühlend genug oder mächtig genug sind, um sich in sein Leben einzumischen.

Schlafstörungen und das Reich der Schatten

Narkolepsie ist eine ungewöhnliche psychische Störung. Der Patient wird von einem plötzlich auftretenden Schlafanfall mit REM-Symptomatik übermannt. Manchmal ist er wach und zugleich mitten in einem Traum, was heftige Angst verursachen kann. Häufiger jedoch wird der Patient in allen möglichen Situationen, einschließlich emotional sehr aufgeladenen Momenten, vom Schlaf überwältigt. Man könnte meinen, der Schlaf (oder Hades) schleiche sich an und entführe das Opfer in sein Reich.

Jugendliche oder Erwachsene, die an Narkolepsie leiden, machen zuweilen die Erfahrung, daß Träume in den Wachzustand eindringen. So kommt es vor, daß jemand mitten in einer Unterhaltung in kurze, lebhafte Träume abtaucht, die den Geruch- und Tastsinn, aber auch das Sehen und Hören einbeziehen. Da man so etwas normalerweise nur im Schlaf erlebt, kann eine Halluzination im Wachzustand, die man mit niemandem teilt, eine ziemlich verstörende Erfahrung sein.

Phantasievorstellungen und aktive Imagination bedeuten die Möglichkeit, freiwillig in den Untergrund abzusteigen und ihn nach Belieben wieder zu verlassen. Auch psychedelische Drogen ermöglichen den Zugang zu diesem Reich. Und jeden Abend, wenn wir einschlafen, betreten wir die Welt der Schatten, auch wenn wir uns beim Aufwachen nicht mehr an den Traum erinnern können. Menschen mit besonders intensiven Träumen erinnern sich nicht nur an ihren Inhalt, sondern sind sich auch bewußt, daß sie träumen und können Entscheidungen treffen, die den Verlauf des Traumes und das Aufwachen beeinflussen. Auch wenn wir über irgend etwas in der äußeren Welt nachsinnen oder frei assoziieren, tauchen wir in diese Dimension ein. Und wenn es in unserer Natur liegt, alle Erfahrungen zu reflektieren, wie es introvertierte Menschen nun einmal tun, dann könnte Hades Reich uns sehr vertraut sein. Die Frage, ob wir Probleme mit Hades' Reich haben, hängt von Zeit und Raum ab, davon, wie tief wir eintauchen, ob wir weiter bei Bewußtsein sind und ob wir die Wahl haben, dazubleiben oder zu gehen.

Schwierigkeiten für andere

Die Schwierigkeiten, die ein Hades-Mann für andere schafft, liegen darin, daß er in seiner eigenen Welt lebt und der Rest der Menschheit gewöhnlich irgendwo anders. Die Stoßkraft seiner psychischen Energie oder Libido ist nach innen gerichtet. Und diejenigen, die ihm nahestehen, möchten, daß etwas von dieser Energie nach außen fließt: in ihre gemeinsame Beziehung oder in die Welt. Zumindest soll Hades ihnen vermitteln, was da unten los ist. Jemanden mit einer Neigung zur Einsiedelei zu lieben fällt besonders extravertierten Menschen schwer, die es möglicherweise persönlich nehmen, wenn sie ausgeschlossen werden und glauben, sie hätten etwas falsch gemacht, wenn ein introvertierter Partner oder ein verschlossenes Kind sich zurückzieht. Genau diese Spannung und die Tatsache, daß Gegensätze sich anziehen, können Hades retten – oder die andere Person so beeinflussen, daß sie ebenfalls in sich gekehrt oder einsam wird.

Möglichkeiten der seelischen Entwicklung

Ein Hades-Mann wird so lange isoliert bleiben, bis er andere Aspekte seines Selbst aktiviert. Er muß eine Persona entwickeln, um zugänglich und sichtbar zu sein und Mittel finden, seine innere Erfahrung auszudrücken.

Entwicklung einer Persona

Eine Persona ist das Gesicht, mit dem wir der Welt entgegentreten. Das lateinische Wort persona bedeutete «Maske» und bezog sich auf die Masken, die auf der Bühne getragen wurden, um die Rolle, die ein Schauspieler verkörperte, auf den ersten Blick sichtbar zu machen. Die Persona legt fest, wie wir uns präsentieren, welchen ersten Eindruck wir machen. Ein Hades-Mann, der mehr in seiner inneren Welt lebt als in der äußeren, muß sich bewußt eine angemessene Persona schaffen und darüber nachdenken, wie er sich darstellen will. Da er mit dem Small Talk, der einander unbekannten Leuten ermöglicht, miteinander ins Gespräch zu kommen, nichts anfangen kann, muß er vorher genau überlegen, was er sagt und wie es ankommen soll. Eine gut funktionierende Persona muß, wie die Kleidung, die wir tragen, einerseits der Situation angepaßt sein, andererseits die Persönlichkeit widerspiegeln. Mit anderen Worten, Hades muß sich Mühe geben, sichtbar und zugänglich zu sein.

Die Suche nach Persephone

Ein Hades-Mann wird gut daran tun, eine feinfühlige Frau zu finden, die die Rolle einer Mittlerin zwischen ihm und der Welt übernimmt. Ein Hades-Mann wird sich langsam öffnen, um seine Empfindungen und die Schätze seines Innenlebens mit anderen zu teilen, aber zuerst muß er erreichbar sein. Dabei hilft ihm «Persephone», entweder als wirkliche Frau oder als Anima (seine von Jung als unbewußter, femininer Aspekt eines Mannes definierte Hälfte, mit deren Hilfe er Weichheit, Gefühl und Empfindsamkeit ausdrückt). Diese Ausdruckskraft mildert seine abschreckenden Aspekte und macht ihn zugänglicher.

Hermes aktivieren

Hermes war der einzige Gott, der Hades' Reich nach Belieben betreten und wieder verlassen konnte. Als Götterbote und Seelenführer übermittelte er Nachrichten, führte die Toten in den Hades und kam, um Persephone zu holen. Er war bekannt für sein unerwartetes Auftauchen – wie es für einen Geistesblitz typisch ist – aber auch für seine Intelligenz und Wortgewandtheit. Wenn Hades und Hermes beide vorhanden sind, ist Hermes der Mittler, durch den die Bilder oder Schatten in der Unterwelt des Hades interpretiert und dann an andere weitergegeben werden. Genau das tat C. G. Jung, als er die Archetypen des kollektiven Unbewußten beschrieb. Wenn ein Hades-Mann durch die Lektüre Jungs und anderer analytischer (Jung'scher) Psychologen oder Dichter wie T. S. Eliot das Vokabular entdeckt, um den Schatz seiner inneren Erfahrung mit anderen zu teilen, dann hat er den Hermes in sich aktiviert.

Aktivieren anderer Götter, Kontakt zur äusseren Welt

Der Mann, der vorrangig und von Natur aus ein introvertierter Hades ist, hat gewöhnlich reichlich Gelegenheit, andere Archetypen zu entwickeln und damit seelisch zu wachsen. Die jahrelange, aufgezwungene Ausbildung aktiviert die Eigenschaften Apollons. In linearer Zeit zu leben, Termine einzuhalten, wissenschaftlich zu denken, Ursache und Wirkung rational zu erklären, helfen diesen Archetyp zu entwickeln. Ideen in Worte zu fassen ist Teil eines Programms, das Hermes aktiviert. Und wenn er geliebt wird oder selbst jemanden liebt, dann wird das Reich der Gefühle ebenfalls zu einem Ort, an dem er reifen kann.

Ein Hades-Mann, der sich auf diesen Seiten wiedererkennt und entdeckt, daß seine Familie so zerrüttet war, daß er sich in sich selbst zurückgezogen hat, kann als Erwachsener seelisch über Hades hinauswachsen. Es beginnt mit der Entscheidung und dem Vorsatz, dies zu tun. Dann braucht er Mut, um seine eigene Welt zu verlassen, in der er bisher Sicherheit und Abgeschiedenheit fand. Vielleicht geht er zu Versammlungen der Adult Children of Alcoholics (Alkohol ist der verbreitetste Grund für zerrüttete Familien), in der Gewißheit, daß er lange zuhören kann, bevor er anfängt, Stellung zu den Erfahrungen zu nehmen, von denen die anderen sprechen oder Kontakt zu Leuten aufzunehmen. Vielleicht beschließt er, auf Annäherungsversuche von Arbeitskollegen einzugehen. Oder er sucht einen Therapeuten auf. Wenn er merkt, daß er zu viel Zeit in seiner inneren Welt verbringt, könnte er sie so einteilen, daß er sich mehr der äußeren Welt zuwendet: er könnte Kurse nehmen, um Dinge zu lernen, die er noch nicht beherrscht, oder sich auf eine bestimmte Fertigkeit konzentrieren.

Teil III

Die Generation der Söhne: Apollon, Hermes, Ares, Hephaistos, Dionysos

Die olympischen Söhne waren Apollon, Gott der Sonne; der Götterbote Hermes (den die Römer Merkur nannten); Ares (Mars), der Kriegsgott; Hephaistos (Vulkan), Gott der Schmiede und Dionysos (Bacchus), Gott der Ekstase und des Weins. Diese zweite Generation der olympischen Götter war die Generation der Söhne. Zwar herrschten sie nicht über eigene Reiche, wurden jedoch mit bestimmten Gebieten, Situationen oder Orten in Verbindung gebracht. Man spürte Hermes' Gegenwart auf Straßen und an Grenzen, Ares auf dem Schlachtfeld, Dionysos bei einem Gelage. Hephaistos widmete sich der Arbeit in seiner Schmiede unter dem Vulkan und Apollon hielt sich die meiste Zeit des Jahres in Delphi auf. Die Söhne definierten sich durch das, was sie taten, und das wiederum hing mit ihren Eigenschaften und ihrem Temperament zusammen.

Zeus war der Vater dieser Generation. Apollon, Hermes, Ares und Dionysos waren seine Söhne, und offiziell auch Hephaistos, dessen Mutter Hera, Gemahlin des Zeus, ihn jedoch allein aufzog. Zeus bevorzugte Apollon und Hermes, lehnte Ares und Hephaistos ab und war für Dionysos Ersatzmutter und Vater zugleich.

Lieblingssöhne: Apollon und Hermes

Die von Zeus bevorzugten Söhne waren diejenigen, die als Archetypen Männern in einer patriarchalischen Welt beim Weiterkommen behilflich sind. Mythologisch gesehen führten Apollon und Hermes eine behagliche Existenz in Zeus' Himmelreich. Als Sonnengott fuhr Apollon in seiner Kutsche über den Himmel. Als Bote seines Vaters Zeus konnte Hermes frei und unbehelligt zur Spitze des Olymp vordringen. Diese beiden Götter werden wie Zeus mit emotionaler Distanz und geistigen Aktivitäten assoziiert. Als Archetypen sind sie im Reich des Geistes am heimischsten. Beide werden mit Worten, Verhandlungen und Verkehr in Verbindung gebracht und wandten sich an Zeus, wenn es darum ging, Streit zu schlichten. Beide gingen körperlichen Auseinandersetzungen aus dem Weg. Keiner von beiden hatte eine Frau oder Gefährtin.

Verstossene Söhne: Ares und Hephaistos

Die Söhne, die Zeus ablehnte, Ares und Hephaistos, verließen sich im Gegensatz zu seinen Lieblingssöhnen Apollon und Hermes nicht auf Geist oder Sprache. Beide drückten sich durch körperliche Aktivitäten aus. Beide arbeiteten mehr mit den Händen als mit dem Kopf. Und bei beiden spielten Gefühle eine wichtige Rolle. Ares ließ sich von seiner Wut oder Loyalität zum Kampf hinreißen und benutzte seine Waffen als Werkzeug der Zerstörung. Als Hephaistos abgelehnt und betrogen wurde, legte er sein ganzes Gefühl in die Kunst und benutzte seine Werkzeuge als Ausdrucksmittel seiner Kreativität. Zeus lehnte Hephaistos ab und konnte Ares nicht ausstehen. Beide Götter wurden auch von den anderen verspottet und gehänselt, und Männer, die so sind wie sie, neigen zu mangelnder Selbstachtung. Beide waren Söhne Heras, einer entwerteten, frustrierten und machtlosen Mutter.

Als Archetypen werden ihre charakteristischen Eigenschaften vom Patriarchat nicht sehr hoch geschätzt, und daher haben Männer, die diesen Göttern gleichen, Schwierigkeiten, erfolgreich zu sein.

Ambivalent beurteilt: Dionysos

Dionysos bildet eine eigene Kategorie, da er der einzige mit einer sterblichen Mutter ist, und der einzige, den Zeus nicht nur aufzog und umsorgte wie eine Mutter, sondern zugleich behandelte wie ein Vater. Als Dionysos noch ein Fötus war und zu klein, um aus eigener Kraft zu überleben, nähte Zeus ihn in seinem Oberschenkel ein, der als Brutkasten oder künstliche Gebärmutter diente, bis er groß genug war, um geboren zu werden.

Dionysos war der einzige Gott, der gern mit Frauen zusammen war; Frauen bildeten den Hauptbestandteil seiner Mythologie. Dionysos brachte seine Mutter aus der Unterwelt zum Olymp, wo sie einen Ehrenplatz erhielt. Er kam zu Ariadne, nachdem sie verlassen worden war, heiratete sie und war ihr ein treuer olympischer Ehemann.

Als letzter Gott im olympischen Pantheon war Dionysos der Sohn, der aus dem distanzierten Zeus einen fürsorglichen Vater machte. Dionysos wird ambivalent beurteilt: Mächtige Männer lehnen Dionysos als fremden Einfluß, der keinen Zugang zu ihrer Kultur oder ihrer Psyche haben sollte, ab, während Frauen und die femininen Aspekte der Männer seinen Einfluß eher begrüßen. Männer, die wie dieser Gott sind, stellen fest, daß andere sehr ambivalent (kaum je gleichgültig) auf sie reagieren.

Die Götter als bevorzugte, abgelehnte oder ambivalent beurteilte Teile des Selbst

Die patriarchalische Gesellschaft Amerikas unterscheidet sich in einem wichtigen Punkt von der griechischen: die klassischen Griechen waren keine Puritaner und hatten daher keinen puritanischen, mythischen Vater wie unsere Kultur und Psyche. Für Zeus war Sexualität ein Ausdruck von Macht, ein Instinkt, dem er folgen konnte, weil er die entsprechende Macht besaß; die Griechen hielten Sexualität keineswegs für schmutzig und obszön. Indem er Dionysos aufzog, nährte Zeus auf einer metaphorischen Ebene auch die Möglichkeit, eine Beziehung zum Dionysos in sich aufzubauen, durch den seine Sexualität eine ekstatische Dimension hinzugewann und seine Beziehung zum Weiblichen, zu Frauen, sich veränderte. Während also Zeus seinem Sohn Dionysos positive Gefühle entgegenbrachte und die Griechen ihn mit einer gewissen Ambivalenz betrachteten, stuft die amerikanische Version des Patriarchats Dionysos negativ ein.

Wir leben in einem Patriarchat, das parteiisch ist; Voreingenommenheit ist tief in unserer Psyche verwurzelt. Daher ist die Akzeptanz oder Ablehnung bestimmter Teile unserer Identität stark von Kultur und Familie geprägt. «Wem» wir am Ende am meisten ähneln, oder welcher dieser Archetypen uns am besten entspricht, darüber entscheiden tief verwurzelte Prädispositionen, ob sie uns willkommen sind oder nicht.

Während wir die Bezeichnungen für die Muster durchgehen, die in den folgenden Kapiteln lebendig vor uns erstehen, erkennen wir, welche Götter unsere Psyche beeinflussen. Ähnlich der unerwarteten Lösung eines Kriminalromans, die von der Entdeckung der wahren Identität einer Hauptfigur abhängt, fällt es Ihnen möglicherweise wie Schuppen von den Augen, wenn Sie etwas über Ihre wahre Identität erfahren oder ein wichtiges Stück ihres Selbst entdecken.

6. Apollon, Gott der Sonne – Bogenschütze, Gesetzgeber, Lieblingssohn

Schönheit aller Art, ob in Kunst, Musik, Dichtung oder Jugend, Gesundheit oder Mäßigung – all dies konzentriert sich in Apollon.

Unter seinem bedeutsamen und einflußreichen Aspekt läßt sich alles fassen, das ihn mit Recht und Ordnung verbindet. Ursprünglich repräsentierte er die griechische Vorliebe für «das Verständliche, Festgelegte, Meßbare» im Gegensatz zum Phantastischen, Vagen und Formlosen.

W. K. C. Guthrie, *The Greeks and Their Gods*

Apollon lehnt das allzu Nahe ab, die Befangenheit in den Dingen, den verschwimmenden Blick, und ebenso das seelische Ineinsfließen, mystische Trunkenheit und ihren ekstatischen Traum.

Walter F. Otto, *Die Götter Griechenlands*

Apollon ist die Verkörperung einer Männlichkeit, die aus der Ferne beobachtet und handelt. Als Gott, Archetyp und Mann «blendet» er. Er war Zeus' Lieblingssohn, seine Attribute führen in einem Patriarchat zum Erfolg. Am wohlsten fühlt er sich im himmlischen Reich des Intellekts, des Willens und des Geistes. Zwar ist er für seine Klarheit und Form bekannt, doch hat Apollon auch einen verborgenen, dunklen Aspekt.

Apollon, der Gott

Apollon bekleidete in der Hierarchie der griechischen Götter eine Stellung gleich hinter Zeus. Er war der Bogenschütze, der Sonnengott, der Gott der Kunst (besonders der Musik) und der Weissagung. Er war Gesetzgeber, der die Frevler strafte, Schirmer der Medizin, der auch Seuchen und Landplagen schicken konnte und Beschützer der Hirten. Römer und Griechen nannten ihn übereinstimmend Apollon oder Apollon Phoibos (den Lichthellen).

Die bildende Kunst stellte ihn als gutaussehenden, bartlosen Jüngling von männlicher Kraft mit langen goldenen Locken dar. In seinem Tempel zu Delphi finden sich die berühmten Gebote: «Erkenne dich selbst!» und «Nichts im Übermaß!» Zu den Attributen Apollons gehörte neben Bogen und Leier auch der Lorbeer.

Trotz aller stolzen Klarheit, die mit ihm assoziiert wurde, hatte er auch einen weniger bekannten, dunklen Aspekt; hell und dunkel spiegelten sich auch in seinen Symbolen wider. Apollon war bekannt als der reine, heilige und reinigende Gott, dessen Attribute der Sonne, seinem bedeutsamsten Symbol, entsprachen. Singende Schwäne, Apollons heilige Tiere, kreisten sieben Mal über Delos, als seine Geburt bevorstand, und Zeus schenkte ihm eine von Schwänen gezogene Kutsche, als er auf die Welt kam. Aber auch Rabe und Krähe – die dunklen Vögel – wurden mit Apollon assoziiert, ebenso Schlange und Wolf. Seine Strafe konnte grausam, er selbst rachsüchtig sein.

Genealogie und Mythologie

Apollon entsprang der Verbindung von Leto und Zeus und war der Zwillingsbruder der Artemis, Göttin der Jagd und des Mondes. Als Leto (eine Titanin aus der Herrschergeneration, die den Olympiern voranging) mit Apollon und Artemis schwanger war, streifte sie umher auf der Suche nach einem Ort, an dem sie ihr Kind zur Welt bringen konnte. Kein Ort hieß sie willkommen, denn überall fürchteten die Menschen zu Recht den rachsüchtigen Zorn Heras, der eifersüchtigen Gemahlin des Zeus. Schließlich setzten die Wehen ein, und sie fand Zuflucht auf einer unfruchtbaren Insel, die später Delos genannt wurde. Neun Tage und Nächte litt Leto schreckliche Qualen bei der Geburt Apollons (Hera hatte der Geburtsgöttin verboten, ihr bei der Geburt zu helfen). Schließlich kam Apollon unter einer Palme zur Welt, am siebten Tag des Monats. Fortan war ihm diese Zahl heilig und die Palme wurde zu einer der berühmtesten Sehenswürdigkeiten der Antike.

Apollon und Artemis: Die Zwillinge

Apollon und seine Zwillingsschwester Artemis waren beide Bogenschützen. Apollons Pfeile und Bogen waren golden, da er der Gott der goldenen Sonne war. Artemis' Waffen waren silbern wie ihr silberner Mond. Artemis war der ältere Zwilling; sie brachte, so Homer, Apollon das Bogenschießen bei. Beide schossen ihre unsichtbaren und «ferntreffenden» Pfeile ab, die einen raschen und schmerzlosen Tod brachten. Beide wurden wegen ihrer Reinheit verehrt und waren bekannt für ihr zurückhaltendes und unnahbares Wesen, sowie ihr plötzliches Verschwinden (sie in den Wald, er ins geheimnisvolle Reich der Hyperboreer).

Artemis und Apollon wachten über die heranwachsende Jugend auf der

Schwelle zum Erwachsensein und straften schnell und gnadenlos. Beispielsweise die vermessene Niobe, die ihre Mutter Leto demütigte, indem sie damit prahlte, sie habe sechs schöne Töchter und sechs gutaussehende Söhne, während Leto sich mit Artemis und Apollo begnügen müsse. Leto rief ihre göttlichen Kinder zur Hilfe, woraufhin Apollon alle sechs Söhne und Artemis alle sechs Töchter Niobes tötete. Niobe erstarrte durch den ungeheuren Schmerz zu Stein.

Artemis liebte einen Jäger namens Orion. Der eifersüchtige Apollon forderte sie heraus, einen undeutlichen Fleck im fernen Meer zu treffen, und bezweifelte, daß sie das schaffen könnte. Die ehrgeizige Artemis nahm die Herausforderung an und traf mit ihrem unfehlbaren Pfeil das Ziel. Zu spät erkannte sie, daß sie Orion getötet hatte, der so weit ins Meer hinausgewatet war, daß nur noch sein Kopf über dem Wasser zu sehen war.

Im berühmten Götterkampf der Ilias während des Trojanischen Kriegs forderte Poseidon Apollon zu einem Duell heraus. Apollon lehnte ab und gab vor, für unbedeutende Sterbliche nicht zu kämpfen. Nicht einmal von Artemis, die ihn ärgerlich als Feigling beschimpfte, ließ er sich provozieren.

Apollon und seine erfolglosen Liebschaften

Daphne war Apollons erste Liebe, und Eros (auch bekannt als Amor oder Cupid) die Ursache seiner Schwierigkeiten. Nachdem Apollon sich über Eros' Geschicklichkeit mit Pfeil und Bogen lustig gemacht hatte, schoß ihm dieser einen goldenen Liebespfeil ins Herz und zugleich einen bleiernen, liebesabweisenden Pfeil in Daphnes Herz. Apollon entbrannte vor Leidenschaft und ließ Daphne nicht mehr aus den Augen. Als er kurz davor war, sie mit Gewalt in seinen Besitz zu bringen, flehte sie ihren Vater, einen Flußgott, um Hilfe an. Dieser verwandelte sie in einen Lorbeerbaum. Apollon jedoch hörte nicht auf, sie zu lieben. Der Lorbeer wurde sein heiliger Baum; die Blätter schmückten, zu Kränzen gewunden, sein Haupt.

Kassandra aber ist die bekannteste Frau, die Apollon abwies und dafür bezahlen mußte. Sie war die Tochter des Priamos, König von Troja und seiner Gemahlin Hekabe. Apollon unterwies Kassandra in der Kunst der Weissagung, unter der Bedingung, daß sie ihn als Liebhaber erwählte. Kassandra versprach es, hielt dann jedoch nicht Wort. Zwar konnte er ihr die Gabe der Weissagung nicht mehr nehmen, doch seine Rache bestand darin, daß niemand ihr Glauben schenkte. Mit Beginn des Trojanischen Krieges sah Kassandra immer wieder das bevorstehende Unheil voraus, wurde jedoch als Verrückte eingesperrt, weil niemand ihren Prophezeiungen glauben wollte.

Kaum erfolgreicher war Apollo mit Koronis, einer schönen jungen Frau, die von ihm schwanger wurde. Der Gott beauftragte eine weiße Krähe mit der Aufgabe, ein Auge auf sie zu haben. Die Krähe berichtete, daß Koronis ihn betrog. Apollons Antwort bestand darin, die weißen Federn der Krähe schwarz zu färben und Koronis zu töten. Dieser Mord erfolgte übereilt und wurde später bereut. Aber es gab nichts, das man hätte tun können, um sie wieder zum Leben zu erwecken. Als sie schon auf dem Scheiterhaufen lag, um verbrannt zu werden, riß Apollon ihr seinen ungeborenen Sohn aus dem Leib und übergab ihn dem Zentauren Cheiron zur Pflege. Dieser Sohn war Asklepios, der spätere Gott der Heilkunst und der Medizin.

Selbst in seiner Liebe zu einem Mann mußte Apollon leiden. Einmal verliebte er sich so sehr in den schönen Hyakinthos, Sohn des Königs von Sparta, daß er Delphi verließ, um seine ganze Zeit mit ihm zu verbringen. Eines Tages, als die beiden im Diskuswerfen wetteiferten, prallte Apollons Diskus von einem Felsen ab, traf Hyakinthos und tötete ihn. Aus Kummer über den Tod des Mannes, den er liebte, schwor Apollon, daß Hyakinthos nie vergessen werden sollte und ließ aus seinem Blut eine Blume entspringen, die nach ihm benannt wurde.

Apollon als Gott der Weissagung

Apollon war der Gott der Weissagung, obgleich er selbst keine Orakelsprüche machte. Es war ein enteignetes Attribut. Er übernahm das Orakel von Delphi, den Sitz einer langen Geschichte prophetischer Vorhersagen. Vor Apollon war Delphi das prä-hellenische Heiligtum einer Göttin, möglicherweise einer Schlangengöttin. Apollon tötete einen großen weiblichen Drachen oder eine Schlange namens Python, um in den Besitz von Delphi zu gelangen. Daraufhin nannte man ihn den pythischen Apollon und seine Priesterin Pythia.

Apollons Medien waren durchgängig Frauen, die er beherrschte, und ihre übersinnlichen Orakelsprüche wurden ihrer Vereinigung mit ihm zugeschrieben. In der Praxis wurde Kontrolle von einem Exegeten ausgeübt, einem Religionsausleger, der die Priesterin begleitete. Wenn die Pythia in Trance fiel, stellte der Priester ihr Fragen, und schrieb ihre Worte auf. Dann wurde die Antwort an einen anderen Priester weitergegeben, der sie gewöhnlich in metrische Form brachte. Die Bedeutung der Worte war häufig dunkel und mehrdeutig, und nicht selten wurde das Orakel für politische Zwecke benutzt.

Am Fuße des Parnaß-Gebirges, im innersten Zimmer des Tempels, durch das Schwaden von brennender Gerste, Hanf und Lorbeerblättern schwebten, saß die Pythia auf einem Dreibein und versetzte sich in Trance.

Als wichtigsten Kultgegenstand enthielt es den Omphalos, einen halbovalen Stein, der den Nabel der Welt dokumentierte (das Wort delphys heißt Schoß). Delphi galt als Nabel oder Schoß der Erde und Mittelpunkt der Welt, noch bevor Zeus – im Geiste einer wissenschaftlichen Untersuchung – beschloß, den Mittelpunkt der Welt zu definieren. Er sandte zwei Adler aus, einen vom östlichsten Ende, den anderen vom westlichsten Ende der Welt. Sie flogen zum gleichen Zeitpunkt los und mit der gleichen Geschwindigkeit, bis sie sich über Delphi trafen. Ebenfalls im Allerheiligsten des Tempels befand sich das Grab des Dionysos. Jedes Jahr überließ Apollon während der drei Wintermonate Dionysos seinen Tempel, während er selbst weit nach Norden, ins Reich der legendären Hyperboreer zog.

Die Menschen kamen aus zwei Gründen zum Tempel des Apollon (außer, um dem Gott zu dienen): einmal um das Orakel zu konsultieren und Reinigung zu erlangen, nachdem sie ein Verbrechen begangen hatten. Zum anderen suchten die Gesetzgeber Rat bei Apollon, der das Gesetz gab und interpretierte. Die griechischen Staaten unterstellten ihm ihre Verfassungen. So repräsentierte er die göttliche Autorität für Recht und Ordnung.

Außer den beiden berühmten weisen Sprüchen finden sich dort auch andere, die Apollons Werte von Mäßigung und Autorität übermitteln:

Zügele dein Temperament
Das Maß steht am höchsten
Verabscheue Hochmut
Halte deine Zunge im Zaum
Fürchte die Autorität
Beuge dich vor dem Göttlichen
Sonne dich nicht in deiner Stärke
Halte die Frau unter Kontrolle[1]

Apollon war ein pan-hellenischer Gott, dessen Einfluß in ganz Griechenland nur von dem seines Vaters Zeus übertroffen wurde. Doch nicht nur schickten die Städte ihre Gesandten nach Delphi, um Rat zu suchen, sondern Bevollmächtigte Apollons wurden von Delphi aus auch in die griechischen Städte gesandt, um das zivile und religiöse Gesetz auszulegen.

Apollon, der Archetyp

Apollon konnte aus weiter Entfernung klar sehen und Einzelheiten des Lebens aus einer höheren Perspektive betrachten, er konnte sich ein Ziel erwählen und es mit Pfeil und Bogen treffen, ebenso aber mit seiner Musik Harmonie erzeugen. Als Archetyp personifiziert Apollon den Aspekt einer Persönlichkeit, die auf klaren Definitionen besteht, eine Fähigkeit beherrscht, nach Ordnung und Harmonie trachtet und lieber die Oberfläche betrachtet, als sich darum zu kümmern, was sich hinter der Fassade versteckt.

Der Apollon-Archetyp zieht das Denken dem Gefühl, den Abstand der Nähe, objektive Einschätzung der subjektiven Intuition vor. Der Mann, der dem Apollon-Archetyp am besten entspricht, hat Attribute, die ihm in der Welt gut zustatten kommen. Es bereitet ihm weniger Probleme, Karriere zu machen oder eine klassische Kunstform zu beherrschen als den meisten anderen Leuten.

Der Bogenschütze

Ein Bogenschütze zu sein, erfordert Willen, Geschicklichkeit und Übung. Ein vollendeter Bogenschütze kann sich ein weit entferntes Ziel aussuchen und sicher sein, daß er es trifft. Aus metaphorischer Sicht wird ein Mann, der archetypisch von Apollon geprägt ist, von seinem Wesen her dazu neigen.

Der apollonische Geist ist logisch und bezieht sich mit Vorliebe auf die objektive Realität. Für ihn sind die Gesetze von Ursache und Wirkung nicht Lektionen, die mit Hilfe von Erfahrung und elterlichen Ratschlägen gelernt werden, sondern Prinzipien, die dem apollonischen Geist von Anfang an innezuwohnen scheinen. Diese Vorprogrammierung ist der Archetyp: Der kleine Junge, der weiß, was er will und über den Willen verfügt, dieses Ziel zu erreichen, ist seiner apollonischen Natur treu.

Ein Ziel zu treffen setzt einen Sinn für zukünftige Zeit voraus, über den ein Apollon-Mann tatsächlich verfügt. Andere Männertypen mögen Schwierigkeiten haben, sich Ziele zu setzen, Apollon nicht. Er weiß, wo es langgeht, was er erreichen will, daß er gewinnen muß. Er ist kein Träumer. Seine Ziele sind realistisch und erfordern Anstrengungen. Außerdem sind es Ziele, die gewöhnlich auch für andere sichtbar sind. Ein Junge nimmt sich vielleicht vor, Pfadfinder zu werden oder den ersten Platz in einem Wettbewerb zu belegen. Später beschließt er vielleicht, nach Harvard, auf das MIT oder nach Oxford zu gehen und anschließend eine prestigeträchtige Stelle in seinem Bereich zu übernehmen. Ein Apollon strebt unweigerlich nach Anerkenung.

Vielleicht sind es die High School- und College-Jahre, in denen der Apollon-Archetyp in seiner ungetrübtesten Form existiert, sicherlich bei jungen Männern, die für den Erfolg prädestiniert sind und bisher noch keine emotionalen Kränkungen einstecken oder Bescheidenheit lernen mußten. Wahrscheinlich kann jeder Leser sich an einen irgendeinen alleskönnenden, vielseitigen Apollon in seiner Umgebung erinnern: ein nett aussehender, höflicher, ordentlich gekleideter junger Mann mit ausgezeichneten Noten, der ein Musikinstrument spielt, sich in einer angesehenen Sportart hervortut und wahrscheinlich Klassensprecher war.

Bezeichnenderweise ähneln die meisten der bekannten Apollo-Astronauten dem Archetyp des Apollon. Ich denke an John Glenn, Edgar Mitchell oder Neil Armstrong und sehe den Gott Apollon vor mir. Sie und das Raumfahrtprogramm waren wie der Gott Apollon und sein Vater Zeus – sie führten den Willen des Vaters aus. Sie waren eine Verlängerung des Präsidenten-Willens und überstrahlten eine ganze Reihe von Administrationen.

Der Lieblingssohn

Apollon war Zeus' Lieblingssohn und neben Zeus der bedeutsamste griechische Gott, dessen vorrangigste Aufgabe darin bestand, den Willen seines Vaters zu erfüllen.

In den Vereinigten Staaten ist die Republikanische Partei die politische Partei, die für traditionelle patriarchalische Werte eintritt. George Bush und Dan Quayle, die republikanischen Kandidaten für das Amt des Präsidenten und Vizepräsidenten im Jahr 1988 waren ganz vom Stil Apollons geprägt. Bush, der Sohn eines einflußreichen Senatorvaters, und Quayle, dessen Familienzeitung seinen Heimatstaat Indiana beherrscht, waren privilegierte, gutaussehende Männer, die es gewöhnt waren, Vorteile zu genießen. Bush mußte sein Imageproblem als ewiger Zweiter überwinden, wenn er die Position eines Zeus erlangen wollte, und für die Wähler war es fast unvorstellbar, daß ein archetypischer Sunny Boy wie Quayle Präsident werden sollte. Lieblingssöhne kommen normalerweise nur deshalb so weit, weil man sie für Leichtgewichte hält, in die archetypische Rolle eines Sohnes oder Bruders gedrängt, dem der Antrieb und die Fähigkeit fehlt, seine Macht zu konsolidieren und mit der Rücksichtslosigkeit eines Zeus als Vaterfigur zu herrschen.

Der Archetyp des Lieblingssohns scheint von Auseinandersetzung und Schmerz ungetrübt. Seine Neigung, sich geistig vom Leiden der anderen zu distanzieren und sich von seinen eigenen Gefühlen abzunabeln, macht dies wahrscheinlich. Wenn jedoch ein Mann bei den anderen einmal als Apollon gilt, werden die Attribute dieses Archetyps auf ihn übertragen, und es ist schwierig, ihn anders zu sehen.

Der Musiker

Apollon wurde mit zwei Instrumenten assoziiert, dem Bogen und der Leier. Mit dem einen schoß er Pfeile ab, mit dem anderen machte er Musik. W. F. Otto, Autor der *Götter Griechenlands*, hebt hervor, daß die Griechen eine Verwandtschaft zwischen den beiden entdeckt hatten: «In beiden sehen sie ein Geschoß nach dem Ziele abschnellen,hier den treffenden Pfeil, dort das treffende Lied.»[2] Das Lied des wachsamsten aller Götter erhebt sich nicht wie ein Traum aus einer trunkenen Seele, sondern steigt direkt als bewußt und deutlich wahrgenommene Wahrheit auf.

Auch in seiner Musik wurde Apollon mit Klarheit und Reinheit assoziiert. Im Gegensatz zur dionysischen Musik, die Chaos, Ekstase, Aufruhr, emotionale Konflikte und Leidenschaft symbolisiert, schätzt die apollonische Musik den reinen Klang, die Logik einer Harmonie, die an höhere Mathematik erinnert und durch Zeit und Takt bestimmt, die Stimmung hebt. Bachs klassische Musik läßt Apollon ahnen. Zuhörer der Meistercellisten des 20. Jahrhunderts, Pablo Casals und Yo-yo Ma, beschreiben die Erfahrung ebenfalls häufig als spirituelle Epiphanie, so als erschiene der Gott in der Musik und dringe ihnen unfehlbar ins Herz.

Mäßigung und Schönheit prägten das Wesen und den Einfluß von Apollons Musik. Sie zähmte alles Wilde und besänftigte selbst die wilden Tiere. Als der gequälte biblische König Saul dem jungen Hirten David befahl, auf einem Saiteninstrument zu spielen, damit er sich beruhigte, muß David die Art von Musik gespielt haben, die auch Apollon zu diesem Zweck spielte.

Verfechter von Recht und Ordnung

Apollon gab Städten ihre rechtmäßigen Verfassungen, interpretierte das Gesetz, mahnte zu Ordnung und Mäßigung, sorgte für die rechten Strukturen in der Zusammenarbeit einer Gemeinde und die Mittel, einen Streit beizulegen. Der Gesetzgeber und der Musiker – beide drücken den Instinkt dieses Archetyps für Ordnung und Form aus. Apollon verabscheut Aufruhr oder Chaos, die Dissonanz, die leidenschaftliche Intensität – im Verhalten ebenso wie in der Musik. Durch Regeln und Gesetze, wie durch Takt und Zeit, zielt er stets auf Formgebung und Ordnung ab.

Der Recht-und-Ordnung-Aspekt Apollons weiß genau, wie etwas sein sollte. Durch seine Verfügungen setzte Apollon fest, was zulässig war und was nicht. Dementsprechend bemüht der apollonische Anwalt so gern das Verfassungsrecht oder bevorzugt Fälle, bei denen er sich auf Prinzipien und Präzedenzfälle berufen kann, statt auf Motivationen einzugehen und besondere Umstände ins Feld zu führen. Es ist daher nicht überraschend, daß man besonders ihre apollonischen Eigenschaften hervorhebt, wenn Männer und Frauen für den Obersten US-Gerichtshof nominiert werden.

Sowohl der Idealist, der von einer Zeit träumt, in der alle Menschen friedlich unter der Herrschaft des Gesetzes leben können, das Gerechtigkeit und Fairness garantiert, als auch die zeitgenössischen Verfechter von «Recht und Ordnung», die überzeugt sind, genau zu wissen, was gut und richtig für jeden einzelnen ist, leiten dieses Gefühl für Überlegenheit vom Archetyp des Apollon ab.

Sinn, aber auch Autorität erwächst aus einer Arbeit, die eine archetypische Basis hat. Der Jurist oder der Beamte, der für die Anwendung der Gesetze zuständig ist, mag dieses Gefühl in seinem Inneren ebenso intensiv verspüren wie der Musiker oder Astronaut. Er weiß, daß Apollon seiner Arbeit eine heilige Dimension verleiht.

Der Distanzierte

Auf mannigfache Art prädisponiert der Apollon-Archetyp einen Menschen zu emotionaler Distanz. Vielleicht lebt er in der Zukunft wie der zielgerichtete Bogenschütze oder der Seher; vielleicht erhebt er sich über die Situation, um seine Umwelt objektiv zu betrachten, statt sich auf das zu beschränken, was er persönlich empfindet, oder aber er umgeht seine Probleme mit Emotionen und Beziehungen, indem er alle Erfahrungen als spirituelle Lektionen sieht (was sie natürlich auch sein können).

Die Fähigkeit, Dinge rational oder spirituell zu sehen, mit etwas Abstand zu seinen unmittelbaren emotionalen Reaktionen, ist daher Teil des apollonischen Archetyps. Diese Gabe prädisponiert Apollon-Männer dazu, auf emotionalen Schmerz zu reagieren, indem sie sich von diesen Gefühlen distanzieren und durch intellektuelles Verstehen, bewußte spirituelle Übung oder stetiges Einhämmern ihrer eigenen Regeln «himmelwärts streben».

Apollon war von der vagen Aura einer anderen Welt umgeben, die mit seiner Beziehung zu den geheimnisvollen Hyperboreern zu tun hatte. Der Mythologe W. F. Otto wies darauf hin, daß Zeus ihm bei seiner Geburt eine von Schwänen gezogene Kutsche schenkte, mit der er nicht nach Delphi, sondern zu den Hyperboreern fuhr, wo er ein ganzes Jahr blieb. Danach begab er sich in regelmäßigen Abständen jedes Jahr für eine gewisse Zeit in dieses «selige Lichtland»[3]. Heute, im Zeitalter des New Age mit seinem

Interesse für die «Welten des Lichts», erinnert man sich auch wieder an das Bild von Apollon und den Hyperboreern. Das «nördliche Reich hinter den Wolken», das die Griechen als Land der Hyperboreer ansahen, wird plötzlich in das Gestirn der Pleiaden oder in andere Dimensionen versetzt. Apollons hyperboreischer Aspekt hat Ähnlichkeit mit dem unterweltlichen Charakter des Hades. Aus psychologischer Sicht ist es vollkommen gleichgültig, ob der ferne Zufluchtsort eine Sternenwelt, eine Unterwelt oder eine Welt der höheren Mathematik ist – der Effekt ist der gleiche. In jedem Fall vermittelt er das Gefühl, sich von anderen zu isolieren und immer wieder aus dieser Welt in eine andere zu verschwinden.

Die Geschwister

Apollons Rolle als Bruder ist seine bedeutsamste Bestimmung innerhalb der Familie. Die Beziehung zu seinem jüngeren Bruder Hermes, dem Götterboten, und seiner Schwester Artemis, der Göttin der Jagd und des Mondes, ist von Wettbewerb, aber auch auch von Freundschaft unter den Geschwistern gekennzeichnet.

Viele mythologische Ereignisse verbinden Apollon und Artemis. Artemis, die zuerst geboren wurde, half ihrer Mutter Leto bei den langen Wehen vor Apollons Geburt. Später rief Leto die beiden Kinder zu Hilfe, um sich gegen Niobes Beleidigung zur Wehr zu setzen. Apollons Eifersucht auf Artemis' Liebe zu dem Jäger Orion führte dazu, daß er seine Schwester herausforderte und sie den Geliebten tötete, ohne zu wissen, was sie tat. Rivalität entstand auch zwischen Apollon und seinem jüngeren Bruder Hermes, dessen erste Tat darin bestand, Apollons Vieh zu stehlen, der ihm jedoch später seine Leier schenkte.

Als Archetyp des bevorzugten älteren Bruders prädisponiert Apollon Männer dazu, ihre Leistungen in ein Team einzubringen. Er paßt sich mit Leichtigkeit der Rolle eines Mannes an, der stellvertretender Direktor eines Konzerns sein kann, ohne die geringsten Ressentiments gegen einen Mann zu hegen, der von seinem Archetyp her zum Vater oder König berufen ist und daher sein eigenes Königreich braucht. Ebenso findet er es vollkommen normal, mit kompetenten Frauen zusammenzuarbeiten oder gegen sie anzutreten. Als erfahrener Rivale in Politik oder Sport weiß Apollon, daß das Leben ein stetiges Geben und Nehmen ist und hegt gewöhnlich keinerlei Groll. Wegen seiner emotionalen Distanz kann er die Politik als Spiel begreifen und sehr gut im Vergleich zu anderen abschneiden, die sich emotional zu sehr in eine Sache verstricken lassen. Es kann jedoch aber auch sein, daß er keine Spitzenposition erreicht, weil er bisweilen sehr vorsichtig wirkt und andere nicht gerade besonders dazu inspiriert, ihn als Chef anzusehen. Apollon war der wichtigste Gott nach Zeus.

Der Antiheld

Apollon, dessen äußere, sehr männliche und vornehme Erscheinung ihm das Image eines Helden verlieh, sträubte sich gegen diese Rolle. Insbesondere ließ er sich nicht auf ein Duell ein – im Gegensatz zu den Helden dieser Kultur, vom Krieg gegen Troja bis hin zur unweigerlichen Schießerei in einem Western. Dem wütenden Poseidon antwortete Apollon gelassen: «Maßlos und unbesonnen müßtest du mich nennen, wollte ich mit dir kämpfen um der Menschen willen, des armen Geschlechts, das den Blättern der Bäume gleich sprießt und welkt.» Und nicht einmal als seine Schwester Artemis ihn als Feigling bezeichnete, ließ er sich zum Kampf herausfordern.

Mehr noch, Apollon hielt nichts von Helden. Er weigerte sich, dem Helden Herakles mit seinem pythischen Orakel zu helfen. Und er trat gegen Achilles an, den berühmtesten und beliebtesten aller griechischen Helden. Achilles starb, als er von einem Pfeil an der Ferse getroffen wurde, dem einzigen verwundbaren Teil seines Körpers, der nicht in den Styx getaucht worden war. In mehreren Versionen war es Apollon, der ihn tötete, entweder persönlich oder in Gestalt des Paris. Aber dies war alles andere als eine heroische Tat – er tötete ihn nicht in einem direkten Kampf, sondern mit einem aus der Ferne abgeschossenen Pfeil.

Ein Apollon schätzt Vorsicht, meidet körperliche Gefahr, läßt sich nicht von Gefühlen hinreißen und zieht es vor, Beobachter zu bleiben. Das ist das Profil einer Nebenrolle, nicht eines Helden. Wenn Generale Truppen in die Schlacht führen mußten, waren wahrscheinlich keine Apollons unter den Generalen. Heute aber bekleiden möglicherweise eine Menge Apollon-Generale hohe Posten unter den erfolgreichen Organisatoren, die sich im Pentagon ausgebreitet haben. Wenn Kriegsspiele ausgetüftelt werden, wie es heutzutage der Fall ist, und diverse Optionen und Strategien hin- und hergeschoben werden, wenn die letzte und gefährlichste aller Waffen aus der Ferne in Gang gesetzt werden kann, per Knopfdruck auf einem Computer, ist der in seinem bequemen Sessel sitzende General mit hoher Wahrscheinlichkeit ein Apollon, der sich den Kopf über statistische Wahrscheinlichkeiten zerbricht, statt über Leidenschaften und Allianzen, von denen Menschen motiviert werden. Dies war der Fall im Vietnamkrieg, als das Pentagon von Verteidigungsminister Robert McNamara und seinem Team intelligenter junger Männer geleitet wurde, die früher als «Senkrechtstarter» bezeichnet wurden.

Apollon kultivieren

In unserer Kultur werden apollonische Züge bei einem kleinen Jungen ausdrücklich gefördert. Vom Kindergarten bis zum Gymnasium wird von den jungen Menschen verlangt, daß sie denken und sich verbal und logisch ausdrücken. Die Lektionen von Ursache und Wirkung wiederholen sich nicht nur im Leben, sondern auch in der Wissenschaft. Gute Noten und ein guter Eindruck sind heute wichtig, um morgen die nächste Stufe zu erreichen. Außer in alternativen Schulen werden die Werte und Eigenarten Apollons gewöhnlich in jedem Klassenzimmer und auf jeder Unterrichtsstufe sehr hoch eingestuft.

Obwohl man die Kinder von Anfang an darauf trimmt, apollonische Eigenschaften zu entwickeln, kann es sein, daß das bewußte Bedürfnis, Apollon zu aktivieren, erst im Erwachsenenalter einsetzt, und zwar dann, wenn bis dahin ein anderer Archetyp den Menschen beherrscht hat. Um Apollons Eigenschaften zu entwickeln, kann der betreffende Mensch mit entsprechender Unterstützung lernen, seine Zeit einzuteilen, mit seinem Geld umzugehen oder seine Arbeit zu organisieren. In manchen Fällen braucht er spezifischere Anleitung, etwa, wenn es darum geht, wie man ein Resümee schreibt. Wie auch immer die Aufgabe aussehen mag, in Apollons Reich werden Erziehung und Übung mit hoher Wahrscheinlichkeit zum Erfolg führen. Immer scheint ein Fachmann erreichbar zu sein, der ihm beibringt, systematisch etwas zu lernen.

Apollon, der Mann

Ein Mann, der Apollon gleicht, kommt gewöhnlich gut zurecht. Er hat Qualitäten, die ihm mit hoher Wahrscheinlichkeit Anerkennung und Erfolg bescheren werden. Schwierigkeiten und Defizite in seinen Beziehungen und in seinem Innenleben sind jedoch nicht auszuschließen.

Die frühen Lebensjahre

Das Apollon-Kind ist gewöhnlich (entsprechend dem Mythos) von sonnigem Gemüt. Typischerweise ist es extravertiert, naseweis und wißbegierig, so daß es Spaß daran hat, die Welt zu erforschen. Die größte Freude macht man ihm, wenn man es huckepack durch die Gegend trägt, so daß es alles von einer höheren Warte beobachten kann.

Ein junger Apollon sammelt Informationen über seine Umwelt. Er interessiert sich dafür, wie etwas funktioniert oder was jemand tut. Er möchte wissen, wie die Dinge heißen. Da er alles andere als ein Träumer ist, neigt er nicht dazu, sich mit Phantasien, imaginären Spielgefährten oder eingebildeten Monstern abzugeben.

In der Vorschule oder im Kindergarten tobt er herum, gehört einer Bande an, teilt brüderlich, kommt mit allen aus und wird vielleicht sogar ein Anführer. Andere wollen ihn immer als besten Freund haben, er aber hat häufig gar keinen besonderen, besten Freund.

Die verschiedenen Sportarten, die jetzt auf ihn zukommen, gefallen ihm, gelegentlich zeichnet er sich sogar aus. Wenn er für etwas Talent hat, wird er es fördern, indem er trainiert. Wenn seine Talente woanders liegen, wird auch er sich umorientieren.

Er scheint eine eingebaute Uhr zu haben und weiß genau, daß das, was er heute besorgen kann, nicht auf morgen verschieben sollte. Ganz gleich, ob Hausaufgaben oder Musikunterricht, Zeitungsaustragen, Pfadfindertreffen oder Meßdienergruppe – er erledigt alles mit gleicher Aufmerksamkeit.

Zwar ist er möglicherweise tatsächlich der brave Kerl, als der er auf den ersten Blick erscheint – man nennt ihn häufig «grundanständig» – doch kommt es nicht selten vor, daß er Freunde hat, die in Schwierigkeiten geraten. Andere Jungen machen sich einen Spaß daraus, Radau zu veranstalten, sich auszutoben oder irgendwelchen Unsinn anzustellen und denken nicht an die Folgen, wenn sie über die Stränge schlagen. Nicht so der kleine Apollon: er weiß, was passieren könnte und paßt auf sich auf.

Eltern

Der Gott Apollon war der zweitgeborene Zwilling, und Leto lag neun Tage und neun Nächte in den Wehen, um ihn zur Welt zu bringen. Nach großen Anstrengungen wurde er geboren: «Es freut sich aber die waltende Leto, daß sie den starken Sohn, den Bogenträger, geboren.»[4] In ihren Worten aus den Homerischen Hymnen an Delian Apollon hallt der Stolz unzähliger anderer Frauen wider, die es geschafft haben, einen Sohn und Erben hervorzubringen und später durch die Leistungen ihrer apollonischen Söhne aufgewertet wurden.

Nach einer solchen Tortur wäre selbst eine Göttin erschöpft und außerstande gewesen, ihren Sohn zu stillen. Wir wissen nur: «Nicht aber reichte die Mutter dem goldenbewehrten Apollon selbst ihre Brust; denn zarte Ambrosia gab sie ihm und Nektar.»[5] Apollons früheste Nahrung war daher die Speise der Götter. Sie wurde ihm von der prä-olympischen Göttin der Weissagung Themis gereicht, deren Gewand später Apollons Orakel schmücken sollte. Die Parallele für einen apollonischen Mann bestand darin, eine körperlich schwächliche Mutter zu haben, die ihr Baby nicht halten und ihm Geborgenheit schenken konnte, wie es eine «irdische Mutter» tut.

Von Anfang an beschrieb Apollon seine Mission im Leben so: «Ich werde der Menschheit den Willen des Zeus offenbaren».[6] Er ist ein Sohn seines Vaters, der sich der anhaltenden Anerkennung seiner Eltern gewiß sein kann. «Und ein Glänzen umstrahlt ihn. Leuchtend funkeln die Füße, der trefflich gewobene Leibrock. Helle Freude empfinden in ihrem Gemüte Leto mit Gold in den Haaren und Zeus, der Berater, beim Anblick ihres geliebten Sohnes, wie er spielt mit unsterblichen Göttern.»[7]

Der Apollon-Sohn wird ziemlich sicher mit Anerkennung belohnt, besonders von einem traditionellen Vater, nur weil er genau so ist, wie er ist. Ein apollonischer Sohn ist ein Erfolg im Werden, ein positiver Abglanz seiner Eltern, ein Erfolgstyp in einer Kultur, die Leistungen hoch einschätzt. Er ist es gewohnt, im Rampenlicht elterlichen Stolzes zu stehen, es ist das «Leuchten, das ihn umgibt». Das ist die traditionelle Position eines Apollon, besonders wenn er ein erstgeborener Sohn in einer patriarchalischen Kultur ist, von dem erwartet wird, daß er die Traditionen der Familie weiterführt, das heißt, «den Willen seines Vaters erfüllt» – wozu er auch imstande ist.

Es ist nichts Ungewöhnliches für einen Apollon-Jungen, «Gewinner» zu sein, gewohnt, Liebe und Anerkennung für das zu bekommen, was er tut. Auf jeder Ebene des Lebens (oder des Wettbewerbs) jedoch trifft er auf Rivalen, die ebenfalls sehr gut sind. Daher verspürt er einen ungeheuren Druck, sich hervorzutun, ansonsten würde er seine Spitzenposition in der Klasse oder seinen Kapitänstatus beim Fußball wohl verlieren.

Jetzt stellen sich die psychologischen Fragen: Wie sehr brauchen seine Eltern die durch ihn gewonnene Anerkennung für sich selbst? Wird er um seiner selbst willen geliebt, oder ist die Liebe, die sie ihm entgegenbringen, an Leistungen geknüpft? Hängt sein eigenes Selbstbewußtsein von seinen neuesten Leistungen ab? Ist er ein schlechter Verlierer? Wenn ja, nimmt er Zweifel oder Provokationen zu persönlich, obgleich er sich gewöhnlich nicht anmerken läßt, daß er sich bedroht fühlt, und die Feindseligkeit, die eine solche Situation in ihm auslöst, hinter einer lächelnden Fassade verbirgt.

Manchmal hat ein Apollon-Junge narzistische Eltern, die ihn in der Tat als Erweiterung ihrer selbst mißbrauchen, denen es persönlich besser geht, wenn er «gewinnt» und verlangen, daß er auf sie abfärbt. Ein solcher Junge trägt eine schwere Last. Sein eigener Wille, zu gewinnen, macht ihn zu einem echten Rivalen; wenn er aber gewinnen muß, um die bedingte Liebe seiner Eltern oder eines Elternteils zu behalten, wird die Situation unnötig verschärft, was seine Chancen erheblich beeinträchtigt. Beim Training ist er sehr gut, doch wenn es darauf ankommt, kann er keine volle Leistung bringen. Wenn außergewöhnliche Fähigkeiten und die Apollon-Persönlichkeit in einem Jungen vorhanden sind, hängt die Frage, ob er wird, was er werden könnte – Schachspieler, Musiker, mathematisches Genie, Arzt, Anwalt, Bogenschütze, Wissenschaftler oder Mensch – zu einem großen Teil von seinen Eltern und Lehrern ab. Als ein Kind mit außergewöhnlichen Fähigkeiten und dem Willen, etwas zu leisten, blüht er auf, wenn Lernen ein Spiel ist, das es zu meistern gilt und findet die größte Befriedigung, wenn er das, was er tut, beherrschen und lieben kann.

Adoleszenz und erste Erwachsenenjahre

Wie gut er als «Bogenschütze» tatsächlich ist, bildet das Hauptthema für diese frühen Jahre des Mannesalters. Wenn er fähig ist und sich durch Angst nicht einschränken läßt, wird er immer wieder überragend gute Leistungen bringen und die Ziele, die er sich gesetzt hat, erreichen. Gute Noten, Klassenämter, Auszeichnungen, Belobigungen und Stipendien sind Preise, die an junge Apollons gehen. Kommt er aus einer unterprivilegierten Familie, wird er an Horatio Alger erinnern: Er wird hart arbeiten und seine Zeit nutzen, gute Noten schaffen, sich bei außerplanmäßigen Aktivitäten hervortun und einen Teilzeitjob annehmen.

Er neigt dazu, sich einen Zeusvater zu suchen, wenn das Leben ihm keinen echten Vater geschenkt hat, der diese Rolle übernehmen kann. Er hat eine archetypische Zuneigung, den Wunsch, Lieblingssohn zu sein, den Trieb, sich auszuzeichnen und zu gefallen; all das weckt die Anerkennung von Zeus-Männern, die ihm helfen, seinen Weg in der Welt zu machen.

Die Aufgaben der ersten Hälfte des Lebens, die für Männer bedeutet, in der Berufswelt erfolgreich zu sein, fällt mit Apollons eigenem Trieb, etwas zu leisten, so vollkommen zusammen, daß diese Phase des Lebens für einen Apollon ungewöhnlich sanft verläuft. Die Adoleszenz ist für die meisten jungen Apollons keine Zeit des Aufruhrs, antiautoritärer Rebellion oder mystischer, sexueller und innerer Auseinandersetzungen – jedenfalls, so weit man das von außen beurteilen kann.

Das Hauptproblem dieser Zeit entsteht, wenn ein Apollon-Mann aufgrund von psychologischen, sozialen oder intellektuellen Schwierigkeiten oder Handikaps daran gehindert wird, Erfolg zu haben. Ein legasthenischer Apollon mit Lernschwierigkeiten wird in seinem Verlangen, Leistung zu vollbringen, außerordentlich frustriert. Vielleicht kann er die Behinderung überwinden, wenn er systematisch daran arbeitet. Durch die Diskrepanz zwischen dem, was er tun will und seiner Unfähigkeit, es zu tun, kann sich jedoch so viel innere Wut und Frustration in ihm aufbauen, daß er sich nicht auf ein Ziel allein konzentrieren kann und so die Behinderung nicht überwindet.

Beruf

Der Apollon-Mann ist deutlich im Vorteil, wenn es um den Beruf geht. Seine Arbeit gut zu machen, fällt ihm leicht, denn er hat die angeborene Fähigkeit, sich auf eine Aufgabe zu konzentrieren, zu üben, bis er etwas beherrscht und das Endprodukt dessen zu sehen, was er tut. Angesichts seiner Objektivität sich selbst und der Außenwelt gegenüber sind seine Ziele mit hoher Wahrscheinlichkeit realistisch, während er sich Schritt für Schritt vorwärtsarbeitet.

Apollon-Männer ergreifen häufig Berufe, die jahrelange Ausbildung und die Fähigkeit erfordern, sich langfristige Ziele zu setzen. Medizin und Jura ziehen viele von diesem Archetypen geprägte Männer an. Jura entspricht ihnen besonders. Beim Prozeß gegen Orestes, der seine Mutter getötet hatte (auf Apollons Anstiftung, nachdem sie Orestes' Vater Agamemnon umgebracht hatte), übernahm der wortgewandte Apollon seine Verteidigung.

Der Apollon-Mann paßt sich leicht einer Arbeit in Institutionen oder Konzernen an. Er hat den Hang, rivalisierende, brüderliche Beziehungen mit Gleichrangigen zu entwickeln und eine führende Rolle innerhalb seiner Peer-group zu anzunehmen. Er strebt nach der Anerkennung mächtiger Männer und führt ihre Direktiven problemlos aus. Ein zusätzliches Plus bei der heutigen Gleichstellung der Frau ist die Tatsache, daß er sehr gut mit kompetenten Frauen zusammenarbeiten kann und ohne Schwierigkeiten mit ihnen auskommt. Am liebsten bildet er Allianzen mit Frauen, die wie Artemis oder Athena selbst zielgerichtet und wettbewerbsorientiert sind. Er ist der ideale Organisator.

Ein Apollon stößt häufig nicht bis zur Spitze vor oder hat keinen Erfolg als Unternehmer, denn es fehlt ihm der Ehrgeiz, Macht oder Geld anzuhäufen, aber auch eine Vision und die Entschlossenheit oder Rücksichtslosigkeit eines Zeus. Er ist der archetypische Sohn in einem Patriarchat. Zwar strebt er nach einer Spitzenposition und sein Erfolg auf dem Weg dorthin scheint ihm recht zu geben, doch gewöhnlich kommt es nicht so weit. Zumindest gelingt es ihm nicht, nach dem Erfolg genug Macht anzuhäufen oder seine Autorität zu etablieren, so daß er rasch wieder gestürzt wird

Wenn der Apollon-Mann so weit gekommen ist, wie er (und der Archetyp) kommen kann, und es nicht das ist, worauf er eigentlich abgezielt hatte, dient ihm der Beruf nicht mehr wie vorher als Quelle der Befriedigung, sondern wird zu einem Problem. Wenn der Apollon-Mann seinen Kompetenzgrad übersteigt und aufhört, der große Star zu sein, tauchen Probleme auf. Er ist nicht auf ein Scheitern oder Versagen vorbereitet. Er hat alle Energie in seine Arbeit gesteckt, die Entwicklung anderer Interessen geopfert und sogar von seiner Familie verlangt, daß sie ihre Bedürfnisse auf seine Karriere abstimmt. Nun gibt es möglicherweise keine vorgefertigten, sinnvollen Alternativen, auf die er zurückgreifen könnte.

Beziehungen zu Frauen

Ein Apollon-Mann fühlt sich häufig zu einer unabhängigen, kompetenten, attraktiven Frau hingezogen, die ausgezeichnet zu ihm paßt – wenn sie zusammen ausgehen, wirken sie wie das archetypische Idealpaar der Yuppie-Doppelverdiener. Auch die Arbeit mit solchen Frauen macht ihm Spaß.

Oft hat die Beziehung einen Beigeschmack von Konkurrenzdenken, und der Spaß, den die beiden zusammen haben, kann darin bestehen, Spiele zu spielen oder Dinge zu tun, die Geschicklichkeit erfordern. Vielleicht teilen sie ein Interesse für Kunst oder Musik. Eine berufsbezogene Beziehung kann sehr gut funktionieren, wenn sie einander darin bestärken und unterstützen, etwas Außerordentliches zu leisten.

Da er eher kopflastig ist, als aus dem Körper oder seinen Emotionen heraus zu leben, ist der Apollon-Mann kein guter Liebhaber. Ein gewisser Mangel an Leidenschaft in seinen Beziehungen zu Frauen ist typisch. Auch scheint eine Beziehung mit ihm häufig nicht besonders tiefgehend zu sein, denn meistens zieht er es vor, seine gewohnte emotionale Distanz aufrechtzuerhalten. Infolgedessen kommen die Frauen in seinem Leben möglicherweise zu dem Schluß, daß sie eine Bruder/Schwester-Beziehung führen und lehnen ihn als Liebhaber ab, entweder direkt, oder indem sie sich jemand anderem zuwenden. Das war das Schicksal des Gottes Apollon.

Die rivalisierende Schwester muß sich vor einer möglichen Facette des Apollon-Mannes hüten. Ein falsches oder feindseliges Potential kann in seiner Persönlichkeit verborgen liegen. Während er nach außen die freundliche Wettstreiterpose beibehält, kann er etwas sehr Hinterlistiges tun, so wie Apollon Artemis dazu brachte, das ferne Ziel zu treffen, das sich als Kopf ihres Geliebten Orion entpuppte.

Die Anziehungskraft der Gegensätze scheint geradezu magnetisch zu sein, wenn sich ein Apollon-Mann – wie der Gott, der Sybille und Kassandra liebte – zu einer übersinnlich veranlagten Frau hingezogen fühlt, die emotional, irrational, unpraktisch und oft nicht besonders beeindruckt von ihm ist. Er findet sie faszinierend, frustrierend und unberechenbar. Viele Apollon-Männer fühlen sich von solchen Frauen angezogen und versuchen sie zu kontrollieren.

Beziehungen zu Männern

Apollon-Männer kommen im allgemeinen sehr gut mit anderen Männern zurecht. Zu älteren Männern blicken sie auf und Beziehungen zu ihnen schätzen sie sehr hoch ein; häufig suchen sie sich einen Mentor, der ihnen hilft, ihre Karriere zu verfolgen. Am wohlsten fühlen sie sich, wenn sie eine Beziehung aufbauen können, die von gegenseitigem Geben und Nehmen geprägt ist. Sie sind gute Verhandlungspartner und halten, was sie versprechen.

Ihr Wettbewerbsbewußtsein sorgt dafür, daß sie immer wissen, wo sie stehen. Ihre Lieblingsposition ist die eines Ersten unter Gleichen oder die des älteren Bruders. Ein Apollon-Mann ist lieber der Star seines Teams als ein Einzelgänger. Er macht bereitwillig Platz für andere und akzeptiert, ja, genießt die Gesellschaft von Männern, die weniger untadelig sind als er selbst. Für gewöhnlich hat er aber niemanden, mit dem er regelmäßig ausgehen würde.

Sexualität

Ein Apollon-Mann ist kein guter Liebhaber. Er verliebt sich nicht Hals über Kopf und ist in seinem Denken so eindimensional, daß selbst attraktive Frauen es schwer haben, ihn abzulenken. In seinem Alltag verbringt der Apollon-Mann kaum Zeit mit Erotik. Er stellt sich nicht vor, irgendwelche Frauen, denen er begegnet, auszuziehen und gibt sich keinen sexuellen Phantasien hin. Seine instinktive, sexuelle und sinnliche Dimension ist häufig der am wenigsten bewußt entwickelte Aspekt in ihm und nimmt als solcher gewöhnlich nur wenig Platz in seinem Denken ein.

Gelegentlich gewinnt die Sexualität, der er so wenig Aufmerksamkeit schenkt, an Bedeutung. Eine Zeitlang ist er vielleicht auf der Jagd nach einer Frau, wenn seine Fähigkeit, sich auf Ziele zu konzentrieren, mit dem sexuellen Verlangen zusammenfällt. Wenn die Frau sich nicht in ihn verliebt hat, kann sie das Gefühl haben, daß die Intensität seiner Leidenschaft kaum etwas mit ihr zu tun hat, da ihr mit hoher Wahrscheinlichkeit weder die Intimität einer tiefen Kommunikation noch ein nichtverbaler sinnlicher Dialog vorausgegangen ist. Es kann sein, daß sie sich wie eine verfolgte Daphne fühlt, und vielleicht läuft sie vor ihm davon, wenn sie sich eher als Objekt sieht, das er besitzen will, statt als Frau, die er zu gewinnen sucht.

Wie gesagt: da er mehr auf seinen Kopf hört als auf den Körper oder die

Phantasie, fühlt sich der Apollon-Mann fremd im Reich des Eros. Aus Erfahrung weiß er wenig von der Ebbe und Flut sexueller Anziehung oder dem anhaltenden Bedürfnis, entweder auf der Ebene des Körpers oder in einer intimen verbalen Kommunikation berührt und angesprochen zu werden. Wenn er also eine Frau gewinnt, die ihn erregte und sich dann als Liebhaber «verabschiedet» (was typisch für einen Apollon-Mann ist), wendet sie sich während seiner «Abwesenheit» vielleicht jemand anderem zu. Dieses Muster erinnert an den Bericht der von Apollon ausgesandten Krähe über Koronis' Treuebruch.

Apollon, der Gott, verliebte sich auch in den jungen Hyakinthos, der ihn so faszinierte, daß er Delphi verließ, um ihm seine ganze Zeit zu widmen. Sie waren unzertrennliche Gefährten und Liebhaber, die alles miteinander teilten, was typisch für eine Beziehung ist, in der sich die Partner gegenseitig «widerspiegeln» – sich selbst im Geliebten sehen und lieben. Auch Narziß verliebte sich in sein eigenes vom Wasser widergespiegeltes Bild, doch während Narziß seinem Ebenbild nicht nahe kam und daher vor Gram verging, entwickelten Apollon und Hyakinthos eine enge Beziehung. Sie endete, als Apollon seinen Freund versehentlich bei einem Wettstreit tötete. Sein Diskus prallte von einem Felsen ab und verletzte Hyakinthos tödlich.

Wenn Eros Apollon-Männer zu gleichgeschlechtlichen Affären verlockt, folgt die anfängliche Beziehung nicht selten dem Beispiel von Apollon und Hyakinthos. Das widergespiegelte Selbst im anderen ist dann der erste Ausdruck der Selbstbejahung. Ein gewisser Narzißmus im Gefühl verschmelzender Einheit und häufig der Versuch, in der anderen Person nicht mehr zu sehen als die gewünschte Reflektion, ist die Folge. «Hyakinthos» kann sterben (die Beziehung kann erlöschen), entweder aus Rivalität, Erhebung des einen über den anderen, oder wenn Apollons Bedürfnis, zu gewinnen und seine Überlegenheit unter Beweis zu stellen, die Gefühle des anderen Mannes verletzt.

Ehe

Der Apollon-Mann ist mit Sicherheit ein «guter Fang» in jedem Eherennen. Als Männer nach Abschluß des Colleges noch routinemäßig jüngere Frauen heirateten, die sexuell unerfahren waren und keinerlei berufliche Ambitionen hatten, schaffte es der Apollon-Mann gewöhnlich, die Frau seiner Wahl zu gewinnen. Die Ehe war ein Schritt, der mit derselben Überlegung vollzogen wurde wie die Wahl des Colleges und der Start in den Beruf. Nicht Leidenschaft und Triebkraft waren ausschlaggebend, nur die Aussicht auf eine gute Partie zählte.

In einer traditionellen Ehe, die durch eine stereotype Rollenverteilung gekennzeichnet ist, kann Apollon, so lange sie andauert oder sogar ein Leben lang, eine gut funktionierende, stabile Ehe führen – besonders, wenn er eine Frau heiratet, deren eigene Bedürfnisse auf eine dauerhafte Beziehung mit persönlicher Erfüllung durch die Möglichkeit von Kindern ausgerichtet sind (eine archetypische Demeter). Das kann beispielsweise bei Richter Scalia vom Obersten Bundesgerichtshof zutreffen, dessen Ernennung harte Arbeit, politische Verbindungen, Entschlossenheit und beeindruckende Leistungen erforderte, was ihm wenig Zeit ließ, sich um die tägliche Erziehung seiner neun Kinder zu kümmern.

Apollon-Männer sind besonders häufig in Yuppie-Ehen mit Doppelkarriere vertreten, in denen die Frau der logischen, intellektuellen Athena gleicht und von ihren Instinkten ebenso abgeschnitten ist wie er. Ihre Ehe «funktioniert» sehr gut für beide: Jeder hat den Zeitplan des anderen im Kopf; ihren Haushalt bewältigen sie ebenso erfolgreich wie ihre Arbeit, und ihr Sexualleben ist gesund und regelmäßig (was ihnen ungefähr die gleiche Intensität und Befriedigung verschafft wie ein erfolgreiches Abendessen für zehn Personen oder ein ordentliches Konditionstraining).

Doch die Ehe wird alles andere als gut funktionieren, wenn unser Apollon eine Frau heiratet, der es mehr um Inhalte als um Form geht, die emotionale Tiefe braucht statt der Sicherheit einer andauernden Beziehung, oder deren Aphrodite-Natur so leidenschaftlich, intensiv und spontan ist, daß ihr langfristige Ziele nichts bedeuten, da sie von ihr verlangen, für die Zukunft zu leben. Eine solche Ehe führt entweder zu persönlicher Reife oder zum Unglücklichsein. Der Apollon-Mann versucht (häufig erfolglos), sich über die schwierige Situation «zu erheben», die er nicht als sein Problem ansieht. Der Apollon-Mann kann ganz bequem in einer Ehe ausharren, die von emotionaler Distanz und mangelnder Leidenschaft gekennzeichnet ist. Wenn seine Frau deswegen unglücklich ist, hängt es von ihr und ihren wirklichen oder scheinbaren Optionen ab, etwas anderes anzufangen, ob die Ehe überlebt.

Kinder

Apollon-Männer sind gewöhnlich gute oder neutrale Väter für ihre Kinder. Ihr Verhalten ist berechenbar und unparteiisch. Sie setzen faire Maßstäbe, und vielleicht haben sie sogar Prinzipien, nach denen sie leben, und die sie an ihre Kinder weitergeben.

Distanz ist das vorherrschende Problem, da der Apollon-Mann dazu neigt, in seiner Karriere aufzugehen und den Bereich des Haushalts und der Kinder seiner Frau zu überlassen, es sei denn, sie verlangt stärkere Beteiligung von ihm. Er schmust auch nicht mit seinen Kindern, und wenn er überhaupt so weit kommt, sein Baby herumzutragen (und Gefallen daran findet), dann liegt es nur daran, daß seine Frau es ihm so oft in die Arme gelegt hat, daß er eine Beziehung zu ihm aufbauen konnte.

Wenn seine Kinder in ihren Interessen nach ihm schlagen und sich mit ihm über ihre oder seine Pläne unterhalten, etwas mit ihm zusammen unternehmen, etwa ein berufliches Interesse teilen oder in derselben Kammermusikgruppe spielen, dann können sie eine sehr harmonische, gute Beziehung zu ihm haben. Wenn seine Kinder tiefe und verborgene Gefühle hegen, die auf den ersten Blick nicht erkennbar sind, wird er sie nicht bemerken. Und falls sie erwarten, daß er ihre Sehnsüchte und Leidenschaften versteht, werden sie wahrscheinlich enttäuscht. Auf der anderen Seite kann er sie möglicherweise durch seine Fähigkeit, zu sehen, was sie tun und durch die Tatsache, daß er sich über ihre Entwicklung auf dem laufenden hält, entschädigen.

Die mittleren Lebensjahre

Für den Apollon-Mann kann die Midlife-Crisis eine drohende Gefahr in der Warteschleife bedeuten. Die gesellschaftliche und familiäre Erwartung seines Erfolgs paßt genau mit seinem eigenen zielgerichteten Bewußtsein überein, so daß er sich mit hoher Wahrscheinlichkeit auf beträchtliche psychologische Kosten seiner Arbeit widmete, was ihm sicher nicht bewußt war. Er schleppt große unausgelebte Teile seines Selbst mit sich herum, die er weggedrängt hat, und hält seine Familie auf emotionaler Distanz.

In der Mitte des Lebens mag der Druck und das Tempo der Arbeit nachlassen, und häufig schwächt sich dann auch die Dominanz des Apollon als Archetyp ab. Zum ersten Mal können andere vernachlässigte, abgelehnte und unentwickelte Aspekte seiner Psyche ans Licht treten.

Jetzt kommt die Zeit, in der ein Apollon-Mann seine Grenzen erkennt. Vielleicht sieht er ein, daß er es nicht bis zur Spitze schaffen wird. Er ist nicht mehr der Lieblingssohn. Depressionen können die Folge sein.

Auch seine Kinder reagieren jetzt vielleicht auf einen abwesenden Apollon-Vater, indem sie ihn oder seine Werte ablehnen und das ausleben, was er nie tat: vielleicht sind sie aufsässig, geladen, sexuell aktiv oder depressiv. Vielleicht muß er der Tatsache ins Auge sehen, daß er als Vater versagt hat.

Seine nach außen so gut funktionierende Ehe kann in die Brüche gehen, wenn seine Frau auf seine emotionale Distanz reagiert, indem sie eine Affäre hat oder ihn wegen eines anderen Mannes verläßt. Eine häufig wiederholte Äußerung über George Bush ist, daß er Frauen an ihren ersten Ehemann erinnere, doch bezieht sie sich eigentlich auf Apollon-Männer im allgemeinen. Eine grollende, mütterliche Frau kann eine Ehekrise vom Zaun brechen, wenn sie erkennt, was sie geopfert hat, indem sie die Kinder allein großgezogen hat. Eine gut funktionierende Ehe kann zum Stillstand kommen, wenn seine Frau eine Depression hat, weil alle Kinder ausgeflogen sind und sie allein im leeren Nest zurückbleibt. Und zu guter Letzt könnte auch eine Affäre seinerseits eine Krise heraufbeschwören.

Obgleich eine solche Midlife-Crisis in Form einer ernsthaften Depression oder ehelicher Schwierigkeiten auftreten kann, stehen die Chancen nicht schlecht, daß er ziemlich heil aus dieser Zeit herauskommt. Vielleicht bringt jemand das Boot zum Wackeln, aber der Apollon-Mann sitzt normalerweise in einem sehr konventionellen und stabilen Boot. Er nimmt innere und äußere Spannungen auf sich, um die Ehe aufrechtzuerhalten, selbst wenn er eine außereheliche Beziehung hat, die ihn tief berührt und sexuell aufregender und befriedigender ist als jede andere Erfahrung, die er bisher gemacht hat.

Vielleicht droht er, seinen Job aufzugeben, umzuziehen oder etwas ganz anderes anzufangen, wenn er sich wieder stabilisiert hat. Aber selbst wenn die Arbeit ihm keine Befriedigung mehr verschaffen sollte, ist es ziemlich wahrscheinlich, daß er sie behalten wird – frustriert und chronisch depressiv – statt eine in seinen Augen ziemlich drastische Veränderung zu wagen. Er ist ein Mensch, der abhängig von Gewohnheiten und Ordnung ist und großen Wert auf Äußerlichkeiten legt. Das Prestige zu verlieren, das mit dem nicht länger erfüllenden Job einhergeht, das Haus in der guten Gegend aufgeben zu müssen – das ist zu viel, selbst in Anbetracht der Möglichkeit, etwas zu tun, das ihm größere persönliche Erfüllung verspricht.

Die späteren Lebensjahre

In seiner üblichen Weitsicht hat der Apollon-Mann finanziell gut vorgesorgt, wenn er sich aus dem aktiven Berufsleben zurückzieht. Ist er ein Fachmann auf dem Gebiet, wird er seine Rente durch Kapitalanlagen aufgestockt haben. Ist er ein Arbeiter, wird er sein Haus abbezahlt haben, wenn es so weit ist, daß man ihn mit einer goldenen Uhr in den Ruhestand verabschiedet.

Ist er erst einmal aus dem Geschäftsleben ausgeschieden, sucht er nach einer anderen regelmäßigen Beschäftigung. Vielleicht wird er aktiver Rotarier oder aktives Mitglied in seiner Kirche, nur um ebenso ausgelastet zu sein wie früher.

Wenn er seiner Apollon-Natur treu bleibt, wird er jede Art von Nachdenken über sich selbst vermeiden wollen, die zwar anstrengend, aber auch erhellend und in den späteren Jahren ein notwendiger Teil der seelischen Entwicklung ist.

Psychologische Schwierigkeiten

Menschen, die Apollon gleichen, haben aufgrund ihrer emotionalen Distanz einige Probleme, Kommunikationsschwierigkeiten zum Beispiel, die Unfähigkeit zur Nähe oder die Erfahrung, abgelehnt zu werden. Probleme können sich auch aus Apollons luftigem Status ergeben, der zu Narzißmus und Arroganz führt, oder dem, was er geheimhält.

Emotionale Distanz

Als Sonnengott stand Apollon «über allem», wenn er aus der Ferne auf die Erde hinabsah. Auch der Apollon-Mann behält diese distanzierte Haltung bei, indem er Problemen aus dem Weg geht. Wenn Emotionen zu Konflikten führen, zieht er sich zurück, denn «es lohnt sich nicht, deswegen zu streiten.» Genau das war sein Argument, als er sich weigerte, Poseidons Herausforderung im Trojanischen Krieg anzunehmen.

Seine indirekte Kommunikation über Emotionen ist ebenfalls ein charakteristisches Problem. Wenn man ihn zu etwas befragte, das er nicht verstand, sprach der Gott durch das delphische Orakel, dessen vieldeutige Antworten nach einer Interpretation verlangten. Menschen, die einem Apollon-Mann nahe sind (oder so nahe sind, wie er es zuläßt), sehen sich häufig in der Situation, die wenigen, oft unverständlichen Bemerkungen über seine Gefühle interpretieren zu müssen. Wenn man ihn falsch versteht, zieht er sich noch mehr zurück. Wenn man versucht, ihm mehr zu entlocken, wird er noch distanzierter. Es ist schon einigermaßen paradox, daß der Gott des Lichts, der Mann, der so präzise und klar über ein unpersönliches Thema sprechen kann (als apollonischer Anwalt zum Beispiel) dermaßen mit Erklärungen über seine Gefühle geizt und daß die wenigen Äußerungen über sich selbst so dunkel und schwierig zu verstehen sind.

Er ist ebenso wenig bereit, gefühlvoll mit einem anderen Menschen zu verschmelzen, wie sich auf einen emotionalen Konflikt einzulassen. Eine persönliche Beziehung ist schwierig für den Apollon-Mann. Er zieht es vor, die Situation oder Person aus der Ferne einzuschätzen (oder zu beurteilen), denn er weiß nicht, daß er «nahe dran» – verletzbar und mitfühlend – sein muß, um einen Menschen wirklich kennenzulernen. Als Mann muß er über den Archetyp hinauswachsen, um mehr als ein ferner Gott, nämlich er selbst zu sein.

Apollon war nicht nur der schönste aller Götter, sondern auch verantwortungsbewußt und absolut zuverlässig: Die Sonne ging stets zur gleichen Zeit auf, wanderte über den Himmel und ging wieder unter. Er legte Wert auf Tugendhaftigkeit und ließ seine Prinzipien in die Mauern seines Tempels meißeln. Dennoch war er in der Liebe nicht erfolgreich und wurde von Kassandra, Sibylle, Daphne und Marpessa abgewiesen. Die Frauen, die der Gott Apollon begehrte, und von denen er zurückgewiesen wurde, waren die Art von Frauen, die auch einem Apollon-Mann zum Verhängnis werden könnten.

Die Frau, die einen gutaussehenden, tugendhaften, zuverlässigen Apollon-Mann ablehnt, tut dies im allgemeinen, weil es ihm an Eigenschaften mangelt, die für sie lebenswichtig sind, Tiefe und Intensität etwa, emotionale Nähe oder sexuelle Spontaneität. Manchmal spürt eine Frau auch, daß ihr Apollon-Mann zu sehr auf Äußerlichkeiten und Schönheit fixiert ist, um bei ihr zu bleiben, wenn sie alt wird.

Marpessa wurde von einem sterblichen Mann namens Idas und von Apollon begehrt. Zeus gestattete ihr, zwischen den beiden zu wählen. Marpessa war sich bewußt, daß der Gott sie verlassen würde, wenn sie alt und grau wäre, und gab daher in einer weisen Entscheidung Idas den Vorzug vor Apollon. Metaphorisch gesprochen, zog sie eine «menschliche» Beziehung mit der Möglichkeit zu allmählicher Reife und Veränderung einer Beziehung mit dem unveränderlichen Apollon vor.

Dann lehrte Apollon Kassandra die Kunst der Weissagung unter der Bedingung, daß sie sich seinem leidenschaftlichen Verlangen hingab, sie aber hielt ihr Wort nicht. Sibylle (nach der die berühmten sibyllinischen Orakel benannt wurden) akzeptierte ebenfalls Apollons Geschenk der Weissagung und wies ihn dann als Liebhaber ab. Apollon verwechselte Liebe fälschlicherweise mit etwas, das er im Austausch für etwas anderes bekommen könnte.

Apollon-Männer werden von Frauen abgelehnt, die eine tiefere Verbindung wollen, mit mehr Intensität und emotionalem Ausdruck, als er zu geben bereit ist. Die Integrität, mit der ein Apollon-Mann seine Prinzipien ausleben oder seinen Verpflichtungen nachkommen kann, erweckt zwar Bewunderung und Respekt, aber weder Liebe noch Leidenschaft. Frauen, die sich dieser Prioritäten bewußt sind, werden sich entweder von Anfang an gegen ihn entscheiden oder aber später, wenn sie entdecken, was ihm fehlt, als Liebhaber zurückweisen.

Der Apollon-Mann zieht es vor, sich zurückzuziehen und abstrakt, aus der Ferne, über Ideen und Formen nachzudenken, statt sich mit dem Reich der Gefühle auseinanderzusetzen, das zumindest in ihm existiert und am dringendsten entwickelt werden muß.

Angeborene Charaktereigenschaften, die Kultur, aber auch die Familie prägen eine Persönlichkeit. Der intellektuelle und gefühlsarme Apollon-Mann lebt in einer patriarchalischen Kultur, die von Männern nicht erwartet, daß sie fürsorglich sind, sie sogar verachtet, wenn sie zeigen, daß sie verletzbar sind, die Wettbewerbsdenken fördert und die Anhäufung von Macht belohnt. Wenn seine Familie den Ausdruck und die Wahrnehmung echter Gefühle entwertet und gleichzeitig die gesellschaftlich akzeptierte Idee vom Wesen eines Mannes unterstützt, sind die Weichen in Richtung Narzißmus gestellt, besonders wenn er intelligent ist und gut aussieht.

Grausamkeit und Strafe

Einmal wurde Apollon von einem flötespielenden Satyr beleidigt, der den Fehler machte, ihn zu einem musikalischen Wettstreit herauszufordern. Apollon war Richter und Jury zugleich und erklärte sich zum Gewinner, weil er die Flöte verkehrt herum spielen konnte, was der Satyr Marsyas nicht beherrschte. Man war übereingekommen, daß der Sieger mit dem Verlierer machen konnte, was er wollte. Apollon zog Marsyas die Haut ab – eine grausame und unmenschliche Strafe.

Dieser brutale Zug, ausgeübt im Rahmen seiner legalen Rechte, kann eine üble Seite des Apollon-Mannes zum Vorschein bringen, wenn dieser, von anderer Seite gedemütigt und kontrolliert, sich nun mit dem Aggressor identifiziert. Wenn er einen Rivalen aussticht, zeigt er keine Gnade, sondern zieht ihm bei lebendigem Leib die Haut ab. Ähnlich strafte Apollon Kassandra, der er die Gabe der Vorhersehung geschenkt hatte, indem er verfügte, daß niemand ihr jemals glauben solle. Diese Strafe war nicht nur kreativ, sondern auch grausam, besonders, da Kassandra eine Reihe von Tragödien voraussah, die sie nicht abwenden konnte. So litt sie doppelt, einmal, weil sie voraussah, was passieren würde, und zum anderen, weil sie gezwungen war, es mitzuerleben.

Gift

Während Apollon einerseits die Helligkeit der Sonne und goldene Mitte verkörpert, hat er andererseits einen weniger bekannten dunklen Aspekt. Dieser Apollon taucht auf wie die Nacht und schießt tödliche Pfeile ab. Homer nannte diese Pfeile «geflügelte Schlangen» und Kerenyi setzte seine vergifteten Pfeile mit Giftschlangen gleich.[7] Ein Therapeut hört aus diesem Gift «vergiftete» Worte heraus, die verletzen sollen. Sie richten sich häufig gegen jemanden, den er liebte oder hochschätzte, der ihn verletzte, demütigte oder seinen Erwartungen nicht entsprach.

Wenn ein moderater, rationaler Apollon seiner Wut freien Lauf läßt und Gefühle herausläßt, die er normalerweise unterdrückt, kommt etwas Primitives (das heißt Unentwickeltes) heraus. Er wird zu einer Schlange, die ihr Gift verspritzt. Obgleich er jemand anderen mit seiner Feindseligkeit sehr verletzen kann, ist sein positives Selbst der größte Verlust.

Arroganz

Der Apollon-Mann, der ein fröhlicher, allseits beliebter Junge war und ein Leben voller Erfolge vor sich hatte, neigt dazu, sich zu überschätzen, was schreckliche Folgen haben kann. Sein Selbstbewußtsein ist aufgeblasen: er identifiziert sich mit dem Gott, mit dem Archetyp. Er vergißt, daß er ein Mensch ist. Vielleicht inszeniert er in seinem eigenen Leben den Mythos von Apollons Sohn Phaëton.

Phaëtons Mutter verriet ihm, daß er Apollons Sohn war, und als der Junge damit prahlte, glaubte man ihm nicht. Um den anderen die Wahrheit zu beweisen, machte er sich auf die Suche nach Apollon. Apollon erkannte ihn als Sohn an und versprach ihm, um ihn noch mehr zu überzeugen, jeden seiner Wünsche zu erfüllen. Darauf bat Phaëton, einen Tag lang den Sonnenwagen führen zu dürfen.

Bei Tagesanbruch setzte Phaëton die Sonnenkrone seines Vaters auf und kletterte auf den Wagen. Da aber seine schwache und unerfahrene Hand die feurigen Rosse der Sonne nicht zu zügeln vermochte, so wichen sie bald nach oben, bald nach unten von der gewohnten Bahn der Sonne ab. Phaëton mangelte es an Geschicklichkeit und Kraft, ihren Lauf zu lenken, so daß der Wagen den Himmel und die Erde verbrannte. Um weiteren Schaden zu verhüten, mußte Zeus Phaëton mit einem Blitz erschlagen. Apollon, verzweifelt über den Verlust seines Sohnes, überließ die Erde einen ganzen Tag lang der Dunkelheit, bevor er den Sonnenwagen wieder auf seine regelmäßige Fahrt schickte.

Wenn ich an Phaëton denke, fallen mir jene Männer ein, die darauf spekulieren, mit Hilfe der Atomkraft einen «begrenzten» Krieg führen zu können. Eine solche Überheblichkeit würde zur Zerstörung der Welt führen; die Asche in der Atmosphäre würde das Licht der Sonne auslöschen und die Finsternis eines nuklearen Winters über die Welt bringen. Menschen laufen Gefahr einer solchen Arroganz, wenn sie einen Erfolg nach dem anderen haben. Eine solche Entwicklung kann einen Apollon dazu bringen, fälschlicherweise anzunehmen, daß er Autorität auf einem Gebiet haben muß, nur weil er bereits Fachmann auf einem anderen ist, oder zu glauben, daß er das Recht und die Fähigkeit besitzt, alles zu tun, was er will.

Im zeitgenössischen, populären psychologischen Jargon ist Phaëtons Annahme, er könne Apollons Wagen lenken, ein «Egotrip», der andere verletzte und seinen Sturz herbeiführte. Weniger tragische Variationen dieses Themas sind weit verbreitet.

Schwierigkeiten für andere

Probleme ergeben sich für Frauen, die Apollon-Männer lieben, weil diesen die Form oder das Äußere der Beziehung normalerweise wichtiger ist als Tiefe oder Nähe.

Entwertung der «Nicht-Ehefrau»

Für Frauen, die sich mit Apollon-Männern einlassen, ist wichtig zu wissen, daß er Frauen in zwei Kategorien einteilen kann: solche, die als mögliche Ehefrauen in Frage kommen und solche, bei denen das nicht der Fall ist. Vielleicht fühlt er sich sogar besonders zu Frauen hingezogen, die nicht in die «Mögliche Ehefrau»-Kategorie passen.

Da er die emotionale und instinktive Seite des Lebens entwertet, selbst in einer Beziehung, die ihm Geborgenheit schenkt, ist er vielleicht nicht in der Lage, ihren Wert für sich zu erkennen. Stattdessen entwertet er die Frau. Vielleicht ist sein Herz beteiligt, aber eine Beziehung ist für einen Mann, der so sehr aus dem Kopf heraus lebt, nie eine reine Herzensangelegenheit. Wenn er sich eine Frau sucht, sieht er nicht nur die Frau; er sieht, wie sie beide als Paar aussehen werden. Für ihn ist die Ehe eine Institution, die für Kultur und Zivilisation von entscheidender Bedeutung ist, ein Teil von dem, was Ordnung in seine Welt und die Welt überhaupt bringt.

Ein Apollon-Mann in den mittleren Lebensjahren kann eine außereheliche Beziehung haben (oft seine erste und einzige Affäre), die ihn tief berührt. Er entdeckt vielleicht, daß er der neuen Freundin gegenüber zärtlicher empfindet als gegenüber seiner Frau und sexuell leidenschaftlicher ist als er es je war. Dennoch ist es eher unwahrscheinlich, daß er seine Frau, sein Zuhause und sein gewohntes Leben verläßt.

Es ist schwierig für eine Frau, die einen Apollon-Mann liebt, der weiß, daß er sie mehr liebt als irgend jemanden zuvor, zu verstehen, wie er aus ihrem Leben verschwinden kann, um zu seiner Frau und einer nichtssagenden Ehe zurückzukehren, obgleich er weiß, daß es etwas Besseres gibt. Doch nur, wenn er sich vom Muster des Apollon lösen kann, wird er sich anders entscheiden. Die Frau, die er verläßt, trauert um die Beziehung. Doch er ist durchaus in der Lage, seine eigenen Gefühle beiseite zu schieben und nach außen ungerührt zu erscheinen, wie es für Apollon charakteristisch ist.

Einsamkeit innerhalb der Beziehung

Objektiv mag es so aussehen, als habe eine Frau, die mit einem Apollon-Mann verheiratet ist, wenig Grund zur Klage. Er ist ausgeglichen, zuverlässig und treu, und springt sogar hin und wieder ein oder geht ihr zur Hand, wenn er zu Hause ist. Die Leute schätzen ihn; wahrscheinlich ist er in ihren Augen erfolgreich, ein guter Mann. Viele Frauen, die mit Apollon-Männern verheiratet sind, halten sich selbst für außerordentlich glücklich.

Doch wenn eine Frau eine tiefere, persönlichere Beziehung möchte, tauchen Schwierigkeiten auf. Vielleicht beklagt sie sich über Einsamkeit, weil er nicht nur emotional distanziert, sondern wegen der Ansprüche seiner Arbeit und Leistungsbereitschaft häufig auch körperlich abwesend ist.

Wenn sie mehr Spontaneität oder Leidenschaft braucht, kann dieser Mann sie nicht geben (dafür müßte er andere Archetypen in seiner Psyche aktivieren). Strebt sie nach intensiverer Kommunikation, wird sie enttäuscht.

Der Rheostat-Effekt: Auf- und Ab der Intensität

Eine Frau, die mit einem Apollon-Mann verheiratet ist, entdeckt vielleicht, daß sie ihm immer ähnlicher wird, wenn sie sich seiner Führung unterordnet, besonders, wenn auch sie das Denken über das Fühlen stellt und zielgerichtet ist. Emotionale Distanz wächst, während diese Form der Beziehung anhält und beide immer mehr Zeit und Energie in ihr eigenes Leben stecken. Während sie es allmählich verlernt, über ihre Gefühle zu sprechen, isoliert sie sich möglicherweise mehr und mehr von dem Wissen über ihre Gefühle.

Genau das Gegenteil kann passieren, wenn sie eine Frau ist, die gern weint und lacht, emotional ist und aus ihren Gefühlen kein Hehl macht. In einer

Ehe mit einem ausdruckslosen Apollon könnte sich eine solche Frau mit der Zeit in eine extremere Version ihrer selbst verwandeln. Vielleicht wird sie ausgesprochen irrational oder hysterisch, während er sich immer mehr zurückzieht. Ihre Arbeit ist anstrengend und häufig erfolgreich. Sie versucht, ihn mit Tränen oder Wut, Drohungen oder Anschuldigungen zu einer emotionalen Reaktion zu bewegen. Doch all das hat nur zur Folge, daß er noch kühler und rationaler wird und sich noch mehr zurückzieht, während sie immer mehr die Kontrolle über sich verliert.

Möglichkeiten seelischer Reife

Die Aufgabe eines Apollon-Mannes besteht darin, über die Grenzen seines rationalen und logischen Denkens hinauszuwachsen. Um als Person Ganzheit zu erlangen, muß er über seine Gefühle Bescheid wissen und in seinem Körper leben. Auch Lektionen in Bescheidenheit können nützlich sein.

Platz machen für Dionysos

Der Gott Apollon überließ Dionysos in Delphi seinen Platz: drei Wintermonate lang wurde hier der Gott der Ekstase verehrt und gefeiert. So teilte Apollon seine heilige Stätte mit dem Gott, der sein Gegenteil war. Ein Mann, der über den Apollon-Archetyp hinauswachsen möchte, muß in seiner Psyche ebenfalls Platz für Dionysos einräumen.

Der klar denkende, realitätsbewußte Apollon ist ein mythischer Ausdruck der Funktion der linken Gehirnhälfte, während Dionysos, als Gott seelenvollen Ineinsfließens, mystischer Trunkenheit und ekstatischen Traums die Erfahrung der rechten Gehirnhälfte symbolisiert. Der Apollon-Mann lebt bewußt nur in der linken Hälfte seines Gehirns und nimmt an, daß diese Perspektive die einzige Realität ist, auf die es ankommt. Das Motto des französischen Philosophen René Descartes «Cogito, ergo sum» («Ich denke, also bin ich») steht als Beispiel für das Gefühl von Identität, das ein Apollon-Mann verspürt. Er kann sich nicht vorstellen, daß irgend etwas anderes als die Fähigkeit des Menschen, zu denken, einen Menschen definieren oder ihm Bedeutung verleihen könnte.

Wie in Delphi muß auch im wirklichen Leben Apollon zur Seite treten, um Dionysos seinen Respekt zu erweisen. Doch ist es im allgemeinen wichtig, daß er das Bedürfnis erst kognitiv erkennt, bevor er Dionysos Zeit und Raum in seinem Leben und in seiner Psyche einräumt. Er muß die Gelegenheit suchen, den Moment zu leben, in Empfindungen, Gefühlen, inneren

Bildern oder äußeren Erfahrungen aufzugehen. Dann ist es vielleicht möglich, daß Dionysos sich zeigt.

Für viele Apollon-Männer stellt dionysische Musik und Tanz den leichtesten Zugang zu Dionysos dar. Apollon hat vielleicht mit Hilfe klassischer Musik schon spirituelle Höhen erreicht und weiß, mit welcher Intensität die Musik ihn in einen intellektuell ekstatischen Zustand versetzen kann. Dionysische Musik dagegen ist eine Erfahrung des Körpers; sie lädt ihn ein, hemmungslos, spontan zu tanzen und instinktiv zu reagieren, seinen Körper tun zu lassen, was er will und das Gefühl zu haben, die Musik beherrsche ihn.

Dionysos liebt genauso, wie er tanzt – anders als Apollon. Ein Apollon-Mann ist in der Liebe ebenso zielgerichtet und technikorientiert wie in jedem anderen Bereich seines Lebens. Wenn er entdeckt, wie er eine bestimmte Frau zum Orgasmus bringen kann, wird diese Erfahrung zu einem linearen Fortschreiten von einer erogenen Zone zur anderen, bis das Ziel des Orgasmus erreicht ist. Als Liebhaber beherrscht Apollon das Liebsspiel vielleicht so gut wie ein Musiker ein bestimmtes Musikstück auf einem geliebten Instrument; mit entsprechender Übung kann er sich bis zur Virtuosität steigern. Aber es ist immer auch eine Vorstellung. Zwar kann man das apollonische Liebesspiel nur begrüßen (regelmäßige Orgasmen sind eine gute Erfahrung), doch wird die sexuelle Erfahrung des Paares wahrscheinlich kaum zu echter Nähe oder Verschmelzung der Seelen führen, wenn Apollon in diesem Bereich nicht Dionysos seinen Platz überläßt.

Das wiederum ist unmöglich, wenn Apollon stets an die Uhr denkt, nicht aus sich herausgehen kann oder auf andere Weise gehemmt ist. Apollon behält die Oberhand, wenn der Mann sich bei der Liebe ständig beobachtet und bewertet.

Deshalb legen Sexualtherapeuten so viel Wert darauf, daß die Partner durch bewußtes Liebkosen langsam entdecken, was ihnen und dem anderen Spaß macht.

Befreiung der inneren Frau

Eines von Apollons Prinzipien – «Halte die Frau unter Kontrolle!» – beschreibt, was ein Apollon mit seiner eigenen «inneren Frau» anstellt. Jung nannte diesen Teil der männlichen Psyche, diesen Archetyp des Weiblichen im Mann Anima. Man könnte sie sich auch als Göttin vorstellen. William Sloane Coffin, früherer Hausgeistlicher an der Yale University, hat einmal gesagt, die Frau, die am dringendsten befreit werden müßte, sei die Frau im Inneren jedes Mannes.

Die Anima oder innere Frau ist der größtenteils unbewußte, feminine

Aspekt in Männern, den Jung mit dem Reich des Gefühls und der Bezogenheit gleichsetzte. Die Anima ist an die Emotionalität und Fähigkeit des Mannes gebunden, Nähe und Offenheit zu empfinden, die Jung in Männern kaum entwickelt sah. Ich finde, daß dies auf einen Großteil von Männern zutrifft, nicht aber auf Männer, deren Gefühle stärker entwickelt sind als ihr Denken.

Die Anima zu befreien, indem man «weibliche» Gefühlswerte positiv bewertet, erlaubt dem Apollon-Mann, seine eigenen Gefühle und die anderer Menschen zu respektieren. Es eröffnet ihm die Möglichkeit, sich mit der Erde und allen lebenden Geschöpfen verbunden zu fühlen. Es katapultiert den distanzierten Apollon aus seinem Kopf heraus, so daß er lernt, mit dem Herzen oder aus dem Bauch heraus zu empfinden.

Für die meisten Apollon-Männer entwickelt sich die Frau in seinem Inneren – seine Anima – durch die Liebe zu Frauen, die weniger von ihrem Kopf gesteuert sind als er und für ihre Gefühlswerte eintreten können, zum Beispiel seine Mutter, Schwester, Freundin, Geliebte oder Frau. Ein Apollon-Mann verletzt häufig die Gefühle anderer Menschen, indem er sich gedankenlos oder egoistisch verhält. Doch wenn sie ihm so wichtig sind, daß er ihnen keinen Schmerz zufügen oder sie verärgern will, wird er zuhören und etwas über ihre Gefühle lernen. Auf diese Weise befreit er seine Anima, die für dieselben Werte eintritt.

Bescheidenheit lernen

Wenn ein Mann ein sonnenverwöhnter Apollon ist, beginnt er das Leben mit dem Status des Lieblingssohnes in der Familie und mit dem klaren Vorteil einer Persönlichkeit, die sich in einer patriarchalischen Welt durchsetzen kann. Der erfolgreiche Apollon-Mann übernimmt im allgemeinen die Verantwortung für seine Leistungen und geht davon aus, daß sein Erfolg durchaus verdient ist. Hier hat seine Hybris oder Überheblichkeit ihre Wurzeln. Er kann andere für ihre Erfolglosigkeit verurteilen, ohne die Umstände, unter denen sie leben, ihr Geschlecht, ihre Persönlichkeit oder Intelligenz zu berücksichtigen – typisch für Apollon-Männer, denen es schwerfällt, sich an die Stelle eines anderen zu versetzen. Von den höchsten Richtern am Obersten Gerichtshof in den USA, William Rehnquist und Antonin Scalia zum Beispiel, die dem Typus des Apollon entsprechen, heißt es, sie seien «Selfmademen, die anderen, die es nicht geschafft haben, ihren eigenen Erwartungen zu entsprechen, nur Ungeduld entgegenbringen.»[8]

Ein Apollon-Mann muß vielleicht am eigenen Leib spüren, was es heißt, in der Haut eines anderen zu stecken, einen Verlust zu erleiden, Schmerz zu empfinden, bevor er lernt, wie arrogant er war und wie viel er nicht wußte oder nicht würdigen konnte. Vielleicht muß er einen schrecklichen Fehler machen und Vergebung erlangen, bevor er Bescheidenheit lernt. Vielleicht muß er erst älter werden, um zu erfahren, was Weisheit bedeutet, weil das Leben ihn mit demütigenden Erfahrungen konfrontiert, die ihn etwas über seine eigene Menschlichkeit und die seiner Umwelt lehren. Erst dann kann ein Apollon-Mann vielleicht denken: «Einzig wegen unverdienter Umstände oder wegen der Gnade, die mir zuteil wurde, bin ich noch da», oder sich fragen: «Wenn mir das passiert wäre – ob ich mich auch so gut gehalten hätte?»

Liebe als Motivation

Der Apollon-Mann hat einen unübersehbaren Hang, immer das zu tun, was man von ihm erwartet, ohne sich je zu fragen, ob er das wirklich will. Seit er ein kleiner Junge war, bekam er Liebe und Anerkennung, wenn er den Regeln entsprach. Seine archetypische Natur machte es ihm leicht, diese zu akzeptieren. Oftmals braucht ein Apollon-Mann die Hälfte oder mehr seines Lebens und obendrein eine Depression in der Lebensmitte, bevor er hinterfragt, was er tut, wo er steht oder ob er seine Frau tatsächlich liebt.

Ein Apollon-Mann wächst über seine Identifikation mit dem einengenden Archetypen hinaus, wenn er seine Entscheidungen so fällt, daß sie auf Liebe basieren. Dann transzendiert er den Apollon, dessen Entscheidungen allein von der Logik motiviert sind. Nun stößt er vor in unbekanntes Terrain. Doch Apollons Fähigkeit, einzuschätzen, zu bewerten und sich Zeit zu nehmen, kann ihm helfen, Vernarrtheit von Liebe zu unterscheiden.

Wenn er seinem Herzen folgt, wird der Apollon-Mann menschlich; er weiß, daß er fehlbar und verletzlich ist, aber er kann die Grenzen seiner «bekannten» (rationalen) Welt überschreiten. Er kann Risiken eingehen. Er gibt die emotionale Distanz auf, die ihn bisher geschützt und isoliert hat.

7. *Hermes, Götterbote und Seelenführer – Zeichengeber, Trickster, Reisender*

Er ist der Gott des Unerwarteten, des Glücks, des Zufalls, der Synchronizität. «Hermes ist in unsere Mitte getreten», sagten die alten Griechen, wenn ein merkwürdiges Schweigen mitten in der lebhaftesten Unterhaltung eintrat und die Versammlung einen Blick auf eine andere Dimension erhaschen ließ. Immer wenn die Situation festgefahren, starr, «vertrackt» scheint, sorgt Hermes für Dynamik, Bewegung, einen Neuanfang – und die Verwirrung, die fast unausweichlich mit Neuanfängen einhergeht.

Arianna Stassinopoulos, *The Gods of Greece*

Da haben wir den Meister der Geschicklichkeiten, den Führer der Herdentiere, den Freund und Buhlen der Nymphen und Chariten, den Geist der Nacht, des Schlafes und der Träume. Nichts drückt das Heitere und zugleich Nächtlich-Geheimnisvolle, Zauberhafte und Zärtliche besser aus als der magisch süße Klang der Saiten oder der Flöte.

Walter F. Otto, *Die Götter Griechenlands*

Hermes als Gott, Archetyp und Mann personifiziert Geschwindigkeit, eine rasche Auffassungsgabe und Gewandtheit im Umgang mit dem Wort; in eiliger Bewegung, wie ein männliches Bild oder eine Metapher, überschreitet er Grenzen und wechselt mühelos Dimensionen.

Hermes, der Gott

Hermes (besser bekannt unter seinem römischen Namen Merkur) ist der Götterbote, der redegewandte Gott der Sprache und der Seelenführer in die Unterwelt; Schutzgott der Athleten, Diebe, Reisenden und Geschäftsleute; angeblicher Erfinder der Leier, der Zahlen und des Alphabets. Er war bekannt als «der Gott, der den Menschen das größte Wohlwollen entgegenbrachte» und derjenige, der Glück brachte.

Hermes wurde gewöhnlich als Jüngling dargestellt. Homer beschrieb ihn als Prinzen, dem gerade der Bart zu sprießen beginnt. Bei seinen Missionen als Götterbote trug er einen flachen Reisehut mit breiter Krempe, an den man später auch Flügel setzte. Er besaß geflügelte Sandalen oder Schuhe und trug einen Merkurstab. Das war ein einfacher Stock, um den sich zwei Bänder (oder Schlangen) wanden, eine Art Zauberstab, der ein Symbol für die Autorität und Unverletzbarkeit des Herolds der Götter darstellte.

Hermes, dessen Name «der aus dem Steinhaufen» bedeutet, ist nach den Steinhügeln benannt, die als Markierungen für Reisende dienten. Jeder, der vorbeikam, warf einen neuen Stein darauf. Gelegentlich kennzeichneten solche Steinhügel auch Gräber, die in alten Zeiten üblicherweise am Straßenrand lagen. Später standen Steinsäulen oder «Hermen» vor den griechischen Häusern oder markierten die Grenzen eines Besitzes.

Genealogie und Mythologie

Hermes war der Sohn von Zeus und Maia. Maia war eine scheue Göttin, die in einer Berghöhle lebte, wo Zeus sie des Nachts besuchte. (Hera schlief und merkte zur Abwechslung nichts von Zeus' Untreue.) Maia war die Tochter jenes Titanen Atlas, der den Himmel auf seinen Schultern trug, und eine der Pleiaden, der Sternenkonstellation am nächtlichen Himmel.

Vom Augenblick seiner Geburt an war Hermes ständig in Bewegung. Er kam am Morgen zur Welt, erfand und spielte gegen Mittag die Leier, stahl bei Einbruch der Dämmerung Apollons Rinder und lag am Abend wieder unschuldig in seinen Windeln. Dieser erste Tag in seinem Leben war ein Präludium, in dem die wichtigsten Eigenschaften des Götterboten bereits aufblitzten. Kaum geboren, stieg er aus seiner Wiege und entdeckte eine langsam dahinkriechende Schildkröte vor der Höhle seiner Mutter. Einer plötzlichen Eingebung folgend schnitt er die Schildkröte heraus, nahm den Panzer, befestigte zwei geschwungene Tierhörner und sieben Saiten daran und erfand auf diese Weise die Leier. Hermes spielte sie und sang dazu; seine Musik schenkte dreifachen Gewinn: Frohsinn, Liebe und süßen Schlummer.

Nachdem er das neuerfundene Instrument in seiner Wiege versteckt hatte, gelüstete es den kleinen Hermes nach Fleisch. Erneut wagte er sich aus seiner Höhle, diesmal, um seinen Halbbruder Apollon zu bestehlen. Der junge Viehdieb stieß auf Apollons weidende Herde, suchte sich fünfzig Rinder heraus und trieb sie rückwärts, so daß später nicht zu erkennen war, wohin sie gegangen waren. Außerdem bastelte er sich Schuhwerk aus Zweigen, um seine eigenen Fußspuren zu verwischen. Als er die Herde an einen verborgenen Ort getrieben hatte, entzündete Hermes ein mächtiges Feuer, (indem er zwei Stöcke mit Zunder aneinanderrieb und so die Technik des Feuermachens erfand) und röstete zwei Rinder. Als er fertig war, warf er sein Schuhwerk in den Fluß, zerstreute die Asche und kehrte geräuschlos in die Höhle seiner Mutter zurück. Dort kroch er wieder in seine Wiege, legte den Arm um die Leier und zog die Windeln fester um sich.

Doch Apollon, der merkte, daß seine Rinder gestohlen worden waren und Spuren entdeckte, die in die entgegengesetzte Richtung zu führen schienen, ließ sich nicht täuschen. Wütend begab er sich zu Maias Höhle und verlangte Auskunft über den Verbleib seiner Herde. Der kleine Hermes leugnete, irgend etwas damit zu tun zu haben und fragte unschuldig: «Schau ich denn aus wie ein starker Mann, wie ein Ochsentreiber? Nicht für mich wäre dies, hab andere Liebhabereien, dazu gehörte schon früher der Schlaf und die Milche meiner Mutter, Windeln hab ich auch gern um die Schultern und warme Bäder... Gestern kam ich zur Welt, die Füßlein sind zart und der Boden hart.» Und dann schwor er beim Haupt seines Vaters, nichts über den Verbleib der Rinder sagen zu können.

Apollon lächelte über diesen Unschuldsbeweis und nannte Hermes einen «‹listigen Denker›, der spricht wie ein geübter Dieb». Später wiederholten Apollon und Hermes ihre Geschichten vor Zeus, der die Wahrheit herausfand und Hermes zwang, seinem Bruder die Rinder zurückzugeben.

Apollon sah die Leier und versprach alles mögliche, um sie in seinen Besitz zu bringen. Schließlich verlangte der gewitzte Hermes die fünfzig Kühe, den Stab und den Status eines Hirten und entweder den goldenen Stab des Glücks und Segens, der Herrschaft über die Tiere und der niederen Weissagungen, von dessen drei Sprossen die beiden oberen zu einem Knoten verschlungen sind, und/oder den Merkurstab, einen geflügelten Stab mit zwei weißen Bändern, die ihn als Boten und Seelenführer für die Unterwelt auswiesen.

Am bekanntesten ist Hermes als Götterbote und als Gott, der den anderen Göttern viele nützliche Dienste erwies. Auf Zeus' Bitten begab er sich in die Unterwelt und brachte Persephone zu ihrer Mutter zurück. Er rettete Ares aus seiner Gefangenschaft in einem bronzenen Gefäß, half Zeus, Dionysos zur Welt zu bringen und begleitete Aphrodite, Athene und Hera zum Urteil des Paris (der Aphrodite zur Schönsten von allen erkor).

Hermes' Söhne

Hermes' viele Söhne waren die Sprößlinge seiner eigenen Natur. In Autolykos und Myrtilos fanden seine häßlichsten Züge ihren intensivsten Ausdruck. Autolykos erhielt von seinem Vater die Gabe der Täuschung und des Betrugs und war ein Erzdieb; doch fehlte es ihm am Charme des jungen Hermes.

Myrtilios' Erfindungsgabe und Egoismus verursachten den Tod seines Herrn bei einem Wagenrennen. Von einem Wettstreiter bestochen, präparierte er die Achsen des Wagens mit wächsernen Plöcken.

Der triebhafte Pan war ebenfalls einer von Hermes' berüchtigten Söhnen. Von den Hüften abwärts als Ziegenbock geboren, trug er Ziegenhörner und einen Bart, war ausgelassen, lüstern und temperamentvoll. Pan war der Gott der Wälder, Weiden, Herden und Hirten. Sein Sohn Eudorus («Geber von Gutem») folgte Hermes' freundlicheren Aspekten, war der treue, unkomplizierte Schäfer, der für seine Herden sorgt und symbolisierte damit eine Erweiterung oder einen Ausdruck des fürsorglichen Aspekts, den Hermes ebenfalls besaß. Sein bemerkenswertester Sohn, Hermaphroditos, reflektierte Hermes' androgyne und bisexuelle Natur und besaß die Namen und sexuellen Eigenschaften beider Elternteile, Hermes und Aphrodite.

Hermes hatte eine ganze Reihe von Affären. Mit Ausnahme seiner Verbindung mit Aphrodite wissen wir über keine allzu viel, und keine der Mütter seiner Söhne findet Eingang in seinen Mythos. Infolgedessen kann man Hermes als Junggesellengott bezeichnen.

Hermes und Alchemie

In der Alchemie war Hermes (Merkurius) «Quecksilber», der in Materie verborgene Geist. Er war das Symbol, das alle Gegensätze vereinigte: ein Metall und dennoch flüssig; Materie und dennoch Geist; kalt und dennoch feurig; giftig und dennoch heilbringend. Als Substanz verbindet sich Quecksilber nur mit Edelmetallen; metaphorisch ist Hermes derjenige, der den Weg zu spirituellem Reichtum weisen kann.

Die Alchemie blühte während der mittelalterlichen Inquisition auf, als Bemühungen, spirituelle Wahrheiten und mystische Erfahrung außerhalb der römisch-katholischen Kirche zu finden, als Ketzerei gebrandmarkt und bestraft wurden. Es heißt, Hermes habe die Alchemie erfunden; außerdem war er Gegenstand alchemistisch sexueller Metaphern, wie Hermaphroditos auch. In alchemistischen Abhandlungen verborgen galt Hermes, wie C. G. Jung in Psychologie und Alchemie beschrieb, als Vermittler; als Metapher war er der Seelenführer auf einer mystischen und psychologischen Reise mit dem Ziel, das weibliche und das männliche Element zu vereinigen.

Der Merkurstab

Hermes war Träger des Merkurstabes, eines geflügelten Stabes, der von zwei Schlangen umwunden war; dieser wies ihn als Götterbote und Seelenführer aus. Die beiden Schlangen auf Hermes' Stab tragen viele Bedeutungen; die Alchemisten betrachteten sie als Sinnbild des Männlichen und des Weiblichen; mittels des Hermetischen Mystizismus vereinigte sich der männliche Geist mit der weiblichen Seele. Außerdem repräsentierte die Doppelschlange den Zwillingsfaden von Tod und Wiedergeburt; in neuerer Zeit entdeckte man darin ein Symbol für die DNS-Kette, mit deren Hilfe kodierte genetische Information in lebende Materie übertragen wird. Ob als neuer Symbolismus oder alte Metapher – Hermes folgt stets seiner Rolle als Bote zwischen den unterschiedlichen Dimensionen.

Hermes' Merkurstab unterschied sich vom Äskulapstab, dem Kennzeichen des Gottes der Heilkunst, der nur eine Schlange aufwies.

Hermes, der Archetyp

Wie der Gott Hermes hat auch der Hermes-Archetyp positive und negative Potentiale. Einfallsreichtum, die Fähigkeit, zu vermitteln und die Gabe, rasch zu denken und zu handeln, sind Eigenschaften, die kreativ eingesetzt werden können, um etwas zu erreichen oder jemanden zu täuschen. Hermes ist darüberhinaus ein übereinstimmend positiv bewerteter Archetyp als Vermittler von Bedeutung und Retter des Kindes.

Der Bote

Hermes reiste häufig und rasch zwischen dem Olymp und der Unterwelt, Olymp und Erde, Erde und Unterwelt hin und her. Er bewegte sich problemlos von einer Ebene zur anderen und überschritt alle Grenzen.

Männer (und Frauen), die über eine solche Beweglicheit verfügen, fühlen sich vielleicht in der Welt der Diplomatie, der öffentlichen Medien oder des Handels wohl. Sie sind internationale Geschäftsleute und Unterhändler, transportieren Waren, Informationen und Kultur von einem Ort zum anderen. Für Hermes gehört es zur Alltagsroutine, von einer Stadt oder einem Land zum anderen zu reisen, den Eisernen Vorhang zu überwinden oder als erster einen abgelegenen Ort zu besuchen. Hermes reist entweder persönlich oder mit Hilfe des Radios, des Fernsehens oder des geschriebenen Wortes. Geschäfte abzuschließen, Geld zu machen und Verbündete zu gewinnen, sind verlockende Herausforderungen für Hermes-Menschen.

Die berühmten Reisenden der Vergangenheit, Marco Polo (der den Seeweg von Europa nach China und Indien fand) und Sir Richard Burton (ein Mann in vielen Verkleidungen, dessen Abenteuer in islamischen Ländern ihren Höhepunkt in seinem Aufenthalt in Mekka fanden), mußten wie Hermes sein, um Vergnügen an ihren Abenteuern zu finden und als Reisende und Schriftsteller erfolgreich zu sein. Dies traf auch auf Alexandra David-Néel zu, die sich nach Tibet wagte und dort ebenfalls über ihre Reisen zu den Heiligtümern berichtete. Die berühmtesten Entdecker ungewöhnlicher Realitäten unserer Zeit sind Carlos Castaneda und Lynn Andrews, beide Verfasser mehrerer Bücher, in denen sie die Abenteuer, Gefahren und Lektionen schilderten, die sie im Verlauf ihrer jeweiligen Lehre bei den Medizinmännern und -frauen der indianischen Ureinwohner zu bestehen hatten. Wie Hermes bewegen sich Castaneda und Andrews von einer Dimension in die andere und pendeln ständig zwischen der gewöhnlichen Realität und einer Welt voller Geister und Mächte hin und her.

Ein moderner Hermes kann im Auswärtigen Dienst tätig sein oder als Repräsentant eines multinationalen Konzerns, er kann ein ständig reisender, international bekannter Lehrer oder Touristenführer sein. Ob er einen Vertrag abschließt oder versucht, einen Teppichhändler herunterzuhandeln – je mehr Ähnlichkeit er mit Hermes hat, um so wahrscheinlicher wird er seinen Geschäftspartner überzeugen und mit einem «kreativen Finanzierungsplan» überraschen können.

Ein Hermes zerbricht sich nicht den Kopf darüber, ob etwas illegal oder moralisch verwerflich ist. Solche Spitzfindigkeiten bereiten ihm keine schlaflosen Nächte. Er kann daher durchaus als Rechtsberater der Mafia fungieren und dabei – wie Hermes – die Grenzen zwischen der Gesetzeswelt und der kriminellen Unterwelt überschreiten. Seine einzige Sorge besteht darin, ob ein Trick oder ein Plan funktionieren wird, und da er kreativ denkt, ist er ein erstklassiger Problemlöser.

Der Trickster

Schon am Tag seiner Geburt machte sich Hermes daran, die Rinder seines Bruders Apollon zu stehlen und listig seine Spuren zu verwischen. Indem er Zweige unter seine Füße band und die Rinder rückwärts gehen ließ, legte er eine falsche Fährte. Anschließend versuchte er, sich als unschuldiges Neugeborenes durchzuschmuggeln, das kein Wässerchen trüben kann. Dieser Hermes ist der Schelm oder Trickster, ein Archetyp, der auf der ganzen Welt bekannt ist und sich durch Gewitztheit, List und die Fähigkeit, seine Gestalt zu verändern, auszeichnet.

Die amerikanischen Ureinwohner kennen ihn als Coyote. Bei den Eskimos ist er der Rabe, bei den Japanern der schlaue Dachs. Er ist erfindungsreich und nimmt sich alles, was er haben will, entweder durch Diebstahl oder

Heimtücke. Oft wird er für seine Gerissenheit mehr bewundert als verurteilt, je nachdem, was er stiehlt und von wem. Wenn er ein Robin Hood ist, der die mächtigen Reichen bestiehlt, um seine Beute an die Armen zu verteilen, oder Prometheus, der den Göttern das Feuer stiehlt, um es der Menschheit zu schenken, ist der Trickster ein hochgeschätzter Held. So zeigt die populäre Fernsehserie *Ihr Auftritt, Al Mundy* Robert Wagner als einen modernen Hermes. Sein Charakter folgt dem Prinzip: «Man muß selbst dringesteckt haben, um zu wissen, um was es geht.» Wagner spielt einen charmanten ehemaligen Dieb, der seine Fähigkeiten, unbemerkt und leise irgendwo einzudringen und sich wie ein Chamäleon zu verwandeln, mittlerweile für gute Zwecke einsetzt.

Ein lebensechter Trickster dagegen wird möglicherweise eher ein Betrüger als ein unwahrscheinlicher Held sein. Vielleicht ist er ein skrupelloser Handlungsreisender, dessen gerissene Verkaufsstrategien Leute zu unnötigen Käufen verleitet, oder ein durchtriebener Hochstapler, der andere übers Ohr haut. Hermes als Trickster ist der Archetyp, der sich als charmanter Psychopath erweist und keine Gewissensbisse hegt, wenn er lügt oder sich nimmt, was er haben will.

Der Trickster-Aspekt des Hermes muß jedoch nicht in dieser negativen Art ausgelebt werden. Die Fähigkeit, wie ein Trickster zu denken, hilft einem Therapeuten unter Umständen, zu verstehen, was im Kopf eines anderen Menschen vor sich geht, sorgt dafür, daß ein Detektiv seine Arbeit überdurchschnittlich gut macht oder ist ganz allgemein von Nutzen, wenn es darum geht, Probleme auf neue oder kreative Art zu lösen.

Der jüngere Bruder als Rivale

Die Reihenfolge der Geburt kann zur Entwicklung des Hermes-Archetyps beitragen. Die Beziehung des Gottes Hermes zu seinem Bruder Apollon ist ein Schlüssel zum Verständnis eines rivalisierenden und habgierigen Aspekts des Archetyps. Hermes kommt im deutlichen Bewußtsein zur Welt, ein «Habenichts» zu sein, und hält sich prompt am Besitz seines älteren Bruders schadlos. Apollon als Opfer reagiert zuerst wütend, dann besänftigt und schließlich belustigt. Zwar übernehmen beide Brüder schließlich bestimmte Eigenschaften oder Fähigkeiten voneinander, doch Hermes fängt mit nichts an und hat am Ende viel.

Er ist zwar jünger als sein Bruder, tritt jedoch sofort in Konkurrenz zu ihm und benutzt dabei den ganzen Charme eines Babys. Je älter er wird, um so klarer wird ihm, daß er seinen Kopf gebrauchen muß. Als Nesthäkchen kann er seinen älteren Bruder nicht übertrumpfen. Archetypisch von Hermes geprägt, lernt ein jüngerer Bruder, sich aus körperlichen Kämpfen, bei denen er im Nachteil ist, herauszureden. Er benutzt eine Strategie, um sich das zu verschaffen, was er haben will, gleichgültig, ob es ein materieller Gegenstand ist oder ein Privileg, das eigentlich seinem älteren Bruder zusteht.

Der «jüngere Bruder» sieht sich selbst als Benachteiligten, der um seine Position kämpfen muß. Bis zu jenem Tag während des Zweiten Weltkriegs, an dem Joseph Kennedy jun., der älteste Sohn der Dynastie, mit seinem Flugzeug abgeschossen wurde, gehörte die Rolle des Underdog dem nächstjüngeren Bruder, John F. Kennedy. Jacks schlechtere Gesundheit und seine schwächere Kondition benachteiligten ihn, doch er versuchte, dies mit Redegewandtheit wettzumachen und suchte sich die Arenen, in denen er kämpfte, sorgfältig aus.

Der Führer

Der mythologische Hermes führte andere häufig von einem Reich zum anderen. Als Hermes Psychopompos begleitete er die Seelen der Verstorbenen in die Unterwelt. Außerdem geleitete er Persephone zur Erde und brachte sie zu ihrer Mutter zurück.

Hermes wurde repräsentiert von der «Herme», einer kurzen Säule oder auch einem Steinhaufen, der Besitzgrenzen, Straßen, Gräber und die Eingänge der Häuser kennzeichnete. So war Hermes der Gott, der die Grenzen bezeichnete, aber auch der Gott, der alle Grenzen überschritt.

Die Jung'sche Psychoanalytikerin Murray Stein bezeichnet Hermes als Gott des Signifikanten Übergangs. Hermes ist der Archetyp, der zwischen allen psychologischen Ebenen und Dimensionen vermittelt – besonders bei Übergangsstadien in der Mitte des Lebens. Er ist ein Schwellen-Gott, der sich in Zwischenräumen aufhält.[1]

Häufig spielt ein Psychotherapeut die Rolle des Seelenführers zwischen signifikanten Übergängen im Leben. Menschen suchen Hilfe in depressiven Zeiten, etwa nach dem Verlust einer wichtigen Person oder Rolle, oder in Perioden der Unsicherheit und Angst, wenn sie mit etwas Neuem konfrontiert werden, bei Übergängen von einer Lebensphase zur anderen. Eine Zeitlang begleitet der Therapeut die jeweilige Person auf ihrer Reise, so wie Hermes Reisende begleitete. Manchmal macht ein Therapeut einen Menschen auf Gefahren aufmerksam und hilft ihm, zu überleben, wie Hermes es bei Odysseus tat: Er tauchte gerade in dem Augenblick auf, als Odysseus sich mit Circe treffen wollte, der Zauberin, die einen Teil seiner Männer in Schweine verwandelt hatte. Hermes verlieh Odysseus Einsicht und Schutz gegen Circes Macht.

Das Hermes-Muster leitet auch das Individuum, das nach Sinn und Integration der Reiche des Geistes (Olymp), des menschlichen Lebens (Erde) und der Seele (Unterwelt) trachtet und dann weitergibt, was es gelernt hat. Wie der Wanderer zwischen den Welten scheint Hermes die bewußte geistige Welt des Denkens und des Intellekts (Olymp), das Reich, in dem das Ego entscheidet und handelt (Erde) und das kollektive Unbewußte (Unterwelt) verstehen, integrieren und weitergeben zu können.

Der Alchemist

Hermes gilt als Vater der Alchemie, dieser geheimnisvollen Wissenschaft, die sich darauf konzentrierte, Blei zu Gold zu machen und zugleich ein spiritueller und psychologischer Versuch war, alles Niedere in unserer Psyche in Gold zu verwandeln. Der «Alchemist» trachtet danach, einen Sinn (oder «Gold») in der Erfahrung zu finden und strebt nach verändernden Erfahrungen. Jung nennt diesen Aspekt des Hermes-Archetyps nach dem römischen Namen des Gottes den Geist Mercurius.

Retter des Kindes

Hermes stieg in die Unterwelt hinab, um Demeters entführte Tochter Persephone zurückzuholen. Er beschützte den kleinen Dionysos mindestens zweimal, rettete ihm das Leben und sorgte dafür, daß ihm kein Leid geschah. Auch der junge Ares verdankte ihm sein Leben. Hermes ist der Archetyp oder die Metapher, die das Unschuldige und Verletzliche, das Himmlische oder Heilige beschützt, indem sie einer ansonsten schrecklichen Erfahrung einen Sinn verleiht.

Ich habe Hermes' rettende Gegenwart gespürt, wenn meine erwachsenen Patienten von ihrer schlimmen Kindheit erzählt haben, oder wenn ich von Kindern las, die nicht in Panik und Verzweiflung verfielen, als sie sich in der Wildnis verirrten, oder die stundenlang darum kämpften, über Wasser zu bleiben. Vielleicht haben sie eine Botschaft vernommen, die ihnen Mut machte. Für das mißhandelte Kind war es irgendeine Art von Erklärung, zum Beispiel: «Das sind nicht meine Eltern. Ich muß nur eine Probe bestehen.» Für das Kind, das nicht aufgab, könnte die Botschaft gelautet haben: «Irgend jemand wird kommen und dich hier rausholen», oder «Du darfst nicht sterben. Jemand braucht dich noch.» Während der gesamten Erfahrung klammerte sich das Kind an diese Botschaft, die seine Seele davor bewahrte, aufzugeben.

Hermes rettet auch das Kind im depressiven Erwachsenen. Hier könnte

Hermes Teil eines anderen Menschen (oder einer inneren Gestalt) sein, der die befreiende Erfahrung oder Einsicht provoziert, die den spielerischen oder vertrauensvollen oder verletzlichen Teil des Erwachsenen aus dem Gefängnis der Unterwelt rettet (eine andere Metapher ist die Flasche: Ares bronzenes Gefäß oder die Glasglocke der Dichterin und Schriftstellerin Sylvia Plath). Und schließlich aktiviert oder rettet Hermes den Archetypen des himmlischen Kindes (symbolisiert durch das Kind Dionysos), der in jedem von uns latent vorhanden ist. (Diese Theorie wird im Dionysos-Kapitel ausführlicher behandelt.)

Hermes kultivieren

Immer wenn wir bereit sind, als unschuldige Entdecker in neues Territorium vorzustoßen, eine Haltung, die ebenso mit Lesen zu tun haben kann wie mit Reisen in fremden Ländern, laden wir Hermes ein, uns zu begleiten. Dieser Archetyp ermöglicht Spontaneität und beeinflußt, wen oder was wir sehen – Orte, Gegenständliches, Menschen. Hermes eröffnet Gelegenheiten zu Entdeckungen und synchronistischen Begebenheiten – jenen «Zufällen», die sich als bedeutungsträchtige, unvorhergesehene Ereignisse entpuppen. Sie führen uns an Orte, die wir uns nie hätten träumen lassen und die dennoch auf unheimliche Weise «richtig» für uns sind. Doch wenn unser ganzes Denken auf einen festgelegten Reise- und Zeitplan gerichtet ist, wenn wir schon beim Aufbrechen wissen, was wir sehen werden und wann – dann entzieht Hermes sich uns. Umgekehrt, wenn wir in Urlaub oder in die Ferien fahren oder einen Tag vertrödeln, und dies als Abenteuer ansehen, ohne zu wissen, was passieren wird, wenn wir zulassen, daß jeder Tag sich von selbst ergibt, laden wir Hermes ein, Teil von uns zu sein.

Wir nehmen Kontakt zu Hermes, dem Vermittler und Boten auf, wenn wir die Gelegenheit zum Sprechen und Improvisieren nutzen. Hermes steht für spontane Wortgewandtheit, für die vom Augenblick bestimmte Verbindung, die eine tiefe oder bewegende Erfahrung nicht nur für den Sprecher, sondern auch für das Publikum sein kann und die Menschen von einer Ebene in die andere führt.

Wir vertrauen darauf, daß der geflügelte Hermes uns beisteht, wenn wir, statt eine gut ausgearbeitete, mit Anmerkungen versehene Rede vorzutragen, frei sprechen und dabei nur vage Umrisse dessen im Kopf haben, was wir sagen wollen. Wenn wir improvisieren, stellen wir unser ganzes Hermespotential auf die Probe. Wir setzen unser Material spontan ein, statt geschliffen und poliert, wie Apollon es präsentieren würde; wir sprechen über das, was wir wissen, über unsere eigene Erfahrung. Dies erfordert zunächst einmal

Mut, doch je mehr Spontaneität wir erlangen, um so größer wird unser Vertrauen in Hermes.

Hermes, der Mann

Der Hermes-Mann hat eine rasche Auffassungsgabe. Er erfaßt die Bedeutung einer Idee oder einer Situation sofort und handelt aufgrund seiner Intuition. Oft sieht man ihm auch äußerlich an, daß er «ständig in Bewegung» ist, während er von einer Person zur anderen, von einem Ort zum anderen oder von einer Idee zur nächsten flattert, ohne dabei je seine Haltung zu verlieren. Der Versuch, ihn festzunageln kann ebenso gefährlich werden wie die Berührung mit Quecksilber.

Die frühen Lebensjahre

Der Gott Hermes war der frühreifste aller Götter. Vom Tag seiner Geburt an war er aktiv, kreativ und listig. Ähnliche Züge sind typisch für das Hermeskind, das oft schon früh läuft, spricht und sich für die Außenwelt interessiert. Für den kleinen Hermes gibt es nichts Schöneres, als über die Gitter seines Laufstalls oder aus seinem Bettchen zu klettern und die Welt zu entdecken. Er erforscht, berührt und nimmt alles auseinander, was ihm in die Hände fällt. Er marschiert durch jede unverschlossene Tür. Wenn man ihn «mit den Fingern im Marmeladentopf» erwischt, reagiert er wahrscheinlich voller Unschuld und Charme. Er ist neugierig und freundlich, hat ein aufrichtiges Interesse an allem und jedem und kommt daher mit allen Arten von Leuten zurecht, egal, wie alt sie sind oder welchen Typus sie verkörpern. Neugierig, wie er ist, findet er die ganze Welt furchtbar aufregend.

Der Kindergarten und die ersten Schuljahre sind gewöhnlich kein Problem für den jungen Hermes. Er lernt schnell und findet die Schule in Ordnung, bis man von ihm verlangt, daß er stillsitzt und Ordnung hält.

Manche seiner potentiellen Probleme beginnen ganz harmlos in der Kindheit. Er denkt sich Geschichten aus und erfindet Entschuldigungen, bis er die Grenze zum gewohnheitsmäßigen Lügen überschreitet, auch wenn die Wahrheit akzeptabel wäre. Vielleicht lernt er nicht, was es heißt, «die Sachen der anderen» zu respektieren, fängt an zu stehlen, nimmt sich, was er haben will. Dieses unschuldige und kindliche Verhalten kann sich zu gewohnheitsmäßigem Diebstahl auswachsen. Doch weil es gewöhnlich nicht böse gemeint ist, nimmt man seine Vergehen im allgemeinen nicht ernst und findet die Rechtfertigungen lustig, was allerdings seinen Charakter verdirbt. Andererseits darf man ihn auch nicht zu sehr verurteilen und von frühester Kindheit an als «schlecht» brandmarken.

Eltern

Wie die Eltern eines Hermes-Jungen auf seine erfundenen Geschichten und seine unerklärlichen Erwerbungen reagieren, ist von entscheidender Bedeutung. Man muß ihn bei einer Lüge oder auf frischer Tat ertappen und ihm den Unterschied zwischen Wahrheit und Phantasie klarmachen (denn er kann zwischen Realität und Schein hin- und herpendeln, ohne irgendwelche Grenzen zu beachten), statt ihn mit einem Verhalten durchkommen zu lassen, das später ein schlechtes Licht auf ihn wirft oder ihm Scherereien einbringt. Respekt vor dem Eigentum und der Privatsphäre anderer Menschen sind ebenfalls Lektionen, die er lernen muß.

Wenn die Mutter eines Hermes-Sohnes alleinstehend ist, wiederholt sich der Mythos von Hermes und seiner Mutter Maia im wirklichen Leben. Ein aufgeweckter Junge aus ärmlichen Verhältnissen erkennt vielleicht schon früh, daß es auf ihn ankommt, ob er und seine Mutter etwas vom Leben haben werden.

In den Homerischen Hymnen wird eine Unterhaltung zwischen Hermes und seiner Mutter geschildert, in der er ihr klar macht, daß er nicht bereit ist, sich mit ihrer erbärmlichen Situation abzufinden oder sich so zu verhalten, wie sie es von ihm erwartet. Der Dialog zwischen den beiden zeigt sehr deutlich, wie die Beziehung zwischen einer Mutter und ihrem intelligenten, ehrgeizigen Sohn aussehen kann, der nicht die Absicht hat, sich den konventionellen Vorstellungen seiner Mutter unterzuordnen und dennoch darum kämpft, ihr die schönen Dinge des Lebens bieten zu können. In der Nacht, in der er Apollons Rinder gestohlen hatte, schlich Hermes auf Zehnespitzen zurück in Maias Höhle und legte sich leise in seine Wiege – der Inbegriff eines unschuldigen Babys:

> Aber der Mutter,
> der Göttin,
> entging nicht der Gott,
> und sie sagte:
> «Was denn, du schillernder Planer,
> woher denn in nächtlicher Stunde
> kommst du schamlos von unten bis oben? ...»
> Ihr aber gab Hermes
> mit pfiffiger Rede zur Antwort:

«Liebe Mutter, was tust du mir an,
als wär' ich ein Knäblein!
Reden kann es noch nicht
Und wenig weiß es von Freveln
Ängstlich ist es und fürchtet sich sehr
vor dem Schelten der Mutter?
Ich aber will
– auf dem Pfad der besten Kunst –
uns nun bringen,
dauernd Rinder hüten
für dich und für mich.
Denn wir beide,
die wir ja auch zum Kreis
der unsterblichen Götter gehören,
können es doch nicht ertragen,
so ganz ohne Gaben und Bitten
hier zu weilen, wie du es befiehlst.»[3]

Ein Hermes-Sohn kann seiner Mutter (und sich selbst) das Leben erleichtern. Er hat Selbstvertrauen und die Fähigkeit, zu erkennen, was er tun muß, um – häufig auf unkonventionelle Weise – zu erreichen, was er sich vom Leben wünscht.

Da Hermes sich nicht gern einengen läßt, wird er sich nirgends niederlassen. Sein Zuhause ist da, wo seine Mutter ist. Die Situation, mit der er am besten zurechtkommt, läßt ihm die Möglichkeit, zu kommen und zu gehen, wie er will. Eine selbstlose, introvertierte Hausfrau wie Maia (archetypisch geprägt von Hestia, der Göttin des Herdes) ist die beste Mutter, die ein Hermes-Sohn sich wünschen kann. Eine besitzergreifende oder überängstliche Mutter wird sich eine Menge Schwierigkeiten mit ihm einhandeln. Versuche, ihn an sich zu binden, besonders, indem sie ihm Schuldgefühle einredet, führen gewöhnlich zu nichts. Ein Hermes-Mann ist häufig ein hingebungsvoller Sohn, aber auf seine Weise. Es kann sein, daß seine Mutter immer die wichtigste Frau in seinem Leben bleibt – vor allem, wenn er nicht heiratet, aber auch sonst.

Hermes, der als kleiner Dieb begann und sich als Gott große Anerkennung erwarb, hatte Eltern, die ihm halfen. Maia und Zeus vertraten beide positive mütterliche und väterliche Einstellungen.

Zeus war Hermes ein zärtlicher und unproblematischer Vater, obgleich er Hermes' Täuschungsmanöver und Unschuldsbeteuerungen bezüglich der Kühe auf den ersten Blick durchschaute. Nachdem er Hermes' Schwur, er habe nichts damit zu tun, angehört hatte, befahl Zeus Hermes nur, den Ort zu offenbaren, an dem er die mächtige Herde seines Bruders versteckt habe. Und Hermes gehorchte ohne ein weiteres Wort.

Diese entschiedene und konsequente Zeus-Haltung ist das, was die meisten jungen Hermes-Söhne brauchen. Die glücklichen, wirklich geliebten Hermes-Jungen sind zum Beispiel diejenigen, die sich beim Leiter des Ladens, in dem sie etwas stibitzt haben, entschuldigen und irgendeine Art von Wiedergutmachung leisten müssen. (Diese väterliche Zeus-Haltung kann ebenso wie Maias selbstlose Liebe von beiden Elternteilen ausgedrückt werden, da sowohl Männer wie Frauen «mütterlich» und «väterlich» sein können.)

Eltern von jugendlichen Straftätern sind sich vielleicht gar nicht bewußt, daß sie das Potential ihres Hermes-Sohns zu asozialem Verhalten gefördert haben, indem sie ihm eine «doppelte Botschaft» vermittelten, wie es anfangs auch Zeus tat. Als er hörte, was Hermes über die Rinder zu sagen hatte, berichtet der Dichter:

> Zeus aber lachte schallend heraus
> beim Anblick des Kindes
> das voll übler Gedanken
> so trefflich und findig daherlog
> wegen der Kühe.[3]

Zeus' belustigtes Lachen war anerkennend, seine Reaktion auf Hermes' unerhörte Lügen und seinen falschen Schwur mußte den Eindruck erwecken, daß sein Sohn etwas getan hatte, das ihm gefiel. Später reagierte Zeus allerdings eindeutiger.

Wenn Eltern ihren Kindern eine «doppelte Botschaft» vermitteln, erhalten diese eine unterschwellige Information, die sich von der offiziellen unterscheidet. In Studien, die die Kinder-Psychoanalytikerin Adelaide M. Johnson über die Eltern von Straftätern angestellt hat, war dies häufig der Fall.[4] Die Eltern hatten das Verhalten ihrer Söhne zwar verurteilt und sogar hart bestraft (die offizielle Botschaft), doch ein unpassendes Lächeln oder die offensichtliche Faszination über die Details des Geschehenen verriet unterschwellig, daß die Eltern mit ihnen zufrieden waren. Das ungehorsame Kind «handelt» auf diese Weise gehorsam «für die Eltern», die stellvertretend die Erregung, vielleicht auch die wahllosen sexuellen Beziehungen oder das asoziale Verhalten miterleben, die sie selbst nie gewagt hätten, insgeheim jedoch billigen.

Das Sprichwort: «Früh krümmt sich, was ein Häkchen werden will», trifft mit Sicherheit auf die Entwicklung eines Hermes-Jungen zu. In der Adoleszenz und den frühen Erwachsenenjahren stellt ein Hermes-Mann die traditionellen Regeln des Erfolgs in Frage. Er interessiert sich für das, was er sich vom Leben wünscht, aber er will nicht den dafür üblichen Preis bezahlen. Außerdem wird der Weg, den er nimmt, wegen der Vielfalt seiner Interessen höchstwahrscheinlich im Zickzack verlaufen.

Er «erprobt Grenzen», ein typisches Verhalten für einen jungen Mann, dessen Persönlichkeit von Hermes geprägt ist, dem Gott, der alle Grenzen beliebig überschreiten konnte. Diese Grenzen können sich etwa in Hinweisen manifestieren, «wie es hier gemacht wird», aber auch in Ausgangsverboten oder der Herausforderung, dahinterzukommen, wie ein bestimmtes Computerprogramm zu knacken ist.

Vielleicht bricht der junge Hermes die High School oder das College ab, um sich ganz einem innovativen Geschäft oder einer neuen Erfindung widmen zu können, eine Rockgruppe zu managen oder in ihr zu spielen, professioneller Fußballer oder Tennisstar zu werden. Ein Hermes-Mann arbeitet normalerweise nicht, um gute Noten oder Anerkennung zu bekommen (dafür bräuchte er Apollon- oder Zeus-Qualitäten); wenn er Erfolg hat, so deshalb, weil die Arbeit selbst ihn fasziniert und seine Phantasie beflügelt. Das Problem, das er löst, ist häufig nicht rein intellektueller oder ästhetischer Natur, sondern hat auch kommerzielle Möglichkeiten. Die Karriere des College-Aussteigers Steve Wozniak, der den Apple-Computer erfand, weist viele dieser Hermes-Qualitäten auf. Als seine junge, innovative Firma wuchs und professionelles Management erforderte, verlagerte Wozniak seinen Einfallsreichtum und sein neues Vermögen auf einen anderen Bereich und entwickelte ein neues, universelles Fernbedienungssystem, das er Core nannte. Talent, Glück und die Fähigkeit, seine Unternehmen zu verlagern, sind typisch für den erfolgreichen Hermes.

In der Adoleszenz und den frühen Erwachsenenjahren fängt ein anderer Hermes-Mann vielleicht an, von einem Ort zum anderen oder von einem Job zum anderen zu wandern. Wenn er sein Interesse nicht aufrechterhalten und seine potentiellen Talente oder Anlagen nicht in Fähigkeiten umwandeln kann, findet er vielleicht nicht das Richtige und bleibt ein ewiger Wanderer.

Während derselben Periode identifiziert sich ein Hermes-Mann vielleicht endgültig mit dem Dieb und Lügner Hermes und schlägt – gewöhnlich als Hochstapler oder Wirtschaftskrimineller – die Verbrecherlaufbahn ein.

Im Gegensatz zu kommerziellen oder kriminellen Neigungen, die einige

Hermes-Männer in jungen Erwachsenenjahren entwickeln, widmen sich andere völlig ihren spirituellen, philosophischen oder psychologischen Interessen. Das war bei Richard Alpert so, dem aufgeweckten jungen Psychologie-Professor in Harvard, der eine brilliante Karriere aufgab, um einem indischen Guru zu folgen. Heute nennt er sich Ram Dass und ist spiritueller Lehrer, ein Hermes-Mann, der sich am Seelenführer Hermes orientiert.

Beruf

Hermes war Götterbote, Führer in die Unterwelt und Gott der Reisenden, der Sprache, der Diebe, Geschäftsleute und Athleten; Erfinder der Zahlen, des Alphabets und zweier Musikinstrumente – Leier und Panflöte. In der Wahl seines Berufs und der Haltung gegenüber seiner Arbeit offenbaren sich die Hermes-Qualitäten eines Mannes. Es ist nicht sehr wahrscheinlich, daß er ein Fachmann auf einem eng umrissenen Gebiet wird oder ein Rädchen im Getriebe eines großen Konzerns. Weder seine Individualität noch die Vielfalt seiner Interessen prädestinieren ihn dazu. Es gefällt ihm nicht, irgend etwas nach Schema F zu tun. Seine rasche Auffassungsgabe findet immer wieder alternative Möglichkeiten, Lösungen oder Abkürzungen. In welchem Bereich er auch tätig ist, er wird mit hoher Wahrscheinlichkeit ein phantasievoller Alleskönner mit einem Talent fürs Geschäftemachen sein. Er ist – im neutralsten Sinne des Wortes – Opportunist: ein Mensch, der in der Lage ist, die Bedeutung einer Person oder einer Idee zu erfassen und die Gelegenheit beim Schopf zu packen. Dies und sein Talent als Vermittler machen ihn häufig zu einem guten Geschäftsmann oder Unterhändler. Er ist mit ganzem Herzen Erneuerer, ein Mensch, der Ideen aus verschiedenen Bereichen kreuzt und über die üblichen Grenzen hinauswächst, um zu erreichen, was er sich in den Kopf gesetzt hat.

Gordon Sumner oder Sting ist ein zeitgenössischer Hermes, der mehrere höchst erfolgreiche Karrieren hinter sich hat: vom Schullehrer zum Rockstar, Komponist und Lead Singer für die Gruppe Police, deren Schallplatten sich millionenfach verkauft haben. (*Synchronicity* wurde nach den Schriften des Psychologen Carl Gustav Jung und *The Ghost in the Machine* nach Texten des Philosophen Arthuer Koestler benannt.) Sting hat den Sprung vom Rockstar zum Filmstar gemacht und legte nach seinem Erfolg mit Police seine Solo-LP *The Dream of the Blue Turtles* vor.

Sting wurde von einem Journalisten als Mann geschildert, der stets «... in Eile ist. Er reist mit wenig Gepäck und läßt sich nirgendwo lange nieder... Ich habe mich drei Monate lang in drei verschiedenen Ländern mit ihm getroffen.»[5] Als typischer Hermes mag er sich nicht festlegen lassen und schätzt die Freiheit, sich in allen psychologischen und physischen Räumen zu bewegen, auf die er sich bereitwillig einläßt, einschließlich der «hellen und dunklen» Aspekte seiner Persönlichkeit. In dieser Hinsicht erinnert er stark an Jung, was nicht schlecht für einen Mann ist, der daran denkt, im Alter Analytiker zu werden. Hier ein Zitat aus dem *Rolling Stone*:

> Sieh dir meine Geschichte in der englischen Presse an, zuerst beklatschten sie mich als kommendes As, blondes Haar, begabt, gutaussehend. Ein Bursche, der Lehrer war, eine schöne, talentierte Frau und ein Kind hatte. Ich war sportlich und nahm keine Drogen. Dann entdeckte die Presse, daß ich Leute reinlegte und jawohl, ich hatte doch Drogen genommen. Und dann fing ich an, diese üblen Rollen zu spielen, und plötzlich war ich der Bösewicht in der englischen Presse. Das war toll für mich, denn es bedeutete, daß ich machen konnte, was ich wollte. Mittlerweile weiß die britische Presse überhaupt nicht mehr, was sie von mir halten soll, was mir nur recht ist. Manchmal bin ich der brave Junge von nebenan und manchmal ein Schurke. Beides gehört zu mir.[6]

Diese Bezeichnungen weisen ebenfalls ganz offensichtlich auf Hermes.Der Hermes-Archetyp sorgt für Eigenschaften, die einem helfen, ein guter Psychotherapeut zu sein. Wie Hermes, der Führer und Beschützer der Reisenden, begleitet auch ein Psychotherapeut Menschen auf ihren psychischen Reisen, geht mit ihnen durch dunkle und helle Bereiche, durch schwierige Übergänge wie die Midlife-Crisis, durch Psychosen oder Grenzsituationen. Wenn Hermes in einer Person aktiviert ist, kann dieser Mann oder diese Frau das Dunkle, Feindselige, Psychotische, Instinktive, Sexuelle oder Aggressive in Menschen ebenso erkennen wie das Altruistische, Mystische, Erleuchtete oder Gewöhnliche, auch in sich selbst, ohne es kritisch zu bewerten. Diese Fähigkeit ist ein Ausdruck des «freundlichen» Aspekts dieses Gottes. In *Hermes und seine Kinder* schreibt der Autor und Analytiker Rafael Lopez-Pedraza: «Wenn wir Hermes' freundliche Seite internalisieren, dann ist es der Hermes in uns, der sich der von den anderen Göttern verursachten psychologischen Komplexe annimmt.»

Bezeichnenderweise weckt der Einfluß des Gottes die Fähigkeit, überzeugend zu argumentieren. Es ist eine freundliche Haltung, die die Unbefangenheit erleichtert, mit der ein Hermes-Mann seinen Weg macht, das Potential für spontane, angemessene Reaktionen, die ihm eine gute Ausgangsposition vermitteln. Hermes war der Gott des Handels; der Einfluß dieses Gottes befähigt den Hermes-Mann, ein ausgezeichneter Vertreter, ein innovativer Geschäftsmann, ein Spezialist für Öffentlichkeitsarbeit oder – sehr charakteristisch – ein tüchtiger Reiseleiter zu sein.

Beziehungen zu Frauen

Ein charmanter Hermes-Mann scheint urplötzlich im Leben einer Frau aufzutauchen: im Flugzeug hat er den Platz neben ihr; er ist der alte Freund des Gastgebers auf einer Party, deren Gesichter ansonsten wohlbekannt sind; er kommt ihr zu Hilfe, wenn ihr mitten auf der Autobahn ein Reifen platzt. Er ist hilfsbereit und freundlich. Seine Konversation fasziniert sie: er war an Orten, die sie nur vom Hörensagen kennt; eine Aura von Abenteuer und jungenhafter Aufsässigkeit umgibt ihn. Sie glaubt, endlich den richtigen Mann gefunden zu haben – doch er läßt sich nicht festnageln.

Es ist typisch für Hermes, daß er ebenso unerwartet, wie er in ihrem Leben erschien, auch wieder daraus verschwinden kann. So fährt er beispielsweise auf Geschäftsreise, ruft dann an und erzählt ihr, wie eins zum anderen kam und seine Reise länger dauern wird, ohne genau sagen zu können, wann er zurückkommt. Vielleicht bekommt sie eine Postkarte. Er verschwindet ohne ein Wort, nur um irgendwann unschuldig lächelnd wieder vor ihrer Haustür zu stehen. Bei Hermes-Männern gilt gewöhnlich das alte Sprichwort: «Aus den Augen, aus dem Sinn.»

Vielleicht ist er kein jetsettender Hermes, sondern einer, der sich mit seiner Heimatstadt begnügt. Auch dann bleibt das Muster dasselbe. Das Abenteuer, das ihn ablenkt, kann sein Engagement für ein Projekt sein oder die Baseballsaison der Amateure mit ihren Spielen am Abend und an den Wochenenden. Ohne einen Gedanken darauf zu verschwenden, was er ihr damit möglicherweise antut, will ein Hermes-Mann im Leben einer Frau kommen und gehen können, dabei aber keine Verantwortung für ihre Gefühle übernehmen und vor allem nicht unbedingt treu sein.

Ein Hermes-Mann betritt das Reich der Liebe, sobald die Frau, die sich in ihn verliebt hat, ihn hereinbittet. Für ihn ist es dasselbe wie eine Reise in ein fremdes Land: eine neue Frau ist neues Territorium, das es zu entdecken und zu genießen gilt; danach verspürt er den Drang weiterzuziehen. Diese Eigenschaft macht viele Hermes-Männer zu Ebenbildern des Don Juan; sie verhalten sich wie Bienen, die von einer Blüte zur nächsten summen. Warren Beatty, Schauspieler und namhafter Liebhaber schöner Frauen, scheint diesen Aspekt des Hermes zu verkörpern.

Ein Hermes-Mann kommt vielleicht mit Frauen zurecht, wenn sie keine unrealistischen Erwartungen an ihn stellen oder Bedürfnisse haben, die er nicht erfüllen kann. Kann sein, daß er Freundinnen hat, die sich freuen, wenn er da ist, und nicht erwarten, von ihm zu hören, bis er das nächste Mal aufkreuzt. Vielleicht bleiben sie zwischendurch in «loser Verbindung»: hin und wieder ein Anruf oder ein paar Zeilen, eine unverbindliche Einladung, mit der sich Hermes alle Türen offen hält. Häufig gab es in einer solchen Freundschaft eine Phase, in der die beiden miteinander ins Bett gingen, und die sie gelegentlich auffrischen.

Im Hermes-Mann steckt jedoch auch ein dunkleres, ausbeuterisches Potential. Es gehört zu seinen negativen Eigenschaften, daß er aus einer plötzlichen Eingebung heraus handelt und sich nimmt, was er will. Wenn es eine Frau ist, die ihm gefällt, kann er sehr verführerisch und manipulativ werden. Da er nur danach trachtet, seinen Willen durchzusetzen, lügt er, ist bezaubernd, tut alles, wovon er sich einen Nutzen verspricht, ohne sich über die Konsequenzen für sie oder ihre Ehe, falls sie verheiratet ist, den Kopf zu zerbrechen und ohne die geringste Absicht, Versprechungen, die er gemacht hat, auch wirklich einzulösen.

Beziehungen zu Männern

Hermes war der freundliche Gott der Wege, der Reisenden, der Sportler und der Diebe, der Schutzpatron der Musik. Er verbrachte eine Menge Zeit in der Gesellschaft unterschiedlichster Männer. Dies trifft auch für den Hermes-Mann zu. Er erledigt Sachen mit vielen männlichen Freunden und hat wahrscheinlich mehr Bekannte, die ihn für ihren Freund halten als jeder andere Männertypus. Bei vielen Freunden schneit er einfach unangemeldet herein: vielleicht spielt er eine Partie Karten oder Golf mit ihnen; wenn er Musiker ist, taucht er von Zeit zu Zeit mit seinen Instrumenten auf, um bei einer Jam Session einzusteigen. Im Geschäftsleben ruft er vielleicht wegen «eines Deals» an, an dem er «seine Freunde beteiligen» will. Mit seinen Tips ist er häufig großzügig – wenn er Insiderinformationen hat, teilt er sie mit Freunden, die den damit verbundenen unerwarteten Segen zu schätzen wissen.

Im Grunde ist Hermes ein geselliger Einzelgänger. Er verfügt über eine Verbindlichkeit, die es ihm leicht macht, sich mit vielen Leuten anzufreunden und etwas mit ihnen zu unternehmen. Da die meisten Männerfreundschaften eher darauf basieren, bestimmte Aktivitäten zu teilen, statt sich einander anzuvertrauen und das Risiko höherer Verletzlichkeit und Intimität einzugehen, hat ein Hermes-Mann einen größeren Bekanntenkreis als jeder andere. Es ist typisch, daß sie alle Klassengrenzen sprengen und die Vielfalt der Interessen repräsentieren, die dem Hermes-Mann eigen sind.

Im Reich der Sexualität wie auch auf anderen Gebieten favorisiert ein Hermes-Mann gewöhnlich das Persönliche und Experimentelle. Bei seinen Entdeckungen überwindet er sämtliche Grenzen und Verbote. Als Folge davon liegt es im Bereich des Möglichen bis Wahrscheinlichen, daß er mit unendlich vielen Menschen unter unendlich vielen Umständen unendlich viele sexuelle Erfahrungen macht. Doch ob er impulsiv tut, was ihm einfällt, ohne sich um die Konsequenzen oder die Gefühle und Bedürfnisse anderer Menschen zu kümmern, hängt von der Macht anderer Archetypen und dem Einfluß von Familie, Kirche oder seiner sozialen Umgebung ab.

Schon als kleiner Junge fängt er mit Doktorspielen oder «Ich zeig dir meins, wenn du mir deins zeigst» an, und genauso experimentiert er mit seiner Sexualität weiter. Er schafft es immer, seine Spielkameraden zu überreden, das zu tun, was er will: schon mit acht bringt er das kleine Mädchen von nebenan dazu, ihr Höschen auszuziehen und sich von ihm ansehen und anfassen zu lassen. Mit dreizehn beschwatzt er andere Jungen, einen geheimen Zirkel zu gründen, dessen Mitglieder zusammenkommen, um «sich einen runterzuholen» (bis zur Ejakulation zusammen zu masturbieren) oder herauszukriegen, wer am weitesten pinkeln kann. Vielleicht ist er der erste in seiner Altersgruppe, der ein Mädchen dazu bringt, ihm ihre Brüste zu zeigen oder «ihn ranzulassen». Mit Hilfe seiner Intuition, Strategie und Überredungsgabe, oft unterstützt von seiner angeborenen Freundlichkeit und anderen Eigenschaften, die ihn als «netten Jungen von nebenan» ausweisen, entdeckt ein junger Hermes-Mann, daß er gut mit Frauen zurechtkommt und sich sexuell häufig durchsetzen kann.

Manche der verbreitesten sexuellen Witze handeln vom Postmann und der Bauerstochter. Das sind Vignetten einer zeitgenössischen Darstellung des Hermes, Gott der Reisenden und des Handels, Wandergott und Dieb, der die Jungfräulichkeit der Tochter stiehlt und dadurch den erzürnten Bauern beraubt, denn (in einem patriarchalischen Kontext) hat seine Tochter aufgrund der Tat ihren ursprünglichen Wert verloren.

Er kann heterosexuell oder homosexuell sein. In beiden Fällen neigt er mehr als jeder andere Typus dazu, als Heterosexueller von einem Mann oder Männern zu träumen oder als Homosexueller von Frauen. Unabhängig von seiner sexuellen Orientierung wird ein Hermes-Mann zu einer bisexuellen Haltung neigen – ohne irgendwelche Neigungen in seinem Inneren zu verurteilen oder sich von ihnen einengen zu lassen. Diese Einstellung paßt zu seiner Mythologie, denn Hermes zeugte den bisexuellen Gott Hermaphroditos.

Wenn der Hermes-Mann emotional nicht erwachsen wird – ein Potential dieses Archetyps – wird er zu einem typischen, schwer greifbaren Junggesellen. Seine Haltung des Stets-auf-dem-Sprung-Seins, des Sich-Nie-Festlegen-Wollens zeigt sich am deutlichsten in seiner Beziehung zu Frauen. Sobald der erste Glanz einer Affäre dahin ist, macht er sich aus dem Staub. Besitzgier oder auch die Abhängigkeit einer Frau von ihm jagen diesen Hermes unweigerlich in die Flucht.

Ein gereifter Hermes kann in seiner Arbeit oder einer wichtigen Beziehung vollkommen aufgehen. Dennoch ist es wahrscheinlich, daß er in beiden Bereichen ein Einzelgänger bleiben wird. Wenn er heiratet, erwartet er von seiner Frau, daß sie auch während seiner Abwesenheit zurechtkommt und das Feuer im Kamin am Brennen hält, bis er zurückkehrt. Er kommt und geht, ohne mit seiner Frau über die Einzelheiten seiner Arbeit zu sprechen oder daran zu denken, daß auch sie daran beteiligt ist, wenn er vorwärtskommen will.

Mit einem Hermes-Mann hat eine Ehe zwischen zwei unabhängigen Persönlichkeiten gute Aussichten auf Erfolg. In griechischen Häusern stand die «Herme» – eine den Gott symbolisierende Säule – direkt vor der Tür, und im Inneren repräsentierte ein runder Herd mit einem Feuer in der Mitte Hestia, die Göttin des Herdes. Erst ihr Feuer machte aus einem Haus ein Heim. Frauen, die diesem Archetypus gleichen, sind unabhängige, introvertierte Frauen, die das Alleinsein genießen. Eine Hermes-Hestia-Ehe kann für beide harmonisch verlaufen. Möglich, daß sie sehr viel Ähnlichkeit mit einer traditionellen Ehefrau hat, doch bezieht sie ihre Bedeutung nicht aus diesem Status, und Eifersucht ist kein Problem.

Hestia war eine jungfräuliche Göttin. Jede Frau, die sich mit einem Hermes-Mann einläßt, sollte das Muster Hestias oder einer anderen jungfräulichen Göttin als Teil ihrer Persönlichkeit verwirklicht haben, denn er wird kommen und gehen, wie es ihm gefällt. So war etwa Jacqueline Kennedys Unabhängigkeit und ihre offensichtliche Fähigkeit, mit JFK's zahllosen Affären und der Bedeutung, die seine männlichen Freunde für ihn hatten, seinem Engagement für die Politik und das Amt des Präsidenten zu leben, wahrscheinlich nur deshalb möglich, weil die jungfräuliche Göttin Athene einen wesentlichen archetypischen Einfluß auf sie ausübte.

Aphrodite und Hermes waren mythologisch verwandt, und diese Kombination kann auch im wirklichen Leben funktionieren. Statt sich wie Gegensätze anzuziehen, wie Hermes und Hestia, teilen Frauen, die Aphrodite, der Göttin der Liebe und der Schönheit gleichen, die Eigenschaften der Hermes-

Männer. Im Reich der Liebe sind beide nicht besitzergreifend und offen für die unterschiedlichsten Erfahrungen. Beide können intensiv in dem aufgehen, was immer sie gerade tun: sie gewöhnlich auf dem Gebiet kreativer Arbeit, er in der jeweils aktuellen Herausforderung. Da ohnehin keiner von beiden etwas mit festen Zeitplänen anfangen kann, haben beide keine Probleme mit der Unregelmäßigkeit ihres gemeinsamen Lebens. Häufig leben sie lieber zusammen als zu heiraten.

Kinder

Der Gott Hermes hatte mehrere Söhne, deren Verhalten über die üblichen Grenzen hinausging. Autolykos war der vollendeste Lügner und Dieb seiner Zeit, doch um einiges harmloser als Myrtilos, der die Eisenstifte in den Wagenrädern seines Meisters durch Wachs ersetzte und damit dessen Tod verschuldete. Pan, (Gott der Wälder, Weiden, Herden und Schäfer) liebte sein Mittagsschläfchen und versetzte jedermann, der es wagte, ihn während seiner Siesta zu stören, in Angst und Schrecken. Er war imstande, die nach ihm benannte Panik zu erzeugen, einen Zustand vollkommen irrationalen Entsetzens, bei dem Menschen verrückt wurden; besonders empfänglich dafür waren furchtsame Reisende an einsamen oder abgelegenen Orten. Pan ähnelte in seiner äußeren Erscheinung und seiner Begierde einer Ziege. Zwar können die Kinder eines Gottes Metaphern für Eigenschaften sein, die dieser Archetyp «zeugt», doch zeichnet der Mythos bisweilen auch das wirkliche Leben nach. Es ist durchaus möglich, daß die Söhne eines Hermes-Mannes tatsächlich (wie der Vater so der Sohn) Probleme mit asozialen oder sexuellen Trieben haben.

Wenn jemand automatisch impulsiv handelt, ohne an die Konsequenzen zu denken, ist die Mentalität des «Nimm jetzt, bezahl später», die das Hier und Jetzt auskostet und erst dann lernt, an die Konsequenzen zu denken, die Folgen für andere zu berücksichtigen oder Grenzen zu akzeptieren, ein bedeutsamer Teil des Erwachsenwerdens. Doch genau das muß ein Hermes-Junge lernen, der sich den Erwartungen der Welt anpassen will. Diese Lektion wird mit einem «guten Vater» gleichgesetzt, denn es ist der Vater, der sich traditionell mit der äußeren Welt auseinandersetzt. Unglücklicherweise zeugen Hermes-Männer zwar Kinder, sind aber psychologisch kaum dafür geeignet, ihnen gute Väter zu sein (es sei denn, sie verkörpern auch einige patriarchalische Archetypen oder sind selbst konsequent erzogen worden).

Als Vater setzt der Hermes-Mann gewöhnlich keine Grenzen, an die er sich halten müßte. Seine Kinder wissen sehr gut, daß sie ihren Kopf durchsetzen können, besonders, wenn sie ihren Fall überzeugend vorbringen, ganz gleich ob es darum geht, später ins Bett zu gehen oder die Schule zu schwänzen. Vielleicht entdecken sie auch, daß sie Entschuldigungen erfinden oder lügen können, um ihr impulsives Verhalten zu vertuschen, und von einem Hermes-Vater nicht zur Rechenschaft gezogen werden. Daher lernen solche Kinder nur allzu häufig, daß man Regeln brechen und Aufgaben, die von einem erwartet werden, mit einer Entschuldigung zur Seite schieben, man also mit vielem durchkommen kann. Sie lernen nicht, Autorität anzuerkennen und haben infolgedessen oft nur eine vage Vorstellung von Recht und Unrecht.

Die Kinder des Hermes-Mannes sind somit nur unzureichend auf die Welt der Schule und der Arbeit vorbereitet. Sie haben keine Ahnung von Disziplin. Sie gehen davon aus, daß sie es sich erlauben können, bestimmten Ansprüchen nicht zu genügen, ohne dafür bestraft zu werden, und müssen später schmerzlich lernen, daß dies nicht der Fall ist.

Andererseits kann der Hermes-Vater hingebungsvoll mit seinen Kindern spielen, es macht ihm Spaß, sie zu Abenteuern zu verleiten, er respektiert und stimuliert ihre Phantasie und benimmt sich mit ihnen häufig selbst wie ein Kind. Hermes-Väter machten sich vor allem in der Hippie-Generation, den Blumenkindern der sechziger Jahre bemerkbar. Anders als traditionelle Väter, die ihre Kinder darauf vorbereiten, sich der Welt anzupassen, etwas zu leisten, etwas zu produzieren, beeinflußt ein Hermes-Vater seine Kinder dahingehend, daß sie das Leben für eine unendliche Geschichte halten, in der es ein Abenteuer nach dem anderen zu bestehen gilt.

Abgesehen davon, daß er keine Grenzen festsetzt und inkonsequent ist, kann ein Hermes-Vater natürlich auch abwesend sein. Vielleicht hat er seine Familie tatsächlich verlassen und ist weitergezogen. Vielleicht ist er auch nur ständig «unterwegs», als Vertreter oder Unterhändler, kommt und geht, ohne lange zu bleiben. Aufgrund seiner unväterlichen, spielerischen Haltung den Kindern gegenüber, wenn er zu Hause ist, oder gerade, weil er so selten zu Hause ist, überläßt er die Kindererziehung häufig der Mutter.

Die mittleren Lebensjahre

Häufig entdeckt ein erwachsener Hermes, dessen Arbeit nicht nur spirituell, sondern auch materiell lohnend ist, daß die mittleren Lebensjahre ihm mehr Möglichkeiten bieten als je zuvor. Immer wieder findet er Gelegenheit, zu reisen, etwas zu lernen, sich abzulenken. Mehr als die meisten anderen Männertypen wird dieser Mann nicht nur das äußere Leben genießen, sondern auch anfangen, die innere Welt zu entdecken und sich dieser Phase des Lebens mühelos anpassen.

Wenn der erwachsene Hermes-Mann jedoch noch immer wie ein junger Mann von einem Ort, von einem Job zum nächsten, von einer Frau zu anderen wechselt, werden ihn die mittleren Jahre unerwartet hart treffen. Mit Charme kann er seinen Mangel an Substanz nicht länger überspielen. Es ist offensichtlich, daß er ein Versager ist. In dieser Zeit haben manche Hermes-Män ner tödliche Unfälle, andere entwickeln schwere Depressionen.

Die Schicksale asozialer oder psychopathischer Hermes-Männer in der Mitte des Lebens verlaufen höchst unterschiedlich. Manchmal sind sie finanziell erfolgreich und trotzdem ziemlich unverbesserlich, manchmal leben sie im Elend, sitzen im Gefängnis oder sind auf der Flucht als Folge ihrer Vergangenheit, die sie unweigerlich einholt.

Die späteren Lebensjahre

Der Hermes-Mann in seinen späteren Jahren kann ein ziemlich ungewöhnlicher Mann sein, alles andere als der durchschnittliche, mit sich und der Welt zufriedene Rentner. Wenn er bis ins hohe Alter der ewige Jüngling geblieben ist oder seine Identität als Taschendieb bewahrt hat, endet er vielleicht als heimatloser Wanderer, der sich vom Wetter oder den Umständen von Ort zu Ort treiben läßt, hier und da etwas Geld auftut und sich mit Hilfe seines Verstandes und seiner Redegewandtheit durchschlägt. Eine zeitgenössische Variation dieser Version wird von Psychiatern beispielsweise in Krankenhäusern der Veteranenverbände beobachtet; solche Hermes-Patienten haben gelernt, sich einliefern zu lassen, eine Weile Unterschlupf zu finden und dann weiterzuziehen.

Im Gegensatz dazu kann der positiv entwickelte Hermes ein weiser Führer für andere «Reisende» sein, gleichgültig, welche Pfade er eingeschlagen hat, und auf eine reiche Erfahrung zurückblicken, die es ihm ermöglicht, Situationen richtig einzuschätzen. Vielleicht ist er ein kluger Geschäftsmann, der anderen etwas beibringt, ein Forscher auf dem Gebiet der Psychologie, der Jüngeren den Weg weisen kann, ein Politiker, der mit Recht als großer Staatsmann bezeichnet wird. Er kann in allen möglichen Bereichen ein erfolgreicher Dozent oder Autor sein, der jetzt weitergibt, was er auf seinen «Reisen» gelernt hat. Typisch für Hermes, daß er bis zum letzten Atemzug neues Terrain erforscht, neue Menschen trifft oder sich von neuen Ideen mitreißen läßt und den Tod wahrscheinlich für sein nächstes großes Abenteuer hält.

Psychologische Schwierigkeiten

Wenn Hermes den bedeutendsten archetypischen Einfluß auf die Persönlichkeit eines Mannes nimmt, ist die Frage seines Verhaltens – was er tut, wie impulsiv er handelt, ob er die Folgen berücksichtigt – das wichtigste Thema für ihn. Hermes' Schattenaspekte sind charakterliche Defizite.

Impulsivität und mangelnde Grenzen

Bereits am Tag seiner Geburt entpuppte sich der Gott Hermes als cleverer Dieb und überzeugender Lügner. Nicht ganz so früh, aber immer noch schnell genug können sich ähnliche Probleme beim Hermes-Jungen bemerkbar machen. Ob er lernt, das Eigentum, die Gefühle oder Rechte anderer Menschen zu respektieren oder nicht, und sich nicht nur einfach nimmt, was er will und die Konsequenzen beiseite schiebt, ist von entscheidender Bedeutung für seine Entwicklung. Ein Hermes-Junge muß lernen, Grenzen zu akzeptieren – angemessenes und unangemessenes Verhalten zu unterscheiden – um einen Sinn für recht und unrecht zu entwickeln, der beeinflußt, was er als nächstes tut. Sonst wird der typische Hermes spontan und impulsiv handeln und seinen ganzen Einfallsreichtum darauf konzentrieren, wie er seinen Willen durchsetzt. Noch als Erwachsener kann er seine Lektionen lernen, beispielsweise in wichtigen Beziehungen, denn er hat viel Phantasie. Wie selbstverständlich setzt er diese Gabe beim Denken ein, aber er kann sie auch beim Entwickeln von Mitgefühl und Verständnis gebrauchen, wenn andere, die ihm wichtig sind und durch sein negatives Verhalten verletzt wurden, ausdrücken, wie sie sich fühlen und ihre Grenzen festlegen.

Hermes als Psychopath: Der Trickster

Wenn ein Hermes-Junge unter schwierigen Verhältnissen aufwächst, in der die erwachsenen Bezugspersonen impulsiv und aggressiv auf ihn reagieren, wird er weder lernen, recht und unrecht zu unterscheiden noch sich zu beherrschen. Drückebergerei, Lügen und Stehlen sind die Folge; sie münden in asoziales Verhalten und bewirken ein psychopathisches Persönlichkeitsmuster.

Dann tauchen Konflikte zwischen ihm und anderen auf, die von seinem Wesen beeinflußt sind. Wenn er älter wird und mit seinem ungewöhnlichen Verhalten auffällt, verschaffen ihm seine geistige Beweglichkeit und sprachliche Überzeugungskraft möglicherweise einen Vorteil. Er gebraucht weder Zwang noch Gewalt; wie Hermes, der Apollons Vieh stahl, nimmt er sich, was ihm nicht gehört, häufig auf raffinierteste Weise. Als Trickster ist er ein betrügerischer Künstler, der das Vertrauen seiner Opfer erschleicht und sie dann ausnimmt, ein selektiver und phantasiebegabter Dieb oder Hochstapler. So wissen wir von Hermes-Männern, die sich als Ärzte ausgaben und das Personal ganzer Krankenhäuser täuschten, bevor sie enttarnt wurden.

Hermes-Männer werden tatsächlich zuweilen erwischt. Und das Gefängnis ist für sie eine besonders schreckliche Erfahrung. Ihres Elementes beraubt, mit gestutzten Flügeln, müssen sie lernen, was ihnen die größten Schwierigkeiten bereitet: Einengung, Routine und Mangel an Bewegungsfreiheit.

Der Mann, der nie erwachsen wird

Ein Hermes-Mann hat immer Schwierigkeiten, seßhaft zu werden. Viel lieber wendet er sich immer neuen Möglichkeiten und Optionen zu. Doch diese Aufgeschlossenheit wird zu einem Handikap, wenn es darum geht, sich auf eine Sache zu konzentrieren. Er muß anfangen, zu lernen und innerlich zu reifen. Doch immer ist woanders alles besser, und die Aussicht, sich von einer Situation zur anderen oder einer Person zur nächsten treiben zu lassen, ist viel zu verlockend, als daß er ihr widerstehen könnte.

Der Anfang fällt ihm immer leicht. Mit seinem Charme gewinnt er schnell Freunde. Seine rasche Auffassungsgabe macht Eindruck bei anderen. Wenn er selbst oder die Situation es nicht verlangen, auszuharren, bis er etwas wirklich gründlich gelernt hat, wird er nur ein oberflächliches Verständnis oder äußere Geschicklichkeit erwerben: einer, der von allem ein bißchen versteht, doch nichts wirklich beherrscht. Diese Oberflächlichkeit ist ein Aspekt des Puer Eternus, des ewigen Jugendlichen.

Dieser lebt in einem Meer von Möglichkeiten und ist nicht bereit, sich für ein Ding oder eine Sache zu engagieren, weil er nicht die nächste sich bietende Möglichkeit aufs Spiel setzen möchte. Häufig bis es zu spät ist, hält er sich für unsterblich, als hätte er alle Zeit der Welt – doch das ist ein Trugschluß. Während andere Männer Karrieren einschlagen und Familien gründen, jagt er vielleicht gerade einem Abenteuer nach oder flattert von einem Ding zum anderen, nur um dann in der Mitte des Lebens festzustellen, daß das Leben an ihm vorbeigegangen und er alt geworden ist. Er ist wie Peter Pan im Wolkenkuckucksheim. Mit vierzig sieht er eines Tages in den Spiegel und auf sein Leben, und es dämmert ihm, daß es möglicherweise zu spät für ihn ist. Die Folge ist eine Midlife-Depression.

Mangelnde emotionale Hingabe und Nähe

Hermes-Männer scheinen gegenüber echter Verliebtheit immuner zu sein als andere Männer. Bei vielen sexuellen Begegnungen lockt mehr als Leidenschaft ihr Sinn für Abwechslung und Neuheit sie in Beziehungen hinein und auch wieder heraus. Wenn sie sich verlieben, bleiben sie möglicherweise so lange, daß sich aus der Verliebtheit Liebe und Tiefe entwickeln kann. Wenn sie Sehnsucht nach einem heimischen Herd haben, an den sie zurückkehren können, und das Gefühl haben, kommen und gehen zu können, wie es ihnen gefällt, heiraten sie vielleicht sogar und entdecken, daß die Beziehung sich im Verlauf der Zeit vertieft. Doch Hingabe und Nähe kommen nicht von selbst. Diese Männer sind zu beschäftigt, um seßhaft zu werden, zu sehr in anderes verstrickt, um einer Beziehung allzu viel Aufmerksamkeit zu schenken, und mit hoher Wahrscheinlichkeit werden sie sie aufgeben, sobald sie das Gefühl haben, eingeengt zu werden.

Schwierigkeiten für andere

Hermes-Männer haben einen schlechten Einfluß auf Menschen, von denen sie geliebt wurden, weil sie sie verlassen, einer festen Bindung aus dem Weg gehen oder einfach nicht erwachsen werden wollen.

Der flüchtige Liebhaber

Hermes-Männer können Frauen, die sich in sie verlieben, eine Menge Kummer bereiten. Es ist typisch, daß sie ungemein charmant, redegewandt und überzeugend sind. Widerstand reizt sie nur noch mehr, doch haben sie sich erst ins Herz und Schlafzimmer einer Frau eingeschlichen, machen sie sich aus dem Staub.

Häufig ist es für eine Frau schwierig, einen Hermes-Mann richtig einzuschätzen. Möglich, daß er sich als jemand entpuppt, der ganz anders ist, als sie glaubte, weil sie nur einen Aspekt seiner schillernden Persönlichkeit sah oder zu sehen bekam, einen Mann, der sich auszudrücken verstand und sein Trickster-Element vor ihr verbarg. Ein Hermes-Mann kann die verschiedensten Masken annehmen, um einen Teil von sich zu betonen und andere zu unterdrücken – wie ein Chamäleon.

Seine unzuverlässige und ausweichende Haltung stellt die Frau, die heiraten will und Geborgenheit sucht, vor Probleme. Für ihn bedeutet eine feste Bindung häufig so etwas wie die sprichwörtlichen Fesseln, und je mehr eine Frau erwartet oder ihre Bedürfnisse auf ihn konzentriert, um so größer ist die Wahrscheinlichkeit, daß er die Flucht ergreift. Er will nach Belieben kommen und gehen können, handelt lieber spontan als etwas lange vorher zu planen und läßt nichts anbrennen. Viele Frauen sehen in einem Hermes-Mann die archetypische Ratte, den charmanten Mann, der sie hereinlegt, ihr zuerst das Gefühl gibt, sehr wichtig für ihn zu sein und sie dann (bis sie ihn endlich durchschaut oder er aus ihrem Leben verschwindet) immer wieder hängen läßt, indem er nicht das tut, was sie von ihm erwartet und sich jedesmal mit einer anderen Geschichte herauszureden versucht.

Der unzulängliche Vater

Kinder zu haben ist nicht unbedingt etwas, was einem Hermes-Mann liegt. Wenn er unzuverlässig und inkonsequent ist, wachsen seine Kinder voller Mißtrauen und Groll ihm gegenüber auf, und dieses Gefühl färbt auf andere Beziehungen ab. Besonders betroffen sind die Beziehungen der Töchter zu Männern. Wenn er bei der Arbeit versagt, weil es ihm an Selbstdisziplin und Autorität mangelt, werden seine Kinder später normalerweise im Nachteil sein. Besonders seine Söhne fürchten, daß sie seine Unzulänglichkeiten geerbt haben könnten. Wenn ein Hermes-Mann ein positives und stabiles Vorbild für seine Kinder sein will, muß er über seine Identifikation mit Hermes, dem ewigen Jüngling, hinauswachsen.

Möglichkeiten der seelischen Entwicklung

In der Mythologie waren es zwei andere Götter, die ihm halfen, erwachsen zu werden: sein Bruder Apollon und sein Vater Zeus. Diese beiden Archetypen spielen auch für den Hermes-Mann eine bedeutsame Rolle. Um sich in der äußeren Welt durchzusetzen, muß er über Hermes hinauswachsen und die Charaktereigenschaften entwickeln, die Apollon und Zeus repräsentieren. Wie diese beiden operiert auch Hermes im Reich des Geistes; wie sie muß er sein Gefühlsleben und seine Empfindsamkeit entwickeln.

Hermes ablehnen

Der Mann, der seine Identifikation mit Hermes abstreift, tut dies, weil er die Vor- und Nachteile seines Archetyps kennt. Besonders in acht nehmen muß er sich vor dem negativen Trickster-Potential des Hermes und lernen, im Bewußtsein der Konsequenzen seines Tuns für sich und andere zu handeln und gegen diese Seite seiner Persönlichkeit anzugehen.

Apollon, der Sonnengott, sieht klar und läßt sich nicht täuschen. Er durchschaute Hermes' Lügen auf den ersten Blick. Wenn ein Mann Apollons Klarsichtigkeit entwickelt, kommt er mit der Neigung, sich selbst, aber auch anderen etwas vorzumachen, nicht mehr weiter. Außerdem repräsentiert Apollon lineares Denken und die Fähigkeit, sich auf ein weit entferntes Ziel zu konzentrieren. Er hat eine klare Vorstellung vom Fortgang der Zeit und weiß, daß man Schritt für Schritt vorgehen muß, wenn man diszipliniert arbeiten und es zu etwas bringen will. Schließlich interessiert er sich für ethische Fragen und das Problem von recht und unrecht. Diese Züge muß ein Hermes-Mann dringend entwickeln, wenn er in der Welt etwas erreichen will.

Zum Glück für die meisten Hermes-Männer, insbesondere die aus der amerikanischen Mittelschicht, ist das Apollon-Muster unausweichlich. Es beherrscht unsere Kultur. Alle bedeutenden Institutionen – Kirchen, Schulen, Pfadfinder – arbeiten Hand in Hand, um ihm beizubringen, was er wissen muß.

Als Erwachsener realisiert der Hermes-Mann vielleicht, daß er sich, zumindest teilweise, aus eigener Kraft zu einem Apollon entwickeln und seinen Erfolg dadurch festigen kann, daß er Projekte zu Ende bringt. Er kann es schaffen, indem er das Bedürfnis, etwas einmal Angefangenes zu beenden, als Möglichkeit begreift, zu entdecken, welche Anforderungen er erfüllen kann, ohne das Handtuch zu werfen.

Die Suche nach Zeus, dem Mentor und Vater

Zeus hatte zweifellos die Autorität, Hermes das Lügen zu verbieten und ihn anzuweisen, die gestohlenen Kühe zurückgeben. Er ließ weder Zweideutigkeit noch Raum für Rechtfertigungen zu. Hermes erkannte seine Autorität an und tat ohne Widerworte, wie Zeus ihm befahl. Der Hermes-Mann braucht gewöhnlich eine Autorität, die er anerkennen und respektieren kann, um zu tun, was man von ihm erwartet. Gewöhnlich kommt es zu einer solchen Konstellation, weil jemand von außen, doch mit der Autorität eines Zeus, als Vaterfigur agiert, jemand, der Eindruck auf Hermes macht. Wenn er eine positive Beziehung zu einem Zeus-Mann hat, den er als Mentor akzeptiert, kommen Hermes, dem großen Jungen, dessen alte Verbindungen zugute. In einer solchen Beziehung übernimmt der Hermes-Mann die Rolle des Schülers und wird ermutigt, nicht nur seine kommunikativen und geistigen Talente zu entwickeln, sondern auch seinen Weg zu machen. Die patriarchalischen Werte sind von Zeus und Apollon geprägt und färben gewöhnlich auf den Schüler Hermes ab. In einem Patriarchat wird ein Hermes-

Mann mehr als jeder andere Männertyp (abgesehen von Zeus und Apollon) unterstützt, belohnt und ermutigt, sich weiter zu entwickeln. Allen dreien ist eine Affinität für das Reich des Geistes gemeinsam; Zeus- und Apollon-Männer bewundern Hermes' Findigkeit und Vermittlergeschick.

Ein Hermes-Mann, der entdeckt, daß er sich zu lange von dem ewigen Jüngling in seinem Inneren hat beherrschen lassen, kann den Kurs wechseln, indem er von sich aus einen Mentor sucht und sich vornimmt, ernsthaft zu arbeiten. Wenn er sich bemüht, das Kind zu kontrollieren, das lieber mit der Arbeit aufhören und spielen will, muß er den Zeus in seinem Inneren um Hilfe bitten.

Aphrodite finden

Hermes hatte weder eine Ehefrau noch eine Gefährtin. Seine große Liebe war Aphrodite, die mit Hephaistos verheiratet war und andere Liebhaber hatte, denen sie leidenschaftlich verfiel. Hermes sehnte sich nach ihr, sie aber wollte zunächst nichts mit ihm zu tun haben. Zeus bekam Mitleid und schickte seinen Adler, um eine ihrer goldenen Sandalen zu stehlen, als sie badete. Hermes bot ihr die Sandale im Austausch für ihre Gunst an, und sie willigte ein.

Eine entscheidende Möglichkeit zur seelischen Reife besteht für Hermes darin, sich in eine Frau zu verlieben, die zu seiner Aphrodite wird. Es ist charakteristisch, daß sie eine Herausforderung sein muß, eine Frau, die er begehrt, doch nicht sofort besitzen kann, und die ihm tiefere Einblicke in seine Gefühlswelt ermöglicht, indem sie ihm zeigt, wie verletzlich er ihr gegenüber ist und ihn zugleich aus seiner Welt des Geistes herausholt, um ihm die Sinnlichkeit seines Körpers zu offenbaren. (Apollons Möglichkeit, zur seelischen Reife zu gelangen, indem er den Dionysos in sich erweckt, trifft auch auf Hermes zu. Darüberhinaus stellt sich Reife – wie bei Apollon – unter Umständen auch ein, wenn er sich auf seine Anima oder innere Frau konzentriert.)

Spirituelle Entwicklung

Hermes hat das angeborene Potential, Seelen zu führen und nach Bedeutung zu suchen. Von der Seele inspiriert und auf sie konzentriert, sucht er Zugang zu spirituellen Wahrheiten und steigt hinab in die Tiefe des Hades. Der Mensch, der diesen Aspekt des Hermes in sich erkennt, fühlt sich zu allem hingezogen, was heilig ist, zu den Mysterien des Todes und des Jenseits. Er gibt sich nicht damit zufrieden, einfach nur dem vorgegebenen Pfad zu folgen. Wie der Vermittlergott Hermes wird er unterwegs immer wieder mit anderen teilen, was er gelernt hat.

Im Mythos von der Vergewaltigung Persephones, die im «Homerischen Hymnus an Demeter» enthalten ist, steigt Hermes in die Unterwelt hinab, um das Mädchen Persephone zu ihrer Mutter in die Oberwelt zurückzubringen. Dieser Mythos war der Hintergrund für die Eleusinischen Mysterien, deren Eingeweihte «den Tod nicht länger fürchteten.» Die Eleusinischen Mysterien gingen dem Christentum voraus und feierten die Wiederkehr Persephones' aus der Unterwelt; wie Jesus entstieg auch Persephone dem Totenreich und kam zu den Lebenden zurück. In der Mythologie des Dionysos spielt Hermes eine ähnlich entscheidende Rolle, hier, indem er das Kind Dionysos rettet. Persephone könnte die Seele symbolisieren, die in den meisten Männern und auch in vielen Frauen als feminin personifiziert ist, während Dionysos das himmlische Kind verkörpert. Hermes als Archetyp zeigt sich in Menschen, die eine Verbindung zu diesen Aspekten in ihrem Inneren haben oder spirituelle Bedeutung in ihrem Leben suchen.

8. *Ares, Gott des Krieges – Krieger, Tänzer, Liebhaber*

Ares als Verkörperung von Aggression stellt eine der bedeutendsten Mächte dar, die in der Geschichte der Menschheit am Werk waren. Er ist der «Action Man» des Olymp, der Gott des Krieges und des Kampfes, der ruhelose und stürmische Liebhaber, der Konflikte herbeisehnt und im Entzükken der Schlacht frohlockt. In Ares erkennen wir unsere ursprünglich ungezügelte, brutale Aggression, bevor sie von der Zivilisation gezähmt oder unterdrückt wurde.

Arianna Stassinopoulos, *Die Götter Griechenlands*

In Kunst und Literatur ist uns Ares in zwei Rollen bekannt, die Zeus ihm zuwies: als Krieger und als Liebhaber. Unter dem römischen Namen Mars ist er buchstäblich ein Synonym für Krieg und jeden, der Vergnügen an dessen blutigen Aspekten findet.

Philip Mayerson, *Classical Mythology* in *Literature, Art, and Music*

Ares als Gott, Archetyp und Mann ist der Inbegriff männlicher, körperlicher Kraft, Intensität und spontanen Handelns. Sein Herz und seine Instinkte treiben ihn im wahrsten Sinne des Wortes dazu, mit seinem Körper zu agieren und zu reagieren, ohne einen Gedanken an die Folgen zu verschwenden. Sein Vater Zeus verachtete ihn und ergriff Partei gegen ihn, und auch das Patriarchat lehnt seine Eigenschaften ab.

Ares, der Gott

Ares, den die Römer Mars nannten, war der Gott des Krieges. Unter den zwölf Olympiern wegen seiner Reizbarkeit und Kampfeslust am wenigsten respektiert und geehrt, repräsentierte Ares für die Griechen die ungezügelte Lust an Kampf und Blutvergießen. Im Gegensatz dazu hatten die Römer große Achtung vor Mars; er kam gleich hinter Jupiter (Zeus). Er galt als

Schutzherr der Gemeinschaft und der Vater von Romulus und Remus, den beiden Begründern von Rom.

Er wird dargestellt als kräftiger Mann, häufig, aber nicht immer mit Bart, gewöhnlich mit einem Helm und einem Schild, Schwert und Speer versehen, manchmal mit einem Brustharnisch, selten in voller Rüstung.

Genealogie und Mythologie

Ares war der einzige Sohn von Hera und Zeus. Doch wie Hephaistos hatte ihn Hera, so berichtet Ovid, parthenogenetisch empfangen, durch Berührung mit einem Kraut, das in dem Ruf stand, Unfruchtbarkeit garantiert zu heilen. Über seine Geburt erfahren wir nichts.

Den Aloaden wäre es beinahe gelungen, Ares zu töten, wahrscheinlich als er, wie sie, noch ein kleiner Junge war. Sie fingen ihn und schlossen ihn in ein bronzenes Gefäß ein. Dreizehn Monate wurde er gefangen gehalten und wäre sicherlich gestorben (obwohl er ein Gott und damit unsterblich war), wenn ihre Stiefmutter nicht Hermes davon erzählt hätte. Dieser befreite den schon ganz entkräfteten Ares aus seinem Gefängnis.

Heras Wahl eines Lehrers für Ares fiel auf Priapos, den entstellten phallischen Gott. Priapos bildete den Jungen zunächst zu einem vollendeten Tänzer und erst dann zum Krieger aus.

Auf dem Schlachtfeld

Die Auffassung, die Homer in seiner *Ilias* von Ares präsentierte, hat sich im großen und ganzen erhalten. Ares war auf Seiten der Trojaner gegen die Griechen und wurde von Homer als blutrünstiger, nichtswürdiger und jämmerlicher Prahlhans dargestellt, den seine Halbschwester Athene immer wieder besiegte, verletzte, beleidigte oder beschämte. Als einer seiner Söhne getötet wurde, und er gegen Zeus' ausdrücklichen Befehl auf das Schlachtfeld stürmte, tobte Athene und beschimpfte ihn als «Dummkopf» und «Wahnsinnigen», weil er den Verstand und die Beherrschung verloren hatte (ihre Tugenden und griechische Ideale). Man sagte ihm nach, daß er nicht wußte, «was recht ist», daß es ihm an Charakter mangelte, weil er «sich heute dieser Partei, morgen jener» zuwandte. Ares reagierte emotional; seine Gefühle trieben ihn auf Seiten von Männern zum Kampf, denen er sich – häufig durch gemeinsames Blut – verwandt fühlte. Loyalität und Rache waren seine Motive; sie überlagerten alles andere. Für die Olympier stellte sich der Trojanische Krieg häufig als Sport dar, den sie als Zuschauer verfolgten, wobei eine Hälfte die Griechen, die andere die Trojaner unterstützte. Sie mischten sich gelegentlich ins Kampfgeschehen ein, beachteten jedoch im allgemeinen die Regeln, die Zeus aufgestellt hatte. Für Ares dagegen war dieser Krieg mit Sicherheit kein «Spiel».

Als die Götter und Menschen bei einer anderen Schlacht untereinander kämpften, wies Athene Diomedes, einen ihrer Lieblingshelden an, den Gott mit einem Speer zu verwunden. Ares stieß einen wütenden Schrei aus und beschwerte sich bei Zeus über Athenes Verhalten. Zeus stellte sich auf Athenes Seite und demütigte ihn, indem er sagte: «Komm nicht zu mir und jammere. Es gibt nichts, das du so sehr liebst wie Kriegsgeschrei und Kampfgetümmel, und eben deshalb verabscheue ich dich mehr als jeden anderen Gott auf dem Olymp.»

Dennoch erkannte Homer an, daß Ares die Trojanischen Truppen anspornte, indem er ihnen in Begleitung seiner Söhne wiederholt zu Hilfe eilte.

Liebhaber der Aphrodite

Ares und Aphrodite, die Göttin der Liebe, bildeten ein berühmtes Liebespaar. Sie hatte mehrere Kinder von ihm: die Söhne Daimon (Schrecken) und Phobos (Angst), die ihrem Vater auf das Schlachtfeld folgten; eine Tochter, Harmonia, deren Name auf einen potentiellen Ausgleich zwischen den beiden großen Leidenschaften, Liebe und Krieg, anspielt, und vielleicht auch Eros, Gott der Liebe. Für Eros finden sich zwei Möglichkeiten seiner Herkunft; einmal gilt er als Sohn von Ares und Aphrodite, zum anderen als ursprüngliche Zeugungskraft, die von Anbeginn der Zeit existierte.

Die beiden Liebenden hatten eine lange, gemeinsame Geschichte und die leidenschaftlichste Affäre, die es zwischen Olympiern je gegeben hat. Als Athene in der *Ilias* Ares mit einem Stein niederschlug, versuchte Aphrodite ihm vom Schlachtfeld zu helfen und wurde von der Faust der Athene getroffen. Beide hatten außerdem mehrere andere Liebhaber(innen). Als Aphrodite sich in Adonis verliebte, verwandelte Ares sich in einen rachsüchtigen Eber, der den gutaussehenden Jüngling tötete.

Als Hephaistos, Aphrodites Ehemann, von der Affäre erfuhr, schmiedete er einen Plan, um die beiden auf frischer Tat zu ertappen. Er konstruierte ein unsichtbares und unzerreißbares Netz, das er an den Dachbalken befestigte und über die Bettpfosten hängte. Dann gab er vor, zur Arbeit zu gehen. Das war das Signal für Ares, Hephaistos' Haus zu betreten und sich in dessen Bett zu vergnügen. Hephaistos ließ das Netz über die beiden Liebenden fallen und rief die Götter herbei, um ihnen den Verrat der beiden zu beweisen. Doch statt Empörung erntete er nur schallendes Gelächter, als er den Olympiern das gefangene Paar vorführte.

Vater vieler Kinder

Ares zeugte mindestens drei von Aphrodites vier Kindern (und außerdem als römischer Gott Mars Romulus und Remus). Neben diesen berühmten Nachkommen hatte er noch etwa zwanzig weitere Sprößlinge aus zahllosen anderen Verbindungen. Mindestens drei seiner Söhne waren Argonauten, und eine seiner Töchter war die Amazonenkönigin Penthesilea.

Ares war ein Vater, der sich leidenschaftlich für seine Kinder einsetzte. Als einer von Poseidons Söhnen Alkippe, eine seiner Töchter, vergewaltigte, schlug Ares ihn auf der Stelle tot. Daraufhin klagte Poseidon ihn vor einer Versammlung der Götter des Mordes an, die darüber beriet und ihn freisprach. Dies geschah unweit der Akropolis auf einem Hügel, der nach diesem Vorfall noch heute Areopagos (Ares' Hügel) heißt. Auf ähnliche Weise forderte eine Begebenheit während des Trojanischen Krieges seinen Zorn heraus: Als er hörte, daß sein Sohn Ascalaphos auf dem Schlachtfeld umgekommen war, mischte Ares sich wütend in den Kampf ein, obgleich Zeus den Göttern verboten hatte, Partei zu ergreifen.

Als Kyknos, ein weiterer Sohn des Ares, der als Straßenräuber Reisenden auflauerte, um ihnen die für Delphi bestimmten Geschenke abzujagen, Herakles herausforderte, kämpfte Ares auf seiner Seite. Athene kam Herakles zu Hilfe; unter ihrer Anleitung gelang es Herakles, Ares zu verwunden und Kyknos zu töten.

Ein anderer Sproß war eine heilige Schlange, welche die Quelle von Thebai bewachte. Als der sterbliche Kadmos sie tötete, mußte er acht Jahre lang dem Ares dienen. Anschließend heiratete er Harmonia, die Tochter Ares' und Aphrodites, und gründete die Stadt Theben.

Unterschiedliche Einschätzungen

Die vorherrschende, negative Einschätzung des Ares ist die des griechischen Dichters Homer. Ares war der gefährlichste aller Götter, die auf Seiten der Trojaner kämpften. Diese verloren den Krieg und damit das Recht, seine Geschichte zu schreiben. Der Mythologe Walter Otto über Ares: «Ein Geist des Schlachtens und des Blutvergießens, von dessen grauenhaftem Bilde sich die lichte Form Athenes wundervoll abhebt und nach dem Sinne des Dichters abheben soll.»[1]

In der Homerischen «*Hymne an Ares*» jedoch werden vor allem dessen Tugenden beschworen. Es wimmelt nur so von Bezeichnungen wie «kraftvoll beherzter Schildmann», «Ares, Führer der rechtlichen Männer», «Ares, Heger der Mannheit», «übermächtiger, wuchtiger Lenker». Homer geht sogar so weit, ihn «Helfer der Menschheit, Spender blühender Jugend» zu nennen.[2] Diese Sichtweise, die ebenfalls Teil der griechischen Tradition ist, stimmt mit der positiven Meinung der Römer über den Kriegsgott überein, der bei ihnen Mars hieß.

Im Vergleich mit der durch Vernunft und Maß charakterisierten Athene erscheint Ares in einem negativen, grellen Licht als streitlustiger Schlächter. Wird er positiv beurteilt, dann vor allem wegen seiner Leidenschaft und seiner Courage (vom französischen coeur, «Herz»). Er ist ein Gott, der stets auf seine Gefühle hört. In einer von Zeus geführten Familie fanden dagegen nur die Kinder Anerkennung, die für ihre emotionale Distanz bekannt waren.

Ares, der Archetyp

Der Archetyp des Ares zeigt sich wie beim Gott selbst in leidenschaftlichen, heftigen Reflexen. Bei Ares wird ein Gefühlsschwall mit hoher Wahrscheinlichkeit eine spontane physische Reaktion zur Folge haben. Der Ares-Archetyp prädisponiert einen Mann dazu, einen direkten Draht zu seinen Gefühlen und seinem Körper zu haben, was bei der Liebe sehr positiv sein kann. Wenn jedoch Wut und Ärger ihn übermannen, reagiert er häufig instinktiv und gerät in Situationen, die nachteilig für ihn und schädlich für andere sind. In beiden Fällen wird es Probleme geben, wenn er sich nicht darum künmmert, mit wem er es zu tun hat und mit welchen Konsequenzen er rechnen muß.

Der Krieger als Held oder Aufschneider

Ares ist die Verkörperung der Aggression, einer spontanen Reaktion auf Streit, eines Instinkts, der manche Männer in Konflikte stürzt, in denen sie nur noch wild um sich schlagen, ohne nachzudenken. Ist ein solcher Mann ein Soldat, wird er vielleicht zu einem hochdekorierten Helden, und in seinen Auszeichnungen steht zu lesen: «Ohne an die möglichen Folgen zu denken, setzte er sich...»

Film und Fersehen treiben jenen Augenblick, in dem Ares provoziert wird und der Mann zu einer wütenden und unaufhaltsamen zerstörerischen Kraft wird, auf die Spitze. In einer Fernsehserie beobachteten wir einen sanftmütigen Wissenschaftler, den die Wut, wenn er gereizt wurde, in einen muskelspielenden, riesigen, grünhäutigen Berserker verwandelte, der übermenschliche Kräfte besaß, nicht ansprechbar war und sich keinesfalls aufhalten ließ. In Sylvester Stallones Film *Rocky* und seinen Fortsetzungen kommt irgendwann unweigerlich der Punkt, wo der Boxer, schon erschöpft und blutig geschlagen, nur noch seinem Instinkt folgt und den Kampf doch noch gewinnt. Er verkörpert einen viel weniger dramatischen Ares als unser Berserker, wird aber ebenfalls von blinder Aggression übermannt. Auch die *Rambo*-Filme präsentieren einen Ares-Helden, der sich ganz wie der Gott von Loyalität, Wut und Rachedurst leiten läßt.

In der Mythologie galt Ares als unkontrollierbare, irrationale Verkörperung von Streitsucht. Er berauschte sich am Schlachtgetümmel. Auch im wirklichen Leben spielt der Rausch nur allzu oft eine Rolle bei der Entfesselung des Ares: Schlägereien in Kneipen können die Folge sein. Niemals würde Ares aus strategischen Gründen einen Streit vom Zaun brechen, oder um festzustellen, wer der Stärkere ist. Seine Wut ist stets die emotionale Reaktion auf eine Provokation.

Der Ares-Archetyp symbolisiert Kampfeslust. Homer stellte Ares als den Gott dar, der den Krieg um des Krieges willen liebte, der sich am Lärm und Geschrei der Schlacht, an Tod und Zerstörung berauschte. Dieser Aspekt des Ares läßt dem Angeber in der Kneipe oder dem hochdekorierten Kriegshelden eine Auseinandersetzung vielleicht so verlockend erscheinen.

Die unsterblichen Olympier sahen in Schlachten wie denen des Trojanischen Krieges nur Kinderspiele. Zwar hielten sich die Götter in diesem Krieg zurück und beobachteten das Kampfgeschehen nur als Zuschauer, einige auf Seiten der Trojaner, andere auf denen der Griechen, doch griffen von Zeit zu Zeit einzelne Götter aktiv in das Kampfgeschehen ein. Ein Ares von heute begeistert sich am Lärm und Geschrei auf dem Spielfeld, nicht von der Tribüne aus oder im Wettbüro, sondern indem er dem blinden Haß, der in ihm ist, freien Lauf läßt. Ein Stürmer auf dem Fußballfeld oder ein Eishockeyspieler muß wahrscheinlich mit einer Strafe rechnen, wenn er zu brutal oder regelwidrig spielt und zu Arroganz neigt, wenn die Wogen der Leidenschaft über ihm zusammenschlagen und der Ares-Archetyp voll zum Durchbruch kommt. Dies sind die Sportarten, bei denen es zur Sache geht und Ares triumphiert. Er wird zwar bestraft, wegen seines Temperaments aber nicht herabgewürdigt. Bei den vornehmeren Sportarten wie Tennis, wo guter Ton und Fairness betont werden, ist ein Wutausbruch vollkommen undenkbar. Von einem Tennis-Champion erwartet man, daß er sich benimmt wie Apollon. John McEnroe mußte erleben, daß das Publikum buhte und ihn auspfiff, als er sich aufführte wie Ares.

Der Liebhaber

Ares und Aphrodite waren ein Liebespaar, dem ihr Ehemann Hephaistos eine Falle stellte. Ihm war zu Ohren gekommen, daß Ares sich in sein Bett begab, sobald er selbst zur Arbeit ging. Es war eine lange und wechselseitige Beziehung zwischen ebenbürtigen Partnern. Ares zeugte vier Kinder mit Aphrodite. Auch andere Geliebte schenkten ihm mehr als ein Kind. Im Gegensatz dazu waren die meisten Affären der olympischen Götter einmalige Angelegenheiten, gewöhnlich zwischen einem Gott und einem Sterblichen. Selbst zwischen zwei Gottheiten war Verführung oder Vergewaltigung nichts Ungewöhnliches; es gehörte dazu, daß die Frau überwältigt, ausgetrickst oder entführt wurde. Nur selten war Liebe im Spiel.

Ares' leidenschaftliche Natur, seine Sinnlichkeit und die Unbedingtheit, mit der er sich der Emotion des Augenblicks hingibt, sind die Eigenschaften des Liebhabers Ares. Dieser Liebhaber vergleicht sich nicht mit anderen, wenn er mit der sexuell erfahrensten Göttin im Bett liegt. Seine Sexualität ist lustvoll und persönlich, ohne die ekstatische transpersonale Dimension eines Dionysos. In *Lady Chatterley's Lover* hat D. H. Lawrence die Figur des Mellors geschaffen, die fiktive Verkörperung eines Ares-Liebhabers, der wie der Gott wegen seiner Erdverbundenheit und seiner Beschäftigung schief angesehen wurde.

Der Tänzer

In der griechischen Mythologie lernte Ares von seinem Lehrer Priapos zuerst das Tanzen, bevor er zum Krieger ausgebildet wurde. Zwar wird diese Seite des Ares nur selten erwähnt, doch paßt sie zum archetypischen Muster eines eher sinnlich als geistig veranlagten Mannes, dessen Gefühle mit den Reaktionen seines Körpers übereinstimmen. Möglich, daß er ein Tänzer ist, der – wie zu erwarten – mehr durch seine Leidenschaft und Intensität auffällt als durch seine Technik. Wenn das Publikum beispielsweise Mikhail Baryshnikov tanzen sieht, klingt dieses Erlebnis nicht etwa in kühler Anerkennung von Schönheit und Form aus, obgleich er über beide verfügt. Der charismatische Star des Bolshoi-Balletts, der in den Westen überlief und als unersättlicher Liebhaber bekannt ist, übt einen starken emotionalen und physischen Einfluß auf sein Publikum aus.

Der junge Cassius Clay, der zum Schwergewichts-Champion im Boxen wurde (und sich später Muhammad Ali nannte), besaß ebenfalls die Anmut und Form des Tänzers Ares, zugleich aber dessen aggressive Instinkte.

In Stammeskulturen sind Krieger auch Tänzer: vor dem Kampf tanzen die Männer. Trommeln und Musik sollen die Verwandlung des Kriegers in Ares unterstützen.

Der abgelehnte Sohn eines Himmelsvaters

Menschen, die Macht aus der Ferne ausüben – coole Strategen und gelegentlich auch betrügerische Trickster (wie unsichtbare Drahtzieher oder heimliche Liebhaber) – schätzen den Ares-Archetyp wie auch den Gott äußerst gering. Während Ares sich auf die Ebene des Soldaten auf dem Schlachtfeld begab, zog Zeus es vor, von der Höhe des Olymp einen Blitzstrahl herabzusenden. Hermes stahl Apollons Vieh, statt der Rivalität zu seinem Bruder deutlich Ausdruck zu verleihen. Die Griechen idealisierten Denken und Vernunft, und von diesem historischen Augenblick an waren dies die Werte des Patriarchats. Zeus haßte Ares. Psychologisch gesehen bildet Ares den Schatten Zeus', den Teil in seinem Inneren, den er verachtete, weil er unterentwickelt war und/oder dem idealen Bild, das er von sich hatte, widersprach.

In unserer Kultur wird Ares ebenso verachtet und abgelehnt. Heute ist der Farbige zum Träger seiner Attribute geworden, derjenige, gegen den sich Erniedrigung und Haß richten, die Ares von seinem Vater entgegengebracht wurden. Sexualität, Gewalt, selbst die Tänzer-Aspekte des Gottes prägen (in rassistischen Stereotypen) das Bild des «minderwertigen» Sohnes.

Auch in weißen Familien werden genau diese Werte und Urteile weitergegeben. Ich höre oft von männlichen Patienten, daß sie sich unsichtbar oder wertlos vorkamen, weil die von ihnen idealisierten oder erfolgreichen Väter ihre redegewandteren oder intelligenteren Geschwister bevorzugten. Man brachte keinen Ton heraus und fühlte sich mordsmäßig dumm, wenn der Vater einen in Anwesenheit von Gästen ausfragte, um ihn ins Gespräch einzubeziehen, obgleich er sonst nie zu einem Spiel kam oder Interesse für die Sportart zeigte, in der sich sein Sohn hervortat. Trotz der mangelnden Unterstützung hatten sie jedoch zumindest die Befriedigung, diesen Aspekt des Ares-Archetyps auszuleben. Viele Männer finden sich mit der Herabwürdigung ab oder geben die positiven Aspekte des Gottes auf, um sich anzupassen oder erfolgreich zu sein. So lernen sie nie, was es heißt, etwas zu entwickeln, das archetypisch zu ihnen gehört.

Ares der Schutzherr

Ein vorsichtiger Mensch würde sich kaum mit jemandem anlegen, der einem Ares-Mann verwandt ist – denn der würde sofortige Vergeltung fordern. Ares setzte sich für seine Kinder ein, für die Töchter nicht weniger als die Söhne. Tatsächlich war Ares der einzige Gott, der sich so verhielt. Als Mars beschützte er später die Einwohner von Rom auf die gleiche entschlossene Art.

Als amerikanischer Justizminister hatte Bobby Kennedy Eigenschaften, die sowohl die Mafia als auch korrupte Gewerkschaftsbosse fürchteten, denn ihnen das Handwerk zu legen, war nicht etwa ein legales Spiel, sondern ein erbitterter Kampf. Bekannt für seine Loyalität und sein Engagement, seine leidenschaftlichen Reaktionen und die Liebe zu seinen zahlreichen Kindern hatte er von allen Kennedy-Brüdern die meiste Ähnlichkeit mit Ares.

Ares stürzt sich sofort in den Kampf, wenn jemand, der ihm nahesteht, angegriffen wird, besonders wenn der- oder diejenige im Nachteil ist. Ares ist (im Gegensatz zum zornigen Poseidon) nicht jemand, der Groll in sich hineinfrißt und auf seine Chance wartet, auch wenn das Jahre dauern kann. Wenn er den Kürzeren zieht, leckt Ares seine Wunden und zieht weiter.

Ares kultivieren

In der heutigen, patriarchalischen, von Zeus geprägten Welt ist Ares noch immer ein unbeachteter Archetyp, einer, der häufiger unterdrückt als kultiviert wird, besonders von Männern, die erfolgreich sein wollen.

Wenn der Ares-Archetyp in der Psyche eines Mannes unterdrückt wird, hat dieser jedoch keinen Zugang zu den in seinem Inneren verborgenen Gefühlen. Dieser ganze Aspekt seiner Persönlichkeit bleibt unentwickelt und verschlossen: eine Parallele zu dem jungen Ares, der in einem bronzenen Gefäß eingeschlossen war.

Rettung ist möglich, aber nur, wenn der Mann die Regungen des Kindes in sich aufspürt, das spontan und körperlich ausdrucksfähig war. Der junge, in einem Gefäß gefangengehaltene Ares symbolisiert seine Sehnsucht nach Kontakt mit dem Vater, der nie mit ihm spielte oder balgte oder ihn in den Arm nahm; er ist ein Impuls, dem er nicht folgen kann: einen Arm um die Schultern eines Freundes zu legen, ein Kumpel zu sein; er ist das Kind, das sich zur Musik bewegte oder bewegen wollte, der Junge, der mit seinem Skateboard über die Straße sauste; er steht für Kraft, Tatendrang und körperliche Anstrengung, ganz das Gegenteil von Gehemmtheit. Augenblicke oder Gelegenheiten werden kommen, in denen ein Mann spürt, daß er Ares ausdrücken will: Wird er dann den Jungen befreien oder in seinem Gefäß weiterschmachten lassen?

Wenn Ares so lange gefangen war, können sich körperliche Reaktionen auf Menschen und Ereignisse – die verborgenen emotionalen Impulse – vollkommen außerhalb des Bewußtseins abspielen. Es kann so aussehen, als lebte ein Mensch nur in seinem Kopf, und dennoch reagiert sein Körper mit Anspannung. Vielleicht empfindet er keine bewußte Wut oder Furcht, und trotzdem verkrampfen sich seine Muskeln, ballen sich seine Hände zu Fäusten. Gewöhnlich bemerkt er eine solche körperliche Reaktion erst dann, wenn man ihn darauf aufmerksam macht. Noch weiter von Bewußtsein und Ausdrucksfähigkeit entfernt ist ein Ares, der sich nur in hohem Blutdruck oder Darmproblemen, Verstopfung, bzw. Durchfall, bemerkbar macht.

Wenn Ares verachtet wird, so wie er von Zeus verachtet wurde, bleibt dieser Archetypus unentwickelt oder unterdrückt, besonders wenn Ares nicht den Haupteinfluß ausübt. Bevor der eingeschlossene Ares befreit oder erlöst werden kann, muß der Betreffende sich der Situation bewußt werden. Hilfe kann durch andere kommen: wenn wichtige Menschen in seinem Leben darauf achten, wie ein Mann (oder eine Frau) sich fühlt, seine Körpersprache lesen oder Gefühle aufspüren, die er selbst gar nicht bemerkt. Hört dieser darauf und befolgt ihre Ratschläge, beginnt er zu lernen. Plötzlich kann er seine eigene Körpersprache verstehen. Doch dies ist nur der Anfang; als nächstes braucht er physische Erfahrungen durch körperlichen Kontakt mit anderen oder durch Aktivitäten, mit deren Hilfe er Ares befreien und kultivieren, ihm erlauben kann, zu wachsen.

Ares, der Mann

Der Ares-Mann ist eine energische, aktive, sehr emotionale und verschlossene Persönlichkeit, die reagiert, ohne nachzudenken. Diese angeborenen Eigenschaften schaffen Probleme, und daher haben die Reaktionen der anderen einen enormen Einfluß darauf, wie sein Leben verlaufen wird.

Die frühen Lebensjahre

Ein Ares-Junge ist vom ersten Augenblick an aktiv, gefühlsbetont und ausdrucksfähig. Sehr wahrscheinlich macht sich seine Persönlichkeit zuerst durch lautes Gebrüll bemerkbar. Dies bürgert sich schnell ein. Sobald etwas nicht stimmt, wenn er Hunger hat oder ihn irgend etwas drückt, geht das Geschrei los: «Unternimm was, aber schnell!» Sein ganzer Körper ist einbezogen: Das

Gesicht läuft rot an, alle Muskeln in dem kleinen Körper sind angespannt und die unmißverständliche Botschaft lautet entweder: «Ich habe Hunger!» oder «Ich bin wütend!» Und wenn dann die Flasche oder die Brust kommt, oder das Bäuerchen ihn von den Bauchschmerzen befreit, ist die Veränderung ebenso radikal. Als typischer Ares wird er ordentlich essen und besitzt ein gewinnendes, aufgeschlossenes Wesen, so lange alles in Ordnung ist. Er läßt sich gern stimulieren, hat von Kindheit an Freude am körperlichen Spielen und stürzt sich Hals über Kopf in wüste Keilereien. Wenn ihm etwas weh tut oder er auf unerwarteten Widerstand stößt, protestiert er energisch.

Wird er älter und erblickt etwas in seiner Reichweite, vergeht keine Sekunde zwischen dem bewundernden Blick und der ausgestreckten Hand. Das Haus kindersicher zu machen, ist jetzt dringend erforderlich, denn er gehört zu den Kindern, die Treppen hinunterfallen, die Finger in Steckdosen stekken, Vasen umstoßen und die von überraschten Haustieren gebissen oder gekratzt werden. Unerschrocken geht der kleine Ares auf alles zu, was sein Interesse erweckt. Er braucht mehr Pflaster als jedes andere Kind, weil er seine Erfahrungen ausschließlich aus erster Hand gewinnen muß, was Prellungen und Schürfwunden, aufgeschlagene Knie und Kratzer zur Folge hat.

Seine erstes Selbstwertgefühl bekommt ebenfalls ein paar Schrammen ab, weil sein impulsives Verhalten ihm Schwierigkeiten einbringt und Kritik und Strafe herausfordert. Vieles hängt von seinen Eltern und Lehrern ab, von ihrer Geduld, Konsequenz und Fähigkeit, ihn als spontanes, impulsives, emotionales Wesen zu akzeptieren – als anstrengendes Kind, das gelegentlich überreagiert.

Eltern

Da ein Ares-Kind oft ein energisches und forderndes Bündel ist, das keine Vorsicht kennt und handelt, ohne nachzudenken, ist es nicht unbedingt ein problemloses Baby oder Kleinkind. Daher braucht es ganz besonders feste, liebevolle und häufig sehr geduldige Eltern. Was ihm gut täte, wäre mehr Anleitung, als andere Kinder, doch oft genug bekommt es das genaue Gegenteil. Da es für den kleinen Ares völlig natürlich ist, im Augenblick aufzugehen und daher alles zu vergessen, was man ihm gesagt hat, bringt er seine Eltern, besonders wenn sie sehr streng oder autoritär sind, mit seiner Vergeßlichkeit auf die Palme. Sie interpretieren es als Ungehorsam oder als Unfähigkeit, die einmal getroffenen Abmachungen einzuhalten. Er ist in vielen Bereichen unvorsichtig; dazu gehört auch, daß er seinen Mund nicht halten kann und in seiner Wut Dinge sagt, die einen jähzornigen Vater provozieren können.

Umgekehrt finden Mütter mit einer Persönlichkeit, die zum Nachgeben neigt, daß sie gelegentlich Schwierigkeiten haben, sich gegen einen fordernden, ärgerlichen Ares durchzusetzen, der sie einschüchtert, selbst wenn er gerade erst laufen kann. Ein wütender vierjähriger Ares kann manche Mütter ganz schön tyrannisieren. Im Idealfall sollte seine Mutter eine starke, liebevolle, zärtliche Frau sein, die konsequent Grenzen setzt und dennoch darauf achtet, daß ihm genug Raum bleibt, um sich frei zu entfalten. Sie schmust viel mit ihm und weiß, wie sie seine Energie in körperliche Aktivitäten leiten kann, die sein Selbstwertgefühl steigern und ihm gleichzeitig helfen, Geduld und Disziplin zu lernen.

Manchmal ahmt das Leben den Mythos nach, und ein Ares-Junge hat eine reizbare Hera und einen abweisenden Zeus als Eltern. In zeitgenössischen Versionen könnte der Vater ein dynamischer, erfolgreicher Mann sein, der für die Söhne, die er akzeptiert, bestenfalls ein distanzierter Vater ist und seinen Ares-Sohn ablehnt, weil er emotional, reaktiv und sportlich ist, statt intellektuell. Ist der Vater zudem ein Hitzkopf, dessen Wut in keinem Verhältnis zum Anlaß steht, wird ein impulsiver Sohn zur Zielscheibe seiner körperlichen und psychischen Gewalt, was es diesem wiederum noch schwerer macht, Selbstbeherrschung zu lernen. Das typische Muster setzt sich fort: ein mißhandelter Junge wächst zu einem gewalttätigen Mann heran.

Eine Hera zur Mutter zu haben, bedeutet, daß der wichtigste Mensch in ihrem Leben ihr Mann ist; von ihrer Gefühlswelt, aber auch von ihrem Archetyp her ist sie mehr «Ehefrau» als «Mutter». Ihr Ares-Sohn muß häufig ohne Mutter auskommen – sie lehnt seine Empfindlichkeit und Verletzbarkeit ab und erwartet, daß er sich verhält wie ein «kleiner Mann». Nicht selten ist es die reizbare Mutter, die den Ares-Sohn geistig oder körperlich mißhandelt. Der Junge bekommt den Ärger zu spüren, der eigentlich ihrem Mann gilt, dem gegenüber sie sich gedemütigt und machtlos fühlt und von dem sie dennoch abhängig ist. Ein verschlossenerer Junge könnte imstande sein, sich aus dem Ärger herauszuhalten und an dem gleichen Elternpaar zu wachsen, das für einen Ares-Jungen katastrophal ist. Wie er sich entwickeln wird, hängt also zum größten Teil von seinen Eltern ab.

Adoleszenz und erste Erwachsenenjahre

Die Adoleszenz ist eine entscheidende Phase: die Woge männlicher Hormone steigert Eigenschaften wie Impulsivität, Aggression, Körperorientierung, Emotionalität und Sexualität. Gleichaltrige und Freunde sind besonders wichtig für Ares: Wird er sich für Fußball, Rugby oder Eishockey begeistern und lernen, seine Aggressivität im Sport zu disziplinieren und zu kanalisieren und dafür mit Anerkennung und Bewunderung belohnt werden? Oder wird er sich einer Bande anschließen und Krieg führen? Wird er die Schule schwänzen oder ganz abbrechen? Wird er sich gegen Autorität auflehnen, asozial werden und echte Probleme bekommen? Oder lassen sich seine anmaßende Energie und sein Aufgehen im Augenblick von einem Interesse an Autorennen oder Bergsteigen absorbieren? Werden ihm Musik, Tanz und Romantik zu einer Entdeckung, einer Quelle des Vergnügens? Oder entwickelt sich die Sexualität zu einem Ventil für seine Aggressivität?

High School und College bieten dem jungen Ares die Möglichkeit des frühen Scheiterns oder des potentiellen Erfolgs. Wenn er nicht vorausdenkt und nur auf eine Gelegenheit oder emotionale Situation in der Gegenwart reagiert, geht er vielleicht schon sehr früh von der Schule ab. Zwar kann sich herausstellen, daß es gut war, die Chance zu nutzen, doch kann er auch vieles verderben, wenn er sich seiner akademischen, musischen oder sportlichen Interessen beraubt.

Beruf

Von seinem Temperament her fühlt sich Ares von Aktion und Spannung angezogen, er arbeitet gern mit Instrumenten und hat Freude an der Bewegung. Schreibtischarbeit und langfristige Ziele langweilen ihn und machen ihn nervös: Er eignet sich nicht für die Hierarchie eines Konzerns. Beschäftigungen, die nicht ganz gefahrlos sind, interessieren ihn am meisten, und seine Fähigkeiten wachsen von Aufgabe zu Aufgabe. Er arbeitet gern mit anderen zusammen und bietet seinen Freunden brüderliche Loyalität.

Wie Ares, der Krieger, tritt er vielleicht in die Armee ein oder geht zu den Marines, und nicht immer sind seine Disziplinarberichte makellos. Gut möglich, daß er Unteroffizier wird oder für seine Tapferkeit auf dem Schlachtfeld ausgezeichnet wird. Wenn noch andere Archetypen existent und aktiv sind, wird er vielleicht zu einem Offizier, der dafür bekannt ist, immer an vorderster Linie zu kämpfen. Auch Glücksritter und Söldner, die fürs Kämpfen bezahlt werden und in der Vergangenheit bei der Fremdenlegion angeheuert hätten, leben wahrscheinlich irgendwelche Rollen aus, die mit dem Krieger Ares in Verbindung stehen.

Wenn er Profisportler wird, gibt er alles, hat jedoch möglicherweise Schwierigkeiten, in einer brenzligen Situation seine Aggression zurückzuhalten. Er muß lernen, seine spontane Reaktion auf ein vermeintliches Signal oder eine Provokation (die zur Strafbank führen kann) zu unterdrücken, dann wird er auch in anderen Bereichen des Lebens einen guten Stand haben. Als Eishockey- oder Fußballspieler, der sich nicht beherrschen kann, wird er seinem Team schaden und sich eine Menge roter Karten einhandeln, weil er unnötig brutal gespielt, sich unfair verhalten oder mit Linien- und Schiedsrichtern diskutiert hat. (Er kann aber auch Performer werden – ein Schauspieler, Tänzer oder Musiker, der für seine Gefühlsbetontheit und sein manchmal unberechenbares Verhalten auf der Bühne und im normalen Leben bekannt ist.)

Die Baubranche und das Ölgeschäft ziehen eine Reihe von Männern mit Ares-Persönlichkeiten an, denn beide verheißen Aktion und Risiko. Wenn sie gut bezahlt werden, sind sie imstande, das Geld zum Fenster herauszuwerfen.

Der Erfolg eines Ares-Mannes ist größtenteils von seinem Glück abhängig, weil er keinem langfristigen Plan folgen kann. Oder aber er ergibt sich sozusagen von selbst. Er kann damit zusammenhängen, welche angeborenen Fähigkeiten er entwickelt hat, nicht indem er sie bewußt trainierte, sondern einfach etwas tat, was ihm Spaß machte.

Hat er Erfolg, sind oft alle überrascht, er selbst eingeschlossen. Auf dem Weg dorthin hat er mit Sicherheit irgendwelche Probleme mit Autoritäten gehabt und ist gefeuert worden, weil er die Beherrschung verlor oder nicht zur Arbeit erschien. Wenn er mit seinem Beruf zufrieden ist, liegt es nicht nur daran, daß er seine Lektion gelernt hat, sondern auch an seinen Fähigkeiten und der Gabe, durch Zufall glückliche Entdeckungen zu machen.

Beziehungen zu Frauen

In der Mythologie waren Ares und Aphrodite ein Liebespaar, und ihre Beziehung ist das Beste, was einem Mann mit einer Ares-Natur passieren kann. Er und Frauen, die von der Göttin der Schönheit und der Liebe beeinflußt werden, sind von ihrem Temperament, ihrer Leidenschaftlichkeit und ihrer sinnlichen Natur her einander sehr ähnlich. Beide sind Menschen, die im Hier und Jetzt leben. Die Wahrscheinlichkeit von Explosionen aufgrund von erotischem Feuer und flammendem Zorn sorgt für eine stürmische Beziehung, die von Streit und Versöhnung geprägt ist. Doch trotz aller Intensität ist sie zuweilen äußerst harmonisch und birgt mehr gegenseitige Toleranz und Achtung, als sie sich anderswo finden könnte. Wenn sich dagegen ein emotional verletzter, wütender Ares-Mann, der körperlich brutal ist, mit einer Frau zusammentut, die kaum Selbstachtung besitzt und eine traurige Kindheit hatte, kann diese Kombination für beide äußerst zerstörerisch sein.

Frauen, die Ähnlichkeit mit Athene haben, der Göttin mit dem Geist einer klugen Strategin, die Ares' Gefühlsbetontheit und seine impulsive

Reaktion verachtete, beurteilen Ares-Männer ähnlich. Und Frauen, die Wert auf die Fähigkeit des Mannes legen, Geld zu verdienen, die Status schätzen, Stabilität und Sicherheit brauchen, gehen Ares-Männern als potentiellen Partnern aus dem Weg. Manche Frauen sind sogar abgestoßen und empfinden ihre Art als zu persönlich. So stellen Ares-Männer häufig fest, daß sie von Frauen beurteilt und für zu leicht befunden werden, was dazu führt, daß sie Groll gegen Frauen entwickeln und schließlich explodieren, was sie einander nicht unbedingt näherbringt.

Ares-Männer können durchaus freundschaftlich mit vielen Frauen umgehen und sie sehr verständnisvoll behandeln, egal in welchem Alter, zählen Frauen jedoch gewöhnlich nicht zu ihren besten Freunden. Auch Interessen oder Arbeitsprobleme teilen sie am liebsten mit Männern.

Ein Ares-Mann fühlt sich zu Frauen hingezogen, mit denen er instinktiv gern zusammen ist, bei denen er seine Zuneigung spontan äußern und körperlich zeigen darf. Ob beim Sex oder beim Tanzen, beim Essen oder Kartenspielen – immer ist er voll bei der Sache und fühlt sich am wohlsten mit Frauen, die ebenso sind wie er.

Beziehungen zu Männern

Ein Ares-Mann verbringt seine Zeit am liebsten mit Freunden. Man unternimmt etwas, spielt, fordert einander zum Spaß heraus, geht zu einer Sportveranstaltung oder treibt selbst Sport. Der Ares-Mann hat kein Interesse an tiefgründigen oder philosophischen Gesprächen; seine Themen konzentrieren sich auf Frauen, Sport und alles, was er und seine Kumpels zusammen machen. Er fühlt sich für sie verantwortlich und kommt ihnen – wenn es sein muß – körperlich zu Hilfe.

Oft hat er enge Freundschaften mit anderen Männern in Uniform geschlossen, in Schlachten oder Konfliktsituationen, als Soldat, in einem Team oder sogar in einer Bande, in der er körperlich aggressiv sein und mit den anderen um den Sieg kämpfen konnte. In einer solchen Umgebung werden Aggressivität und Ausdrucksstärke akzeptiert. Hier kann er auch mal weinen oder jemanden kumpelhaft umarmen, ohne deswegen gleich als Waschlappen zu gelten oder homoerotischer Gefühle beschuldigt zu werden.

Gehen Gleichaltrige ihm jedoch aus dem Weg oder machen ihn zum Sündenbock (was einem Ares-Jungen oder -Mann nicht selten passiert), kann das eine sehr schmerzhafte, ja unerträgliche Erfahrung sein. Er fühlt sich nicht nur verletzt, sondern auch der Kameradschaft beraubt, die er ganz besonders braucht.

Ob ein Ares-Mann Frauen liebt oder sie verprügelt, hängt ganz davon ab, was er in seiner Kindheit erlebt hat. War es eine Zeit, die ihm half, den Liebhaber in sich zu entwickeln, wird er als Erwachsener gern mit Frauen schlafen. Er mag ihre Körper, liebt sie voller Hingabe und Zärtlichkeit und bevorzugt erwachsene, sexuell befreite Frauen, die Sex ebenso genießen können wie er selbst. Er ist weder ein mystisch veranlagter, Ekstase suchender Dionysos noch neigt er zu Konkurrenzdenken; er liebt überschwenglich und um der körperlichen Lust willen. In dem Film *Tom Jones*, der auf dem englischen Roman von Henry Fielding basiert, spielte Albert Finney die Titelrolle mit der ganzen Derbheit und triebhaften Lust eines Ares-Liebhabers.

Ein Ares-Mann schneidet in einer Kultur, die sowohl zu Puritanismus als auch Heuchelei neigt, nicht besonders gut ab. Vielleicht sieht er daraufhin seine Unbefangenheit als Sünde an und hat das Gefühl, er müsse sie verdammen und unterdrücken, besonders wenn er eine Frau heiratet, die gehemmt und puritanisch ist, und er daran denkt, ehebrecherischen Gelüsten nachzugehen. Tut er es trotzdem, ist er meist kein allzu guter Stratege und schafft es nicht, seine Spuren zu verwischen oder Probleme vorauszusehen. So wird er – genau wie der Gott Ares – erwischt und bloßgestellt.

Ein homosexueller Ares hatte es bis zum Ausbruch der AIDS-Epidemie als Liebhaber viel einfacher, denn er war impulsiv, leidenschaftlich, konnte im Augenblick aufgehen und hatte die Wahl zwischen vielen potentiellen Partnern in Bars und Saunas. Überdies ermöglicht ihm die liberale Haltung der Schwulenkultur gegenüber nicht-monogamen Beziehungen die Art von Beziehung, die auch Ares und Aphrodite pflegten. Beide hatten andere Liebhaber und unterhielten trotzdem eine dauerhafte, wichtige sexuelle Beziehung. Ein schwuler Ares kleidet sich vielleicht in Leder, eine zeitgenössische Version der Kriegsrüstung, und macht Bodybuilding, um auszusehen wie Ares.

Ehe

Ein Ares-Mann legt es weder darauf an, zu heiraten, noch geht er der Ehe bewußt aus dem Weg. Für ihn zählt nur der Augenblick, über das Morgen macht er sich keine Gedanken. Daher stellt er gar nicht dic Frage, ob eine Frau eine gute Partnerin, eine gute Mutter sein könnte oder für seine Karriere förderlich wäre. Er fragt sich nicht einmal, ob er sie heiraten würde.

Erst wenn andere – die Frau, ihre oder seine Familie – ans Heiraten denken, kann es dazu kommen. Vielleicht heiratet er nach der High School, besonders wenn er aus der Arbeiterschicht kommt, wo man ein solches Verhalten erwartet. In Anbetracht seiner derben, lustvollen Veranlagung kann die Ehe Folge einer Schwangerschaft sein. Wenn er die Frau liebt, und die beiden eine befriedigende sexuelle Beziehung haben, wenn er einen Job hat, mit seinen Kumpels Baseball oder Basketball spielen kann und seine Frau mit ihrem gemeinsamen Leben zufrieden ist, geht alles gut. Er ist fest in seiner Familie und einem stabilen Leben verankert, hat Selbstachtung und Respekt vor anderen.

Wenn die Sachlage komplizierter ist, ergeben sich Probleme. Einerseits kann seine reaktive, impulsive Natur dazu führen, daß er seinen Job verliert und seiner Frau untreu wird, was die Ehe entweder belastet oder sogar beendet. Andererseits kann ein Ares-Mann, der jung geheiratet hat und dann Ambitionen entwickelt, seinen Intellekt entdeckt, Menschen kennenlernt, die in ihm den Ehrgeiz erwecken, mehr zu leisten, oder andere Aspekte seiner Persönlichkeit zu aktivieren, merken, daß die Frau, die vorher vor allem seine Sinnlichkeit angesprochen hat, den neuen Ansprüchen plötzlich nicht mehr genügt. Geht die ursprüngliche körperliche Anziehungskraft zwischen ihnen verloren, oder war ihre Reaktion auf seine Leidenschaft bei der Werbung nicht echt oder stark genug und flaut nun ab, oder ist seine Frau eher ehrgeizig oder eifersüchtig veranlagt, dann führt der daraus resultierende Stress, gesteigert durch alles, was er tut, unweigerlich zu großen Auseinandersetzungen.

Kinder

Ares-Männer zeugen Kinder häufig unbeabsichtigt, eine Folge ihrer Sinnlichkeit, gepaart mit einer triebhaften Natur, der sie ohne Rücksicht auf die Konsequenzen folgen. Wenn die Frau sich nicht um Empfängnisverhütung kümmert, wird diese zur reinen Glückssache.

Spielt er im Leben seiner Kinder überhaupt eine Rolle, dann nimmt sie meistens einen großen Raum ein. Wenn das Leben es gut gemeint hat und seine Familie im Mittelpunkt seines Lebens steht, verbringt er viel Zeit mit seinen Kindern. Seinen Söhnen bringt er Baseball oder Fußball bei, nimmt sie mit zu den Spielen, rauft mit ihnen, hat sie gern um sich. Mit seiner kleinen Tochter tanzt er oder setzt sie sich auf die Schultern, wenn er seine Freunde besuchen geht. Er kann kleinen Kindern das grundlegende Gefühl vermitteln, einen Vater zu haben, der sich um sie kümmert. Konflikte tauchen häufig auf, wenn die Kinder älter werden, wenn sie introvertiert oder intellektuell sind und seine Interessen nicht teilen, oder wenn seine Persönlichkeit ihnen keinen eigenen Spielraum läßt. Auch wenn seine Familie der Arbeiterschicht angehört und die Kinder den Versuch unternehmen, aufzusteigen, kann es zu Problemen und verletzten Gefühlen kommen.

Andererseits können seine Kinder darunter leiden, daß er ein abgelehnter, verbitterter Ares-Mann ist, der keine feste Arbeit oder stabile Beziehungen hat. Möglich, daß sie mit Angst und Schrecken auf die Wut reagieren, die er mit sich herumschleppt, und die durch kleinste Anlässe ausgelöst werden kann. Vielleicht neigt er sogar zu körperlicher Gewalt, vor allem, wenn er trinkt.

Andere Kinder von Ares-Männern werden vernachlässigt, besonders, wenn er sie als gefühlsbetonter Jungendlicher gezeugt hat. Vielleicht wollte er sich nur die Hörner abstoßen. Vielleicht war er finanziell oder von seinem Temperament her nicht in der Lage, für die Kinder zu sorgen, die er gezeugt hat, gleichgültig ob innerhalb oder außerhalb der Ehe. Er kann also ein abwesender Vater sein. Wenn er jedoch imstande ist, sich um seine Kinder zu kümmern, wird er es normalerweise tun. Es liegt in seiner Natur, großzügig zu sein, wenn er etwas zu geben hat.

Die mittleren Lebensjahre

Der Status des Ares-Mannes in den mittleren Lebensjahren ist eng mit der sozialen Schicht verknüpft, in die er hineingeboren wurde. Beispielsweise ist es die Tragödie vieler Ares-Männer, in emporstrebende, ehrgeizige Familien der oberen Mittelklasse geboren zu werden, die emotionale Distanz und Kühle, Intellekt, die Fähigkeit, andere zu manipulieren, Macht und Geld anzuhäufen, sehr positiv bewertet. Das Schicksal solcher Männer ist eine Parallele zu dem des Gottes, der als Zielscheibe von Zeus' Verachtung seiner Liebe nicht für würdig befunden und daher abgelehnt wurde. Viele Ares-Männer, die Zeusväter haben und in das zeitgenössische Gegenstück zur olympischen Schicht geboren werden, erleiden ein ähnliches Schicksal und werden als Versager auf den Schlachtfeldern des Erfolgs erniedrigt und geopfert.

Wenn ein Ares-Mann aus einer etablierten Familie von Geschäftsleuten sich in der Mitte des Lebens gut fühlen soll, muß er in einer früheren Phase seines Lebens imstande gewesen sein, anzuerkennen, daß er einem anderen Rhythmus folgte als sein Vater oder dessen soziale Schicht. Er brauchte emotionale Unterstützung, um seine eigenen Interessen verfolgen und seine Talente entwickeln zu können, aber auch, um sich mit seinem Temperament zu arrangieren, das alles andere als kühl ist. Emotionale Unterstützung, damit er herausfinden konnte, wer er war, spielte die entscheidende Rolle. In manchen Fällen konnten Psychotherapeuten, in anderen wichtige Personen, meistens Eltern, die ihn liebten und ihn so sahen, wie er war, diesen Erfolg ermöglichen. Doch um sich in der Lebensmitte etabliert zu haben, muß er sich seinen Platz in der Welt erobert haben. Sein Erfolg ist extrem individualistisch und daher schwer erkämpft.

Für einen Ares-Mann ist es leichter, in der Lebensmitte eine stabile und befriedigende Situation zu erreichen, wenn er in eine Arbeiterfamilie einer eng zusammengewachsenen Gemeinde geboren wurde. Möglichkeiten akzeptierten Ausdrucks für sein Temperament und seine physische Natur bieten sich hier reichlicher, nicht nur in beruflicher Hinsicht, sondern auch für die Freizeit. Männliche Kameradschaft, Sport und selbst ein gelegentlicher Kampf dienen als Ventil für Aggressionen, und er braucht andere Menschen, um Anerkennung zu finden und seine Kräfte zu messen – alles Möglichkeiten, die aufstrebenden jungen Städtern nicht zur Verfügung stehen. In der Arbeiterklasse werden Beschäftigungen, die einen Mann körperlich in Anspruch nehmen, respektiert, daher ist es viel leichter, akzeptiert zu werden und daraus Selbstachtung zu schöpfen.

Mehr als bei anderen Archetypen scheint das Schicksal des Ares-Mannes um die Mitte des Lebens besiegelt zu sein. Es wird stärker von Faktoren der Außenwelt, wie sozialer Schicht und Familie vorherbestimmt, weil die Kultur nicht von sich aus die Werte unterstützt, für die er steht.

Die späteren Lebensjahre

Um die Lebensmitte ist das Muster, nach dem sich das Leben für den Ares-Mann entwickelt, größtenteils festgelegt. Stabilität und Selbstachtung (oder deren Mangel), die er bis dahin erreicht hat, spielen für die späteren Jahre eine entscheidende Rolle.

Viele Ares-Männer erleben ihre späteren Lebensjahre nicht mehr. Vielleicht erleiden sie einen frühen Tod durch Gewalt, einen Unfall oder Krieg. Allein von ihrem Temperament und ihren Neigungen her verläuft ihr Leben in gefährlicheren Bahnen als das der anderen. Befindet sich ihr Land überdies im Krieg, nimmt die Möglichkeit eines vorzeitigen Todes noch zu. Ares-Männer waren als Soldaten und Verwundete im Vietnamkrieg mit seinen Freiheiten und Verlockungen am häufigsten vertreten. Stress-bezogene körperliche Umstände können ebenfalls am Tod eines Ares-Mannes schuld sein, so, wenn Wut und Machtlosigkeit nebeneinander existieren, wie es nicht selten der Fall ist. Wenn infolge einer Rezession Fabriken und Industrieanlagen schließen müssen, hat die Sicherheit ein Ende, Instabilität und Gewalt in der Familie nehmen zu.

Manche Ares-Männer sind jedoch in ihren letzten Lebensjahren ausgesprochen zufrieden – zufriedener vielleicht als zu irgendeiner anderen Zeit ihres Lebens. Der Mann aus der Arbeiterfamilie, der nun in den lange erwarteten Ruhestand tritt, seine Familie in der Nähe hat, an sportlichen Ereignissen teilnehmen kann, Hobbies nachgeht und alte Kumpel trifft, die ihn ablenken, Kindern etwas beibringt, vielleicht ein Haus am See gebaut und sich seine natürliche Gabe, den Augenblick zu genießen, bewahrt hat – dieser Mann ist glücklich.

Ein härter erkämpftes Glück fällt Ares-Männern zu, die immer gegen den Strom anschwimmen mußten. Ihr Leben war häufig geprägt von mangelnder Unterstützung ihrer Umgebung und extrem individualistischen Lösungen. Wo und mit wem sie leben und womit sie sich beschäftigen, ist dann die Folge einer persönlichen Entscheidung, die auf tief verwurzelten und ursprünglichen Reaktionen in ihrem Inneren gründen. Sie haben gelernt, sich anzupassen und sich gleichzeitig treu zu bleiben und gehören zu den individuellsten und ausgeprägtesten Persönlichkeiten überhaupt: dann bringt das Alter reiche Ernte.

Psychologische Schwierigkeiten

So wie der Gott Ares Erniedrigungen und Wunden hinnehmen mußte, so werden viele Ares-Männer schon als Kinder oder Jugendliche mißhandelt und abgelehnt. Als Folge ihrer Persönlichkeitsmerkmale und schlechter Behandlung sind Ares-Männer von allen möglichen Schwierigkeiten geplagt.

Identifikation mit dem Kriegsgott

Ein Mann, der «nur Ares» ist, identifiziert sich mit diesem Archetyp und entwickelt nie die Fähigkeit, sich selbst objektiv zu beobachten und sein Verhalten zu reflektieren. Es mangelt ihm an Alternativen, daher ist er ein Bündel impulsiver Reaktionen. Ein extremes Beispiel ist der Straßenkämpfer, der keine Provokation unbeantwortet lassen kann. Gelegentlich geraten Hollywood-Stars wegen dieser Art von Verhalten in die Schlagzeilen. Ein Photograph schießt, ohne zu fragen, ein unvorteilhaftes Bild, es kommt zu einer spöttischen Bemerkung und schon explodiert der amoklaufende Kriegsgott – trotz der Schlagzeilen, einer drohenden Festnahme und Schadenersatzforderungen –, und er stürzt sich in einen Kampf, in dem die Fäuste fliegen und ganze Blitzlichtgewitter auf ihn niedergehen.

Der misshandelte Gewalttäter

Wenn sich seine Gewalt und sein Zorn gegen Frauen oder Kinder richten, zeigt sich gewöhnlich der mißhandelte Gewalttäter, der als Kind selbst geschlagen und erniedrigt wurde. Seine Gefühle lösen eine körperliche Reaktion aus. Ein mißhandeltes, erschrecktes oder gedemütigtes Kind bewohnt den Körper eines solchen Mannes, der nun ausholt und einen anderen verprügelt, sobald er sich unterlegen fühlt. Auf diese Art werden die Sünden der Väter auf spätere Generationen übertragen. Nehmen Sie einmal an einer der Selbsthilfegruppen von gewalttätigen Männern teil, die nach dem Vorbild der Anonymen Alkoholiker entstanden sind, und Sie können feststellen, daß viele dieser Männer mißhandelte Kinder waren.

Um seine Kindheit so gut wie möglich zu überleben, unterdrückte ein solcher Mann seine ursprünglichen Gefühle von Panik und Ohnmacht. Die Folge ist, daß er sich nicht in die Rolle des Opfers versetzen kann. Besser als irgend jemand sonst – denn er hat es am eigenen Leib erfahren – müßte er in der Lage sein, sich vorzustellen, was es heißt, von jemandem verprügelt zu werden, der völlig außer sich und körperlich imstande ist, ihm großen Schaden zuzufügen. Aber er kann kein Mitgefühl entwickeln, sonst liefe er Gefahr, das Opfer in seinem Inneren zu ent-decken.

So wird die Familie zu einem Schlachtfeld, wo der Ares-Mann Familienmitglieder mit Gewalt gefügig machen kann, wenn er das Gefühl hat, nicht Herr im Haus zu sein. Der Archetyp des rasenden Gottes zeigt sich am Bild des Kindes in seinem Inneren, des gedemütigten und mißhandelten kleinen Jungen, der mittlerweile groß genug ist, um zurückzuschlagen.

Sündenbock

Als Kind ist Ares vielleicht der kleine Junge, der auf dem Schulhof von einer Bande provoziert wird und mit verletzten Gefühlen und Wut reagiert, obwohl es besser wäre, «cool» und unbeteiligt zu bleiben. Das Leben ahmt den Mythos nach, wenn man ihn körperlich in die Enge treibt und verwundet (wie die beiden Riesen, die Ares gefangen hielten). Vielleicht ist er auch gefühlsmäßig verletzt, weil er abgelehnt und von der Bande nicht akzeptiert wird. Diese Ablehnung muß ein Ares häufig erfahren, weil er handelt, ohne nachzudenken und mit seinen Emotionen nicht hinter dem Berg hält. Wenn er schon zu Hause Opfer von Mißhandlung und Verunglimpfung ist, wird er in der Schule zudem noch anfälliger dafür sein, von anderen Kindern geächtet zu werden.

In der Familie gerät er nicht nur mit seinen Eltern aneinander, sondern möglicherweise auch mit seinen Geschwistern, wenn er sich in der Konkurrenz mit ihnen nicht behaupten kann (wie es Ares wiederholt mit Athene erging). Häufig zieht er den kürzeren, entweder weil er sich überschätzte oder weil man ihn aufgezogen, angestachelt und provoziert hat. Dann wird er erwischt und von strengen Eltern bestraft, die dieses Kind wegen seiner inakzeptablen Eigenschaften ohnehin verachten.

Auch im Klassenraum kann der Ares-Junge die Rolle des Sündenbocks übernehmen. Macht er Unsinn, wird er vor die Tür gesetzt oder zum Direktor geschickt. Noch schneller geht es, wenn der Lehrer ihn nicht mag. Die anderen Kinder kennen seine Rolle und schieben alle Schuld auf ihn.

Ist dieses Muster erst einmal festgelegt, setzt es sich häufig bis ins Erwachsenenleben fort. Immer noch ist der Ares-Mann derjenige, der sich dazu verleiten läßt, sich schlecht zu benehmen und dann dafür kritisiert wird. In diesem Fall wird er mit hoher Wahrscheinlichkeit an seiner Familie auslassen, was ihm angetan wurde.

Alkohol

Ares wird als Liebhaber, Tänzer, Krieger und gewalttätiger Mensch, der sich vom Augenblick hinreißen läßt, immer wieder entmutigt und unterdrückt. Andere Archetypen, aber auch eine Kultur, die von Männern erwartet, daß sie sich von ihrem Denken, nicht ihren Körpern leiten lassen, bekämpfen ihn. Alkohol kann ihn befreien, sowohl im positiven wie auch im negativen Sinne. Manchal baut er alle Hemmschwellen ab, der Mensch wird spontan und gelöst. Ein Beispiel dafür ist die Kameradschaft unter Männern, die im gleichen Team oder Verband arbeiten, Soldaten, die gemeinsam kämpfen und gemeinsam trinken. Alkohol kann aber auch Gewalttätigkeit freisetzen, die ohne ihn möglicherweise in Schach hätte gehalten werden können.

Unerfüllte Erwartungen

Der Gott Ares war ein Liebhaber, kein Ehemann. Sein Vater Zeus verabscheute Ares' Verhalten. Als Archetyp mangelt es Ares an den Eigenschaften und der Energie, die zu einer verantwortlich geführten Ehe oder erfolgreichen Karriere führen. Häufig merkt ein Ares-Mann, daß er die Erwartungen eines anderen Menschen nicht erfüllt und immer wieder unterliegt, so daß er sich mit der Zeit als ewiger Versager fühlt. Dieses Problem kann entstehen, wenn er anfänglich so geliebt wird, wie er ist, man später jedoch von ihm erwartet, daß er sich vollkommen anders verhält. So kann es sein, daß eine Frau sich von seiner Sinnlichkeit und Unbeschwertheit, seiner Hitzköpfigkeit und seinem Sex-Appeal angezogen fühlt. Oder sie erwärmt sich für den verletzten, abgelehnten Jungen, den sie in ihm entdeckt hat. Sobald die Beziehung einigermaßen stabil ist, versucht sie jedoch, einen ehrgeizigen, städtischen, weltmännischen, arbeitenden, verheirateten Mann aus ihm zu machen und reagiert mit Ärger und Frustration, wenn er dieses Ziel nicht erreicht.

Schwierigkeiten für andere

Wenn Eifersucht ein Problem für die Partnerin eines Ares-Mannes ist, wird ihre Beziehung äußerst stürmisch verlaufen. Denn für einen Ares-Mann ist Treue normalerweise eine hart erkämpfte Leistung, die aus Liebe und Loyalität erwächst und ihm nicht gerade leicht fällt. Er muß lernen, der Verlockung des Augenblicks zu widerstehen und seine triebhafte, rein instinktive Sexualität zu beherrschen, sonst bestimmt allein sein Penis, was er tut. Spätere Konsequenzen erscheinen ihm im Vergleich zur unmittelbaren Gegenwart, selbst wenn diese eine Wiederholung ist, nur als vage Schemen. Seine Partnerin ist verletzt – «Wie konntest du nur?» –, und schon fliegen die Fetzen. Es ist typisch für Ares, daß er aus Erfahrung klug wird, seine Lektion aber erst dann lernt, wenn er sie unzählige Male wiederholen muß.

Wird seine Partnerin von unbegründeter Eifersucht geplagt, ist Ares mit Sicherheit der falsche Mann für sie, schon deshalb, weil er ihr kaum erklären wird, was er gemacht hat. Vielleicht ist er auf dem Nachhauseweg in einer Kneipe hängengeblieben und hat die Zeit vergessen. Wenn Eifersucht ihr Problem ist, kann eine Frau nicht damit rechnen, daß ihr Ares-Partner es für sie löst. Doch indem er sich mit ihr und ihrem Schmerz auseinandersetzt, kann er lernen, nein zu sagen oder sie anzurufen, wenn es spät wird. Ein anderer Typ von Mann, der sich so verhält, drückt damit möglicherweise indirekte Feindseligkeit oder Groll aus, weil er sich erinnert und sich bewußt dagegen entscheidet, sie anzurufen; ein Ares-Mann dagegen vergißt es einfach im Hier und Jetzt.

Uneheliche Kinder

So wie der Gott Ares mit vielen Frauen viele Kinder zeugte, kann auch ein Ares-Mann diesem Muster folgen. Da er ganz im sinnlichen Hier und Jetzt aufgeht, wäre Empfängnisverhütung das Letzte, was ihm in einem solchen Augenblick einfiele. Außerdem mag er Kinder und auch die Vorstellung, selbst welche zu haben, wenngleich das auf die Ehe nicht unbedingt zutreffen muß. Eine Frau, die eine sexuelle Beziehung mit einem Ares-Mann hat, muß sich verantwortungsbewußt und realistisch mit Empfängnisverhütung und der Möglichkeit auseinandersetzen, als alleinerziehende Mutter zu enden.

Es wäre ein Fehler, davon auszugehen, daß er sie heiraten wird, nur weil sie sein Kind bekommt. Andererseits sind Kinder häufig der einzige Grund, aus dem er eine Ehe in Betracht ziehen würde.

Der gewalttätige Ares

Körperliche Mißhandlung ist das Schlimmste, was Frauen und Kindern, die mit einem Ares-Mann zusammenleben, passieren kann. Rücksichtslos läßt er seine Wut an ihnen aus. Eine solche Frau muß wissen, daß die Gewalt gegen sie nicht aufhört, wenn sie nichts dagegen unternimmt; daß eine Situation, in der sie und ihre Kinder körperlich mißhandelt werden, fortbesteht, nicht nur jetzt, sondern wahrscheinlich auch in der nächsten Generation. Sie muß ihn verlassen oder die Polizei rufen, wenn Gewalt angedroht wird oder es tatsächlich dazu kommt, nicht nur, um sich selbst und ihre Kinder zu schützen, sondern auch um ihm zu helfen, damit aufzuhören. Wenn sie nicht beim ersten Mal handelt, indem sie ihn verläßt und/oder die Polizei ruft, stehen die Chancen, daß sie als mißhandelte Frau schon sehr bald selbst Hilfe von außen braucht, eins zu hundert.

Möglichkeiten seelischer Reife

Seelische Reife entsteht nur dann, wenn der Ares-Mann wählen kann, ob und wie er auf eine Provokation antworten will; wenn er also aufhört, wie ein Roboter zu reagieren. Dazu muß er Selbstbeherrschung lernen und andere Archetypen entwickeln.

Selbstbeherrschung

Da er stets emotional reagiert, schnell aufbraust und aggressiv auf eine Provokation reagiert, ist Selbstbeherrschung für Ares ein größeres Problem als für andere. Am besten lernt er sie von Kindesbeinen an mit Hilfe konsequenter, geduldiger und liebevoller Eltern, doch es ist eine Lektion, die sich immer wieder neu stellt, so lange, bis er sie begriffen hat.

Vor mehreren Jahren wurde der achtundzwanzigjährige Hollywood-Schauspieler Sean Penn, der wegen gewalttätiger Auseinandersetzungen wiederholt vor Gericht gestanden hatte, von einem Richter zu sechzig Tagen Gefängnis verurteilt. Sein Anwalt Howard Weitzman wies darauf hin, wie dringend sein Mandant Selbstbeherrschung lernen mußte und stellte dessen Situation so dar: «Er muß verstehen lernen, daß Leute immer wieder versuchen werden, ihn in Situationen zu locken, in denen er möglicherweise unangemessen reagiert. Er muß einsehen und kann es auch, daß Vorfälle wie dieser (er hatte einen Mann verprügelt, weil er glaubte, dieser habe Madonna, seine Rockstar-Frau zu küssen versucht) unausweichlich sind.»[3]

Der frühere Tennis-Champion John McEnroe ist mit seinem Ares-Temperament an derselben Lektion gescheitert. Er war berüchtigt für seine Ausbrüche auf dem Court und im Privatleben und wurde deshalb von der Presse als schlechter Verlierer verspottet, der sich wie ein Kind benimmt.

Um diese entscheidende Lektion zu lernen, muß ein Mann (oder eine Frau) motiviert sein, sich zu verändern und dann systematisch üben, den Impuls, sich zu rächen oder zu reagieren, zu kontrollieren. Die explosive Sprengkraft eines eingesperrten Ares kann nur dann entschärft werden, wenn das Ego die Möglichkeit hat, sich an diesem Punkt für eine andere Antwort zu entscheiden, wenn Hilfe von einem anderen Archetyp kommt.

Hermes als Retter; Apollon als Verbündeter

Glücklicherweise sind in der menschlichen Psyche alle Archetypen potentiell vorhanden, und selbst wenn einer vorherrscht – besonders Ares –, können andere entwickelt werden. In der Mythologie kam Hermes zu Hilfe, als Ares in einem großen Gefäß eingesperrt und gefangen gehalten wurde. Ebenso kann der Hermes-Archetyp einem Menschen zu Hilfe kommen, der ansonsten wie Ares reagieren und instinktiv zurückschlagen würde, wenn man ihn provozierte, nur um anschließend wie John McEnroe zum Sündenbock gestempelt, in eine Schublade gesteckt und abgelehnt zu werden.

Hermes steht für die Fähigkeit, zu vermitteln und zu denken, und das normalerweise sehr phantasievoll und klug. Hermes kann Ares aus einer zerstörerischen Situation befreien. Ein erwachsener Ares, der von sensationslüsternen Photographen so lange aufgestachelt wird, bis er sich daneben benimmt, oder ein kleiner Ares, der auf dem Schulhof von einem anderen Jungen angerempelt wird, um ihn zum Kampf herauszufordern, werden beide die gleichen Probleme haben, wenn sie ihrem Instinkt nachgeben. Da sie bereits als Unruhestifter bekannt sind, schiebt man ihnen jetzt obendrein die Schuld in die Schuhe und macht sie zum Sündenbock. Doch dieses Muster kann sich ändern, wenn Hermes ihm hilft, sich dagegen zur Wehr zu setzen, etwas zu sagen, womit er den Kampf vermeiden und die Situation entschärfen kann.

Manchmal helfen ihm Eltern und Geschwister, Selbstbeherrschung zu entwickleln, nachzudenken, ehe er handelt, mit Worten zu reagieren, statt um sich zu schlagen. Wenn seine Familie dazu nicht imstande ist, kommt die

Gelegenheit später, vielleicht durch einen Therapeuten oder einen Trainer oder irgend jemand, der ihn mag und begreift, daß er Selbstbeherrschung und eine angemessene Art, sich Gehör zu verschaffen, lernen muß, um nicht andauernd verurteilt oder gefürchtet zu werden.

Akademische Arbeit und herausragende Leistungen in einer Sportart gewinnen Apollon, einen weiteren wichtigen potentiellen Verbündeten für Ares. Apollon ist der Archetyp für Disziplin, emotionale Distanz, Selbstbeherrschung und langfristige Ziele. Mit Hermes teilt er die Fähigkeit, eine Situation richtig einzuschätzen und die Konsequenzen im Auge zu behalten, darüber hinaus besitzt er die Gabe, seinen Willen und seinen Intellekt effektiv einzusetzen.

Bobby Kennedy, dessen Ares-Natur ihn zu einem leidenschaftlichen Kämpfer machte, hätte zum Präsidenten der Vereinigten Staaten gewählt werden können, wäre er nicht einem Attentat zum Opfer gefallen. Kennedy wurde als Sohn geliebt und kam aus einer vielseitig interessierten Familie, die den Austausch von Ideen als wesentlichen Teil des täglichen Abendessens ansah, jede Art von Wettbewerbsdenken förderte und College und Jurastudium als Vorbereitung auf eine politische Karriere empfahl. Von frühester Zeit an wurde Kennedys aufbrausendes Temperament auf diese Weise von Hermes und Apollon gemäßigt, so daß er etwas leisten konnte und dafür Anerkennung bekam.

Nachdenken und Entscheidungen treffen: Athenes Einfluss

Achilles, der griechische Held des Trojanischen Krieges war ein Liebling der Athene, obgleich er von seinem Temperament her mehr mit Ares gemein hatte als mit ihr selbst. Als Agamemnon, der Oberbefehlshaber der griechischen Streitkräfte seine Autorität auch außerhalb des Schlachtfeldes erproben wollte und die Geliebte des Achilles raubte, fuhr dessen Hand wie automatisch zum Schwert. Er hätte sich gegen seinen Kommandanten erhoben und einen Mord begangen, hätte Athene nicht besänftigend auf ihn eingewirkt. Unsichtbar für die anderen stieg sie aus dem Himmel herab, faßte ihn an seinem blonden Haar und sagte:

> Deinen heftigen Drang zu beenden, kam ich vom Himmel...
> Aber wohlan, laß ab von dem Streit und ziehe das Schwert nicht,
> Sondern schmähe mit Worten ihn, so wie es dir einfällt,
> Denn das künde ich dir, und es wird sich erfüllen,
> Dreimal so herrliche Gaben werden dereinst dir bereitstehn
> Wegen der heutigen Schmach; du halt an dich und gehorch uns.[4]

Athene repräsentierte den Moment der Reflektion, die innere Stimme, die Pause, die notwendig ist, um eine emotionale Reaktion in eine bewußte Entscheidung zu verwandeln. Sich so zu verhalten mag einem Ares erscheinen, als handelte ein «anderer» in ihm, ein Ratgeber, den er anrufen kann. Für manche Männer ist es eine weibliche Stimme, die von einer rationalen, zärtlichen Mutter inspiriert ist, nicht ein weiterer männlicher Aspekt seiner selbst.

Aktive Imagination: Die Archetypen anrufen

Aktive Imagination kann eine Hilfe sein. Wenn er einmal verstanden hat, daß sein Problem darin liegt, zu reagieren, ohne nachzudenken, kann ein Junge oder Mann Athene um Hilfe bitten. Er kann sie visualisieren oder intuitiv erspüren, um sich dann einen Dialog mit ihr vorzustellen. Sie rät ihm, in einer bestimmten Situation Ruhe zu bewahren und die Konsequenzen zu bedenken, bevor er irgend etwas unternimmt. (Hätte Achilles nicht auf Athene gehört, hätten die Griechen den Trojanischen Krieg verloren und die *Ilias* bestünde nur aus einem Kapitel statt zweiundzwanzig.) Ebenso lassen sich mit Hilfe der Vorstellungskraft auch Apollon oder Hermes aktivieren und anrufen.

Die Erinnerung und den Schmerz der Kindheit wiederentdecken

Wenn ein Mann in seiner Kindheit mißhandelt wurde, und, wie es oft der Fall ist, diese Erfahrung «vergessen» oder unterdrückt hat, weil sie ihm weh tat, kann die Psychotherapie oder Teilnahme an einer verständnisvollen Männergruppe ihm helfen. Ganz allmählich findet er die Erinnerung und die lange vergrabene Wut, den Kummer und das Gefühl der Hilflosigkeit wieder, die sonst unbewußt geblieben wären und trotzdem einen unglaublichen Einfluß auf sein Verhalten ausgeübt hätten. Bei Mißhandlung ist es oft so, daß die Sünden der Eltern auf nachfolgende Generationen abfärben, bis das Muster schließlich von jemand unterbrochen wird, der nicht nur ans Tageslicht holt, was lange verborgen war, sondern im Verlauf dieses Prozesses auch sein Vermögen entdeckt, anderen Menschen zu vertrauen oder Mitgefühl für sie zu entwickeln. Diese Aufgabe stellt sich Ares-Männern, die merken, daß sie sich ebenso gewalttätig verhalten wie einst ihre Eltern.

So wie Ares, der kriegslüsterne griechische Kriegsgott sich im Lauf der Zeit und in einer anderen Kultur zum römischen Mars entwickelte, ein Übergang, bei dem er zum Beschützer der Gemeinde wurde, so kann der Ares-Aspekt eines Mannes sich verändern und entwickeln. Der junge männliche Ares war beim Fußball oder Eishockeyspielen vielleicht ein Rauhbein und machte Jagd auf alle Frauen, denen er begegnete; damals sah er sich noch nicht als Mann, der eines Tages eine Familie gründen würde -, doch die meisten Ares-Männer tun genau das. Und wenn er als Kind nicht mißhandelt und/oder abgelehnt wurde, entwickelt er sich dann zum engagierten Erdvater, der Freude an seinen Kindern hat und sich liebevoll um sie kümmert. Er ist ein natürlicher Beschützer: Wer seine Kinder schikaniert, sieht sich einem Ares-Vater gegenüber, der im Notfall handgreifliche Auseinandersetzungen nicht scheut. Ein solcher Mann vermittelt seinen Kindern emotionale Sicherheit. Wenn er älter wird, kann er zu einem politischen Führer werden, der gewillt ist, für die Sicherheit und Rechte anderer zu kämpfen.

9. Hephaistos, Gott der Schmiede – Werkmeister, Erfinder, Einzelgänger

Hephaistos' mächtig schöpferisches Wesen ist fest in der Erde verankert: Alles, was er zustande bringt, strahlt Magie und Größe aus. In seiner Werkstatt ist er unerreichter Meister, aber wie der moderne Mensch, der sich völlig mit seiner Arbeit identifiziert, ohne sie völlig verloren.

Arianna Stassinopoulos, *The Gods of Greece*

Eine Vision des Hephaistos: Alle Ausgestoßenen der Erde, durch deren Schweiß und Arbeit die Zivilisation entstand; sich ihrer Klasse bewußt und brodelnd vor pyromanischer Enttäuschung und Mißgunst; unerschöpflich kreativ als Quelle allen Genies auf Erden; ruhelos, explosiv wie ein Vulkan, bereit, mit der Waffe in der Hand gegen tyrannische Herren zu kämpfen, doch nicht auf Krieg und Streit aus, vielmehr Friedensstifter und geborene Menschenfreunde; einfach wie das Feuer selbst und ebenso verzehrend.

Murray Stein, *Hephaistos: A Pattern of Introversion*

Hephaistos verkörpert als Gott, Archetyp und Mann den tiefen menschlichen Trieb, etwas herzustellen, Objekte zu schaffen, die zugleich funktional und schön sind. Nachdem er vom Olymp verbannt und aus der Göttergemeinde verstoßen worden war, stand er mit dem luftigen Reich des Zeus, wo es um Macht und äußere Erscheinung ging, stets auf Kriegsfuß. Er arbeitete einsam in seiner unterirdischen Schmiede. Seine Eigenschaften gelten nicht viel in einer patriarchalischen Gesellschaft, und Männer, die diesem Gott ähneln, haben nur selten Erfolg.

Hephaistos, der Gott

Hephaistos (der von den Römern Vulkan genannt wurde) war Gott der Schmiede und Werkmeister der Olympier, dessen Esse von einem Vulkan gespeist wurde. Seine Anhänger baten Hephaistos, sie vor den zerstörerischen

Kräften des Vulkans zu beschützen. Er galt als Gott des unterirdischen Feuers; sein griechischer Name bedeutete «Feuer» im weitesten Sinn.

Er wurde dargestellt als großer, rüstiger und muskulöser Mann mit kräftigem Nacken und behaarter Brust; wegen eines Klumpfußes war er lahm. Der ungeliebteste und wahrscheinlich unglücklichste aller Götter war verkrüppelt, ausgestoßen, wußte nicht, wer sein Vater war und hatte Pech in der Liebe. Aber er war auch ein schöpferisches Genie und der einzige Gott, der arbeitete.

Genealogie und Mythologie

In der bekanntesten Version seiner Herkunft brachte eine grollende Hera Hephaistos parthogenetisch zur Welt; es war ihre kleinliche Rache an Zeus («Das kann ich auch!»), nachdem dieser Athene aus seinem Haupt geboren hatte und als ihr alleiniger Urheber angesehen wurde. Während Athene jedoch von vollendeter Schönheit war, kam Hephaistos mit einem Klumpfuß zur Welt. Dies erzürnte Hera so sehr, daß sie den neugeborenen Sohn vom Olymp stieß. In einer anderen Version schleuderte ein wütender Zeus ihn vom Berg, nachdem der Junge in einer häuslichen Auseinandersetzung seiner Mutter zur Hilfe gekommen war. Hephaistos stürzte auf die Insel Lemnos und wurde erst durch diesen Fall lahm. Zwei Seenymphen namens Thetis und Eurynome fingen den verstoßenen Sohn auf und nahmen ihn neun Jahre bei sich auf. Hier lernte Hephaistos das Kunsthandwerk und fertigte allerlei kunstvolle Geräte und Schmuck für seine Adoptivmütter an.

Hephaistos, der Werkmeister

Hephaistos ist der kreative Künstler des Olymp. Für Hera zum Beispiel schuf er einen wunderbaren goldenen Thron, auf dem diese entzückt Platz nahm. Doch der Stuhl war eine ausgeklügelte Falle, denn als sie erst einmal darauf saß, wurde sie, von unsichtbaren Fesseln gehalten, in die Lüfte erhoben. Hera mußte zu Tode erschreckt und hilflos feststellen, daß sie unfähig war, eine Bewegung zu machen, und, dem Gespött der anderen ausgesetzt, in der Luft schwebte. Eine Legende besagt, Hephaistos habe diesen Thron geschaffen, um sich an Hera zu rächen, weil sie ihm nicht hatte verraten wollen, wer sein Vater war. Er erfand diese Falle, um sie zur Auskunft zu zwingen. In anderen Versionen verlangte Hephaistos Aphrodite oder Athene zur Frau, bevor er Hera freigab.

Niemand außer Hephaistos konnte sie befreien, und er weigerte sich, die Tiefen des Meeres zu verlassen, wo er mit seinen beiden Ersatzmüttern lebte.

Sein Bruder Ares, der Kriegsgott, kam herab, um Hephaistos mit Gewalt zurückzubringen, doch Hephaistos jagte ihn davon, indem er ihn mit Feuer bewarf. Dionysos, der Gott des Weins und der Ekstase, hatte mehr Erfolg. Hephaistos hatte noch nie in seinem Leben Wein gesehen oder gekostet. Dionysos gelang es, ihn zum Trinken zu bewegen, er warf den völlig betrunkenen Hephaistos auf einen Esel und kehrte mit ihm zum Olymp zurück.

In der *Theogonie* beschuldigt Hesiod Hephaistos, die erste menschliche Frau geschaffen zu haben, um Zeus als Werkzeug zu dienen. In dieser griechischen, patriarchalischen Version bestand die Menschheit ursprünglich nur aus Männern, denen Zeus das Feuer vorenthielt. Dann stahl Prometheus einen Feuerfunken und schenkte ihn den Menschen. Dies erzürnte Zeus so sehr, daß er Hephaistos befahl, nach dem Vorbild der unsterblichen Göttinnen eine schöne Frau zu schaffen, die den Menschen Unglück und Verwirrung bringen sollte. Hephaistos kleidete sie in die feinsten Gewänder, brachte ihr Schamlosigkeit und Betrug bei und stattete sie mit sexueller Anziehungskraft und einem Gefäß aus, das, wenn man es öffnete, Leiden, Übel und Krankheit über die Welt brachte.

Hephaistos baute prächtige Paläste für die Götter, schmiedete Zepter und Donnerkeile für Zeus, für den Sonnengott Apollon einen Wagen, mit dem er über den Himmel jagen konnte, Pfeile für Apollon und Artemis, eine Sichel für Demeter und ein Halsband für Harmonia, das sie auf ihrer Hochzeit trug. Für sich selbst erschuf er zwei goldene Sklavinnen, herrliche Zeugnisse seiner Phantasie, die aussahen wie wunderschöne Frauen, sprechen konnten und alles taten, was er befahl.

Der betrogene und abgewiesene Liebhaber

Hephaistos war der betrogene Ehemann Aphrodites, der Göttin der Liebe und Schönheit, die für ihre zahlreichen Affären mit Göttern und Sterblichen berühmt war. Als er sie verdächtigte, ihren Liebhaber zu empfangen, wenn er zur Arbeit gegangen war, schmiedete Hephaistos ein feines, unsichtbares und unzerreißbares Netz und hängte es von der Decke über die Bettpfosten. Auf diese Weise ertappte er das Paar auf frischer Tat und rief die Götter als Zeugen herbei. Statt sich über den Verrat der beiden Liebenden zu empören, brachen diese jedoch bei ihrem Anblick in schallendes Gelächter aus.

Einmal verliebte sich Hephaistos in die jungfräuliche Göttin der Weisheit, Athene. Von Leidenschaft erfüllt versuchte er sie zu vergewaltigen. Während des Kampfes stieß sie ihn zur Seite, und sein Samen fiel zur Erde, wo er Gaia (Mutter Erde) befruchtete. Das Kind, das sie hervorbrachte, war

Erichthonios, Begründer des Königshauses von Athen, der in Athenes Obhut heranwuchs.

Hephaistos, der Archetyp

Wie der Gott Hephaistos vom Olymp geschleudert wurde, so ist auch dieser Archetyp in einer Kultur, die heroische, geistige Werte, Macht und die Fähigkeit fordert, sich an Erwartungen von außen anzupassen und den nächsten Schritt vorauszuplanen, entwertet und ausgestoßen.

Als Kind wurde Hephaistos von seinem Vater Zeus, der mit Donnerkeilen vom Olymp aus regierte, aber auch von seiner Mutter Hera, der Himmelkönigin, abgelehnt. Selbst als Erwachsenem war ihm der Olymp stets feindlich gesinnt. Die Mythen berichten davon, wie er als Hanswurst, Betrunkener oder betrogener Ehemann ausgelacht wurde, wenn er sich doch einmal ins Reich der Götter vorwagte. In seinem eigenen Element jedoch, bei der Arbeit in seiner Schmiede, war Hephaistos ein unerreichter Meister, der das Feuer seiner Esse und Werkzeuge benutzte, um aus dem Rohmaterial herrliche Kunstwerke zu schmieden.

Dieses Lebensmuster ist der Archetyp kreativer Arbeit, einer Arbeit, die aus den Metaphern des vulkanischen Feuers und der Schmiede entsteht und eine Folge seines Ausgestoßenseins vom Olymp ist, einer Arbeit aber auch, die als Ausdruck seiner verletzten Persönlichkeit die Ehre ihres Schöpfers wiederherstellt. Der Hephaistos-Archetyp liegt dem tiefen Instinkt zugrunde, zu arbeiten und aus «der Schmiede der Seele», wie James Joyce es in seinem *Jugendbildnis* nannte, etwas zu schaffen.

Wenn dieser Archetyp vorhanden ist, können Schönheit und Ausdruckskraft, die ansonsten im Inneren eines Mannes (oder einer Frau) begraben liegen würden, durch Arbeit freigesetzt werden, so daß diese Aspekte seines Selbst eine faßbare Form erhalten. Eine solche Art der Bewußtwerdung ist das Gegenteil einer Erkenntnis, bei der eine äußeren Erfahrung in eine innere Bedeutung übertragen wird. Stattdessen kommt etwas, das im Inneren vorhanden ist, zum Vorschein, und vielleicht folgt dann auch ein Bewußtsein für seine Bedeutung.

Michelangelo sah sich als Künstler, der die großartigen Statuen aus den Marmorblöcken, in denen sie gefangen waren, «befreite». Ich frage mich, ob er je einen Schritt zurücktrat, um ein gerade vollendetes Werk zu betrachten, und dabei erkannte, daß er etwas aus seinem Inneren sichtbar gemacht hatte. Wenn der Archetyp des Hephaistos Teil eines Menschen ist, erhält das, was in der Psyche als unartikulierte Ahnung gegenwärtig ist, Form.

Unterirdisches Feuer und die Schmiede

Das mit Hephaistos assoziierte Feuer ist ein unterirdisches flüssiges Feuer, das als vulkanische Lava aus der Tiefe emporsteigt. Dies ist eine Metapher für leidenschaftliche Gefühle, ein intensives sexuelles und erotisches Feuer, das im Körper auf seine Befreiung wartet, für Wut und Ärger, die zurückgehalten und erstickt werden, oder Begeisterung für Schönheit, deren Regung sich körperlich (also in der Tiefe der Person) bemerkbar macht.

Solche Gefühle, die bei einem sehr introvertierten Menschen unter der Oberfläche schlummern, können plötzlich und unerwartet hervorbrechen. Wenn sie im Verlauf eines vertraulichen Gesprächs einem anderen Menschen offenbart werden, reagiert dieser fast immer verblüfft: «Aber ich hatte ja keine Ahnung, daß dir das so viel bedeutet!»

Der Hephaistos-Archetyp prädisponiert einen Mann (oder eine Frau) dazu, nicht über seine Gefühle zu sprechen. Er zieht es vor, sich in seine persönliche Version der Schmiede zurückzuziehen und in Ruhe und Einsamkeit zu arbeiten. Dort kann er seine Gefühle entweder sublimieren oder mit Hilfe der Arbeit ausdrücken. Zum Beispiel wird der Architekt, der sich nach einem friedlichen und ordentlichen Zuhause sehnt, diese Gefühle in seine Pläne und Grundrisse einfließen lassen (statt sich bei seiner Familie über die ewige Unordnung im Haus zu beschweren). Der abstrakte-expressionistische Maler schafft auf seiner Leinwand die Atmosphäre, von der er träumt, oder er drückt die Enttäuschung und den Schmerz darüber aus, daß seine (unausgesprochenen, oder im besten Fall untertriebenen) Bedürfnisse mißachtet werden.

Seine Schmiede ist immer da, wo der Künstler seine innersten Gefühle in etwas übersetzt, was außerhalb seiner selbst ist. Viele Studios oder kleine Werkstätten sind in Wirklichkeit Orte, wo Menschen hingehen, um Zwiesprache mit dem Hephaistos-Archetyp zu halten, Orte, an denen sie Hephaistos in seiner unterirdischen Schmiede begegnen.

Unerwiderte Liebe, eine unerreichbare Frau oder eine abgebrochene Beziehung können das Feuer der transformierenden Schmiede speisen, vorausgesetzt, Hephaistos ist ein aktiver Archetyp. Das Feuer der Schmiede ist die unausgedrückte Leidenschaft, die seine kreative Arbeit inspiriert.

Der verkrüppelte Werkmeister

Hephaistos war der einzige körperlich behinderte Olympier, der einzige unvollkommene Gott. Er wurde vom Olymp verstoßen, entweder weil er mit einem Klumpfuß zur Welt gekommen war, was seine Mutter Hera beleidigte, oder weil er Zeus so reizte, daß er ihn vom Berg herabschleuderte und verkrüppelte.

Hephaistos' körperliche Behinderung kann nicht von der durch seine Eltern verursachten emotionalen Verletztheit getrennt gesehen werden. Es war eine direkte Folge der Verkrüppelung und Ablehnung, die er erleiden mußte, daß er zum Gott der Schmiede wurde – Archetyp des Instinkts, zu arbeiten, als Mittel, um sich weiterzuentwickeln und emotionale Wunden zu heilen. Hephaistos ist der Archetyp des verkrüppelten Werkmeisters (oder des verletzten Künstlers, Schriftstellers, Heilers, Erfinders, Handwerkers), dessen Kreativität untrennbar mit seinen (oder ihren) Verletzungen verknüpft ist.

Der Werkmeister Hephaistos hat große Ähnlichkeit mit dem Heiler, dessen Motivation in seinen eigenen Verletzungen zu suchen ist. Seine Wunden heilen, während er anderen hilft. Hephaistos hatte einen verkrüppelten Fuß und humpelte; die anderen Olympier lachten ihn deswegen aus. Da er nicht schön war, schuf er Schönheit. Sein Fuß funktionierte nicht so, wie er sollte, doch alles, was er hervorbrachte, zeugte von Vollendung. Durch seine Arbeit erleben sich Hephaistos und Männer (oder Frauen) wie er als vollkommen und intakt; eine solche Reflektion schenkt nicht nur Achtung und Respekt vor sich selbst, sondern auch vor anderen. So werden Wunden geheilt, die zuvor die Arbeit motivierten.

Der Jung-Anhänger James Hillmann schreibt dazu: «Es sind unsere Eltern, die uns unsere Wunden beigebracht haben. Jeder von uns schleppt eine solche elterliche Verletzung mit sich herum und hat selbst verletzte Eltern. Die mythische Vorstellung der verletzenden oder verletzten Eltern verwandelt sich in eine psychologische Erklärung: die Eltern sind die Verletzung.»[1] Damit machen wir einmal unsere Eltern im wahrsten Sinne des Wortes verantwortlich, dieselbe Erklärung kann jedoch metaphorisch auch dafür stehen, daß unsere Wunden unsere Eltern ersetzen. So werden Verletzungen zu Müttern und Vätern unseres Schicksals.

Wenn der Hephaistos-Archetyp eine entscheidende Komponente in der Psyche eines Mannes ist, folgt dieser vielleicht dem Muster des verkrüppelten Werkmeisters – Ablehnung und Verletztheit kann seine Kreativität «zum Vorschein bringen». Das aber ist nur möglich, wenn er wie Hephaistos (der zwei Stiefmütter besaß) das Glück hat, anderswo Geborgenheit zu finden und Fähigkeiten zu entwickeln, die ihm die Möglichkeit verschaffen, seiner Kreativität Ausdruck zu verleihen.

Vom Olymp geschleudert zu werden und «auf die Erde herabzustürzen» erinnert an Adam und Eva, als sie aus dem Paradies verstoßen wurden. In beiden Mythen sind Leiden und die Notwendigkeit, zu arbeiten, Folge des «Sturzes».

Friedensstifter in der Familie

In konfliktbelasteten Familien übernimmt häufig ein Kind die Rolle des Friedensstifters. Oft ist es ein verletzbares Kind, das extrem empfindlich auf die ersten Anzeichen eines bevorstehenden Konflikts reagiert: im Olymp war dieses Kind Hephaistos. Eine Geschichte zu Beginn der *Ilias* erzählt von einer Auseinandersetzung zwischen den Eltern, die zu eskalieren drohte, hätte nicht Hephaistos als Friedensstifter der Familie es verhindert. Solche Erfahrungen sind in vielen Familien verbreitet: «Mach Daddy bloß nicht wütend, sonst kriegen wir es alle ab!»

> Die Könige haben sich entzweit; der Himmelsherr hat Thetis versprochen, ihrem Sohn Ehre zu geben und seine Beleidiger zu demütigen; da erhebt sich ein Streit im Himmel: Hera macht ihrem Gatten heftige Vorwürfe und wird schroff von ihm zurückgewiesen. Mit schwer verhaltenem Groll sitzt sie schweigend da, und eine Empörung geht durch die Reihen der Götter. Da steht ihr Sohn Hephaistos auf, um Frieden zu stiften. Er nennt es unerhört, wenn Götter um der Menschen willen hadern und sich die Lust des olympischen Mahles verderben lassen; alles werde gut sein, wenn nur die Mutter verständig sei und freundlich zum Vater spreche, damit er nicht böse werde und sie alle seine gewaltige Übermacht spüren lasse. Und Hera lächelt. Gerne nimmt sie den Becher, den ihr Sohn ihr darreicht.[2]

Hephaistos und Aphrodite: Verbindung von Arbeit und Liebe

In der *Odyssee* war Aphrodite, die Göttin der Liebe und Schönheit, mit Hephaistos verheiratet und hatte viele Affären. Aus all diesen Verbindungen sprossen Kinder hervor. Nur mit Hephaistos gab es keine Nachkommen; dafür galt ihre Ehe als Symbol für die Verbindung von Schönheit und Kunsthandwerk, die prächtige Dinge hervorbringt. In Homers *Ilias* war Hephaistos mit Charis oder der Anmut verheiratet; in Hesiods *Theogonie* war seine Frau Aglaea, die jüngste der Grazien, eine Magd (oder kleinere Ausgabe) von Aphrodite. Beide stehen für die Verbindung von Schönheit oder Anmut und Kunstfertigkeit.

Hephaistos sucht die Verbindung mit Aphrodite auf vielen Ebenen: nicht nur in persönlichen Beziehungen, auch bei der Arbeit wird der Hephaistos-Archetyp von Schönheit und Liebe angezogen – was ihm verwehrt geblieben ist, und wonach er sich dennoch sehnt. Tiefe und leidenschaftliche Gefühle in einem Hephaistos können von einer schönen Frau ausgelöst werden, die in ihrer Intensität und Sinnlichkeit Aphrodite ähnelt. Sie kann seine Arbeit inspirieren und seine Liebe entfachen.

Dabei sind die Rollen von Mann und Frau vertauscht, denn psychologisch gesehen ist sie diejenige, die ihn «erfüllt» und befruchtend auf seine Kreativität einwirkt, aus der neue Arbeiten entstehen werden.

Hephaistos und Athene: Die Verbindung von kreativer Arbeit und Intelligenz

Wie bereits geschildert, verfolgte Hephaistos Athene, die Göttin der Weisheit und der Künste der Frauen, und versuchte sie zu vergewaltigen. Sie widersetzte sich seiner ungewollten Umarmung, und sein Samen fiel zur Erde und befruchtete Gaia. Nach angemessener Zeit wurde Erichthonios (oder das «Kind der Erde») geboren und in Athenes Obhut gegeben. Später begründete er das legendäre Königshaus von Athen.

Athene, die das von Hephaistos gezeugte Kind aufzog, stellt den Intellekt dar, der weiß, wie er etwas erreichen kann. Ihre Weisheit glich der eines Generals, dessen Strategie sich als erfolgreich erweist, oder eines Webers, der die Vision eines Teppichs hat, ihn entwirft und dann Faden um Faden verwirklicht. Heutige Athenen reden eher über Geschäfte als über Schlachten und erringen ihre Siege auf internationalen Absatzmärkten.

Die Verbindung von Hephaistos und Athene innerhalb einer männlichen Psyche führt zu der Erkenntnis, wie er seine Arbeit verwerten kann. Wenn ein Hephaistos-Archetyp bestimmend ist, kann der Mann sich mit einer Frau zusammentun, die die Eigenschaften der Athene besitzt. Die kreative Arbeit ihres Mannes zu unterstützen oder eine Möglichkeit für ihn zu finden, mit dieser Arbeit Geld zu verdienen (wenn er diese Fähigkeit nicht selbst entwickelt), bleibt dann notgedrungen an ihr hängen. Für Sexualpartner gilt das gleiche Schema: die kreativen Talente des Hephaistos werden von einer Athene gefördert.

Hephaistos kultivieren

Die einzige Möglichkeit, diesen Archetyp zu kultivieren, besteht darin, sich Zeit zu nehmen. Sich aus der Gesellschaft der anderen zurückzuziehen und darin aufzugehen, etwas mit den Händen zu machen, etwas herzustellen, von dem man intuitiv ahnt, daß es im Verlauf dieses Prozesses etwas verlagert, ausdrückt oder transformiert, das zuvor eingeschlossen war.

Die Introversion eines Hephaistos ist eine Fähigkeit, die man Kindern beibringen sollte, wenn sie sehr extravertiert und potentiell davon abhängig sind, daß man sich die ganze Zeit mit ihnen beschäftigt. Eltern können den Hephaistos in Kindern fördern, indem sie ihnen die Bedeutung von Ruhephasen erklären, in denen die Kinder lernen, allein zu spielen (ohne Fernseher, der ein passiver Zeitvertreib ist). Bauklötze und Knetmasse bilden den Anfang: die Möglichkeiten, Phantasie und Handfertigkeit zusammenzubringen, sind unerschöpflich. Kindern zu erlauben, mit den Eltern zusammen oder parallel zu ihnen einer stillen kreativen Tätigkeit nachzugehen, während sie selbst als Hephaistos in ihrer Schmiede arbeiten, vermittelt ihnen einen Sinn für den Wert solchen Zeitvertreibs. Sie müssen lernen, wie schön es sein kann, seine Zeit kreativ zu gestalten. Erwachsene, die diesen Hephaistos-Aspekt entwickeln wollen, müssen sich auf dieselbe Art dazu ermutigen wie ihre Kinder.

Als Jung von Freud verstoßen wurde, weil er von dessen Meinung abwich, und von dem psychoanalytischen Gipfel gestürzt wurde, wo er als Kronprinz unter den Anhängern Freuds geherrscht hatte, machte er die schrecklichste Zeit seines Lebens durch. Er war isoliert und erlebte eine Periode innerer Unsicherheit und chronischer innerer Angst – eine hephaistische Gestalt, Spott und Gelächter preisgegeben. Doch er fand einen Weg zu seinen kreativen Ursprüngen, genau wie Hephaistos. Jung schrieb:

> Als erstes tauchte eine Erinnerung aus der Kindheit auf, vielleicht aus dem zehnten oder elften Jahr. Damals hatte ich leidenschaftlich mit Bausteinen gespielt. Ich erinnerte mich deutlich, wie ich Häuschen und Schlösser gebaut und Tore mit Bögen über Flaschen gewölbt hatte. Etwas später verwendete ich natürliche Steine und Lehm als Mörtel. Diese Bauten hatten mich während langer Zeit fasziniert. Zu meinem Erstaunen tauchte diese Erinnerung auf, begleitet von einer gewissen Emotion. ‹Aha›, sagte ich mir, ‹hier ist Leben. Der kleine Junge ist noch da und besitzt ein schöpferisches Leben, das mir fehlt. Aber wie kann ich dazu gelangen?› Es schien mir unmöglich, die Distanz zwischen der Gegenwart, dem erwachsenen Mann, und meinem elften Jahr zu überbrücken. Wollte ich aber den Kontakt mit jener Zeit wiederherstellen, so blieb mir nichts anderes übrig, als wieder dorthin zurückzukehren und das Kind mit seinen kindlichen Spielen auf gut Glück wieder aufzunehmen.Dieser Augenblick war ein Wendepunkt in meinem Schicksal, denn nach unendlichem Widerstreben ergab ich mich schließlich darein zu spielen. Es ging nicht ohne äußerste Resignation und nicht ohne das schmerzhafte Erlebnis der Demütigung, nichts anderes wirklich zu können als zu spielen. So machte ich mich daran, passende Steine zu sammeln, teils am Ufer des Sees, teils im Wasser, und dann begann ich zu bauen: Häuschen, ein Schloß – ein ganzes Dorf... Jeden

Tag baute ich nach dem Mittagessen, wenn das Wetter es erlaubte. Kaum war ich mit dem Essen fertig, spielte ich, bis die Patienten kamen; und am Abend, wenn die Arbeit früh genug beendet war, ging ich wieder ans Bauen. Dabei klärten sich meine Gedanken, und ich konnte die Phantasien fassen, die ich ahnungsweise in mir fühlte. Natürlich machte ich mir Gedanken über den Sinn meines Spielens und fragte mich: ‹Was tust du eigentlich? Du baust eine kleine Siedlung auf und vollführst das wie einen Ritus!› Ich wußte keine Antwort, aber ich besaß die innere Gewißheit, daß ich auf dem Weg zu meinem Mythos war. Das Bauen war nämlich nur ein Anfang. Er löste einen Strom von Phantasien aus, die ich später sorgfältig aufgeschrieben habe.Dieser Typus des Geschehens hat sich bei mir fortgesetzt. Wann immer ich in meinem späteren Leben stecken blieb, malte ich ein Bild, oder bearbeitete ich Steine, und immer war das ein rite d'entrée für nachfolgende Gedanken und Arbeiten.[3]

Hephaistos, der Mann

Ein Hephaistos-Mann ist ein leidenschaftlicher, introvertierter Mensch. Für andere ist es oft schwierig, zu erkennen, was in ihm vorgeht, weil es ihm schwerfällt, seine Gefühle offen auszudrücken. Er kann sich zu einem emotionalen Krüppel, einem schwelenden Vulkan oder einem ungeheuer kreativen und produktiven Menschen entwickeln.

Die frühen Lebensjahre

Ein Hephaistos-Kind ist nicht unbedingt pflegeleicht, denn es besitzt eine enorme Energie und Empfindlichkeit gegenüber allem, was physisch in ihm vorgeht. Seine Ruhe gleicht der einer angespannten Feder, die jeden Augenblick losschnellen kann und Schmerz und Wut mit sich bringt, selbst wenn es nur Bauchschmerzen sind. Gewöhnlich ist es kein sanftes, knuddeliges Baby, das verzückt beobachtet, was um sein Bettchen herum vorgeht und sich leicht ablenken läßt. Manchmal hat man das Gefühl, als sei es schwerfälliger als andere Kinder mit aufgeschlosseneren Wesen. Es hat seinen eigenen Kopf und vertieft sich nur in Dinge, die es interessieren, nicht in das, womit andere sein Interesse zu wecken versuchen.

Wenn die frühe Kindheit des kleinen Jungen schwierig verläuft und er – wie der Gott Hephaistos – von seiner Mutter abgelehnt wird, weil er ihre Erwartungen nicht erfüllt oder anders ist, als er sein sollte, oder wenn er das Pech hat, in eine Familie geboren zu werden, in der Streit und körperliche Gewalt an der Tagesordnung sind, verstärken sich diese Persönlichkeitszüge noch. Er ist kein Junge mit einem angeborenen sonnigen Gemüt, der im Nu die Herzen der Menschen gewinnt. Wenn er nicht so akzeptiert und geliebt wird, wie er ist, kann er zu einem zurückgezogenen, nachdenklichen Kind werden.

In der Schule ist er ein Einzelgänger, ein Kind, das aus sicherer Entfernung beobachtet, derjenige, der nie dazugehört und nie im Mittelpunkt des Geschehens zu stehen scheint. Da er sich mehr für Maschinen und Dinge interessiert als für Menschen, braucht er andere, mit denen er über das, was er macht oder herstellt, sprechen kann. Die Lehrerin oder Mutter, die ihn aus seiner einsamen Tätigkeit herausholt, tut dies gewöhnlich, indem sie auf ihn oder seine Beschäftigung eingeht, häufig, indem sie aufmerksam zuhört, wenn er ihr zeigt, was er gemacht hat, und erklärt, wie es funktioniert oder wie er es gemacht hat.

Er kann Selbstachtung erlangen, wenn er um seiner Individualität willen anerkannt und geliebt wird, weil er so ist, wie er ist, wenn er aktiv unterstützt wird, seine eigenen Interessen zu verfolgen (statt gezwungen zu werden, derjenige zu sein, der nie richtig Fuß faßt). Diese Unterstützung gestattet ihm, unbelastet durchs Leben zu gehen und seine kreativen Fähigkeiten zu entwickeln.

Eltern

Der mythologische Hephaistos war ein abgelehntes Kind, und Ablehnung kann auch das Schicksal eines Hephaistos-Jungen sein. Wenn seine Mutter wie Hera ist, die ein Kind braucht, um ihren Status zu verbessern – zu zeigen, daß sie zu dieser Leistung fähig ist –, oder aus Konkurrenzdenken: «Seht her, was ich kann!», und dann ein Baby bekommt, das ihre Erwartungen nicht erfüllt (was bei dieser Art von herzlosen, narzistischen Frauen beinahe immer der Fall ist), wird sie es verstoßen, weil es nicht das ist, was sie sich gewünscht hat.

Wenn das Leben eine derart weitgehende Parallele zum Mythos bildet, daß das Baby tatsächlich irgendwie behindert zur Welt kommt, erhöht sich die Wahrscheinlichkeit, daß es abgelehnt wird. Für eine Mutter, die das Kind zur Selbstbestätigung braucht, ist ein behindertes Kind ein harter Schlag, eine Quelle der Demütigung. Sie kann übertrieben reagieren und das Kind völlig ablehnen, gleichgültig, wie klein die Behinderung sein mag, und so einen emotionalen Krüppel aus ihm machen. Wenn es möglich ist, es in ein Heim zu stecken, wird sie sich auf der Stelle von ihm befreien und es dort seinem Schicksal überlassen.

Auch Ablehnung und Mißhandlung durch den Vater kann eine Verkrüppelung des Kindes bewirken. Da ein Hephaistos-Junge nicht unbedingt darauf anspricht, was andere Leute von ihm wollen, ist er nicht gerade diplomatisch und hat heftige Gefühlsausbrüche; damit kann er einen autoritären Vater rasend machen, (besonders einen, der überdies Alkoholiker ist). Ein solcher Vater schlägt ihn, möglicherweise sogar, weil er für die Mutter Partei ergreift (wie Zeus). Ein derartiges Verhalten führt zu bleibenden körperlichen oder psychischen Schäden.

Selbst in normalen Familien ist der kleine Hephaistos häufig das Kind, das am wenigsten Anerkennung findet, weil es «so anders» ist, «zu leidenschaftlich und empfindsam», «zu verschlossen» oder «so ungesellig». Es wird ständig kritisiert, weil es ihm im Vergleich zu anderen Kindern an Erfolg und Ehrgeiz mangelt. Ein Hephaistos-Junge leidet doppelt unter Ablehnung und Kränkung, einmal wegen der negativen Erfahrung an sich und zum anderen, weil er alles in sich hineinfrißt und dann wochenlang darüber nachgrübelt.

In einer idealen Situation dagegen hat ein Hephaistos Eltern, die sich über die Fortschritte seiner handwerklichen und geistigen Fähigkeiten freuen. Sie respektieren und ermutigen ihn, aus sich herauszugehen, wenn er von Natur aus dazu neigt, sich zu verkriechen, ohne deswegen sein verschlossenes Wesen zu ignorieren.

Adoleszenz und erste Erwachsenenjahre

Wenn der junge Hephaistos das Glück hatte, eine Möglichkeit zur Kreativität zu entdecken, und anfängt, seine künstlerischen Fähigkeiten zu entwickeln, dann bedeuten Adoleszenz und erste Erwachsenenjahre den Beginn einer Selbstverwirklichung durch kreative Arbeit. Vielleicht erreicht er diesen ersten Erfolg dadurch, daß er von Fachleuten gefördert wird, die sein Talent erkennen und ihm das entsprechende Wissen und die nötigen Mittel zur Verfügung stellen. Vielleicht betritt er jetzt eine andere Welt: die Akademie oder Kunsthandwerksschule einer Großstadt zum Beispiel, wo er zum ersten Mal innerhalb des Schulsystems einen Platz für sich entdeckt und mit Hilfe seiner Arbeit eine Möglichkeit findet, sich auszudrücken und sich mit anderen anzufreunden.

Als Kind hatte der introvertierte Hephaistos vielleicht das übermächtige Gefühl, nicht richtig zur Familie zu gehören. Jetzt, als junger Mann, verläßt er sein Heim, um seine «wahren» Eltern zu suchen: Menschen, die so sind wie er und ebenfalls mit den Händen arbeiten, Kunsthandwerker oder Künstler. Wenn er mißhandelt und abgelehnt wurde, ist er möglicherweise ein grüblerischer, zorniger und deprimierter Teenager, der von Rache träumt.

Hephaistos schlägt nicht mit den Fäusten zurück, sondern malt sich in allen Einzelheiten aus, wie er seine Verfolger demütigen wird. Vielleicht entwikkelt er sich zum Graffiti-Künstler, der U-Bahnen und Gebäude mit seinen Werken verziert. Jedenfalls ist es unwahrscheinlich, daß er, der Einzelgänger, sich einer Gang anschließt.

Wenn der jugendliche Hephaistos einen Wachstumsschub erlebt und unglücklich und frustriert ist, fängt er jetzt vielleicht an, Leute einzuschüchtern (besonders, wenn er viel größer ist als sie), meistens allerdings, ohne das selbst zu merken oder zu wollen. Da er seine Gefühle in sich hineinfrißt, ist er häufig mürrisch oder steckt voller unterdrückter Wut. Menschen, die dies spüren, gehen vorsichtig mit ihm um, doch er neigt mehr dazu, seine Gefühle für sich zu behalten oder gegen sich selbst zu richten als gegen andere.

Was die meisten abgelehnten jungen Hephaistos-Männer vor ernsthaften Depressionen rettet, ganz gleich, wieviel Entfremdung und Wut sie mit sich herumschleppen, ist harte körperliche Arbeit. Vielleicht entdecken sie diese Erleichterung bei der Bastelei an ihrem Wagen oder finden eine andere Art, sich abzureagieren. Auch später wird ihnen dies immer wieder dabei helfen, sich weiterzuentwickeln, aber es muß eine Arbeit sein, in die ihre Kreativität, ihre psychologische Energie und auch ihre Wut einfließen können.

Beruf

Hephaistos war der einzige Gott, der arbeitete. In seiner Schmiede, dem Gegenstück zum heutigen Studio, war er Tag und Nacht damit beschäftigt, schöne und zugleich funktionale Dinge anzufertigen: Waffen und Rüstungen, Wagen und lebensgroße goldene Sklavinnen, sogar Pandora.

Kein Mensch widmet sich so hingebungsvoll seiner Arbeit wie ein Hephaistos, der sein Lebenswerk gefunden hat. In den Jahren, die ich während meiner Arztausbildung in Kliniken verbrachte, habe ich viele Menschen kennengelernt, deren Leidenschaft für die Arbeit und besondere Fertigkeiten sie als Hephaistos auswiesen, darunter Chirurgen, die um ihre speziellen Fähigkeiten und Forschungsergebnisse, aber auch um ihre Ausdauer beneidet wurden, mit denen zwanzig Jahre jüngere Ärzte und Pfleger überfordert waren.

Wir Medizinstudenten fragten uns damals gelegentlich, ob diese Männer ein auch nur ein ansatzweise normales, sterbliches Leben führten. Ein Neurochirurg übernahm routinemäßig sechsstündige Operationen, und einmal führte er eine durch, die zwanzig Stunden dauerte, wobei er ganze Schichten von Assistenten verschliß. Manche Herzchirurgen schienen, besonders damals, als es noch darum ging, Prozeduren zu perfektionieren, die heute zur Routine gehören, im Krankenhaus zu leben. Wenn sie nicht im Operationssaal standen oder Visite machten, erprobten sie neue Techniken an Versuchstieren oder vollführten Obduktionen, um herauszufinden, was im Augenblick des Todes eines Patienten vor sich geht. Sie brachten ein leidenschaftliches Engagement mit, das man zwar an den Ergebnissen ihrer Arbeit ablesen konnte, das sonst jedoch kaum thematisiert wurde.

Wie der Gott, der Pandora und die lebensechten goldenen Sklavinnen schuf, bemüht sich der Chirurg, die Funktionen des menschlichen Körpers zu erhalten. Er (oder sie) ist ein hochspezialisierter Facharbeiter, ein erfahrener Könner: einem Hephaistos-Chirurgen bei einer Operation zu assistieren, heißt einem Künstler zuzusehen. Wenn ein solcher Mensch auch von seiner Persönlichkeit her Ähnlichkeiten mit Hephaistos aufweist, läßt er sich seine intensiven Gefühle nicht anmerken und hat kaum soziale oder politische Fähigkeiten: Anerkennung erhält er nur für seine Arbeit. (Apollon ist der andere Medizinergott; er zeigt sich in dem wortgewandten Arzt, der ausgezeichnete Diagnosen stellen und seine theoretischen Kenntnisse sehr gut vermitteln kann. Der Apollon-Archetyp erleichtert einem Arzt den Aufstieg im hierarchischen System eines Krankenhauses, ohne den die Fertigkeiten des Hephaistos und sein Engagement bei der Arbeit möglicherweise nicht voll zur Geltung kommen.)

Ein typischeres Ambiente für Hephaistos ist ein kreativer Bereich. Viele Männer, die sich als «Außenseiter» sehen, bringen hier eine enorme Leidenschaft in ihre Arbeit ein und haben mit ihr zugleich eine Möglichkeit gefunden, ihren intensiven Gefühlen Ausdruck zu verleihen. Ein Maler, ein Architekt oder ein Bildhauer fallen mir als Beispiele für Hephaistos-Männer ein, mit denen ich als Psychiater gearbeitet habe. Alle kamen zu mir, weil sie Schwierigkeiten hatten, sich deutlicher bewußt zu machen, was sie so intensiv spürten, aber nicht ausdrücken konnten. Wie die oben erwähnten Chirurgen engagierten sie sich leidenschaftlich für ihre Arbeit, vollbrachten ebensolche Heldentaten wie diese – wurden jedoch nicht gleichermaßen anerkannt. Sie zerbrachen sich den Kopf darüber, wie sie etwas durchführen sollten, das ihnen möglich erschien, und wie der Chirurg, der Stunden im Tierlabor verbrachte, beschäftigten sich diese Männer stundenlang damit, etwas aufzubauen, zu experimentieren, «Hand» an eine Arbeit zu legen, die aus inneren Bildern entstanden war.

Für einen Hephaistos-Mann ist Arbeit mehr als ein Job oder eine Quelle für seinen Status oder eine Möglichkeit, seinen Lebensunterhalt zu bestreiten. Es ist eine Möglichkeit, dem Instinkt zu folgen, der ihn drängt, über die letzte kreative Leistung hinauszugehen und eine neue Anstrengung in Angriff zu nehmen, die ihn wiederum vollkommen in Beschlag nehmen wird. Die Arbeit gibt seinem Leben Tiefe und Bedeutung. Alles, was er über den Gott in seinem Inneren weiß, hat er in Augenblicken der Kreativität erfahren.

Der Hephaistos-Mann, der weiß, daß er an seinem Lebenswerk arbeitet, das ihn immer wieder herausfordert und ihm jedesmal, wenn er ein neues Stück davon beendet hat, neue Befriedigung verschafft, liebt seine Arbeit: Häufig vermittelt sie ihm das Gefühl, eng mit seiner eigenen Entwicklung verknüpft, faßbar gemachter Ausdruck seiner Psyche zu sein. Wenn sie ihm darüber hinaus die Möglichkeit verschafft, gut zu leben und Anerkennung zu finden, dann ist er ein glücklicher Mensch.

Ein bedeutender Anteil von Hephaistos-Männern hat nicht so viel Glück. Um einem tief verborgenen Arbeitsdrang folgen zu können, muß man zuerst eine Arbeit finden, die man liebt, dann die Möglichkeit, die erforderlichen Fertigkeiten zu erlernen und schließlich Gelegenheit, diese Arbeit zu tun. Außerdem arbeitet Hephaistos am besten als Einzelgänger, weder von Profit noch Konkurrenzdenken motiviert. Die Welt der Geschäftemacherei ist ihm fremd und ohne Bedeutung. Wenn er erfolgreich ist, dann deshalb, weil seine Arbeit für sich und für ihn spricht, und weil ein anderer Mensch oder ein anderer Archetyp in ihm einen Sinn für das Geschäft mitbringt. In Anbetracht all dieser Voraussetzungen, die für die Entdeckung einer befriedigenden Arbeit erfüllt sein müssen, ist es kein Wunder, daß das Fehlen einer sinnvollen Arbeit Hephaistos-Männer demoralisiert, die unter arbeitsbezogenen Depressionen oder Arbeitslosigkeit viel stärker leiden als andere.

Beziehungen zu Frauen

Frauen sind enorm wichtig für einen Hephaistos-Mann; sie besitzen alle Möglichkeiten, entweder etwas aus ihm zu machen oder ihn zu ruinieren. Vielleicht braucht er eine Frau, die für sein körperliches Wohlergehen sorgt, Quelle seiner Inspiration ist, seine sozialen Fähigkeiten fördert und seine Werke an die Öffentlichkeit bringt. Die bedeutsamsten Menschen in seinem Leben waren häufig Frauen: Mütter, Lehrerinnen, Direktorinnen, Galeriebesitzerinnen, Chefinnen. Da er intelligente, selbstbewußte oder schöne Frauen aufrichtig bewundert, fühlt er sich von Frauen mit diesen Eigenschaften angezogen und gibt ihnen Macht über sich.

Wenn eine Frau sein kompliziertes Wesen und seine Empfindlichkeit erkennt und ihrerseits seine Imagination anspricht, kann sie zum wichtigsten Ereignis seines Lebens werden. Wie lang oder kurz die Beziehung auch sein mag, sie wird auf Jahre hinaus (vielleicht für immer) in seiner inneren Welt fortbestehen. Für die meisten Hephaistos-Männer gibt es solche bedeutenden Beziehungen nur ganz selten.

Seine Intensität und Verschlossenheit machen dem Hephaistos-Mann zu schaffen. Selbst sein Verhalten ist häufig unangemessen; die üblichen Verabredungsspielchen mit Frauen sind ihm ein Greuel und für oberflächlichen Small Talk auf Cocktailparties taugt er ganz und gar nicht.

Der Hephaistos-Mann (oder der Hephaistos-Teil eines Menschen) ist zu inspirierter Arbeit fähig, die aus der Tiefe seines Innenlebens kommt, und durch die er Bilder und Gefühle aus dem kollektiven Unbewußten der Menschheit sichtbar macht. Die Intensität seiner Gefühle, besonders die für eine Frau, mit der er keine alltägliche Beziehung haben und die er daher nicht als normale Frau ansehen kann, inspiriert ihn zu kreativer Arbeit. Dies schien der Fall zu sein, als der bekannte Maler Andrew Wyeth, ein ausgesprochen zurückgezogener Mensch 1986 enthüllte, was das *Time Magazine* als sein «verblüffendes Geheimnis»[4] titulierte: 246 Arbeiten, die ausnahmslos die gleiche Frau darstellten, und vor über fünfzehn Jahren entstanden waren. Diese Frau, von ihm nur als Helga bezeichnet, hatte ihn eindeutig zu seiner besten und auch produktivsten Schaffensperiode angeregt.

Beziehungen zu Männern

Ein Hephaistos-Mann ist kein Typ, der sich mit anderen Männern verbrüdert, im Gegenteil, er fühlt sich abgestoßen von oberflächlicher, extravertierter Kameradschaft. Kommilitonen aus seiner Verbindung (die später in Konzernen und professionellen Organisationen sitzen) haben oft das Gefühl, daß er zu anders ist als sie selbst, um sich näher mit ihm anzufreunden. Selbst wenn er noch andere Archetypen hat wie Apollon oder Hermes, die es ihm leichter machen, ihnen beizutreten, verbietet seine Hephaistos-Natur, daß er je das Gefühl hat, wirklich dazuzugehören.

Beziehungen zu Männern, die in erster Linie aus geschäftlichen Gründen Kontakt pflegen, sind nichts für ihn. Die gleichen Schwierigkeiten, die er bei oberflächlichen Begegnungen auf Cocktailparties hat, machen sich auch hier bemerkbar. Er fühlt sich als Außenseiter – oder ist es tatsächlich. Normalerweise ist er von der Bevorzugung ehemaliger Mitschüler oder Kommilitonen bei der Vergabe von Posten etc. ausgeschlossen, daher ist die Rolle des Außenseiters häufig nicht freiwillig gewählt, sondern aufgezwungen.

Oft hat er spezifische Schwierigkeiten mit Männern, die Autorität ausstrahlen. Dies können Väter, Lehrer oder Supervisoren sein. Wer immer versucht, ihn umzumodeln – in der Art, wie die US-Marines aus Rekruten «Männer» machen – wird normalerweise scheitern und wirft ihn dann unter Umständen hinaus. Hephaistos läßt sich nicht von äußeren Erwartungen, sich anzupassen oder den Anforderungen anderer zu entsprechen, motivieren, zum einen, weil er in hohem Maße von innen gesteuert wird, und zum anderen, weil die Beurteilung und der Zorn, die sich gegen ihn richten, um ihn umzumodeln, eine immense Wut erzeugen, die er in sich hineinfrißt. Diese Wut macht es noch schwieriger für ihn, Anforderungen von außen zu erfüllen. Autoritäre Persönlichkeiten wiederum reagieren übertrieben auf alles, das unangemessen oder respektlos erscheint und machen die Sache dadurch noch schlimmer.

Ares, der Kriegsgott versuchte einmal ohne Erfolg, Hephaistos mit Gewalt auf den Olymp zu schleifen. Dieser bewarf ihn mit brennenden Holzscheiten und jagte ihn davon. Genau wie der Gott widersetzt sich ein Hephaistos-Mann jeglichem Versuch der Gewaltanwendung. Wenn man ihn damit konfrontiert, sprüht er vor Feindseligkeit. Selbst der Gott, der für seine unkontrollierte Macht und Kriegslüsternheit bekannt war, konnte Hephaistos nicht dazu bewegen, etwas zu tun, das er nicht wollte. Bei einem Hephaistos-Mann zieht das nicht, nicht einmal, wenn er noch jung ist.

Im Gegensatz dazu gelang es Dionysos, ihn mit Wein zu überlisten und auf einem Esel nach Hause zu bringen. Dionysos griff nicht zu Gewalt, weichte Hephaistos' dickköpfige Haltung auf und hatte Erfolg, wo Ares scheiterte. Er begab sich auf die Ebene seines Gegners und bediente sich des Alkohols, der Hephaistos eher nachgiebig als streitlustig machte.

Auch im wirklichen Leben sind Freundschaften zwischen Dionysos- und Hephaistos-Männern häufig. Oft hat nur ein anderer leidenschaftlicher Außenseiter, der sich anstrengt, einem Hephaistos näherzukommen, Erfolg. Zusammen zu trinken kann ein männerverbindendes Ritual sein: Bei Hephaistos funktioniert es nicht als Gruppeninitiation, aber es kann die Beziehung zu einem Mann vertiefen, der gleichfalls Schönheit sucht, weiß, was Leiden heißt und keine Angst hat, seine Gefühle zu zeigen, wie es bei Dionysos-Männern der Fall ist. Der extravertiertere und ausdrucksvollere Dionysos kann das, was in Hephaistos verborgen liegt, artikulieren, hervorlocken oder ausleben. Diese gegenseitige Ergänzung schafft eine gemeinsame Basis für die wenigen tiefen und andauernden Freundschaften, die ein Hephaistos-Mann haben kann.

Sexualität

Leidenschaft und Einsamkeit charakterisieren alle Aspekte im Leben eines Hephaistos-Mannes, besonders seine Sexualität. Er ist monogam und treu und erwartet dies auch von seiner Partnerin. Zu häufig erleidet er dasselbe Schicksal wie der Gott und entdeckt, daß die Frau seines Lebens ihn betrogen hat. Er trägt dazu bei, indem er sie vernachlässigt, obwohl er in Gedanken stets bei ihr ist. Ein typischer Hephaistos versinkt dermaßen in seiner Arbeit, daß er kaum Zeit mit einer Frau verbringt, nicht besonders gesprächig ist und sogar lange Zeit ohne Sex auskommt.

Er ist imstande, das sexuelle Feuer in seiner Arbeit zu sublimieren und lange Perioden der Enthaltsamkeit zu ertragen, selbst in einer Beziehung. Dann wird seine Arbeit zu einer Geliebten, die seine ganze Zeit und Sexualität beansprucht.

Bei der körperlichen Liebe ist die innere Erfahrung für den Hephaistos-Mann wichtiger als die reine Sinnlichkeit des Akts an sich. Dabei ist wahrscheinlich, daß er die Erfahrung der Kommunikation oder Kommunion mit seiner Partnerin nicht teilt. Doch sie ist die Quelle seiner inneren Erfahrung, und deswegen schätzt er sie sehr hoch ein.

Häufig erkennt er in ihr nicht die Aphrodite, die sich – als attraktive Frau mit vielen Beziehungen – von seiner Intensität und Kreativität angezogen fühlt. Wenn er entdeckt, daß sie andere Liebhaber hat, fühlt er sich schmählich verraten, obgleich er von einer Annahme ausgegangen war, die für seine Introvertiertheit typisch ist. Manchmal aber verführt ihn eine solche Frau tatsächlich nur, um ihn danach zu betrügen.

Auch von einem homosexuellen Dionysos läßt sich ein homosexueller Hephaistos verführen und betrügen, und womöglich ist Alkohol im Spiel. Hephaistos ist alles in allem jedoch nicht sehr häufig in der Schwulenszene vertreten: Er fühlt sich von denselben oberflächlichen Bindungen und der Gruppenidentifikation abgestoßen, die ihm auch Bruderschaften und Konzernhierarchien so wenig anziehend erscheinen lassen. Umgekehrt wird er von Schwulen abgelehnt, weil er so ganz anders ist als sie.

Ehe

Für den Hephaistos-Mann nimmt die Ehe sowohl einen außergewöhnlich wichtigen als auch problematischen Platz in seinem Leben ein. Sein ganzes Wohlergehen in der äußeren und auch der inneren Welt hängt möglicherweise davon ab, wen er heiratet und wie die Ehe verläuft. Sonst wird er in emotionaler Isolierung enden. Traditionell (und stereotyp) sind Beziehungen für die meisten Männer, besonders aber für den verschlossenen Hephaistos, Sache der Frauen. Sie laden Freunde ein, machen Pläne für die Ferien, halten Kontakt zu Verwandten und erinnern sich an wichtige Termine.

Die Frau eines Hephaistos-Mannes spielt auch eine entscheidende Rolle dabei, ob er seine Arbeit in der Welt etablieren kann. Der Künstler oder Werkmeister Hephaistos, der einsam vor sich hinarbeitet, braucht gewöhnlich jemanden, der als sein Agent fungiert. Häufig ist es seine Frau, die seine

Werke verkauft oder einen Galeristen, Agenten oder andere Absatzmöglichkeit für ihn findet.

Im Mythos heiratete Hephaistos Aphrodite und wurde von ihr betrogen. Außerdem versuchte er – ohne Erfolg –, Athene zu vergewaltigen, die sich gegen ihn zur Wehr setzte, und schuf Pandora (und die goldenen Sklavinnen). Diese drei mythischen Beziehungen reflektieren drei mögliche Arten einer Hephaistos-Ehe.

Hephaistos und Aphrodite

Frauen, die der Göttin der Liebe ähneln, suchen intensive Beziehungen von der Art, wie Hephaistos sie verspricht. Wenn er schöne Objekte oder Kunst schafft, weitet sich ihre ästhetische Sinnlichkeit auch auf seine Arbeit aus. Außerdem sieht er sie als seine persönliche Aphrodite und projiziert sein Bild auf sie; in seiner Gegenwart fühlt sie sich wie eine Göttin.

Beide können im Hier und Jetzt aufgehen. Doch kann er sich anschließend zurückziehen und die Beziehung als innere Erfahrung mitnehmen, sie nicht. Es ist charakteristisch für einen Hephaistos-Mann, sie auf diese Weise «zu verlassen» und die Intensität auf seine Arbeit zu konzentrieren, allerdings erwartet er, daß sie in einer solchen Phase monogam bleibt. Wenn sie ihre Energie nicht selbst in eine kreative Arbeit lenkt oder hauptsächlich vom Archetyp der Hera beeinflußt wird, kann sie jedoch durchaus eine Affäre haben, während er arbeitet.

Hephaistos und Athene

Unter allen olympischen Gottheiten hatte Athene, die Göttin der Weisheit, den klarsten Kopf. Es bereitete ihr weder Probeme, eine Stadt zu belagern noch einen Teppich zu entwerfen. Athene-Frauen können Situationen gut einschätzen und bevorzugen Männer, die Erfolg haben oder mit ihrer Hilfe Erfolg haben werden. Eifersucht kennen sie nicht. Hephaistos-Männer bewundern und schätzen diese Eigenschaften, finden es allerdings auch rätselhaft, wie Athene-Frauen es schaffen, sich um die für ihren Erfolg notwendigen Finanzen und Verbindungen zu kümmern.

Andrew und Betsy Wyeth scheinen diese Art von Beziehung zu verwirklichen. Betsy ist Andrews Manager. Als Andrews offensichtliche Helga-Besessenheit zutage trat, reagierte Betsy ganz wie eine selbstsichere Athene: «Er ist ein sehr verschwiegener Mensch. Er mischt sich nicht in mein Leben ein, und ich nicht in seines. Und es lohnt sich: sehen Sie sich die Gemälde an. Oh Gott, Sie sind unglaublich. Und wie viele es sind!»[5]

Es heißt, sie habe über zehn Millionen Dollar für die Kollektion herausgeschlagen.

Hephaistos und Pandora

Hephaistos erreichte den Gipfel seiner Kreativität, als er auf Zeus' Geheiß hin die erste sterbliche Frau schuf. Sie blieb nicht seine einzige. Homer berichtet, daß er das Problem der Haushaltshilfe damit löste, daß er goldene Sklavinnen schuf, die nicht nur sprechen und ihre Glieder bewegen konnten, sondern auch intelligent und tüchtig waren.

Wenn ein älterer, autoritärer Hephaistos eine jüngere Frau heiratet, die der fügsamen und nachgiebigen jungfräulichen Göttin Persephone ähnelt, wird er sie zu einer Frau formen, die sich wie eine goldene Sklavin verhält.

Vielleicht prägt er sie aber auch weniger bewußt. Ihr fehlendes Selbstwertgefühl (typisch für Persephone) und ihr Äußeres liefern den «Bildschirm», auf dem das von ihm «projizierte» Bild sichtbar wird. Ihre Bereitschaft, zu sein, was er von ihr erwartet, ist bewußt (sie möchte ihm gefallen und liest ihm daher jeden Wunsch von den Augen ab) und unbewußt zugleich (in ihrer psychischen Fügsamkeit fällt gerade der Aspekt ihres Selbst auf ihn zurück, der am engsten mit seinem Bild von ihr verbunden ist).

Vielleicht ist sie sogar eine «Erfindung» seines Geistes und seiner Seele, was alle möglichen schreckliche Folgen für ihn haben kann. Verschlossen, wie er nun mal ist, häufig ohne jede Erfahrung mit Frauen, verliebt er sich möglicherweise in das Bild, das er von ihr hat und geht davon aus, daß sie ebenso starke Gefühle für ihn hegt wie umgekehrt. Seine Leidenschaftlichkeit und monogame Lebensweise, gepaart mit einer Sehnsucht nach Nähe und Anerkennung, die er nie hatte, mündet in der falschen Annahme, daß sie mit seinem Bild von ihr übereinstimmt und damit in einer persönlichen Katastrophe. Vielleicht verwandelt sie sich für ihn in eine Pandora und zieht alle Register, mit denen Pandora ausgestattet war: weibliche Tricks, Sex-Appeal und Schamlosigkeit, Hinterlist, Lug und Trug.

Kinder

Der Gott Hephaistos hatte keine Kinder, und viele Hephaistos-Männer würden auch lieber auf sie verzichten, besonders wenn sie selbst eine unglückliche Kindheit hatten. Trotzdem ist es schwer einzuschätzen, wie ein Hephaistos-Mann auf sein eigenes Kind reagieren wird. Körperlicher Kontakt zu dem Baby ist von entscheidender Bedeutung. (Dies ist einfacher, wenn er bei der Geburt anwesend war und vom ersten Augenblick aktiv beteiligt wird). Wenn er Kontakt zu seinem Kind findet, ist seine Zuneigung groß, fast körperlich. Er hat es gern um sich, selbst wenn er nicht allzu viel mit ihm spielt oder spricht.

Kinder können leicht das Gefühl entwickeln, ihr Vater sei ein distanzierter, grüblerischer Mann, der gereizt reagiert, wenn man ihn bei der Arbeit unterbricht, ärgerlich wird, wenn sie zu laut sind und sich nicht darüber im klaren ist, daß seine Erwartungen ihrem Alter vollkommen unangemessen sind. Die Tochter eines Hephaistos-Mannes erzählte, daß ihr Vater, als sie erst sechs Jahre alt war, von ihr verlangte, ihm Kaffee zu kochen und wütend wurde, als sie nicht wußte, wie man das machte.

Es gibt ein paar vorhersehbare Probleme zwischen Vätern und ihren Kindern, die von seiner chronischen schlechten Laune, seinen Depressionen und seinem Bedürfnis, die Kontrolle zu behalten, verschärft werden. Zum Beispiel kommuniziert er nur selten direkt und explizit. Oft müssen die Kinder lernen, auf Zehenspitzen durch die Wohnung zu schleichen, intuitiv zu erspüren, was er will und voraussehen, wie er reagieren wird.

Häufig werden die Kinder sich gegen seine Autorität auflehnen, denn seine Arbeit ist im höchsten Maße subjektiv, und Kommunikation ist nicht gerade seine Stärke. Auch sträubt er sich häufig gegen Veränderungen, während Kinder und Jugendliche sich unablässig verändern. Daraus resultieren Spannungen.

Frustrierte, herrschsüchtige Hephaistos-Väter mit anpassungsfähigen Töchtern können diese in «goldene Sklavinnen» verwandeln, die alles tun, was er sagt. Er wird sie ein Leben lang beherrschen. Er erstickt jede Regung von Selbständigkeit und verlangt Gehorsam. Auf diese Weise engt er sie ein und ebnet den Weg für eine spätere Schikanierung oder Beherrschung durch einen anderen Mann. Söhne rebellieren häufiger gegen einen solchen Vater, und auch halsstarrige Töchter lehnen sich gegen ihn auf, gewöhnlich jedoch außerhalb seiner Reichweite.

Söhnen und Töchtern fehlt die Hilfe ihres Hephaistos-Vaters gleichermaßen, der zu individualistisch und introvertiert ist, um seinen Kindern bei ihrem Weg ins Leben zur Seite zu stehen. Hephaistos selbst ist gewöhnlich so eigenbrötlerisch, daß die guten Beziehungen seiner alten Kommilitonen nur selten für seine Kinder in Betracht kommen, und er selbst ist oft auch nicht gerade der Inbegriff eines erfolgreichen Mannes.

Obgleich viele Kinder Schwierigkeiten mit ihren Hephaistos-Vätern haben, ist auch eine ganz besonders positive Beziehung möglich, wenn der Vater nicht frustriert ist und sich von Anfang an um seine Kinder bemüht hat. Wie bei Künstlervätern, deren Studio hinter dem Haus ein Heiligtum ist, in dem die Kinder ihre eigene Kreativität entfalten und einfach mit ihnen zusammen sein dürfen, verbringen sie in positiven Beziehungen viel Zeit mit ihren Hephaistos-Vätern. Ihre Kreativität, ihr Vertrauen in die Welt und ihre Selbstwertgefühl erwachsen aus dem Zusammensein mit ihm; sie lassen sich von ihm zeigen, wie Dinge gemacht werden und schaffen dann etwas Eigenes.

Die mittleren Lebensjahre

Die erste Hälfte des Lebens verlief normalerweise schwierig, weil sich ein Hephaistos-Mann den Erwartungen der Gesellschaft nur selten anpaßt. Er ist kein ehrgeiziger, logischer, extravertierter Mensch, der die Herausforderung, im Leben weiterzukommen, mit Freude annimmt. Zwar tun die meisten Männer durchaus, was von ihnen verlangt wird und schlagen in der ersten Hälfte des Lebens eine Karriere ein und/oder gründen eine Familie, um die innere Reise für die zweite Hälfte des Lebens zurückzustellen, doch sind Hephaistos-Männer vorrangig auf diese innere Welt fixiert und mußten diese unausgesprochenen und intensiven Gefühle irgendwie ausdrücken.

Wenn ein solcher Mann trotz der Tatsache, daß er als Außenseiter galt, eine Karriere und eine Familie aufbauen konnte, wird die zweite Hälfte seines Lebens normalerweise glücklicher verlaufen als die erste. Im Vergleich mit anderen Männern seiner Altersgruppe nähert sich ein Hephaistos-Mann dieser neuen Phase seines Lebens zum ersten Mal mit einem Vorteil. Er mußte darum kämpfen, sich zu verwirklichen und den äußeren Anforderungen gerecht zu werden, und hatte in beiden Bereichen Erfolg. (Ein extravertierterer Mann paßt sich in der ersten Hälfte des Lebens ohne Schwierigkeiten den Erwartungen an. Seine Individualität leidet darunter und stellt Forderungen, die er in der zweiten Lebenshälfte mit Konflikten und Depressionen bezahlen muß.)

Der frustrierte, chronisch deprimierte Hephaistos-Mann jedoch, der sich den Menschen weder entgegenstellt noch sie einschüchtert oder sich von ihnen zurückzieht, kann die Lebensmitte erreichen, ohne Nähe zu anderen Menschen oder eine lohnende Arbeit gefunden zu haben. Vielleicht hat sich dieses Muster schon zu sehr verfestigt, als daß es sich ändern ließe, es sei denn, zum Schlimmeren. Wenn er Bilanz zieht und sich mit anderen Männern vergleicht, versinkt er vielleicht in einer Midlife-Crisis, die ihm die Möglichkeit verschafft, eine größere Veränderung vorzunehmen. (Vgl. spätere Kapitel über psychologische Schwierigkeiten und Möglichkeiten seelischer Reife.)

Die späteren Lebensjahre

In den späteren Lebensjahren, wenn klar ist, wie sich seine Lebensgeschichte entwickelt hat, sind Hephaistos-Männer im allgemeinen zufrieden und arbeiten nach wie vor sehr kreativ in ihrer jeweiligen «Schmiede» – Künstler, deren Talente reifen konnten und vom Leben geschliffen wurden. Doch ist auch der Anteil sozial verwahrloster Obdachloser unter Hephaistos-Männern überdurchschnittlich hoch.

Psychologische Schwierigkeiten

Die meisten Hephaistos-Männer müssen zuerst als Junge, dann auch als Mann mit dem Gefühl fertigwerden, nicht akzeptiert zu werden und den überkommenen Vorstellungen (oder Erwartungen) dessen, was sie sein sollten, nicht zu entsprechen. Wenn sie ein schwieriges oder unglückliches Familienleben hatten und als Jungen abgelehnt wurden, wird diese Erfahrung gewöhnlich dazu beitragen, daß sie noch einsamer werden, als sie ohnehin schon sind. Mit ihrem nur nach innen gerichteten, verschlossenen Wesen können sie normalerweise den Mangel an Liebe oder Anerkennung zu Hause nicht dadurch kompensieren, daß sie in der Schule beliebt oder erfolgreich sind (es sei denn, andere Archetypen sind präsent).

Als Männer werden sie weiter Schwierigkeiten haben, sich anzupassen und dazuzugehören. Vielleicht können sie durch ihre Arbeit das Gefühl entwickeln, produktive, anerkannte und kreative Menschen zu sein. Doch fehlt es ihnen an politischen, sozialen und kommunikativen Fertigkeiten, so daß sich auch dieser Ausweg nicht allzu leicht stellt. Psychologische Probleme sind daher vorhersehbar.

Emotionale Verstümmelung: Die Folge der Ablehnung

Hephaistos wurde nach der Geburt von seiner gefühllosen Mutter Hera verstoßen, als sie sah, daß er nicht vollkommen war. Beschämt über sein Aussehen warf sie ihn fort, ein Schicksal, das unzählige Neugeborene im wahrsten Sinne des Wortes teilen müssen. Sie werden ausgesetzt, weil ihre schändlichen Mütter sie als Mißgeschick einstuften, dessen man sich entledigen mußte. Doch auch metaphorisch wird dieses Schicksal von vielen anderen Babies geteilt, die den Erwartungen nicht gerecht und daher emotional abgelehnt werden.

Kinder, die keine körperliche Nähe erfahren, wachsen nicht; und ohne körperliche Berührung (oder Liebe), so fand man während des zweiten Weltkriegs in England heraus, sterben sie, selbst wenn sie regelmäßig gefüttert werden und in einer hygienisch einwandfreien Umgebung aufwachsen. Viele untergewichtige, apathische Babys, «die nicht wachsen» wollten, wurden in der Notaufnahme der beiden Bezirkskrankenhäuser abgeliefert, in der ich meine Ausbildung machte; ihr größtes Problem schien Ablehnung durch die Mutter und Vernachlässigung zu sein.

Selbst wenn ein abgelehntes Baby körperlich überlebt, resultiert der dadurch verursachte psychologische Stress häufig in emotionaler Verstümmelung. Einem solchen Kind fehlt das grundsätzliche Vertrauen in die Welt; es reagiert auf seine Umgebung ängstlich und argwöhnisch. Es beginnt das Leben als Einzelgänger, denn es hat niemanden, mit dem es sich verbünden kann.

In einer anderen Version wurde Hephaistos vom Olymp geschleudert und von einem wütenden Zeus verletzt, als er Partei für Hera ergriff und sich damit zwischen die beiden stellte. Diesmal war es das Verhalten des Kindes, das inakzeptabel war und die Eltern dazu bewog, es abzulehnen. Nach dieser Version wurde Hephaistos aufgrund von Kindesmißhandlung zum Krüppel. Auch hier zieht das Leben gelegentlich deutliche Parallelen, beispielsweise wenn eine Frau mit einem Mann zusammenlebt, der nicht der Vater ihres kleinen Sohnes ist und diesen entweder als Rivalen oder Ärgernis betrachtet und daher mißhandelt. Von seiner Mutter schutzlos zurückgelassen und von einer Vaterfigur mißhandelt, wird ein solcher kleiner Junge zwar die körperliche Mißhandlung überleben, doch aus der tiefen Furcht und Wut, die in ihm schmoren, als emotionaler Krüppel hervorgehen.

Ein Hephaistos-Junge, dem man dermaßen mitspielt, reagiert auf eine Reihe von Erfahrungen mit seinen Eltern, angefangen bei der Ablehnung durch seine Mutter oder väterlicher Mißhandlung bis hin zu subtileren psychologischen Mitteln: mütterliche Distanz und väterliche Verurteilung zum Beispiel. Der Grad seiner Betroffenheit steht nicht unbedingt in direktem Verhältnis zu den Schwierigkeiten, mit denen er zu kämpfen hatte, sondern hat mehr mit seiner subjektiven Erfahrung zu tun. Vielleicht stellt er später einmal fest, daß es objektiv «gar nicht so schlimm war», doch seine Empfindlichkeit gegenüber Ablehnung, gepaart mit einer natürlichen Introversion, führte zu heftigen Reaktionen und schmerzlichen Gefühlen. Ein solcher Junge ist sehr «verletzbar», was die Schwierigkeiten noch vergrößert.

Zudem wird die Wirkung schmerzlicher Erfahrungen durch seine Wesensart verstärkt. Ein extravertiertes oder impulsives Kind, das mißhandelt wird, kann sich zu einem Menschen entwickeln, der sich wehrt oder andere schikaniert; vielleicht erzählt es auch jemandem davon und lenkt Aufmerksamkeit auf seine Misere. Statt dies zu tun, zieht Hephaistos sich zurück und zeigt nicht, wie verletzt, wütend und erschreckt er ist; er spricht mit niemandem darüber und läßt sich emotional verkrüppeln, am Ausdruck hindern und von anderen entfremden. Er durchlebt seine Erfahrungen noch einmal, wenn er von Frauen abgelehnt wird, deren Zuneigung er sucht, oder wenn er von einflußreichen Männern negativ beurteilt wird.

Realitätsverzerrung: Probleme mit introvertierten Emotionen

Versteckte Gefühle mit sich herumzuschleppen und verletzbar zu sein, ist ein Grund, warum ein Mensch «das, was wirklich passiert ist», verzerrt wahrnimmt, und das kann zu einem Problem nicht nur für Hephaistos, sondern auch für die Menschen in seiner Umgebung werden. Allein die emotionale Wirkung, die ein bestimmtes Ereignis auf ihn hatte, bestimmt seine Perspektive – weder die Absicht der anderen Person noch die Fakten.

Kleine Kränkungen, die einem anderen vielleicht gar nicht aufgefallen wären, können ihm sehr weh tun. Und wenn er nichts dazu sagt oder die Version des anderen nicht akzeptieren kann, wird das, was der Vorfall für ihn bedeutete, zu dem, «was passiert ist». Wenn er Monate oder sogar Jahre später endlich davon spricht, erinnert sich der andere vielleicht gar nicht mehr daran und ist bewegt, traurig, entsetzt oder wütend darüber, was Hephaistos gefühlt hat.

Auch positive Gefühle können durch kleine Gesten erweckt werden, eine Zärtlichkeit vielleicht, die ihn rührt und jahrelang erwärmt. Dabei können diese Gesten für den anderen Menschen ebenso wichtig oder unwichtig gewesen sein wie zuvor die Kränkung.

Bei einem solchen Grad an Verschlossenheit ist die innere Reaktion auf das äußere Ereignis das einzige, was zählt. Die Erinnerung eines Hephaistos speichert keine Fakten, sondern Ereignisse, die von Emotionen gefärbt sind. Das ist natürlich auch bei anderen Menschen der Fall, bei ihm jedoch extrem.

Mangelnder Erfolg in der Welt

Hephaistos wurde vom Olymp geschleudert, der symbolisch einen Pfeiler der Macht darstellt. Und wenn er den Olymp besuchte, gehörte er sicher nicht zu den Reichen und Schönen an der Spitze. Dasselbe gilt für Hephaistos-Männer. Das Bild des Hephaistos an seiner Schmiede erinnert an Stahlarbeiter, Glasbläser oder Schmiede an ihrer Esse: der Arbeiteraristokrat, der in einer Welt von Geschäftemachern fast sein ganzes Prestige verloren hat. Männer, die mit den Händen arbeiten statt mit dem Kopf, besitzen kaum noch Würde, ganz gleich, ob sie Handwerker, Facharbeiter oder Hilfsarbeiter sind. Die olympischen Höhen sind von Männern bevölkert, die keinerlei Berührung mit dem haben, worüber sie verhandeln: Sie sind Geschäftemacher und Investoren.

Wut gärt in vielen Hephaistos-Männern, die schon als Jugendliche erkennen, daß sie nie «jemand sein werden». Dieselbe Wut empfindet vielleicht ein Mann, wenn er merkt, daß eine Frau ihn als potentiellen Partner gar nicht erst in Betracht zieht, weil er aus der Arbeiterklasse stammt, oder wenn er seinen Kindern nicht geben kann, was sie brauchen, weil es seine finanziellen Kräfte übersteigt. Wenn er nie eine lohnende Aufgabe findet und (in Übereinstimmung mit seiner Hephaistos-Natur) seine Wut auch weiterhin unterdrückt, wird er deprimiert und bitter. Darin unterscheidet er sich von Ares und Poseidon, die in ähnlichen Situationen vor Wut explodieren.

Den Hanswurst spielen: Mangelnde Selbstachtung und das Gefühl, einer Sache nicht gewachsen zu sein

Außerhalb seiner Werkstatt wurde der Gott Hephaistos zum Hanswurst. Die Götter des Olymp lachten, wenn sie Hephaistos eilig die Gänge des Palastes entlanghumpeln sahen, um ihnen als Mundschenk zu dienen. Und sie krümmten sich vor Lachen, statt ihn zu bemitleiden, als er seine Frau Aphrodite mit Ares in einem unsichtbaren Netz gefangen hatte und sie aufforderte, als seine Zeugen zu fungieren.

In einer psychologischen Interpretation der griechischen Mythologie und der griechischen Familie sah Philip Slater, Autor des Werkes *The Glory of Hera*, in dieser Rolle des Hephaistos als Clown einen Ausdruck für dessen «Abschied von der Männlichkeit»:

> Hephaistos vermittelt die interpersonelle Botschaft: «Ihr habt von mir nichts zu befürchten, noch gibt es irgend etwas an mir, das euren Neid oder Groll erwecken könnte. Ich bin nur ein armer, lahmer Hanswurst, bereit, euch zu dienen und mit Witzen auf meine Kosten zu unterhalten.[6]

Der Hephaistos-Mann, der diesem Muster folgt, wird, gewöhnlich ohne es zu wollen, zum Clown. Seine «abartige», introvertierte Persönlichkeit sorgt dafür, daß er ständig unangemessen reagiert und damit Spott oder Gelächter provoziert. Er ist der Junge, der wegen seiner Schulkleidung von den anderen verachtet oder gehänselt wird, der nicht weiß, wie er mit dem beliebtesten Mädchen in der Klasse reden soll und dann etwas sagt, das alle zum Lachen bringt. Er ist der Junge, der übertrieben reagiert, wenn man ihn auslacht, und dafür gnadenlos verprügelt wird. Vielleicht lernt er, daß seine Demütigung unweigerlich schlimmer wird, wenn er protestiert, und entdeckt, daß er die Situation entschärfen kann, indem er den Clown spielt. Als man die Schwarzen im tiefen Süden noch «Nigger» schimpfen und ungestraft lynchen durfte, konnte ein Schwarzer sich vielleicht nur retten, indem er sich in einen schlurfenden, zurückhaltenden «Festus» verwandelte. Der Hephaistos-Mann, der diesem Beispiel folgt, ist infolge seiner Gefühle häufig in der gleichen psychologischen Lage wie der abgelehnte Einzelgänger, den niemand unterstützt.

Doch seine Art, damit fertigzuwerden, ist gewöhnlich selbstzerstörerisch. Jeder Vorfall trägt zum Zerfall des Selbstwertgefühls und des Respekts vor anderen bei. Häufig fordert es einen Menschen, dem es Spaß macht, andere zu demütigen, geradezu heraus, ihn zur Zielscheibe seines Spotts zu machen.

Ein viel subtileres Gesicht, das mit der (Clown-)Persona oder der äußerlichen Maske in Zusammenhang steht, die manche Hephaistos-Männer aufsetzen, ist das der Freundlichkeit: «der nette Kerl von nebenan», der unter dieser Fassade Frustration oder Depressionen versteckt, weil er von seinen Eltern auf die eine oder andere Art abgelehnt wurde. Ein verbreitetes Muster erinnert an Zeus und Hera: Er ist der «vaterlose Sohn» eines abwesenden oder distanzierten Vaters, der wiederum von seiner selbstsüchtigen, narzistischen Mutter im Stich gelassen worden war.

Nach innen gerichtete Wut: Depressionen

Depressionen können ein schweres und chronisches Problem für Hephaistos-Männer sein, die aufgrund ihrer verschlossenen Art Kränkungen und Wut häufiger in sich hineinfressen, als sie nach außen zu zeigen. Ablehnung, mangelnde Anerkennung, mangelnder Erfolg – die Anfälligkeiten dieses Mechanismus – sind offensichtliche Quellen der Frustration und des Kummers: jemand hat allen Grund, zu explodieren, aber er tut es nicht. Wenn er diese Gefühle zurückhält und sich in sein Schneckenhaus verkriecht, kommt es zu Depressionen.

Sucht

Hephaistos-Männer benutzen häufig Alkohol, um ihre Gefühle zu betäuben und das Leben weniger intensiv zu empfinden. Vielleicht macht der Alkohol es ihnen leichter, freundlich mit anderen umzugehen, dann wirkt er besänftigend. Viele Arbeiter, deren Job körperlich anstrengend ist, und die ihre empfindsamen Gefühle von ihrem Temperament her und in einer Kultur wie der unseren eher in sich vergraben, als sie auszudrücken, greifen bewußt zur Flasche, wenn sie versuchen, mit einer schmerzlichen Erfahrung fertig zu werden. Zu viel zu trinken und dann mit einem Kater aufzuwachen, bietet sich an als akzeptierte Art, taub zu sein und zu leiden; eine Woche abzuschalten, um auf diese Art über etwas Schmerzliches hinwegzukommen, gilt ebenfalls als männlich.

Am Feierabend oder nach der Arbeit zu trinken oder dann, wenn es keine Arbeit gibt, um den emotionalen Schmerz zu betäuben, den man nicht mit anderen teilen oder auch nur ausdrücken kann, wirkt wie eine emotionale Anästhesie. Als Droge benutzt, kann Alkohol selbst zum Problem werden. Auch Männer, die ihre Gefühle betäuben und sich aus der Intimität zurückziehen, indem sie stundenlang vor dem Fernseher sitzen, sind süchtig.

Ein hoher Preis für den Frieden

Wenn ein mißhandeltes, emotional traumatisiertes Kind zum Friedensstifter der Familie wird, eine Rolle, die es unter Umständen sein Leben lang behält, unternimmt es gewöhnlich etwas zur Entschärfung der Situation, sobald es spürt, daß die Spannung zunimmt. Damit versucht es, einen Wutausbruch des gefürchteten Elternteils zu verhindern. Häufig wird sich das Kind oder der Mann dieser Wahrnehmung gar nicht bewußt, auch sind sie sich nicht unbedingt darüber im klaren, was sie als nächstes tun werden. Die Explosivität der Situation wächst einfach, und sie werden zunehmend nervös, bis sie etwas unternehmen müssen, um den Frieden zu bewahren.

Um einen gefürchteten Elternteil zu besänftigen, muß ein traumatisiertes Hephaistos-Kind die Teile seines Selbst opfern, die es in Gefahr gebracht haben. Im allgemeinen unterdrückt es, was es fühlt, frißt seine Frustration und Erbitterung immer tiefer in sich hinein. Den Preis, den es bezahlen muß, um zu versöhnen und zu beruhigen, ist sehr hoch: es verliert den Kontakt zu dem, was es eigentlich fühlt und kann Wut nicht einmal mehr bei anderen tolerieren. Beim Erwachsenen besteht der Preis in seiner Authentizität und in mangelnder Toleranz für den Ausdruck von Gefühlen bei anderen, was in jeder wichtigen Beziehung seinen Tribut fordert.

Schwierigkeiten für andere

Mit einem Hephaistos-Mann zu kommunizieren kann für eine Frau problematisch sein, wenn sie erwartet oder verlangt, daß er über seine Gefühle oder das, was er in einer bestimmten Angelegenheit unternehmen will, spricht. Er erfüllt das Klischee des starken, schweigsamen Mannes. Da er intensive

Gefühle hat, kann die Luft um ihn herum ziemlich dick werden und dennoch wird sie nichts aus ihm herausbekommen, wenn sie ihn auffordert, darüber zu sprechen.

Erzählt sie ihm dagegen von sich, weiß sie nie genau, wie er es aufnehmen wird. Jahre später entdeckt sie möglicherweise, daß ihn ein Gespräch, auf das er damals überhaupt keine Reaktion zeigte, tief bewegt oder verstört hat.

Versuche, ihn zu ändern und kommunikativer zu machen, können erfolgreich sein oder auch nicht – meistens sind sie es nicht. Eine Frau, die mit einem Hephaistos-Mann verheiratet ist, muß häufig entscheiden, ob sie auf ihre Forderung nach Kommunikation mit ihm verzichten kann.

Schädliche Beziehungen

Der starke, schweigsame, frustrierte Mann, der sich machtlos fühlt, zu viel trinkt und seine Wut nur an denen ausläßt, die ihm am nächsten stehen, ist der Vater, den viele erwachsene Kinder von Alkoholikern hatten. Zwar schafft Hephaistos es meistens, seine Wut zu unterdrücken; der Griff zur Flasche aber kann das Faß zum Überlaufen bringen. Oft haben die Töchter die Empfindsamkeit und das Leiden ihres Vaters erkannt oder einen Blick auf Fähigkeiten erhascht, die weder entwickelt noch anerkannt worden sind. Sie wachsen mit einer Schwäche für solche Männer auf, hoffen, ihnen einen Sinn im Leben offenbaren zu können und sind Mißhandlungen gegenüber sehr tolerant. Diese Frauen neigen zu Beziehungen, in denen sie ausgenutzt oder mißhandelt werden, wie zuvor ihre Mütter.

Rollentausch

Wenn der Hephaistos-Mann Schwierigkeiten hat, Geld zu verdienen, weil er ein hungerleidender Künstler ist oder niemand seine Fähigkeiten braucht oder seine Persönlichkeit wertschätzt, muß vielleicht die Frau, die ihn liebt, in die Rolle desjenigen schlüpfen, der die Brötchen verdient. Die Rollen können sich auch vertauschen, wenn sich Aufgaben stellen, in denen einer von beiden etwas aushandeln muß. Wenn sie über den logischeren Kopf und und größere soziale Fähigkeiten verfügt, wird sie nach außen oft beide repräsentieren.

Im Rollentausch findet sie entweder Gefallen an ihrer Kompetenz und akzeptiert die Situation oder sie entwickelt deswegen Groll, der sich dann auch gegen ihn richtet. Bei ihm ist ebenfalls unklar, ob er die neue Lage anerkennen oder ablehnen wird. Berücksichtigt man die Macht dessen «was sein sollte», ist eine Beziehung, die sich gegen die Tradition stellt, normalerweise für beide Partner aufreibend.

Möglichkeiten seelischer Entwicklung

Wenn der Hephaistos-Mann abgelehnt oder herabgewürdigt wird, weil er «anders ist als die anderen» und als Folge davon das Gefühl entwickelt, etwas Grundlegendes stimme nicht mit ihm, beginnt sein Wachstum erst dann, wenn er erkennt, daß etwas Grundlegendes daran nicht stimmte, wie er behandelt wurde. Als nächstes muß er, wenn er andere Aspekte seiner selbst entwickeln will, entdecken und schätzen lernen, «wer» er ist, was ihn beeinflußt, wenn er wirklich er selbst ist, und über den Hephaistos-Archetyp hinauswachsen. Die beiden letzteren Aufgaben sind das, was jeder Hephaistos (ob Mann oder Frau) bewältigen muß.

Sich selbst erkennen

Ein Hephaistos-Mann muß sich Apollons Ausspruch «Erkenne dich selbst» zu eigen machen. Als erstes könnte er sich fragen, wieviel Ähnlichkeit er mit Hephaistos hat und was dies bedeutet. Er muß erkennen, inwieweit er die Erwartungen der anderen erfüllt hat oder nicht, wie er sich zum dummen Hanswurst machte, als er versuchte, ein wortgewandter, sozialer, entspannungs-orientierter «Olympier» zu sein, und sich dann seine tiefe Befriedigung und das Gefühl der Meisterschaft ins Gedächtnis zurückrufen, das ihn überwältigt, wenn er etwas Neues geschaffen hat. Objektive Kenntnisse der Archetypen und subjektive Kenntnisse seiner selbst können ihm helfen, herauszufinden, woraus er seine Kompetenz und den Sinn in seinem Leben schöpft.

Wenn es traumatische Situationen in seinem Leben gibt, kann die Psychotherapie entscheidende Hilfe leisten, denn von seinem Wesen her neigt ein Hephaistos-Mann dazu, alles für sich zu behalten, sich von den Menschen zurückzuziehen, Depressionen zu entwickeln und seine Frustration in sich hineinzufressen. Abgesehen von dem Bedürfnis nach Katharsis braucht er das Mitgefühl und die Perspektive eines anderen Menschen. Im Verlauf dieses Prozesses entwickelt er auch die Fähigkeit, zu kommunizieren und sich deutlicher bemerkbar zu machen.

Die anderen erkennen

Selbst im Leben eines introvertierten Hephaistos gibt es normalerweise ein paar wichtige Menschen. Anders als der behaglich zurückgezogene Hades ist Hephaistos sehr empfindsam und reagiert heftig auf Menschen, die ihn emotional berühren. Daher muß er lernen, Beziehungen weniger subjektiv zu erleben und begreifen, daß die Erklärung: «Das fühle ich» nicht unbedingt dasselbe ist wie «Das ist tatsächlich passiert». Die Heftigkeit und Intensität seiner subjektiven Reaktionen verzerrt die Realität dessen, was eine andere Person tatsächlich gesagt oder getan hat. Nur durch den Dialog, dem er häufig aus dem Weg zu gehen sucht, können Mißverständnisse und falsche Eindrücke geklärt werden. Ein Gespräch bietet die Möglichkeit, die Unterschiede zwischen Menschen anzuerkennen, die einander wichtig sind. Diese Objektivität ist besonders entscheidend für Hephaistos, der sein subjektives Bild sonst mit der Realität verwechseln würde. Eine aufgeschlossenere Persönlichkeit bringt normalerweise mehr Information ein, so daß der Kontext der Situation gewöhnlich Teil seines oder ihres Bildes ist. Das subjektive Gefühl der Verschlossenheit jedoch braucht gewöhnlich das Bild einer anderen Person, und nur der Dialog kann dieses Bild vermitteln.

Andere Archetypen als Helfer

Wenn der Hephaistos-Junge die Schule bis zum College durchläuft, wird er wahrscheinlich Kommunikationsfähigkeiten (Hermes), eine objektive Perspektive (Apollon), strategisches Denken (Athene) und vielleicht sogar Ehrgeiz (Zeus) entwickeln. Diese Aspekte helfen einem geborenen Hephaistos bei seiner Motivation und machen es ihm leichter, in der Arbeitswelt zu funktionieren. Sie befähigen ihn, zu lernen und Fähigkeiten zu entwickeln, durch die er die Arbeit tun kann, die er gern tun möchte, zu verhandeln, damit er angemessen bezahlt wird, Anerkennung zu finden, sich eine Position zu erkämpfen oder das, was er kreiert, auch zu verkaufen. Kurz, sie versetzen ihn in die Lage, die kreative, praktische Arbeit zu tun, die seiner Hephaistos-Natur entspricht. Doch häufig respektiert die Welt einen Hephaistos nicht, und die anderen, anerkannteren Archetypen bleiben aus. Dann kann der Mann (oder die Frau) ein Leben lang eine Arbeit tun, die nie mehr sein wird als nur ein Job, wie groß seine Fortschritte auch sein mögen, weil sie nicht wirklich befriedigend, kreativ oder persönlich sinnvoll ist. Für ihn ist es erfüllender, ein tüchtiger Handwerker zu sein, als in einem Konzern Verhandlungen zu führen, in einem Labor zu forschen, als in einem Verkaufsbüro zu sitzen oder im Operationssaal zu stehen, als die Chirurgische Abteilung zu leiten.

Sich über Hephaistos hinaus entwickeln

Wenn ein Hephaistos-Mann eine Arbeit findet, die er liebt, stellt sich das Problem, daß er sich dermaßen in diese Arbeit vertiefen kann, daß er vergißt, die anderen Facetten seiner Persönlichkeit zu entwickeln oder ihnen genügend Raum zu verschaffen. Andere Potentiale bleiben eingesperrt, und selbst wenn er sich mit den positiven Eigenschaften dieses Archetyps identifiziert, läßt er sich durch ihn einschränken. Hier muß der Mann die Notwendigkeit erkennen, über Hephaistos hinauszuwachsen, um Zeit und Energie zu gewinnen und Entscheidungen zu treffen, die ihm seelische Reife gestatten.

Von Aphrodite auserwählt

Aphrodite, die Göttin der Liebe und Schönheit, nahm sich Hephaistos zum Mann – nicht er kämpfte um sie oder machte ihr den Hof. Desgleichen kann die Liebe zu schönen Dingen in der Psyche eines Arbeiters existieren, nicht als Folge einer Anstrengung, einer Auseinandersetzung oder auch nur des Kontakts zu schönen Dingen. Dies ist ein Geschenk der Göttin der Liebe und Schönheit, die ihn auf diese Weise «auserwählt». Wenn er nun Dinge herstellt, ganz gleich, wie funktional sie sein mögen, ist seine Kunst mit Schönheit und Liebe verbunden, was sich in der Form, Ausgewogenheit und Wahl seines Materials manifestiert. Alles andere würde seinem Sinn für Kunst und Ästhetik widerstreben. Um diesem inneren Standard treu zu bleiben und sein Werk reifen zu lassen, muß er die Verbindung der beiden Archetypen respektieren. Vielleicht gibt es Menschen, die weder seine Kunst noch das ästhetische Element seiner Arbeit anerkennen, und er könnte sich genötigt oder versucht sehen, sie ebenfalls zu entwerten. Doch wird er dann auf die Freude und Befriedigung verzichten müssen, die ihm sonst zuteil werden kann. Wenn seine Arbeit einer Verbindung zwischen Hephaistos und Aphrodite entspringt, fühlt er sich von einer himmlischen Kraft angerührt. Er ist das inspirierte Instrument, durch das sich Schönheit in Materie manifestiert.

Neue Eltern für Hephaistos

Wenn das Leben nach dem Vorbild des Mythos verläuft, muß der Hephaistos-Mann möglicherweise «Adoptiveltern» oder entsprechende Bezugspersonen finden, die ihn bestätigen, seine Leistung beurteilen können und ihn vielleicht sogar unterweisen oder fördern, wenn er versucht, seinen Weg in ihrer Welt zu machen. Hat ein natürlicher Elternteil ihn abgelehnt, weil er seinen Erwartungen nicht entsprach, sind seine Wunden tief, können jedoch geheilt werden, wenn er sich mütterlichen und väterlichen Figuren zuwendet, die ihn so lieben, wie er ist. Oft braucht er «irdische» Eltern, die ihm beibringen, greifbare Dinge zu machen. Diese verlangen Talent und physische Anstrengung, um seine ablehnenden «Himmelseltern» ersetzen zu können, die großen Wert auf Leistung legten und von ihrem Sohn erwarteten, daß er die Leiter zum Erfolg erklomm.

Zu guter Letzt muß er Eigenschaften in sich selbst entdecken und entwikkeln, die ihn und das, was er tut, fördern und bestätigen. Wenn er dann daran arbeitet, seine kreativen Talente zu entwickeln, verspricht ihm der Mythos des Hephaistos, daß er alles Unglück, alle Erniedrigungen und Hindernisse überwinden wird.

10. *Dionysos, Gott des Weines und der Ekstase – Mystiker, Liebhaber, Wanderer*

Dionysos zu bestätigen, heißt die Notwendigkeit des Leidens und des Todes im Leben anzuerkennen und zu respektieren, ebenso die ganze Bandbreite vom Tod zum Leben und vom Schmerz zur Ekstase zu akzeptieren, einschließlich der Verwundung, die den Menschen von der schalen Langeweile betäubender Anpassung an kulturelle und familiäre Erwartungen «erlöst».

Tom Moore, in: James Hillman, *Puer Papers*

Dionysos war der Gott des seligsten Rausches und der verzücktesten Liebe. Aber er war auch der Verfolgte, der Leidende und Sterbende, und alle, die er liebte, und die ihn begleiteten, mußten mit ihm das tragische Schicksal teilen.

Walter F. Otto, *Dionysos. Mythos und Kultus*

Dionysos als Gott, Archetyp und Mann stand der Natur und den Frauen nahe. Das mystische Reich und die weibliche Welt waren ihm vertraut. Oft wurde er als unwillkommenes und störendes Element empfunden, als Ursache von Streit und Wahnsinn in der Mythologie, so wie es Dionysos in der Psyche eines Mannes sein kann.

Dionysos, der Gott

Dionysos (den die Römer Bacchus nannten), war der Gott des Weines und des Weinbaues, «der Gott der Verzückung und des Schreckens, der Wildheit und der seligsten Befreiung.»[1] Er war der jüngste der Olympier und zugleich der einzige mit einer sterblichen Mutter. Weinrebe, Efeu, Feige und Kiefer waren ihm heilig. Seine animalischen Symbole waren Bock, Ziege, Panther, Luchs, Löwe, Leopard, Tiger, Esel, Delphin und Schlange. Sein

Territorium «dehnte sich auf die ganze Natur aus, besonders auf ihre lebensspendende und fruchtbare Feuchtigkeit: auf den Saft, der in einem Baum aufsteigt, das Blut, das in den Adern pocht, das flüssige Feuer der Traube, all die geheimnisvollen und unkontrollierbaren Gezeiten, die in der Natur aufschwellen und wieder verebben.»[2]

In seiner Mythologie und seinen Ritualen war Dionysos von Frauen umgeben: angefangen bei den Müttern und Ammen des himmlischen Kindes bis hin zu den verzückten Geliebten, den rasenden Mänaden und Bacchantinnen, die von dem Gott besessen waren. Dargestellt wurde er entweder als Kind oder häufiger als junger Mann mit einem Kranz aus Efeu oder Weinreben auf dem Kopf, einem Tierfell um die Schultern, in der Hand den sogenannten Thyrsosstab, der mit einem Kiefernzapfen gekrönt und häufig mit Wein-oder Efeuranken umwunden war.

Genealogie und Mythologie

Dionysos entsprang der Verbindung zwischen Zeus und Semele, einer sterblichen Frau, Tochter des Cadmos, des Königs von Theben. Semele hatte die Liebe Zeus' erweckt, der sie in Gestalt eines sterblichen Mannes schwängerte. Als die eifersüchtige Hera dahinterkam, beschloß sie, sich an Semele und ihrem ungeborenen Kind zu rächen. Sie erschien Semele in Gestalt ihrer alten Amme Beroe und überredete das unvorsichtige Mädchen, sich von der Göttlichkeit ihres Liebhabers zu überzeugen, indem sie darauf bestand, daß er ihr in seiner ganzen Herrlichkeit erscheine.

Als Zeus in dieser Nacht zu ihr kam, erbat sich Semele einen Gefallen, und Zeus schwor beim Fluß Styx – unwiderruflich also – alles zu tun, was sie von ihm verlangte. Semele, die von Hera getäuscht worden war, verlangte auf ihr Anstiften hin, daß Zeus ihr in seinem Glanz als höchster Gott des Olymp erschiene, ohne zu ahnen, daß sie sich damit selbst zum Tod verurteilte. Durch sein Versprechen gebunden, nahte sich Zeus mit Blitz und Donner, deren Anblick kein Sterblicher zu ertragen vermag. Im Feuer seiner Blitze verglühte Semele, ihr ungeborener Sohn aber wurde durch sie unsterblich. Im Augenblick ihres Todes riß Zeus Dionysos aus ihrem Schoß und nähte ihn in seinen Schenkel ein, der dem Kind bis zum Tag seiner Geburt als Brutkasten diente. («Dionysos» könnte die Bedeutung «Zeus' Humpeln» haben, eine Beschreibung der Art, wie Zeus ging, als er er ihn im Schenkel trug.) Hermes übernahm die Rolle der Hebamme bei seiner ungewöhnlichen Geburt.

Dann wurde Dionysos zu Semeles Schwester und ihrem Schwager gebracht, die ihn als Mädchen aufziehen sollten, doch selbst diese Verkleidung schützte ihn nicht vor Heras Zorn. Sie versetzte seine Pflegeeltern in Raserei, und sie versuchten, ihn zu töten. Wieder wurde Dionysos von Zeus gerettet, der ihn in einen Bock verwandelte und den Bewohnerinnen von Nysa (eine himmlische, mythische Berglandschaft, die von schönen Nymphen bewohnt wurde) übergab. Diese zogen ihn in einer Höhle auf (daher eine andere Bedeutung seines Namens: Dio-nysos, der göttliche Nysos).

Dort unterwies ihn sein Lehrer Silenus in den Geheimnissen der Natur und des Weinbaus. Silenus wird gewöhnlich dargestellt als bejahrter, freundlicher und manchmal trunkener alter Mann, halb Mensch, halb Pferd.

Raserei und Gewalt

Als junger Mann reiste Dionysos durch Ägypten und von Indien nach Kleinasien, wo er den Hellespont nach Thrakien überquerte und von dort an seinen Geburtsort Theben in Griechenland zurückkehrte. Wohin er auch kam, verbreitete er den Anbau der Weinrebe. Raserei und Gewalt begleiteten ihn. In manchen Mythen wurde er von Hera in den Wahnsinn getrieben und beging Mord und Totschlag; in anderen wurden Menschen, die ihn ablehnten, rasend und gewalttätig. Nachdem sich zum Beispiel König Lykurgus gegen ihn gewandt hatte, wurde er verrückt und tötete seinen eigenen Sohn mit einer Axt, in dem Glauben, er hacke eine Rebe ab. Frauen, die Dionysos zurückwiesen, wurden ähnlich bestraft: die Töchter des Königs Proetus und des Königs Minyas, die ihm Widerstand boten, verfielen dem Wahnsinn und töteten ihre eigenen Kinder, indem sie sie in Stücke rissen.

Nach seiner Rückkehr aus Indien erlöste ihn die Göttin Cybele oder Rhea (beide vor-olympische Göttinnen des Große-Mutter-Kultes) von den Morden, die er in seiner Raserei begangen hatte und unterwies ihn bezeichnenderweise in ihren eigenen Geheimnissen und Initiationsriten. Daher war Dionysos ein Priester der großen Göttin, wie auch selbst ein Gott.

Ariadne

Ariadne, die Tochter König Minos' von Kreta, verliebte sich in den athenischen Helden Theseus. Mit ihrer Hilfe drang Theseus in das berühmte Labyrinth ein, tötete den Minotauros und ging denselben Weg zurück, bis er wieder hinausfand. Dann brachen Theseus und Ariadne nach Athen auf, doch er verließ sie gleichgültig auf der Insel Naxos, wo sie sich das Leben genommen hätte, wäre nicht Dionysos aufgetaucht, um sie zu retten und zu seiner Frau zu machen. Um Dionysos' willen verlieh Zeus Ariadne Unsterblichkeit. Sie stand in enger Verbindung mit Aphrodite, der Göttin der

Schönheit und Liebe, und wurde auf Zypern als Ariadne Aphrodite verehrt. In ihrer Mythologie hatten die Griechen Ariadne, einst kretische Mondgöttin, in eine geopferte Sterbliche verwandelt, die dann mit Dionysos' Hilfe wieder zur Göttin erhoben wurde.

Wiederauferstehung seiner Mutter Semele

Dionysos stieg in den Hades hinab, um seine Mutter Semele wieder zum Leben zu erwecken. Gemeinsam bestiegen sie dann den Olymp, wo sie unsterblich wurde. Wie Ariadne war auch Semele in prä-hellenistischen Zeiten als Göttin verehrt und mit Mond und Erde assoziiert worden. In der griechischen Mythologie hat Dionysos als einziger Gott Frauen, die frühere Göttinnen darstellten, deren Kult und Anhänger jedoch besiegt worden waren, gerettet und ins Leben zurückgerufen (statt sie zu beherrschen oder zu vergewaltigen).

Verehrung des Dionysos

Die Anhänger des Dionysos, allen voran die Frauen des alten Griechenlands, kommunizierten mit diesem Gott in den abgelegensten Teilen der Berge. Dort betraten sie, besessen von dem Gott, das Reich des Emotionalen und Irrationalen und tanzten zum unwiderstehlichen Rhythmus einer höchst emotionalen Musik. Wechselnde Zustände von Inferno und Totenstille waren die Merkmale der Dionysos-Verehrung.

Die Verherrlichung des Gottes wurde «Orgia» genannt (daher der Begriff Orgie). Mit Wein oder anderen sakramentalen Rauschmitteln und rhythmischen Tänzen zur rasenden Musik von Flöten, Pauken und Becken erreichten die Anhänger einen ekstatischen Zustand und fühlten sich «eins» mit dem Gott.

Ihren Höhepunkt erreichte die Orgie, wenn sie ein Opfertier in Stücke rissen und sein rohes Fleisch aßen, weil sie es für eine Inkarnation des Gottes hielten. Dies war der sakramentale Akt der Kommunion, durch den das göttliche Wesen des Gottes in seine Anhänger überging.

Apollon überließ in Delphi dem Dionysos sein Heiligtum während der drei Wintermonate. Das dort alle zwei Jahre stattfindende Fest des Dionysos war orgiastisch, doch auf offizielle weibliche Vertreter der griechischen Städte begrenzt. Dionysos wurde nicht unterdrückt, sondern anerkannt, gemäßigt und institutionalisiert. In Delphi begannen seine Anhängerinnen auch den alljährlichen heiligen Tanz mit der rituellen Entdeckung und Erweckung des Säuglings Dionysos in der Wiege.

Beim Blumenfest (Anthesteria), das am Mittelmeer den Beginn des Frühlings kennzeichnete, wurde junger Wein hereingetragen und vor einer großen Maske des Dionysos feierlich geweiht. Die Augen der Maske starrten direkt auf den Betenden, für den der Gott selbst in der Maske lebendig war.

Dionysos hatte eine bedeutende Stellung im Orphismus (sechstes Jahrhundert v. Chr.) inne, der seinen Namen dem mythischen Dichter Orpheus verdankt. In der orphischen Theologie wurde das Kind Dionysos in Stücke gerissen und von zwei eifersüchtigen Titanen verschlungen; Athene aber rettete sein Herz, so daß er durch Zeus wiedergeboren wurde, in einigen Versionen als der Sohn Semeles. Er wurde als Zagreus verehrt, das ist der orphische Name des Unterwelt-Dionysos.

Das Schicksal des Dionysos

Leben und Tod sind in Mythologie und Verehrung des Dionysos eng miteinander verflochten. Sein Grab war im Apollonischen Heiligtum zu Delphi, wo er Jahr für Jahr als neu erwecktes Kind verehrt wurde. Er war ein erwachsener Gott, der starb, ein Gott, der die Unterwelt besuchte und ein Gott, der als neugeborenes Kind verehrt wurde.

Dionysos, der Archetyp

Der Dionysos-Archetyp besitzt mächtige positive und negative Potentiale, welche die ätherischsten und die niedrigsten Gefühle erwecken und damit Konflikte in der Psyche und mit der Gesellschaft auslösen können. Es ist ein Archetyp, der Mystiker und Mörder gleichermaßen beeinflußt. Außerdem wirkt er als Archetyp in Männern (und Frauen), die zu ekstatischen Erfahrungen und höchst widersprüchlichen Impulsen neigen.

Das göttliche Kind

Eines der Bilder, die den Dionysos darstellen, war das des göttlichen Kindes. Der Archetyp des göttlichen Kindes strahlt etwas Besonderes aus, als Mensch ebenso wie in seinem Schicksal. In den Träumen heutiger Menschen zeigt sich der Archetyp häufig als altkluges Kind, das zu dem Träumer spricht oder auf andere Weise offensichtlich kein gewöhnliches Kind ist. Das persönliche Gefühl, daß «sein» Leben eine heilige Bedeutung hat, oder daß es in seiner Psyche nicht nur menschliche, sondern auch göttliche Elemente gibt, erfährt ein Mensch, wenn er mit dem Archetyp des göttlichen Kindes in

Berührung kommt. Häufig kennzeichnet dieses Erlebnis den Beginn der spirituellen Reise eines Erwachsenen oder seines Weges zur Individuation.

Aufgrund der instinktiven Intensität des Dionysos-Archetyps neigt das Ego dazu, sich von ihm überwältigen zu lassen. Wenn ein Mensch sich mit dem Archetyp des göttlichen Kindes identifiziert, wird er (oder sie) es oft schwer haben, sich dem gewöhnlichen Leben anzupassen. Er wird eine besondere Behandlung oder Anerkennung fordern und Groll entwickeln, wenn seine Besonderheit nicht erkannt wird und er seinen Anteil an weltlicher Arbeit übernehmen muß. Psychologisch gesehen, ist er von einem übertriebenen und unbegründeten Gefühl der Bedeutung erfüllt.

Wenn der Dionysos-Archetyp unterdrückt wird und mit ihm auch der Aspekt des göttlichen Kindes, entstehen andere Konflikte: das Gefühl, seine Authentizität verloren zu haben, die vage Ahnung, etwas Wichtiges zu ignorieren oder ein bedeutungsloses Leben zu führen. Der Dionysos-Archetyp wird in Männern rigoros unterdrückt. Von Kindheit an werden Jungen daran gehindert, mädchenhafte Charakterzüge zu entwickeln, «zu träumen» (der mystische Aspekt des Dionysos) oder Sinnlichkeit zu erleben («Faß das nicht an!»).

Der ewige Jüngling

Dionysos und Hermes sind zwei Archetypen, die einen Mann am ehesten prädisponieren, ein ewiger Junge (oder, wie Jung sagte, Puer Eternus) zu bleiben. Die dionysische Version des archetypischen Jünglings ist ein intensiver und emotionaler Mensch, der in seiner (oder ihrer) gerade akuten Passion versinkt und dabei alle zuvor eingegangenen Verpflichtungen, Aufträge und Termine vergißt. Infolgedessen bringt er es anscheinend nicht fertig, regelmäßig auf etwas hinzuarbeiten, um langfristige Ziele zu erreichen. Ebensowenig wird er dazu neigen, sich auf eine längere Beziehung einzulassen. Regelmäßigkeit und Beständigkeit sind ihm fremd. Wie der Gott Dionysos streift er überall herum, macht Eindruck auf Frauen, bringt ihr normales Leben durcheinander und zieht dann weiter.

Er kann sehr launisch sein: in einem Augenblick ist er zu Tode betrübt, im nächsten himmelhoch jauchzend. Alles, was seine Erfahrung zu intensivieren scheint, erscheint ihm interessant. Stimmungsverändernde oder halluzinogene Drogen üben eine ebenso magische Anziehungskraft aus wie Musik.

In den 60er Jahren war die Hippie-Bewegung Ausdruck dieses Aspekts des dionysischen Archetyps. Sie entdeckte LSD und Marihuana für sich und bevorzugte helle Farben und sinnliche Stoffe in ihrer Kleidung. Ihre Anhänger nannten sich «Blumenkinder», veranstalteten «Love-ins», feierten die sexuelle Revolution und pfiffen auf die Schule oder ihren Job. Die Identifikation mit Dionysos bedeutete für die meisten nur eine Phase, für andere aber, die ewigen Jünglinge, ging der damit verbundene Lebensstil nie zu Ende. Sie sind heute «alternde Hippies» mit den ersten grauen Haaren im Bart; obwohl sie inzwischen selber Kinder haben, bleibt das Muster von damals für ihr Leben bestimmend.

Der dionysische Archetyp des ewigen Jünglings fand seinen Ausdruck im Rockstar und in der Rockkultur. Jim Morrison von den Doors und Mick Jagger von den Rolling Stones verkörperten ihn in den 60er Jahren, David Bowie griff das Schema auf und verfolgte es bis in die 80er, Prince und Michael Jackson folgten. Die meisten dieser Stars haben ein androgynes Äußeres kultiviert, und viele hatten auch eine dunkle Seite, die beispielsweise von den Punkrockern unterstrichen wurde.

Sohn der Mutter

Dionysos' Mutter starb, als er noch nicht geboren war. In seiner Mythologie und Verehrung war er von Adoptivmüttern und Ammen umgeben, deren Fürsorge instabil und inkonsequent war. Später stieg Dionysos in den Hades, um seine Mutter zu suchen. Häufig scheinen Männer, die mit diesem Archetyp identifiziert werden, ebenfalls nach einer idealisierten Frau zu suchen, die Mutter und Geliebte zugleich ist und versuchen erfolglos, sie in einer Beziehung nach der anderen zu finden. Das trifft besonders dann zu, wenn es eine physische oder emotionale Trennung zwischen Mutter und Sohn gegeben hat.

Der Archetyp kann einen Mann auch zu einer psychologischen Beziehung mit der Großen Mutter prädisponieren. Dann fühlt er sich mit der mütterlichen Welt verbunden, möglicherweise neigt er sogar dazu, seinen «Mutterinstinkten» dadurch Ausdruck zu verleihen, daß er für andere sorgt oder Tätigkeiten und häusliche Pflichten übernimmt, die traditionell als weiblich angesehen werden. Die Verbindung mit der Großen Mutter kann auch spiritueller Natur sein (besonders jetzt, da die Göttin als sprituelles Prinzip in die Kultur zurückgekehrt ist), beispielsweise, wenn er Anhänger einer charismatischen Religionsführerin wird. Das Ergebnis ist ein Mann, der sich Frauen stark verbunden fühlt, lieber mit Frauen als mit Männern zusammen ist und in der Ekstase des Geschlechtsaktes mit ihnen verschmilzt, weil er die Erfahrung der Frau intuitiv versteht. D. H. Lawrence, Autor von *Lady Chatterley's Lover*, *Sons and Lovers* und *Women in Love* ist ein Beispiel.

Häufig fühlen Frauen sich bemüßigt, einen Dionysos-Mann unter ihre Fittiche zu nehmen, während er es genießt, von ihnen bemuttert zu werden.

In dieser Hinsicht erscheint er als mutterloser Junge, was natürlich mütterliche Gefühle weckt. Wenn er nicht verheiratet ist – zum Beispiel als Priester oder Homosexueller – umgibt er sich vielleicht, wie Dionysos, mit drei oder vier Frauen, die er für sich sorgen läßt.

Der Schamane: Vermittler zwischen zwei Welten

In der Stammesgesellschaft der Urbevölkerung Amerikas ist der Schamane sehr wichtig als Vermittler und Fürsprecher zwischen der unsichtbaren und der materiellen Welt. Der Mann, der zum Schamanen wird, war oft schon von klein auf anders als seine Mitschüler oder Freunde. Häufig blieb er lieber bei den Frauen, und später kleidete er sich sogar wie sie – eine Erfahrung, die auch Dionysos machte, der als Kind eine Weile wie ein Mädchen erzogen wurde.

Die schamanische Psyche ist häufig die eines Zwitterwesens, halb Mann halb Frau. So wurde Dionysos als «mannweiblich» oder «der Frauenhafte»[3] bezeichnet. Katholische Priester, deren sakramentale Aufgabe darin besteht, zwischen der unsichtbaren und der sichtbaren Welt zu vermitteln, tragen bis auf den heutigen Tag weiblich wirkende Gewänder. Offenbar ist eine androgyne Psyche, also die innere Erfahrung von maskulinen und femininen Aspekten, der Schlüssel zu diesem Reich.

Die schamanistische Vision handelt von einer un-gewöhnlichen Realität, vom veränderten Bewußtsein, über das Carlos Castaneda und Lynn Andrews bei der Beschreibung ihrer Initiation durch Schamaninnen oder Medizinfrauen berichten. In der Jung'schen Psychologie, die die Entwicklung des Weiblichen im Mann betont, ist die unsichtbare Welt das Reich der Archetypen, Träume und des aktiven Vorstellungsvermögens.

Dionysos holte Frauen aus ihrem gewöhnlichen Leben heraus und forderte sie auf, sich der Natur hinzugeben und ein ekstatisches Element in sich zu entdecken. Vor allem führte er sie in eine schamanische Erfahrung ein. Der Gott Dionysos war Eingeweihter und Priester der Großen Göttin. In der Betonung der Spiritualität der heutigen Frauenbewegung ist Dionysos in einigen Frauen anwesend, die den Priesterin-Archetyp verkörpern und zwischen zwei Welten vermitteln. Metaphorisch gesehen verweisen sie auf Marion Zimmer Bradleys *Die Nebel von Avalon*. Ein Priester oder eine Priesterin der Göttin kann den Nebel von Avalon durchdringen und andere in das spirituelle, feminine Reich, auf die Insel der Göttin führen.

In einer Kultur, die Leistung und «Vorwärtskommen in der wirklichen Welt» so betont wie die unsrige, muß sich ein Mann mit einer schamanistischen Persönlichkeit fremd vorkommen. Der junge religiöse Mystiker, der eine ekstatische Vision der Muttergottes hat, fühlt sich ebenso abgelehnt wie derjenige, der halluzinogene Drogen nimmt. Beide werden, wie Dionysos, von anderen für verrückt gehalten.

Wenn Dionysos einer von mehreren starken Archetypen eines Mannes ist, wird er sich nicht vollkommen mit diesem schamanistischen Aspekt identifizieren, aber eine Prädisposition für veränderte Bewußtseinszustände behalten. Das Reich der unsichtbaren Welt erscheint ihm vertraut und faszinierend: es kann ihm zu tiefen Erkenntnissen verhelfen. Vielleicht wird er ein «heimlicher Mystiker», der zwar nach außen effektiv seiner Beschäftigung nachgeht, für sich jedoch entdeckt hat, daß das dionysische Element eine verborgene Quelle der Bedeutung für ihn ist.

Die dualistische Persönlichkeit

Von allen maskulinen Archetypen ist Dionysos derjenige, der von den stärksten Gegensätzen geprägt ist. Der Mythologe Walter F. Otto beschreibt ihn so:

> Seine Doppelheit ist uns erschienen in den Gegensätzen des Entzückens und des Schreckens, der grenzenlosen Lebensfülle und der wilden Zerreißung; in dem Lärm, dem die Totenstille innewohnt, in der unmittelbaren Gegenwart, die zugleich absolutes Fernsein ist.[4]

Wenn dieser Aspekt des dionysischen Archetyps vorherrschend ist, überschreitet der Mensch häufig die Grenze zwischen diesen beiden Gegensätzen. Die unbedeutendsten Ereignisse können zu den heftigsten emotionalen Verschiebungen führen. Eine Beziehung zu einem Mann (oder einer Frau), der auf diese Weise immer unentschieden ist, heißt, in einer Minute als auserwählter und kostbarer Freund zu gelten, in der nächsten dagegen als schreckliches Monster. Zudem schwankt Dionysos stets zwischen einem leidenschaftlichen Liebhaber und einem kalten Fremden. Ekstatische Einheit mit einem Mann zu erreichen, der einen im nächsten Moment in Stücke reißt, bedeutet, diesen dualistischen Aspekt des Dionysos zu erfahren und darunter zu leiden.

Auch Frauen sind zuweilen von diesem Archetyp besessen. Die Mänaden – Anhängerinnen, die den Gott auf Berggipfeln verehrten – waren liebevolle, mütterliche Frauen, die sich in rasende, herzlose Weiber verwandelten.

Schönheit und tödliche Gefahr galten als Merkmale seiner dualistischen Natur. Panther, Leopard und Luchs waren ihm heilig und spiegelten diesen

Aspekt des Gottes wider. Raubkatzen sind anmutige und faszinierende Tiere, aber auch wild und blutrünstig.

Ob die dionysische Neigung zu extremen und intensiven Gefühlen sein Leben immer wieder durcheinander wirft und sich auf andere auswirkt, hängt davon ab, wie stark der Archetyp und wie stabil und stark das Ego des Betreffenden ist. Ein Mensch mit einem gesunden Ego kann zum Beispiel sagen: «Daß ich dich umbringen oder mir die Pulsadern aufschneiden will, heißt noch lange nicht, daß ich es auch tue!» Wenn sein Ego instabil ist und starke emotionale Traumata erlitten hat, kann er dagegen zum Massenmörder werden wie Charles Manson: Mystiker, Liebhaber und Killer zugleich. In Verbindung mit einem starken und stabilen Ego kann der Dionysos-Archetyp seine Gefühle ausweiten und vertiefen, nimmt die Möglichkeit emotional ekstatischer Erlebnisse (peak experiences) zu, und intensivieren sich erotische, spirituelle und physische Reaktionen.

Der verfolgte Wanderer

Das Motiv brutaler Verfolgung und Flucht ist Teil des mythischen Dionysos und seiner Anhängerinnen. So wurde der Gott von König Lykurgus geschlagen und gezwungen, ins Meer zu springen, während dieser die Frauen, die ihn verehrten, auf ihrer panischen Flucht unbarmherzig zur Strecke bringen ließ.

Der mythische Dionysos reiste durch die bekannte Welt der Griechen, wobei er immer wieder auf Haß und Mißtrauen stieß, wenn er Frauen von ihrem heimischen Herd oder Webrahmen weglockte, damit sie ihm in abgeschiedene Gebirgslandschaften folgten, um ekstatische Orgien zu feiern. Vom Tag seiner Empfängnis an war Hera, die Göttin der Ehe, seine Todfeindin – kein Wunder angesichts der extrem unterschiedlichen Werte, welche die beiden Gottheiten vertreten. Hera heiligt die Institution der Ehe mit ihren sozialen Verpflichtungen, Verantwortung und Treue. Dionysos steht für zerstörerische Leidenschaft und fordert Frauen auf, ihre traditionellen Rollen zu vergessen.

Der zerstückelte Archetyp

Das Motiv der Zerstückelung ist eng mit dem mythischen Dionysos verwoben. Dieser erlitt dasselbe Schicksal wie Osiris, ein früherer, ägyptischer Gott. Später übernahm Jesus Christus die Rolle des himmlischen Sohnes, der den Tod erleidet und wiederaufersteht. Der dionysische Archetyp prädisponiert einen Mann (oder eine Frau) zur Möglichkeit psychologischer Zerstückelung oder Kreuzigung; diese hat ihren Ursprung in seiner Unfähigkeit, die mächtigen Gegensätze in seinem Innern miteinander auszusöhnen. Sich zwischen zwei widersprüchlichen Neigungen hin und hergerissen zu sehen, ist für einen dionysischen Mann etwas ganz Alltägliches. Er möchte beispielsweise mit seiner Geliebten verschmelzen und sie zugleich verlassen. «Zerstückelung» – eine Metapher für die Schwierigkeit, «etwas zusammenzuhalten», für Gefühle, die in viele Teile zersplittert sind.

Das Zerstückelungsmotiv tritt besonders stark hervor, wenn der dionysische Archetyp mit Religionen kollidiert, die Schuldgefühle fördern, etwa christlich-jüdischen Religionen («Wenn deine rechte Hand dich ärgert, so hau sie ab und wirf sie ins Feuer.») Da Mystizismus und Sinnlichkeit zwei Aspekte des Dionysos sind, fühlt sich ein junger Mann vielleicht zum katholischen Mystizismus hingezogen, wird jedoch andererseits wegen seiner sinnlichen Begierden und erotischen Träumereien das Gefühl nicht los, ein schrecklicher Sünder zu sein. Zerstückelungsträume, in denen Schwerter, Messer und Selbstverstümmelung vorkommen, sind typisch für Menschen, deren innere Konflikte häufig nicht mit ihrer Religion vereinbar sind.

Den Dionysos kultivieren

Viele nicht-dionysisch veranlagte Männer leiden unter Gefühlsarmut und haben den Kontakt zu ihren tieferen Emotionen verloren. Manchen mangelt es an Sinnlichkeit (ganz zu schweigen von Ekstase), selbst wenn sie häufig Sex haben. Für sie könnte es eine Bereicherung sein, Dionysos zu fördern. Dionysische Männer konzentrieren sich stets auf den gegenwärtigen Moment, nicht auf ein weiter entfernt liegendes Ziel. Sie sind offen und geben sich dem hin, was zwischen zwei Menschen oder als Reaktion auf äußere Ereignisse in ihnen selbst passiert. Der Tanz und die Liebe sind Bereiche, in denen Dionysos besonders wichtig ist, um Intensität, Spontaneität und eine Verschmelzung mit der Musik oder mit dem Geliebten zu erreichen. Einer «Technik» zu folgen, geistig einem Diagramm oder dem von einem Sexhandbuch vorgeschlagenen Weg zu folgen, hindert einen Mann daran, wirklich «dazusein». Immer wenn ein Mann sich der Uhr bewußt ist, macht sich Dionysos davon. Immer wenn andere Gedanken auftauchen, die ihn von der Intensität des Augenblicks ablenken, ist Dionysos abwesend. Immer wenn er sich seines Körpers nicht bewußt ist, fehlt ihm die direkte Verbindung zu Dionysos.

Den Dionysos in sich zu erwecken kann bedeuten, sich aus seiner gewohnten Umgebung entfernen, seine gewohnten Kleider abstreifen, seine gewöhnliche Rolle oder Persona ablegen zu müssen: Dionysos' Gabe des

Rauschs, Musik, die den Tänzer zu spontaner Sinnlichkeit verführt, ein Mardi Gras oder Kostümball – alles, was die Umklammerung durch Geist oder Zeit lockert, bringt einen Menschen dem Gott näher.

Wenn wir die Stadt, unsere Sorge um die Arbeit, unsere Verantwortlichkeiten aufgeben und die Vereinigung mit Mutter Natur suchen, kommt es ebenfalls zu einem Austausch mit Dionysos. Dionysos kann uns erscheinen, wenn wir in der Natur sind und eins mit der Natur werden. Wenn wir unser gewöhnliches Bewußtsein von Zeit oder Raum loslassen und uns in der Erfahrung selbst verlieren, werden wir in ein anderes, subjektiv erlebtes, ekstatisches Reich versetzt.

Dionysos, der Mann

Wie in den vorangegangenen Kapiteln können wir in diesem Abschnitt einen Blick darauf erhaschen, was das Leben für einen Mann bedeutet, der sich mit diesem speziellen Gott identifiziert. Ein verbindender Eindruck jedoch ergibt sich bei Dionysos nicht so wie bei den anderen, weil dieser Archetyp durch widersprüchliche Neigungen und Extreme gekennzeichnet ist.

Auch wenn es schwierig ist, präzise vorauszusagen, wie sich Dionysos manifestieren wird, hat der von ihm geprägte Mann normalerweise ein paar erkennbare Charakterzüge, die andere Männer gewöhnlich ablehnen oder argwöhnisch beäugen. Vom Standpunkt des Old Boy ist ein Dionysos entweder zu feminin, mystisch, alternativ, bedrohlich oder zu attraktiv und faszinierend, als daß man sich in seiner Gegenwart wohlfühlen könnte. Dionysos bringt das normale Leben durcheinander, nicht nur, indem er die anderen auffordert, es zu genießen, sondern auch, indem er ein prosaisches Leben für sich selbst ablehnt.

Die frühen Lebensjahre

Der Gott Dionysos hatte zwei ungewöhnliche frühe Erfahrungen, die einen Einblick in die Psyche einiger Männer ermöglichen, die mit Dionysos identifiziert werden könnten. Der Gott Dionysos wurde als Mädchen erzogen, und seine Ersatzmütter wurden zu mörderischer Raserei getrieben.

Wenn Eltern Klischeevorstellungen von den Interessen eines kleinen Jungen haben – Raufereien, Technik und Sport – werden sie einem Dionysos-Jungen, der eigene Interessen verfolgt, wahrscheinlich auf die eine oder andere Art vermitteln, daß er sich benimmt «wie ein Mädchen». Der kleine Dionysos fühlt sich von Frauen angezogen, weil er gern seine fünf Sinne benutzt – er wünscht sich eine Welt voller sinnlicher Erfahrung. Er genießt die Berührung von Seide und Pelz, interessiert sich für Farben, läßt sich von Musik verzaubern. In der Küche mit ihren mannigfachen Düften und Aromen fühlt er sich wohler als in der Autowerkstatt. Das Theater ist unendlich viel faszinierender als der Spielplatz, Kleider spannender als Computer. Wegen dieser natürlichen Neigungen wird er von anderen häufig als «zickig» bezeichnet. Er verhält sich wie seine Schwester – wie ein Mädchen.

Wenn nicht seine Interessen sich von denen unterscheiden, die von ihm erwartet werden, dann werden es seine Gefühle sein. Ein junger Dionysos ist kaum in der Lage, gleichmütig zu sein, nicht einmal dann, wenn das von ihm erwartet wird. Wahrscheinlich hat man ihm eingebläut «Große Jungen weinen nicht», trotzdem bricht er ebenso rasch in Tränen aus, wie er lacht. Für ihn ist es praktisch unmöglich, «seine Gefühle zu beherrschen», was für die meisten Jungen bedeutet, sie zu unterdrücken. Auch dies erinnert an ein Mädchen.

Daß diejenigen, die für ihn sorgten, der Raserei verfielen und versuchten, ihn umzubringen, ist ein weiteres Merkmal für Dionysos' Jugend. In ihrem Buch *Das Drama des begabten Kindes und die Suche nach dem wahren Selbst* beschreibt die Psychoanalytyikerin Alice Miller, wie ein intelligenter Sohn lernt, sich mit einem narzistischen Elternteil, gewöhnlich der Mutter, gutzustellen, obwohl sie ihn schlecht behandelt, wenn er nicht alles tut, was sie will. Er achtet auf emotionale Hinweise und lernt, ihr zu gefallen (auch eine Facette des kleinen Mädchens). Wenn emotionale Reaktionen seiner Mutter (oder seines Vaters) aufgrund einer psychologisch problematischen Persönlichkeit extrem ausfallen, kann er in einem Moment ihr «Ein und alles» sein, und im nächsten auf nackte Ablehnung – oder mörderische Raserei – stoßen.

Da dies häufig der Fall ist, lernten die meisten von Alice Millers' Patienten schon als Jungen, ihre emotionalen Reaktionen zu ersticken (die sie dann nie entwickelten), und sich stattdessen von ihrem Kopf steuern zu lassen. Ist jedoch Dionysos der vorherrschende Archetyp, wird der Junge häufig daran scheitern. Stattdessen läuft er vielleicht von zu Hause weg, wird straffällig, stößt dramatische Drohungen aus oder entwickelt psychosomatische Symptome.

Eltern

Ob ein Dionysos-Junge ein positives Selbstbild entwickeln kann, hängt bei ihm mehr als bei anderen Jungen von seinen Eltern ab, weil er nicht in das Bild des «richtigen kleinen Jungen» paßt und die Welt außerhalb der Familie daher als unbefriedigend empfindet. Der Mangel an väterlicher Anerkennung ist jedoch eine Erfahrung der meisten Dionysos-Jungen, da es ihren Vätern nie zu gefallen scheint, wenn sie einfach nur sie selbst sind. Es ist typisch für sie, daß sie immer wieder versuchen, die Söhne zu sein, die ihre Väter erwarten – mit unterschiedlichem Erfolg.

Der Gott Dionysos selbst hatte einen mächtigen Vater, der ihn liebte. Zeus kümmerte sich um ihn – mehr als um seine anderen Söhne. Es fing damit an, daß er ihm Mutter und Vater zugleich war, doch dieses Schutzbedürfnis hielt auch über die Geburt hinaus an. Später schenkte Zeus seiner sterblichen Frau Ariadne die Unsterblichkeit. Einen liebenden und fürsorglichen Vater zu haben, der ihn akzeptiert und seine Entscheidungen unterstützt, ist ideal, um die Persönlichkeit und Männlichkeit eines Dionysos-Jungen zu bestätigen.

Darüberhinaus war Dionysos der jüngste Sohn des Zeus, und tatsächlich verhält sich ein Dionysos-Junge unabhängig von der tatsächlichen Geburtsreihenfolge immer wie der Jüngste. Er spielt gern, lebt für den Augenblick und macht sich keine Gedanken über Erfolg.

Die meisten Dionysos-Jungen scheinen «Muttersöhnchen» zu sein – sie folgen in ihren Interessen und ihrer Persönlichkeit mehr ihren Müttern als ihren Vätern. Wenn sie einen emotional distanzierten oder abweisenden Vater haben oder ihre Mütter sie allein aufziehen mußten, nimmt die Identifikation mit der Mutter häufig so übertriebene Ausmaße an, daß sie sich anderen Jungen oder Männern und ihrem eigenen Sinn für Männlichkeit entfremden.

Es kann jedoch auch eine Entfremdung zwischen Mutter und Sohn eintreten – zum Beispiel, wenn er ihren Erwartungen über die Rolle eines kleinen Jungen nicht gerecht wird. Das ist besonders wahrscheinlich, wenn seine Mutter den Archetyp der Athene vertritt, der logischsten aller Göttinnen und Schutzpatronin heldenhafter Männer. Sie ist eine ratgebende Mutter, die ihrem Sohn bei seinem Weg ins Leben behilflich sein kann, aber sie ist keine besonders mütterliche Frau. Sein mangelnder Ehrgeiz enttäuscht und frustriert sie, während er sich nach einer fürsorglichen Mutter sehnt, die er nun in anderen Frauen suchen wird.

Adoleszenz und frühe Erwachsenenjahre

Die Adoleszenz ist für jeden eine kritische Periode, für einen Dionysos aber ganz besonders. Seine emotionalen Launen schwanken sowohl nach oben wie nach unten stärker als bei anderen Teenagern. Die Fragen bezüglich seiner sexuellen Identität sind größer, und wenn er sich verliebt, egal ob in Mädchen oder Jungen oder beide, dann mit alarmierender Intensität. Drogenkonsum ist zweifellos ein Risiko für ihn, ausgefallene Kleidung wahrscheinlich. Er macht sich nichts aus Noten, und diese Gleichgültigkeit nimmt zu, so wie alles sich in dieser Phase seines Lebens intensiviert.

Natürlich sind seine Eltern beunruhigt, und vielleicht mischt sich sogar die Schule ein. Seine mangelnde Konformität oder Anpassung an die Normen waren möglicherweise schon immer existent, treten jetzt aber offen zutage.

Manchmal hat der Konflikt im Inneren eines Dionysos-Jungen seinen Ursprung in ihm selbst, weniger in der Auseinandersetzung mit anderen. Sein Versuch, sich anzupassen und den dionysischen Teil in sich zu unterdrücken, wird nun schwieriger. Es kann zu einem Gefühlszusammenbruch führen, wenn der Junge mit sich selbst nicht klarkommt und vollkommen zerrissen ist. Ernste psychische Störungen sind die Folge. Wenn eine repressive Religion und die eigene Familie «unreine Gedanken» verurteilt, kann sein Schuldbewußtsein ungeheuer nachteilig sein.

Wenn er zwischen der Adoleszenz und den frühen Erwachsenenjahren von zu Hause auszieht, setzen sich emotionaler Aufruhr und Experimente fort. Die Suche nach ekstatischen Erfahrungen im spirituellen und/oder sexuellen Bereich oder Drogen beeinträchtigen häufig den Beginn einer Ausbildung oder Karriere. Dies ist eine Zeit, die große Risiken birgt und äußerst gefährlich sein kann.

Aber es ist auch möglich, die dionysischen Elemente der Persönlichkeit nicht bis in den gefährlichen Exzeß zu erforschen und auszuleben, wenn er in der Kindheit als er selbst gesehen und akzeptiert wurde und hilfreiche Mentoren findet. Da Dionysos in der unmittelbaren Gegenwart lebt, muß man ihn zum Beispiel behutsam darin unterweisen, heute darüber nachzudenken, was morgen sein wird und was und wie er aus der Vergangenheit lernen kann (Lektionen, die er sonst nie begreifen würde).

Beruf

Wenn die Suche nach der Ekstase ihn zum Mystischen und Religiösen treibt, wird ein junger Dionysos vielleicht zum Priester, der sich vom Ritual, dem Mystizismus der Sakramente und den Zeremonien angezogen fühlt. Oder er schließt sich einem Ashram an, wo das Bewußtsein mit Hilfe von Trommeln und feierlichen Gesängen verändert wird. Noch dionysischer sind die sinnlich-mystischen Erfahrungen mit Tantra-Yoga oder die sexuellen Praktiken der Anhänger Bhagwan Shree Rajneeshs. In diesem Umfeld wird seine Arbeit durch die religiöse Gemeinde definiert, was dem nicht in Konkurrenzmaßstäben denkenden Dionysos sehr entgegenkommt.

Ein Dionysos-Mann fühlt sich von einer am Wettbewerb orientierten Karriere, die aus persönlichem Ehrgeiz gespeist wird, alles andere als angezogen. Auch an der akademischen Welt der Ideen hat er kein Interesse. Macht und Prestige zu erreichen, Kompetenz in etwas zu entwickeln, das ein jahrelanges Studium oder endlose Lehrjahre erfordert, liegt ihm nicht. Kein Wunder also, daß die Welt der Arbeit ein Problembereich für viele Dionysos-Männer ist.

Es gibt viele Dionysos-Männer, die weniger leisten, als man von ihnen erwartet hatte und einige, die spektakuläre Karrieren machen. Manche sind in kreativen Bereichen erfolgreich, wo Talent und die Auseinandersetzung mit ihren dunklen Aspekten oder dionysischen Konflikten in die Arbeit einfließen können. Eugene O'Neill's Stück *Der Eismann kommt* spiegelt den jahrelangen unkontrollierten Alkoholmißbrauch des Autors wieder. Ein anderer Dramatiker, der Pulitzer-Preisträger Sam Shepard, benutzt das Bild der zwei Brüder, um die Polarität seiner eigenen Persönlichkeit zu beschreiben. Dionysische Männer finden sich auch unter Rockstars, Musikern und Schauspielern, viele von ihnen mit Alkohol- oder Drogenproblemen.

Beziehungen zu Frauen

Der Gott Dionysos war von Frauen umgeben, und so ist es gewöhnlich auch bei seinem irdischen Pendant. Mütterliche Frauen sehen ihn häufig als ein gequältes und verletzliches Wesen, um das man sich kümmern muß. Ob er ein junger Erwachsener ist oder ein Mann in den mittleren Lebensjahren, immer wird seine Jungenhaftigkeit bestimmte Frauen dazu verleiten, für ihn zu sorgen. Möglich, daß man ihm übel mitgespielt oder ihn abgelehnt hat, jedenfalls weckt der Anblick eines wundenleckenden Dionysos in manchen Frauen Mutterinstinkte.

Seine Sinnenfreude und sein Sinn für Ästhetik zieht Frauen an, als Freundinnen, aber auch als potentielle Geliebte. Wenn er mit einer Frau ins Bett geht, wird sie tief berührt sein, besonders wenn sie bisher noch nie einen Mann geliebt hat, für den der Geschlechtsakt eine ekstatische Erfahrung ist, in der zwei Menschen miteinander verschmelzen. Die eine entdeckt auf diese Weise ihre eigene Sexualität und ist ihm dankbar, die andere wird ihm hörig, wieder eine andere furchtbar eifersüchtig. Wenn er für eine Frau sehr wichtig wird, kommt es häufig zu dramatischen Einbrüchen in ihrem Leben, da sie seinen charakteristischen Stimmungsschwankungen mehr oder weniger ausgeliefert ist.

Der Dionysos-Mann liebt Frauen und findet wahrscheinlich schon im Sandkasten kleine Mädchen, mit denen ihn Interessen, Geheimnisse und eine tiefe Freunschaft verbinden – eine Erfahrung, die den meisten Männern fremd bleibt.

Ein Dionysos-Mann ist gewöhnlich anders als seine Geschlechtsgenossen. Er fühlt sich weder in Umkleideräumen noch in Sitzungsräumen wohl, weil männliche Beziehungen in solchen Settings üblicherweise unpersönlich und zielorientiert sind. Er ist viel zu individualistisch, um ein Mannschaftsspieler, und zu wenig an Wettbewerb interessiert oder anpassungsbereit, um «einer von den Jungs» zu sein.

Paradoxerweise kann er engere Freundschaften zu Männern entwickeln als die meisten anderen Männer. Eine Reihe männlicher Freunde ist ungeheuer wichtig für ihn, in verschiedenster Hinsicht. Mit einem Hermes-Freund erreicht er philosophische Tiefe, und ein Hephaistos entdeckt, daß Dionysos wirklich zu würdigen weiß, was er schafft, daß er seine Kunstwerke mit der gleichen Ehrfurcht betrachtet, mit der er selbst sie schuf. Auch Apollon fühlt sich von Dionysos – seinem Gegensatz – angezogen.

Dionysos war ein Gott, der über einen Freund weinen konnte, und dies kann auch einem Dionysos-Mann passieren. Als Ampelos starb, brach Dionysos an seinem Grab in Tränen aus und ließ sich erst durch die Weinrebe und den Wein, der den Tränen entsprang, halbwegs trösten.

SEXUALITÄT

Der Ausdruck seiner instinktiven, leidenschaftlichen Sexualität ist ein wesentliches Thema für Dionysos. Ein Dionysos-Mann kann heterosexuell, homosexuell oder bisexuell sein. Gleichgültig, ob sexbesessener Rockmusiker oder unverheirateter Priester – immer ist die Sexualität sein Hauptthema. Aufgrund seiner sinnlichen Veranlagung brechen erotische Gefühle jederzeit hervor. Vielleicht steckt er ebenso viel seiner beträchtlichen psychischen Energie in den sexuellen Bereich wie ein anderer Mann in seine Karriere. Er kann ekstatische sexuelle Erfahrungen haben, die gelegentlich durch Musik oder Drogen verstärkt werden, ohne daß es zu einer tiefen, persönlichen Beziehung kommt. Ein sensibler Partner merkt vielleicht, daß er die Sexualität um ihrer selbst willen und der damit verbundenen Bewußtseinsveränderung so sehr schätzt, daß die Liebe mit ihm etwas Unpersönliches bekommt. Vielleicht hat er in diesem Augenblick eher eine archetypische dionysische Erfahrung statt eine persönliche Vereinigung im Sinn.

Er fühlt sich immer wieder von einer Vielzahl von Frauen angezogen oder auch immer wieder von derselben Frau, wenn sie, so wie er, im Moment aufgehen kann. Nicht männliches Konkurrenzdenken ist seine Motivation, sondern die Erfahrung an sich.

Ehe

Die traditionelle Frau sieht im Dionysos-Mann kein gutes «Ehemann-Material», womit sie durchaus recht hat. Er taugt nicht zum lebenslangen Brötchenverdiener in einem Job mit geregelter Arbeitszeit. Er wird in der Geschäfts- oder Berufswelt nie so weit aufsteigen, daß er ihren Status, ihre Position und Sicherheit garantieren könnte. Das Leben mit ihm wird sowohl in finanzieller wie auch in emotionaler Hinsicht unberechenbar sein.

Probleme entstehen, wenn eine Frau sich in einen Dionysos verliebt und nach der Hochzeit einen anderen Mann aus ihm machen will – etwa den zuverlässigen, berechenbaren Partner, von dem sie sich nie angezogen fühlte, den sie nun aber erwartet. Ihn zu heiraten war wahrscheinlich ohnehin ihre Idee, da er dazu neigt, im Augenblick zu leben und nicht in Kategorien von lebenslangen Verpflichtungen zu denken. Zu erwarten, daß die Ehe ihn monogam macht, ist jedoch ein weiterer Irrtum, der ihr nur Kummer bereiten wird.

Und auch hier gilt paradoxerweise wie bei dem griechischen Gott der Grundsatz, daß er irgendwann im Leben heiraten und die Ehe würdigen kann, und daß er seine Frau auf einfühlsame Weise kennt, liebt und achtet.

Kinder

Ein Dionysos-Mann ist so häufig selbst «ein großes Kind», daß er bei den Kindern anderer Leute einschlägt wie eine Bombe. Seine eigenen machen jedoch Erfahrungen, aus denen sie nicht selten zerrissen hervorgehen. Er kann wunderbar aufregend sein (beim Spielen ist er phantasievoll und großzügig, und seine gute Laune ist geradezu ansteckend) oder eine schreckliche Enttäuschung (wenn er versprochen hat, etwas Besonderes mit ihnen zu unternehmen und es dann vergißt oder seine ursprüngliche Begeisterung für ein gemeinsam geplantes Unternehmen verloren hat). Einen charmanten Vater zu haben, der in diesem Augenblick meint, was er sagt, auf den aber im nächsten kein Verlaß mehr ist, kann ziemlich hart sein. Seine Unberechenbarkeit zeigt sich noch ausgeprägter, wenn er zu einem geschiedenen Vater wird – und es spricht einiges dafür, daß er es wird.

Der Dionysos-Mann trägt die normale Verantwortung eines Vaters nicht besonders gut: er ist nicht geschaffen für die Rolle des Geldverdieners, Zuchtmeisters, Vermittlers zwischen Familie und Außenwelt, Ratgebers und Vorbilds dafür, wie man Erfolg hat. Dennoch kann es sein, daß er großen Anteil genommen hat, als seine Kinder geboren wurden; wahrscheinlich war er emotional und körperlich vollkommen dabei. Vielleicht bildeten die

Wehen, die Schmerzen, die Geburt selbst, ein mystisches oder ekstatisches Erlebnis, das ihn tief mit seiner Frau und den Kindern verbindet. Zwar wird ein Dionysos-Mann von seinem Temperament her niemals ein traditioneller, distanzierter, erfolgsorientierter Himmelsvater sein, doch ist es möglich, daß er ein Erdenvater wird, der sich zu Hause wohl fühlt und instinktiv eine gute Beziehung zu seinen Kindern hat.

Die mittleren Lebensjahre

Der Dionysos-Mann kann in der Mitte des Lebens in eine größere, emotionale Krise geraten. Wenn seine Exzesse und der Mangel an Disziplin ihren Tribut fordern, sieht er sich der Gefahr gegenüber, alkohol- oder drogenabhängig zu werden oder in der Arbeit oder seinen Beziehungen zu scheitern. Mangelnde Ausbildung, fehlende berufliche Qualitäten oder ein unsteter beruflicher Werdegang treten nun überdeutlich zutage. Seine Ehe verläuft häufig nicht besser. Viele populäre Dionysos-Figuren überleben die Mitte des Lebens nicht; so starben der Rockstar Jim Morrison und der Schauspieler John Belushi an Überdosen.

Gewöhnlich aber zieht sich die Krise der Lebensmitte über Jahre hin, wobei Alkohol häufig das Hauptproblem zu sein scheint. Der Dichter Dylan Thomas und der Schauspieler Richard Burton kämpften mit ihrer Alkoholsucht, mit kreativem Ausdruck und schwierigen Beziehungen zu Frauen. Es sind klassische Fälle einer dionysischen Midlife-Crisis. Thomas und Burton hatten Pech; andere Dionysos-Männer kämpfen vielleicht nur mit einem Teil dieser Probleme.

Durch heroische Anstrengungen, eine bedeutungsvolle Arbeit zu behalten und sich offen und engagiert für eine Beziehung einzusetzen, kann ein Dionysos-Mann jedoch Tiefe und Reife entwickeln, seine Leidenschaft bewahren und die kreativen und ekstatischen Augenblicke in sein Leben integrieren.

Die späteren Lebensjahre

Die Art, wie ein Dionysos-Mann die Mitte seines Lebens meistert, entscheidet, welchem von drei Mustern er in den späteren Jahren folgen wird.

Eine verbreitete Möglichkeit ist die Fortsetzung des Kampfes (mit Alkohol, Schwierigkeiten am Arbeitsplatz oder Beziehungsproblemen) ohne Lösung bis zum Tod, der häufig unerwartet früh eintritt.

Ein zweites Muster hat mit der Kombination eines Dionysos-Archetyps und ererbtem Reichtum zu tun, der einen Mann dazu verleitet, ein ewiger

Jüngling zu bleiben, selbst im hohen Alter. Egal, welche sexuelle Orientierung er haben mag, gewöhnlich sind seine Geschlechtspartner sehr jung, und nachdem er alles getan oder zumindest probiert hat, erscheint ihm das Leben ein wenig schal.

Ein individuelles Leben voller Tiefe und Bedeutung ist die hart erarbeitete dritte Möglichkeit. Wenn der Dionysos-Aspekt in eine reife Persönlichkeit integriert wurde, ist der Mensch durchaus fähig, im Augenblick aufzugehen, wobei der Augenblick stets Teil eines komplizierten, übergreifenden Musters ist, eines emotional reichen Lebens, das von Kontinuität und Engagement geprägt ist. Ekstatische Erlebnisse statten ihn mit einem Sinn für spirituelle Ganzheit aus, die der Realität zugrunde liegt. Sie ermöglichen ihm, sich als Teil der Natur und Teil der Menschheit zu begreifen. Diese spirituelle Gelassenheit verwandelt den Tod in eine weitere Erfahrung, die es, wenn es so weit ist, voll auszukosten gilt.

Psychologische Schwierigkeiten

Wenn die Emotionen und das Verhalten eines Mannes entscheidend vom Archetyp des Dionysos bestimmt werden, ist sein Potential für psychologische Schwierigkeiten höher als bei jedem anderen Archetypen. Wie groß der Schaden ist, hängt von der Macht des Archetyps ab – wie stark er im Vergleich zur Schwäche des männlichen Egos ist. Nur ein Mann mit einem starken und gesunden Ego kann den Einfluß des Archetyps erfolgreich eindämmen und entscheiden, wie, wann, mit wem und unter welchen Umständen er den Dionysos in seinem Inneren ausleben will.

Darüberhinaus richtet eine moralistische und puritanische Gesellschaft stärkere negative Botschaften an Dionysos als vielleicht an jeden anderen Archetyp – noch ein Grund, warum Dionysos zu psychologischen Schwierigkeiten neigt. Probleme mit der Selbstachtung können die Folge sein, aber auch negative Konsequenzen, die sich aus der Unterdrückung des Archetyps ergeben.

Verzerrung der Selbstwahrnehmung: Niedrige Selbstachtung und Selbstüberschätzung

Die stereotypen Erwartungen unserer Kultur darüber, wie ein Junge oder ein Mann zu sein haben, vermitteln einem jungen Dionysos, daß irgend etwas mit ihm nicht stimmt. Er lernt sehr früh, daß er zu gefühlsbetont oder zu heftig ist oder sich für Dinge interessiert, mit denen normalerweise nur

Mädchen etwas anfangen können. Natürlich leidet seine Selbstachtung darunter.

Auf der anderen Seite vermittelt ihm der Aspekt des göttlichen Kindes, der für diesen Archetyp charakteristisch ist, das Gefühl, etwas Besonderes zu sein und Privilegien zu genießen. Dieses Gefühl entbehrt jeder Grundlage. Häufig pendelt er von einem Extrem zum anderen: einmal fühlt er sich der vor ihm liegenden Aufgabe nicht gewachsen, dann wieder hat er das Gefühl, daß sie ihn auf der Stelle reich und berühmt machen wird.

Da es ihm an kontinuierlicher Selbstwahrnehmung mangelt und so vieles von seiner Selbstachtung auf rein subjektiven Gefühlen basiert, ist es für ihn unmöglich, eine realistische Einschätzung seiner selbst oder seines Werts zu erlangen. Die Reaktion anderer Menschen ist ebenso widersprüchlich. Meistens gibt es negative oder positive Reaktionen, kaum jemals neutrale.

Der ewige Jüngling

Der Gott Dionysos war ein jugendlicher Gott. Eine berühmte Darstellung zeigt ihn als eleganten jungen Mann in einem roten Gewand und mit langem Haar, das ihm weich über die Schultern fällt. Dem Mythos nach wurde er von Piraten entführt, die ihn für den Sohn des Königs hielten und sich ein Lösegeld erhofften. Das Bild ist im wesentlichen das eines privilegierten ewigen Jünglings. Und wenn dieser Archetyp Hand in Hand mit Reichtum geht, ist das Ergebnis der Playboy – der junge Ali Khan zum Beispiel. Viele Männer, die mit dem ewigen Jüngling Dionysos identifiziert werden, haben tatsächlich eine gewisse Ähnlichkeit mit ihren reichen und berühmten Vorbildern, insofern, als sie nur für die nächste Party oder die nächste Affäre leben. Die Möglichkeit, ein ewiger Jüngling zu bleiben, ist immer dann vorhanden, wenn Dionysos der dominante Archetyp ist.

Der Kampf mit den Widersprüchen

Männer mit einer dionysischen Persönlichkeit kämpfen mit Paradoxen und Widersprüchen. Wie in dem Gott können in ihnen Entzücken und Zerstörung, Leidenschaft und Kälte, Nähe und Distanz nebeneinander existieren.

Der Dramatiker und Drehbuchautor Sam Shepard – selbst Beispiel für einen Dionysos-Mann – beschrieb die Aufgabe, diese Gegensätze miteinander zu versöhnen, folgendermaßen:

> Irgendwo gibt es doch diese Geschichte vom Wolf und dem Schaf... Und am Leben zu bleiben, heißt, zu versuchen, einen Ausgleich zu schaffen, diese beiden im

Gleichgewicht zu halten, denn der eine versucht immer, das andere zu verschlingen. Der, der verschlingen will – der Wolf – handelt impulsiv und ist ziemlich verrückt. Es ist eindeutig ein Kampf, der da vor sich geht, und er wird auf die verschiedenste Art ausgefochten. Manche Leute fangen an zu trinken oder nehmen Drogen. Die Schwierigkeit ist, zu akzeptieren, daß es eine Bedingung ist, mit der man leben muß, die Bedingung, daß diese beiden Teile aufeinanderprallen, und die ständige Bedrohung, von einem der beiden überwältigt zu werden.[5]

Psychose als Potential

Dionysos war der Gott, der verrückt war und seine Anhänger in den Wahnsinn stürzte. Er verwirrte den Geist. Wenn er plötzlich auftauchte, gerieten seine Mänaden in einen Zustand der Ekstase und Verzückung, irren Tanzes und rasender Wut.

Ein dionysisches Element ist manchmal auf Rockkonzerten zu spüren, besonders wenn ein Star auf der Bühne erscheint und das Publikum durchdreht. Da ist alles beisammen: der Wahnsinn, der Tanz, die Drogen, Ausdruck des Wahnsinns und des Entzückens. Gelegentlich kommt es, wie beim Konzert der Rolling Stones in Altamont, zu Gewalt und Terror.

Wenn der Gott Dionysos seinen Anhängern erschien, brach ein unglaublicher Tumult aus, gefolgt von Totenstille oder trauriger Melancholie, wenn er ebenso plötzlich, wie er gekommen war, wieder verschwand. Dieser Spannungsbogen von ekstatischen Höhen und Kommunion mit dem Gott bis hinab in die Melancholie beschreibt den psychologischen Prozeß, der sich abspielt, wenn ungeheure Wichtigtuerei in lähmende Depression übergeht, oder Halluzinationen und fehlgeleitetes Verhalten in schockiertes Grauen und Schuldbewußtsein.

Friedrich Nietzsche, der deutsche Philosoph und Verfasser des Werkes *Also sprach Zarathustra* verbrachte elf Jahre seines Lebens in geistiger Umnachtung. Indem er den Wahnsinn und die Auflösung seiner Psyche mit der Zerstückelung des Dionysos gleichsetzte, unterstrich Nietzsche die ekstatischen, exzessiven, barbarischen, titanischen, gar kriminellen Aspekte des Dionysos.[6]

Nebenwirkungen der Rebe: Probleme mit Drogenmissbrauch

Die Verehrung des Dionysos schloß den Genuß von Wein oder anderen sakramentalen Rauschmitteln ein, die den Zustand der Einheit mit dem Gott erleichtern sollten. Seine Anhänger glaubten, den Gott in sich aufzunehmen und von ihm besessen zu sein.

Wenn er ekstatische oder veränderte Bewußtseinszustände durch den Gebrauch von Drogen sucht, ist ein moderner Dionysos sehr anfällig für deren Mißbrauch. Er riskiert unter Umständen seine geistige und körperliche Gesundheit, wenn er Halluzinogene oder stimmungsverändernde Drogen konsumiert.

Als ich in den sechziger Jahren in der Notaufnahme der Psychiatrischen Abteilung des San Francisco General Hospital arbeitete, wurden häufig Leute eingeliefert, die unter der Wirkung von halluzinogenen Drogen oder Aufputschmitteln standen. Meistens hatten sie sie irgendwo auf der Straße gekauft. Drogen, die sie nahmen, um sich gut zu fühlen, verschafften ihnen Paranoia und Terror oder brachten sie in körperliche Gefahr. Teilweise wußten sie nicht mehr, wo sie waren oder achteten nicht auf Verkehrsampeln. Es kam auch vor, daß sie die Sicherheit anderer gefährdeten, wenn sie aufgrund von Wahnvorstellungen oder verzerrten Wahrnehmungen handelten, die die Drogen verursachten. Ein Jahrzehnt später entwarfen anspruchsvolle und profitorientierte Chemiker halluzinogene «Designerdrogen», die sich durch ein einziges Molekül von verschreibungspflichtigen Medikamenten unterscheiden, und damit der Liste der illegalen Drogen immer einen Schritt voraus sind. Das Risiko tragen die heutigen Yuppies. Drogen, die verheißungsvoll als «Gotterfahrung» verkauft wurden, haben in einigen Fällen zum Tod geführt.

Heutige Konsumenten wissen, daß Drogen, die man nimmt, um ein vorübergehendes High zu erleben, zu Kater, Verzweiflung und Sucht führen können. Als die Menschen die Einheit mit Dionysos suchten, bewirkte er ekstatische Glücksgefühle, die in tiefer Verzweiflung und Depressionen endeten, oder Halluzinationen, denen sich Horror und Schuldgefühle anschlossen. Nichts hat sich geändert.

Die Kommunion mit Gott kann eine unbewußte Motivation für das Trinken sein, das in Alkoholabhängigkeit endet. Bill W., Mitbegründer der Anonymen Alkoholiker, führte eine Korrespondenz mit C. G. Jung, die diese Verbindung zwischen Alkoholismus und Spiritualität erhellt. Bill W. schrieb an Jung, um ihm zu erzählen, welche Bedeutung ein Gespräch in den dreißiger Jahren zwischen Jung und Rowland H. gehabt hatte, der eine bedeutende Rolle bei der Gründung der AA gespielt hatte (Rowland war Alkoholiker und ehemaliger Patient von Jung, dem Jung in diesem Gespräch mitgeteilt hatte, daß er ihm nicht helfen könne.) «Als er (Rowland H.) Sie daraufhin fragte, ob es noch irgend eine andere Hoffnung gebe, sagten Sie, das könne sein, falls er eine spirituelle oder religiöse Erfahrung mache.»

(Rowland H. nahm sich Jungs Worte zu Herzen, suchte und fand die spirituelle Erfahrung, die ihm half.) Jung antwortete: «Seine Alkoholsucht war – auf einer niederen Ebene – das Gegenstück zu unserem spirituellen Durst nach Ganzheit, in mittelalterlicher Sprache ausgedrückt: der Einheit mit Gott. Im Lateinischen bedeutet Alkohol spiritus; dasselbe Wort wird also für die höchste religiöse Erfahrung, wie auch für das schlimmste Gift benutzt. Die hilfreiche Formel heißt demnach: spiritus contra spiritum.»[7]

Der Satz spiritus contra spiritum leitet über zu dem Prinzip, spirituelle Einheit gegen Alkoholsucht einzusetzen, mit anderen Worten, den Alkohol durch Gott zu ersetzen (welche Form auch immer dieser für das jeweilige Individuum haben mag). Wenn der Gebrauch von Alkohol oder einer anderen Substanz von Dionysos motiviert ist, sucht ein Mann oder eine Frau spirituelle Vereinigung mit Hilfe solcher Substanzen; in diesem Fall ist es auch kein Wunder, daß die Beziehung zu Gott einem Menschen helfen kann, wieder trocken zu werden.

Psychosomatische Symptome

Man glaubte, daß Dionysos sich im Körper seiner Anhänger bemerkbar machte, so wie Alkohol durch die Blutgefäße zirkuliert und dabei die Sinne beeinflußt und sich auf Körper und Geist auswirkt. Wenn Dionysos ein starker Archetyp ist, reagiert er mit seinem Körper, der für ihn ein Sinnesorgan ist: er empfindet seine Emotionen mit dem ganzen Körper. Daß er nur «fühlt», wenn er tanzt oder Liebe macht, ist der positive Ausdruck dieser «Verkörperung». Wenn sein Körper psychosomatisch reagiert, zeigen sich die negativen Aspekte. Er ist anfällig für Übergangssymptome – hysterische Lähmung oder Blindheit zum Beispiel. Anorexie ist ein weiterer Ausdruck seiner Anfälligkeit für Geist-Körper-Krankheiten.

Möglicherweise bekommt er Angst, daß irgend etwas mit seinem Körper nicht stimmt, weil er Emotionen durch seinen Körper ausdrückt und körperliche Empfindungen hypersensibel registriert. Ein Wehwehchen oder ein Schmerz, die ein anderer, kopflastigerer Mann nicht einmal bemerken würde, können ihn vollkommen aus der Bahn werfen.

Schwierigkeiten für andere

Wenn ein Dionysos-Mann sehr wichtig für eine Frau ist, versteht es sich von selbst, daß ihr Leben alles andere als langweilig ist. Wie chaotisch, glücklich oder schmerzlich es letztlich ist, hängt von ihm ab, davon, wer sie ist und von dem Gefüge ihrer Beziehung – ist es eine außergewöhnliche Freundschaft oder eine neue Affäre? Ein Arrangement oder eine Ehe? Und ebenso wichtig: Welche Hoffnungen setzt sie in die Beziehung?

Wenn es eine hoffnungsvolle Hera (Göttin der Ehe, archetypische Ehefrau) in ihr gibt, die erwartet, daß sich eine stürmische Affäre in eine stabile, monogame Ehe verwandelt, könnte die Beziehung katastrophal enden und sie ihren schlimmsten Schattenaspekten ausliefern: Rachgier und Eifersucht.

Häufig aber spielt Dionysos eine Schlüsselrolle in einer Zeit wichtiger Veränderungen. Es kann sein, daß er im Leben einer Frau auftaucht und sie von Heim und Herd zu ekstatischen Orgien entführt, wobei er ihre Ehe und Familie zerstört und die Leidenschaft und Frustration in ihr weckt, die sie ihr ganzes Leben lang unterdrückt hat, erst als braves Mädchen und dann als pflichtbewußte Ehefrau. Diejenigen, die am meisten darunter zu leiden haben, sind wie immer die Kinder.

Die Zeit nach dem Ende einer Ehe oder wenn ein Mann sie verlassen hat, ist auch eine Übergangsphase, in der ein Dionysos-Mann häufig ins Leben einer Frau tritt. Auch hier ist er der Initiator, ein sinnlicher Mann, der ihre Erotik und Gefühle weckt. Vielleicht macht er sie mit berauschenden Drogen bekannt, mit pulsierender Musik oder einer ekstatischen Meditationspraxis.

Erinnern wir uns, daß der Gott Dionysos Frauen in rasende Mänaden verwandelte, die sein Schicksal teilten und zerrissen, verstümmelt und grausam verfolgt wurden. Das ist die dunkelste Seite einer Beziehung mit einem Dionysos-Mann. Hier sind Frauen wie Persephone mit ihrer Anfälligkeit, sich in die Unterwelt entführen zu lassen – eine Metapher für schwere Depressionen oder den Verlust der Realität – besonders gefährdet. Ebenso können sie, aufgrund ihrer großen Anpassungsfähigkeit an eine mächtige Persönlichkeit, zu gehorsamen Anhängerinnen eines Charles Manson werden oder wie die entführte und mißhandelte Patty Hearst unter die Herrschaft eines kriminellen Dionysos geraten. Zwar war Dionysos ein männlicher Gott, der Frauen verführte, doch kann sich der Archetyp in Männern und Frauen gleichermaßen manifestieren, und Männer wie Frauen, auch das eigene Geschlecht, ansprechen.

Möglichkeiten seelischer Reife

Die psychologische Arbeit, die der Dionysos-Mann (oder die Dionysos-Frau) leisten muß, um zu reifen, ist komplexer als andere, weil auch der Archetyp komplexer ist. Was er braucht, ist ein beobachtendes und akzeptierendes Ego. Andere Archetypen müssen entwickelt werden, nicht nur als Hilfsmittel auf dem Weg zur Mehrdimensionalität, sondern einfach, um zu überleben. Zwei wichtige Aufgaben müssen bewältigt werden – eine heldenhafte Auseinandersetzung mit dem Unbewußten und das Engagement für eine Beziehung, um das normale Leben zu leben, das er sich wünscht, obgleich es nicht wahrscheinlich ist, daß er selbst je ein «normaler» Mensch sein wird.

Ein beobachtendes und akzeptierendes Ego entwickeln

Ein Mensch kann diesen Archetyp in sich tragen und akzeptieren, ohne ihn zu unterdrücken, verrückt oder gewalttätig oder aus der normalen Gesellschaft ausgestoßen zu werden, wenn er ein starkes beobachtendes Ego hat, das alle Gedanken und Bilder akzeptiert, die ihm in den Sinn kommen, alle Empfindungen, die er in seinem Körper spürt, alle Leidenschaften, die in ihm aufwallen, ohne Scham oder Verachtung, und ohne sie unbedingt verändern zu wollen. Wenn der Dionysos ein mächtiger Archetyp ist, mag es vielleicht gut sein, zu wissen, daß dies die Haltung ist, die man anstreben sollte. Mit Hilfe der Psychotherapie kann man sein Ego entwickeln und an seinem Selbstbewußtsein arbeiten, besonders wenn Ablehnung und Kritik zu den frühen Kindheitserfahrungen gehörten.

Verbündete entwickeln: Zeus, Hermes und Apollon

In der Mythologie standen mehrere Götter Dionysos zur Seite. Zeus, Hermes und Apollon, seine Verbündeten, sind Archetypen, die ein Dionysos-Mann entwickeln muß.

Zeus rettete Dionysos zweimal das Leben, einmal, als er ihn aus dem Schoß seiner toten Mutter riß und in seinen Schenkel einnähte und dann noch einmal, als Hera seine Adoptiveltern in den Wahnsinn trieb. Ein positiver Vater-Archetyp – personifiziert als starker und fürsorglicher Zeus – kann einem Dionysos-Mann eindeutig helfen zu akzeptieren, daß er anders ist als seine Geschlechtsgenossen und mit seinen irrationalen Gedanken oder heftigen Gefühlen zu leben, ohne sich von ihnen ins Bockshorn jagen zu lassen oder sich selbst dafür zu hassen. Ein Dionysos-Mann kann einen positiven Zeus-Archetyp in sich entwickeln, wenn sein tatsächlicher Vater ihn liebt und akzeptiert. Diese Entwicklung wird noch weiter unterstützt durch eine positive Beziehung zu einer Vaterfigur oder einem Therapeuten.

Hermes übernahm die Rolle der Hebamme bei Dionysos' Geburt und geleitete ihn zu seinen Adoptiveltern. Als Götterbote bewegte sich Hermes ohne Schwierigkeiten zwischen Unterwelt, Erde und den Höhen des Olymp hin und her. Die Fähigkeit, von der Tiefe zur Höhe emporzusteigen, ohne in emotionale Fallen zu tappen, ist eine Eigenschaft, die Dionysos-Männer kultivieren müssen. Ein Dionysos-Mann existiert in der Gegenwart, die für ihn die einzige Realität darstellt. Wenn er also «in die Unterwelt» hinabsteigt und deprimiert ist, hat er das Gefühl, daß sich an diesem Zustand nie wieder etwas ändern wird. Diese Verzweiflung kann in Gedanken an Selbstmord als «einzigem Ausweg» enden. Hermes dagegen weiß, daß er immer nur vorübergehend an einem bestimmten Ort ist.

Hermes war auch der vermittelnde Gott. Wenn er lernt, seine Gefühle in Worte zu fassen und sie mit anderen zu teilen, wird ein Dionysos-Mann diesen Aspekt des Hermes entwickeln. Andere können ihm dann häufig helfen, eine breitere Perspektive zu gewinnen, was ebenfalls hilfreich ist.

Der rationale Apollon ist der dritte Verbündete, den ein Dionysos-Mann in sich erwecken muß. In seinen Ritualen teilte Dionysos Delphi mit Apollon. Beide Götter wurden in Delphi verehrt – Dionysos in den drei Wintermonaten, Apollon während des restlichen Jahres. Diese beiden Götter sind traditionelle Gegensätze. Apollon ist der rationale, lineare Denker, der Klarheit schätzte und als Sonnengott alles aus einer objektiven Distanz heraus sehen konnte. Er verkörpert die Funktion der linken Gehirnhälfte. Dionysos ist der irrationale, emotionale, körperbezogene Gott, subjektiv, Gegensätze und Widersprüche in sich bergend; er personfiziert die Funktion der rechten Gehirnhälfte. Beide müssen in der Psyche eines Menschen vorhanden sein. Eine gute Bildung ist eine Möglichkeit, die Fähigkeit des Apollon-Archetyps zu rationalem Denken zu entwickeln.

Die Aufgabe des Helden: Die Reise in die Unterwelt

Wenn er seelisch reifen will, muß der Dionysos-Mann über seine Identifikation mit dem göttlichen Kind und dem ewigen Jüngling hinauswachsen und zum Helden werden. Der Psychologe Erich Neumann stellt in seiner klassischen Usprungsgeschichte des männlichen Bewußtseins dar, wie notwendig es ist, daß aus dem androgynen Sohngeliebten ein Held wird. Um dies zu erreichen, so Neumann, muß er sich bewußt dem Unbewußten und Nicht-Ich aussetzen: dem Dunkel, der Finsternis, dem Nichts, dem Loch, der Leere, dem Urschoß der Großen Mutter, wo das Ego im Unbewußten aufgehen und von irrationalen Ängsten verschlungen oder überwältigt werden kann – den Ungeheuern und Schrecken des Unbewußten. Der Held muß die Gefahren der Unterwelt ertragen und mit einem intakten Ich gestärkt aus der Erfahrung hervorgehen.[8]

In der Mythologie war diese Heldentat die letzte Aufgabe, die Dionysos erledigte, bevor er seinen Platz im Olymp einnahm. Er war entschlossen, seine Mutter Semele zu retten, die gestorben war und sich nun im Hades befand. Einen Zugang zur Unterwelt gab es durch den abgrundtiefen Sumpfsee Lerne. Dionysos tauchte hinein und kam nach einiger Zeit zum dunklen Haus des Hades. Dort befreite er seine Mutter, führte sie zunächst auf die Erde zurück und dann zum Olymp.

Psychologisch gesehen trennte Dionysos seine persönliche Mutter von der Großen Mutter und überwand seine Furcht vor dem Unbewußten und die Angst des männlichen Ichs vor dem verschlingenden Weiblichen. Wenn ein Mann seine Mutter (oder jedes andere weibliche Wesen) als normale Frau lieben kann, die keine schreckliche Macht über ihn hat (ihn nicht kastrieren kann), hat er eine entsprechende Leistung vollbracht. Er hat seine persönliche Mutter von der Großen Mutter befreit. Sein adoleszentes Selbst ist zu einem heroischen Selbst, ist erwachsen geworden.

Persönliche, engagierte Liebe: Ariadne finden

Bei einer seiner Reisen stieß Dionysos auf Ariadne. Sie war auf der Insel Naxos von Theseus verlassen worden, der sie benutzt hatte, um den Minotaurus zu töten und von Kreta zu fliehen. Auf halbem Weg nach Athen war Theseus davongesegelt, während sie an einem einsamen Strand schlief, wo Dionysos sie fand. Dionysos liebte und achtete sie. Um seinetwillen schenkte Zeus ihr die Unsterblichkeit, gewährte ihr ewiges Leben und ewige Jugend.

Für einen Dionysos-Mann sind erotische Beziehungen wahrscheinlich intensiv und ekstatisch: das Gefühl des Verschmelzens, das er bereitwillig erweckt, bewirkt bei ihm und seiner Geliebten das Gefühl, einander extrem nahe zu sein. Trotzdem kann eine persönliche Dimension fehlen. Die Erfahrung ist unpersönlich oder transpersonal (wie Dionysos' unzählige Affären mit den Mänaden), bis er Mitgefühl für eine bestimmte Frau empfindet, wie es wahrscheinlich Dionysos erging, als er die verlassene und betrogene Ariadne entdeckte. Erst wenn er eine Verbindung zu einem Menschen spürt, den er liebt, auch wenn er nicht gerade mit ihm im Bett liegt, wird aus dem archetypischen Geliebten Dionysos ein engagierter Partner.

Teil IV

Die Suche nach dem eigenen Mythos – Besinnung auf das Ich

Wenn wir wissen, wer die Götter sind, können sie uns eine Menge über uns selbst verraten. In manchen sehen wir Reflektionen unserer selbst, die die Größe, Bedeutung und auch die Grenzen unserer Archetypen widerspiegeln. Andere Götter zerren an unserer Erinnerung, und plötzlich fällt uns ein, daß wir sie vor langer Zeit kannten. In wieder anderen erkennen wir das Gesicht eines Gottes, den wir ablehnten, weil wir Angst hatten, seinetwegen nicht akzeptiert zu werden.

Nun haben Sie einiges über die Götter erfahren – was glauben Sie, welcher davon Ihre Persönlichkeit am meisten beeinflußt? Vielleicht haben Sie einen Einblick bekommen, warum es Ihnen leicht fiel, erfolgreich zu sein, welchen Preis Sie dafür zahlen müssen, oder warum Erfolg für Sie unerreichbar war.

Reisende auf dem Weg nach Athen – eine Metapher für die Männer (und Frauen), deren Ziel Erfolg ist, die also im Zentrum der Macht, der Geschäfte oder intellektueller Leistungen stehen wollen – wurden von Prokrustes aufgehalten und auf seinem Bett entweder gestreckt oder abgeschnitten, bis sie hineinpaßten. «Prokrustisch» – das bedeutet heute die willkürliche, oft gewaltsame Mißachtung individueller Unterschiede. Konformität ist die moderne Entsprechung des Prokrustesbettes; die Stereotypen vom männlichen Verhalten vergewaltigen die Psyche der Männer. Denn damit wird ein Mann von den Teilen seines Selbst, die nicht passen, abgeschnitten, und andere Teile werden so lange gestreckt, bis sie den Freiraum ausfüllen.

Die Welt, die wir kennen, ist ein Ort, wo das Patriarchat einsame Helden aus seinen Männern macht. Es wird erwartet, daß Männer ihre Mütter verlassen und jede Ähnlichkeit mit ihr leugnen. Väter sind distanziert und zurückhaltend. Männer konkurrieren mit anderen Männern, leugnen ihre Verletzbarkeit, lehnen ab, was nicht akzeptiert wird, lösen sich immer wieder von Gefährten, die nicht so tüchtig sind wie sie und gehen weiter.

Psychologische Zerstückelung tritt dann ein, wenn Menschen von Archetypen abgeschnitten werden, die nicht in das Prokrustesbett paßten, aber auch von Menschen, von denen sie sich laut allgemeiner Erwartung lösen müssen, wenn sie weiterkommen wollen. Da die Beherrschung seiner Gefühle ebenfalls zum Stereotyp des Mannes gehört, kann er auch von seinen Gefühlen abgeschnitten sein.

Das nächste Kapitel: «Die Suche nach dem eigenen Mythos: Besinnung auf das Ich» handelt von der Wieder-Entdeckung dessen, was wir vielleicht abgeschnitten haben, von der Suche nach dem Heimweg. Das Nachhausekommen, das wir alle herbeisehnen, hat etwas damit zu tun, so geliebt und willkommen geheißen zu werden, wie wir wirklich sind, in unserer Ganzheit akzeptiert zu werden.

«Der fehlende Gott» ist das letzte Kapitel des Buches. Er ist der verheißene Sohn, der Zeus ersetzen und über Götter und Menschen herrschen soll. Er ist ein Archetyp, der zum beherrschenden Prinzip in der Psyche eines Mannes werden kann, und, wenn dies bei genügend Männern der Fall wäre, Einfluß auf die Kultur nehmen könnte.

11. Die Suche nach dem eigenen Mythos – Besinnung auf das Ich

Für Männer besteht das Leben aus einer Serie von Trennungen und lauter falschen Identifiktionen. Es fängt an mit der Mutter, die sie verlassen und der sie nicht ähnlich sein dürfen. Man erwartet, daß sie kleine Männer sind, die nicht weinen, und so gehen sie eben in den Kindergarten und von dort weiter, Jahr um Jahr, und kämpfen mit zwei Kulturen. Im Klassenzimmer ist die Welt – zumindest am Anfang – noch weiblich. Es gibt eine Lehrerin, die Mitarbeit und Sauberkeit, Ordnung und Hausaufgaben belohnt.

Im Schulhof haben die größeren Jungen das Sagen, und von einer männlichen Peer Group akzeptiert zu werden, ist ungeheuer wichtig, weil man sich einen isolierten Jungen herauspicken und zum Sündenbock machen kann. Auch Anpassung an Gruppennormen spielt eine entscheidende Rolle für das Überleben auf dem Schulhof, und schon hier wird die Dynamik der Identifikation mit dem Aggressor ausgespielt. Ein Junge muß es mit beiden Welten halten: dem Klassenzimmer und dem Schulhof, und es kann passieren, daß er in der einen oder auch in beiden versagt. Der aufgeweckte kleine Sportler ist häufig der, der in beiden Welten am besten zurechtkommt; sein sportliches Können öffnet ihm alle Türen und garantiert ihm Respekt.

Manche Männer berichten mir von goldenen Kinder- und Jugendzeiten, in denen sie in der Gesellschaft anderer Jungen ganz unbefangen sie selbst sein konnten. Mein Eindruck ist, daß diese Jungen Glück hatten, daß es keineswegs die Norm war. Sie waren Freunde aus der Kinderzeit oder Kumpel, die jede freie Minute zusammen verbrachten, und sie hatten jede Menge freier Minuten – wie es für Kinder der Mittelschicht heute nicht mehr der Fall zu sein scheint. Oder es waren Jungen, die auf Internaten Freundschaften geschlossen hatten.

Wirkliche Liebe enstand nur in diesen goldenen Zeiten. Dann kam die Zeit der Trennung, wie es für Männer immer wieder der Fall ist. Bei jedem Schritt auf dem traditionellen Pfad, dem Männer folgen sollen, spielt die eine oder andere Version, die Spreu vom Weizen, Jungen von Männern, Tüchtige von Dummen trennen soll, hinein. Erfolgreiche Männer haben immer wieder Trennungen von Freunden hinnehmen müssen, die mit ihnen nicht mithalten konnten.

Während die patriarchalische Welt von Männern eine Trennung nach der anderen verlangt, hat jeder dieser Schnitte zwei Richtungen: der Junge, der sich von seiner Mutter trennt, löst sich emotional von ihr und schneidet sich zugleich von dem Teil in seinem Inneren ab, der ihr nahe war. Der Junge, der zur Schule geht und entdeckt, daß er sich seine Unschuld oder Unwisssenheit nicht anmerken lassen darf, weil ihn das zur Zielscheibe des allgemeinen Spotts machen würde, paßt sich an, indem er das akzeptierte Verhalten nachahmt. Auf diese Weise kappt er die Verbindung zu dem unschuldigen Kind in seinem Inneren. Der Junge, dessen bester Freund nicht mitkam, löste sich nicht nur aus der Freundschaft, sondern auch von dem Teil in ihm, der den Verlust seines Freundes betrauerte. Der Junge, der weinen konnte, wenn er traurig war und lernte, daß sich das nicht gehörte, mußte sich vor seinen eigenen Gefühlen schützen und errichtete eine Mauer um sich. Und dann gibt es die Zeit, wenn etwas noch ganz Zartes in einem jungen Mann geopfert wird, damit er die Weihen des Mannestums empfangen kann.

In einer patriarchalischen Zeus-Welt, wo finanzielle Belohnungen darüber entscheiden, was Wert hat, arbeiten die meisten Männer mit geistigen Fähigkeiten in Büros. Manche sind in ihrem Element und blühen in dieser Umgebung auf. Viele aber sind unglücklich. Einige würden lieber einen Akker bestellen, Dinge mit den Händen machen, Kinder unterrichten oder alles mögliche tun, das sie nicht tun, doch sie schneiden sich von diesem Teil ihrer selbst ab, um in einem Büro zu arbeiten.

Die Frustrationen häufen sich so lange, bis irgendwann um die Mitte des Lebens Depressionen entstehen und mit ihnen Gefühle der Trauer, der Einsamkeit und Bedeutungslosigkeit.

Besinnung

Es gibt eine Alternative – die sich häufig erst in der Mitte des Lebens stellt – und zu der sich Männer, die ich in meiner Praxis sehe, notgedrungen entschließen, wenn ihr Leben zu schmerzlich oder leer, zu trocken oder schal wird. Sie begeben sich auf die Suche nach ihrer Wahrheit, sie offenbaren ihre Gefühle und entdecken einen Sinn in ihrem Leben. Es können Männer sein, die sich in der Wettbewerbsgesellschaft einen Platz erobert und ihr Leben zum größten Teil im Griff zu haben scheinen. Trotzdem haben Depressionen, Ängste, Geschwüre, ein hoher Blutdruck, ein Herzanfall, Alpträume oder eine größere Beziehungskrise signalisiert, daß irgend etwas schrecklich falsch gelaufen ist und sie auf eine Entdeckungsreise nach sich selbst gehen müssen, um herauszufinden, was in der Vergangenheit mit ihnen passiert ist und was jetzt in ihrem Innern vorgeht. Für jeden ist dieser Prozeß ein langsamer Abstieg, um die in der Tiefe begrabenen Gefühle zu finden, seine innere Welt zu erforschen und die Fäden seiner persönlichen Geschichte wiederaufzunehmen. Diese Geschichte beginnt immer in der Kindheit: Wer war er damals? Was machte ihm Spaß? Was begeisterte ihn? Was konnte seine Aufmerksamkeit fesseln? Wer liebte ihn? Und im Gegenzug: Wessen schämte er sich? Was war für andere an ihm oder seiner Familie nicht akzeptabel? Wer versuchte er zu sein? Wessen Liebe und Anerkennung wollte er erlangen? Wie wurde er behandelt, und von wem?

Er entdeckt, daß «wen auch immer» er begraben und aus seinem Bewußtsein verdrängt hat – das Kind, das er in verschiedenen Lebensaltern war, seine überlebensgroßen Eltern, jemand, der auf ihn aufpaßte, ein Haustier, Geschwister, die damals noch da waren, Menschen, die er liebte oder fürchtete – noch heute in ihm lebendig sind. Und «was immer» er begraben hat, ist auch noch da: Unschuld, Verrat, Furcht, Freude, Schuldbewußtsein, Scham, Liebe und die Archetypen, die er als Teil seines Ichs verleugnet hat. Aber auch in der Jugend oder in der Erwachsenenzeit gab es Verstümmelungen: große Lieben und Freundschaften, von denen er sich trennte, ein Kind, das er hätte zeugen können, ein homosexueller Freund, den er abgewiesen hat, eine asiatische «Frau», die er in Korea, Japan oder Vietnam zurückgelassen hat, eine Frau, die er mehr als alles auf der Welt liebte, aber nicht heiraten konnte – die Menschen und entsprechenden Teile in ihm, die nicht «paßten» und «abgetrennt» wurden.

All diese abgeschnittenen und verdrängten Teile werden «lebendig begraben»: deckt man sie auf, existieren sie genauso, wie sie vorher waren. Diese Wahrheit ist besonders dramatisch, wenn das Verdrängte, wie es fast immer der Fall ist, unausgesprochener Kummer war. Einmal angezapft, ist es, als sei der Verlust gestern passiert, nicht Jahrzehnte zuvor oder auch nur letztes Jahr. Schwelende Wut ist viel leichter zugänglich; wie heiße Kohlen auf dem Rost, die von einer Erdschicht bedeckt sind, liegt sie bei vielen, vielleicht den meisten Männern gleich unter der Oberfläche, obgleich sie genauso stark verdrängt wurde wie bei anderen der Kummer.

Und noch wichtiger als die Gefühle zu ent-decken ist es, das «lebendig Begrabene» wiederzuerwecken (sich darauf zu besinnen): das geopferte Kind, das beiseite geschoben wurde, wenn es nicht akzeptabel oder erwünscht war oder mißhandelt und verachtet wurde; den schwärmerischen Jugendlichen, der ausgelacht und nie wieder gesehen wurde; jeder, der offenbar nicht paßte, alle verleugneten Archetypen, die nun das Dasein eines Mannes wiederbeleben könnten.

Zu entdecken, was geschehen ist und warum, führt in die Gegenwart. Jeder

Mensch hat seine persönliche Geschichte, mit einem Ensemble von Mitwirkenden und einer Rolle, die ihm seine Familie zugeteilt hat, eine Geschichte, die er unbewußt weiterspinnt. Dabei benutzt er andere Menschen, um seine vertraute Rolle weiterzuspielen, bis er sich der zugrundeliegenden Handlungen und Nebenhandlungen bewußt wird.

Wer man sein wollte und wie man von anderen gesehen wurde, kann sich daher radikal von den eigenen Archetypen und damit den eigenen Mythen unterscheiden.

Den eigenen Mythos finden

Wenn Sie die Götter als Archetypen kennen, können Sie sich und andere deutlicher sehen. Sie können identifizieren, wem Sie auf natürliche Art gleichen, erkennen, wer Sie vielleicht sein wollten und wen Sie nie akzeptiert haben. Wenn Sie Wissen um die mythische Dimension erlangen, kann es Ihnen helfen, Ihre Richtung zu finden und einen Pfad einzuschlagen, der für Sie richtig ist, Sie repräsentiert und damit Ihrem Leben einen Sinn verleiht.

Wenn Sie öfter Aha-Erlebnisse hatten, während Sie dieses Buch lasen, fielen Ihre Gefühle und Ihr Intellekt in einer nur Ihnen persönlich bekannten intuitiven Wahrheit zusammen. Ihr Herz oder Ihr Körper bestätigten, was Ihr Kopf gelernt hat. Wenn jedoch das Wissen um die Götter nur intellektuell erfahren wurde und Mythen nur Geschichten aus alter Zeit sind, dann haben Sie das Wesentliche nicht begriffen, der Kern der Botschaft ist Ihnen entgangen. Denn das Wissen um die Götter ist nur ein Mittel, seine Wahrheit zu finden. Der Wert dieses Wissens liegt darin, daß Sie sagen können: «Das hat etwas mit mir zu tun!» und sich dementsprechend verhalten.

Paradoxerweise ist es notwendig, den eigenen Mythos zu finden, selbst wenn man über alle gelesen und auf keinen spezifisch reagiert hat. Denn man muß nicht unbedingt wissen, wie sein Mythos heißt, man muß ihn nur leben.

Aber wie?

Folgendes Beispiel stammt von dem Mythologen Joseph Campbell: «Wie soll ein Mensch es anfangen, seinen Mythos zu finden?» fragte ihn ein junger Mann aus dem Publikum nach einem Vortrag, und dieser gab die Frage zurück: «Wo empfinden Sie die größte Harmonie und Zufriedenheit?» «Das weiß ich nicht – ich bin nicht sicher», stotterte der Fragesteller. «Kriegen Sie es raus», gab Campbell zurück, «und dann folgen Sie ihm.»

Harmonie und Zufriedenheit

Harmonie heißt, auf dem richtigen Pfad zu sein, im Einklang mit sich selbst zu leben – sein Geld mit einer Arbeit zu verdienen, die einen absorbiert und mit den jeweiligen persönlichen Werten übereinstimmt, das zu tun, wozu man befähigt ist. Harmonie heißt, mit einem Partner oder einem Gefährten, mit Tieren oder der Natur, in einer bestimmten Stadt oder einem Land oder einem Ort zu leben und das Gefühl zu haben, daß es so richtig ist. Harmonie heißt, tiefe Trauer über einen schmerzlichen Verlust empfinden zu können. Harmonie ist ungehemmte, unbefangene Spontaneität, Lachen, das von Herzen kommt, Tränen, die wie von selbst fließen. Harmonie zeigt sich, wenn Verhalten und Überzeugung übereinstimmen, wenn das innere archetypische Leben und das äußere Geschehen Ausdruck füreinander sind und wir dem entsprechen, was wir sind. Und nur wir selbst können sagen und wissen: «Hier fühle ich mich zu Hause», «Darin gehe ich vollkommen auf», «Das macht mir Spaß», «Ich liebe dich», «Das ist Glück».

Glück und Freude entstehen in Augenblicken, in denen wir die höchste Wahrheit leben – wenn das, was wir tun, mit unseren archetypischen Mustern übereinstimmt. Dann sind wir ganz wir selbst, voller Vertrauen. Dann haben wir das Gefühl, daß unsere Arbeit, die ganz gewöhnlich sein kann, etwas Heiliges ist. Dann spüren wir, daß sich etwas Göttliches in uns zeigt, das in uns ist und überall.

Der Mut zum Handeln

Zu wissen, was wirklich wichtig für einen ist, wer man ist und was zutiefst befriedigend und archetypisch richtig wäre, reicht jedoch nicht aus. Man muß auch den Mut zum Handeln haben. Mut ist die Bereitschaft, aus dem Herzen heraus zu handeln, seinem Herzen zu folgen, ohne zu wissen, was als nächstes von einem gefordert wird und ob man es geben kann.

Es gibt entscheidende Gabelungen und Abzweigungen auf jeder Straße. Was sollte man tun, wenn zum Beispiel Mitgefühl für einen Außenseiter und die Zugehörigkeit zu einer Gruppe aufeinanderprallen? Für Männer ist Gruppenzugehörigkeit eine mächtige Kraft, und ein Mann, der sich gegen die Gruppe stellt, muß damit rechnen, von ihr ausgestoßen zu werden, wobei es zudem möglich ist, daß sich die Feindseligkeit der Gruppe dann gegen ihn richtet, daß man ihm aus dem Weg geht oder mit Leuten in Verbindung bringt, die von der Gruppe verachtet werden.

Würden Sie mit dieser möglichen Strafe zu der Gruppe halten, wenn sie sich gegen einen Menschen oder ein Prinzip wendet, das Ihnen wichtig ist? Irgend einen Preis müssen Sie ohnehin zahlen. So mancher Mann fühlt sich bis heute schuldig für etwas, das er irgendwann als Gruppenmitglied getan hat. Vielleicht bewahrt er es als schmutziges Geheimnis, verdrängt es aus seinem Bewußtsein, wird ängstlich oder paranoid – vielleicht aber schenkt ihm diese Erfahrung den Mut, es beim nächsten Mal anders zu machen. Ein Mann erzählte mir einmal: «Ich stand dabei und rührte keinen Finger. Ich werde es nie vergessen – aber auch nie wieder so etwas zulassen.»

Wenn ein Mann beschließt, nach seinen Grundsätzen zu handeln und sich gegen die Gruppe zu stellen, geht er ein Risiko ein. Ebenso ist es ein Risiko, ohne jede Rückversicherung einen Job aufzugeben, bei dem man gut verdient, um sich einen zu suchen, den man gern tut. Oder sich daran zu machen, einen Traum Wirklichkeit werden zu lassen. In solchen Situationen steht der Mensch vor einer Gabelung, er verläßt den breiten Weg, den alle gehen und folgt seinem eigenen Mythos. Indem er von Herzen handelt und das tut, was für ihn richtig ist, wird er – zumindest anfangs – wahrscheinlich ohne Gefährten reisen, sich jedoch kaum allein fühlen. Sein Innerstes und der Archetyp haben Verbindung zueinander; die «Götter» sind mit ihm.

Wenn ein Mensch auf der Suche nach Harmonie und Glück seinem Herzen, seinem wahren Selbst folgt, scheint dies wiederum in die Welt hinauszustrahlen. Ich habe einen Zettel mit einem Spruch an einem meiner Bücherregale stecken, der ausdrückt, was ich selbst immer wieder erfahren und auch bei anderen festgestellt habe. Er lautet:

> Bis man sich einer Sache verschrieben hat, kann man noch zaudern, gibt es die Möglichkeit, sich zurückzuziehen, und alle Akte des Handelns (oder der Kreativität) bleiben ohne Erfolg. In dem Augenblick, in dem man sich endgültig einer Sache hingibt, bewegt sich auch die Vorsehung. Ein ganzer Strom von Ereignissen ergibt sich aus dem Entschluß. Was immer du tun kannst, wovon du auch träumst: Fang an! Kühnheit birgt Genie, Macht und Magie.

Die Geographie der Reise

In jedem der verschiedenen Kapitel über die Götter finden sich Abschnitte über psychologische Schwierigkeiten und Möglichkeiten der seelischen Entwicklung; sie sollen über das schwierige, psychologische Territorium informieren, das mit einem bestimmten Gott oder Archetyp verbunden ist. Psychologische Schwierigkeiten sind Schattenbereiche eines bestimmten Archetyps. Wenn man sich vom dunklen Aspekt eines Archetypen überwältigen läßt, wird er einen verfolgen, bis man sich von ihm abgrenzt und aus seiner Umklammerung befreit.

Andere Menschen können einem dabei helfen. Vielleicht ist man sich der negativen Auswirkungen dessen, was man tut, gar nicht bewußt, und weigert sich sogar, es zu akzeptieren, bis eine ganze Reihe von Konfrontationen diese Tatsache ans Licht bringt. Vielleicht ist man übertrieben abgestoßen oder fasziniert vom Verhalten eines anderen Menschen, bis sich herausstellt, daß es zu einem Archetyp gehört, den man als Teil seines Selbst anerkennen muß.

Im Schatten (so Jungs Definition) liegt alles, was noch nicht geboren oder uns noch nicht bewußt ist, einschließlich des positiven Potentials der Archetypen, das noch nicht zutage getreten ist, und all dessen, was unser Bewußtsein als inakzeptabel verworfen hat und dort versteckt hält (also dasselbe wie der Inhalt des psychoanalytischen Es).

Die fehlende weibliche Präsenz

Es ist auffallend, daß es überhaupt keine mächtigen Göttinnen in einer patriarchalischen Mythologie und Theologie gibt, so wie eigentlich alle Frauen und Mütter in den Geschichten der griechischen Götter machtlos oder unbedeutend sind. In der griechischen Mythologie steht der Vatergott an höchster Stelle, und der Kampf zwischen Vätern und Söhnen ist der größte Konflikt. Es ist zwar nicht Thema dieses Buches, aber wirkliche Mütter spielen eine entscheidende Rolle im Leben wirklicher, sterblicher Männer, und Frauen haben eine ungeheure Bedeutung in ihrem Leben. Noch unsichtbarer und verdrängter ist der Einfluß der Anima im Mann, die Jung als den größtenteils unbewußten femininen Aspekt eines Mannes definierte. Sie beeinflußt seine Launen, emotionalen Beziehungen und seine Haltung gegenüber Frauen. Psychologisch interessierte Männer, die *Göttinnen in jeder Frau* gelesen haben, erkannten die Göttinnen in sich: sie fanden, daß ein weiblicher Archetyp mit dem weiblichen Teil ihrer Psyche übereinstimmte, oder daß es das Bild einer bestimmten Göttin ist, das sie bei Frauen suchten. Die Göttinnen und ihr Einfluß liegen in der Psyche eines individuellen Mannes größtenteils auf der Schattenseite, und was sie repräsentieren, wurde sowohl in der Kultur als auch in der Mythologie immer wieder heruntergespielt und entwertet.

Ein Führer auf der Reise: Hermes

Im alten Griechenland beteten Reisende um den Schutz des Götterboten Hermes. Hermes' Vermittlungsgeschick, seine rasche Auffassungsgabe, seine Phantasie, Freundlichkeit und sogar seine Neigung, hier und da ein wenig zu räubern, sind Reisenden eine große Hilfe. Moderne Männer (und Frauen), deren Job im wahrsten Sinne des Wortes darin besteht, unterwegs zu sein, kennen vielleicht nur diesen Teil des Archetyps. Doch für diejenigen, die im Leben eine spirituelle Reise sehen, ist Hermes ein Seelenführer.

Dieser Aspekt des Hermes spricht durch Joseph Campbell, wenn dieser uns rät, «der Harmonie zu folgen». Dieser Hermes ist Yoda in *Star Wars*, jener weise und freundliche Alte, der Luke Skywalker hilft, seine Angst zu überwinden und sich nicht von Illusionen täuschen zu lassen. Dieser Hermes ist Jung, der die Archetypen des kollektiven Unbewußten beschreibt und die Gesamtheit der inneren Welt ins intellektuelle Bewußtsein rückt. Dieser Hermes überbrückt Welten mit seinem Verständnis und bringt uns die Botschaft vom Reich der Seele. Er weiß, daß die Seele nach dem Tode fortbesteht. Er pendelt zwischen der Unterwelt und den erhabensten Reichen des Himmels. Dieser Hermes vermag die Reinheit einer Erfahrung zu erkennen, so wie die Substanz Quecksilber sich nur mit den edelsten Metallen verbindet. Er ist ein Führer auf dem Weg zur Individuation, der unseren Blick dafür schärft, was für uns persönlich richtig ist und unser Potential an Wachstum und Ganzheitlichkeit stärkt. Wenn wir diesem Hermes lauschen, finden wir die Wahrheit.

Da der Seelenführer Hermes ein Archetyp ist, bildet er einen Teil in jedem von uns, ist für jeden zugänglich, besonders wenn man innehält und darüber nachdenkt, wo man auf seiner Reise angelangt ist. Hermes hört auf eine ganze Reihe von Namen. Menschen mit spirituellen Neigungen nennen ihn bisweilen den «inneren Führer» oder die «innere Stimme». In der psychiatrischen Literatur über gespaltene Persönlichkeiten ist Hermes ein anderer Name für das, was Ralph Allison, ein Psychiater, der lange Pionierarbeit mit solchen Menschen geleistet hat, «den inneren Selbsthelfer» nennt. Die gespaltene Persönlichkeit wurde in *The Three Faces of Eve* von C. H.Thigpen und *Sybil* von Flora Schreiber verarbeitet, so daß heute viele Leute wissen könnten, daß eine gespaltene Persönlichkeit viele verschiedene Persönlichkeiten beiderlei Geschlechts und unterschiedlichen Alters haben kann, die alle im gleichen Körper leben. Diese Persönlichkeiten sind voneinander abgeschnitten und haben normalerweise begrenzte oder gar keine Kenntnis voneinander. Das ist nicht erstaunlich, weil jede sich als Möglichkeit entwickelte, einen unerträglichen Zustand und den damit verbundenen

Schmerz zu vergessen und ihm zu entfliehen. Im Gegensatz dazu beschreibt Allison den «inneren Selbsthelfer» als die Persönlichkeit, die alle anderen kennt und Informationen über sie liefern kann. Sie weiß auch, was im Leben des Klienten passiert ist. Allison entdeckte, daß der innere Selbsthelfer androgyn ist, nur Liebe und Freundlichkeit empfindet und sich selbst als «Gott nahe» definiert. Mit Hilfe des inneren Selbsthelfers kann man in der Psychotherapie die vielen fragmentarischen Persönlichkeiten aufeinander zuführen, so daß sie anschließend die Möglichkeit haben, freiwillig zu einer einzigen zu verschmelzen.

Eine sehr ähnliche Aufgabe ist zu bewältigen, wenn die Reise zum Selbst beginnt, was meist in der Lebensmitte der Fall ist, allerdings in geringerem Maße, weil der Schaden kleiner ist (aber auf einem Kontinuum, das die gespaltene Persönlichkeit mit dem einigermaßen angepaßten Individuum verbindet). Die Aufgabe besteht nicht darin, verschiedene Persönlichkeiten aneinanderzustricken, sondern sie wieder mit den abgeschnittenen Teilen des Selbst zu verbinden. Die psychologische «Zerstückelung» findet bei den meisten Männern in der ersten Hälfte des Lebens statt. Sie tun sich dasselbe an wie das, was Prokrustes mit Reisenden auf dem Weg nach Athen machte – sie schneiden alles ab, was nicht paßt. Um zu heilen und seine Ganzheit wiederzufinden, muß sich der Mensch be-sinnen. Dazu wiederum ist es nötig, daß er in die Unter- oder Innenwelt hinabsteigt, um die Bruchstücke aufzusammeln und ans Licht zu bringen. Das ist die Aufgabe des Hermes.

Es war Hermes, der Persephone aus der Unterwelt auf die Erde zurückholte und das Kind Dionysos, den zerstückelten Gott, rettete, und es ist dieser Archetyp in uns, der den unterdrückten weiblichen Aspekt oder das göttliche Bewußtsein in jedem von uns zum Vorschein bringen kann. Daher besteht seine Aufgabe nicht nur darin, herauszufinden, was im Individuum unterdrückt wurde, sondern auch solche Archetypen zu neuem Leben zu erwecken, die von der Kultur begraben wurden.

Als Gottheiten repräsentierten Hermes und Hestia den Aufbau des Heimes; Hermen oder steinerne Säulen mit dem Hermeskopf standen im Eingang zu jedem Haus. In seinem Inneren und damit im Mittelpunkt jedes Haushalts befand sich Hestias Herd. Die beiden Gottheiten, der eine als Beschützer und Führer, die andere als Ursprung für Wärme und Licht, symbolisieren verschiedene Aspekte des Archetyps des Selbst.

In alten Zeiten suchte ein Reisender vielleicht den Tempel eines bestimmten Gottes oder einer Göttin auf, um Hilfe zu erbitten oder einer Gottheit Ehre zu erweisen, wenn sein Weg ihn an dem Tempel vorbeiführte. Auf unserer Lebensreise sind wir wie diejenigen, die an verschiedenen Abschnitten der Straße an den Tempeln unterschiedlicher Götter vorbeikommen. Die Zufälle des Lebens konstellieren archetypische Situationen, so daß wir in einer Phase des Lebens einem bestimmten Gott oder Archetyp begegnen und an einem anderen Ort den Tempel eines anderen Gottes besuchen.

Hätten wir den Tempel eines Gottes betreten, so wären wir dort auch auf eine unsichtbare Göttin gestoßen: Hestia, die älteste Olympierin, die in den Tempeln aller anderen Götter gegenwärtig war. Hestia war die Göttin des Herdes und des Tempels. Sie war das Feuer inmitten eines runden Herdes – ein Bild, das ein dreidimensionales Mandala darstellt, Symbol des archetypischen Selbst, das Jung für den Kern der Persönlichkeit hielt, der Archetyp kosmischer Ganzheit.

Hestias Gegenwart machte Haus und Tempel zu heiligen Orten. Eine junge Braut brachte Feuer vom Herd ihrer Familie mit in ihr neues Heim; dann erst war es geweiht. Das Feuer, das vom Muttertempel in neue Tempel getragen wurde, heiligte sie. Hestias Feuer war daher nicht nur der Mittelpunkt, sondern auch das verbindende Glied.

Hestia war eine anonyme Göttin, insofern, als sie keine Persona, keine charakteristische äußere Erscheinung hatte. Daher gab es auch keine Darstellungen oder Statuen von ihr. Sie repräsentierte eine jungfräuliche Göttin, mit anderen Worten, sie war mit sich selbst eins und brauchte niemand, um das Gefühl von Ganzheitlichkeit und Unversehrtheit zu wahren.

Als Göttin ist sie ein weiblicher Archetyp. Aber ohne Zweifel findet sich ihre Anwesenheit auch in der Psyche vieler Männer wieder, Männer, die physische Ordnung brauchen, frei von Lärm und Durcheinander, damit sie das Gefühl haben, in sich selbst zu ruhen. Männer, die das Alleinsein genießen, weil sie wissen, daß es andere Aspekte in ihnen weckt; Männer, die einen Sinn für Ganzheit und Unversehrtheit haben.

Hestia war die lodernde Flamme im Zentrum eines runden Herdes im Tempel jeder Gottheit, ein Bild, das mit der heiligen Dimension jedes Archetyps korrespondiert. Wenn das, was man tut, einem das Gefühl einer Bedeutung vermittelt, die tief mit dem verbunden ist, wer man wirklich ist, zeigt sich ein Archetyp, der sich spezifisch auf die Aktivität und gleichzeitig auf das Selbst bezieht. Ein Mensch, der völlig in seine Arbeit im Studio oder in der Werkstatt vertieft ist, befindet sich beispielsweise in einer psychologischen Dimension, die mit der Metapher des Hephaistos-Tempels korrespondiert. Wenn der Geschlechtsakt ekstatische Züge annimmt und beide Beteiligten das Gefühl haben, miteinander zu verschmelzen, lieben sie sich im Tempel des Dionysos. Wenn ein Sportler auf dem Spielfeld einen zeitlosen Augenblick erwischt und das Gefühl hat, daß er für diesen Paß alle Zeit der Welt hat, obgleich die gegnerischen Spieler schon auf ihn zustürmen, ist er ein in sich ruhender Ares, der inmitten der Handlung Verbindung zum ruhenden Pol seines Selbst hat – symbolisiert durch das Feuer im Zentrum des Herdes in Ares' Tempel.

Stießen Sterbliche außerhalb des Tempels auf Götter und Göttinnen, befanden sie sich nicht im Umfeld von Hestias Herd. Dann konnte die Begegnung mit dem Gott oder dem Archetyp zwar positiv sein, sie barg aber auch Gefahren, besaß negative oder zerstörerische Potentiale. Häufig wurden die Menschen von den Göttern überrascht und überwältigt. Diese zwangen den Sterblichen ihren Willen auf, verführten, mißhandelten oder bestraften sie. Ebenso kann ein Archetyp einen Mann (oder eine Frau) verführen oder überwältigen. Passiert dies auf psychologischer Ebene, wird sich der Mensch mit einem Gott identifizieren, der ihn beherrscht. So hat der Geschäftsmann, der vom Zeus-Archetyp beherrscht wird, nur ein Ziel: Macht anzuhäufen und seine Stellung auszubauen; er kennt kein Privatleben und niemand scheint ihm etwas zu bedeuten. Die Identifikation mit den positiven oder negativen Attributen steigert die Bedeutung dieses einen Archetyps, und sich mit einem Gott zu identifizieren, verschafft einem ebenfalls ein Gefühl von Bedeutung. Dieses übersteigerte Selbstwertgefühl macht die Identifikation mit einem Gott so verführerisch.

Im Gegensatz dazu wird man sich der Tiefe und des Sinns in seinem Leben bewußt, wenn man Dankbarkeit für die Erfahrung von Harmonie und Zufriedenheit empfindet. Sie entsteht, wenn man eine Arbeit tut, die man liebt, mit Menschen zusammen ist, die einem nahestehen oder das Alleinsein genießen kann. Ein solches Bewußtsein und die dazugehörige Dankbarkeit bilden eine Parallele zu den Besuchen, die Sterbliche den Tempeln ihrer Götter abstatteten.

Ein Sterblicher betrat einen Tempel freiwillig, im Bewußtsein dessen, was er tat. Im Inneren des Tempels traf er auf ein Bild, normalerweise eine Statue des Gottes. Er nahm die Gegenwart oder Energie dieser bestimmten Gottheit in sich auf. Zwar konzentrierte er sich auf die Gottheit, in deren Tempel er stand, doch war Hestia ebenfalls gegenwärtig, im Feuer und im sauber gefegten Tempel. Das ist eine Metapher für einen Menschen, der mit sich selbst im Einklang lebt, weil er in bewußter Beziehung zu einem oder mehreren Archetypen steht. Sie vermitteln ihm das Gefühl, in sich zu ruhen, und dies wiederum beruht auf der sicheren Gewißheit, daß es eine heilige Dimension in seinem Leben gibt.

Heimkehr

Auf einer Reise konnte ein Reisender die Tempel vieler Götter oder Göttinnen betreten, an allen vorbeigehen oder nur an den Tempeln einer bestimmten Gottheit innehalten. Er hatte Glück, wenn Hermes ihn als Beschützer und Führer begleitete. Doch wohin ihn seine Reise auch führen mochte, immer freute er sich darauf, irgendwann wieder nach Hause zurückzukehren.

Hermes konnte den Reisenden bis zu seiner Tür begleiten, wo die Herme oder Steinsäule stand. Dann trat der Reisende über die Schwelle und war zu Hause. Das Heim war durch die Gegenwart von Hestias Feuer im Zentrum des runden Herdes geweiht. So hieß das heimische Feuer das wiederkehrende Familienmitglied oder ein Neugeborenes willkommen.

Im alten Griechenland wurde ein neugeborener Säugling symbolisch zum Mitglied der Familie erklärt, sobald er fünf Tage alt war. In einem feierlichen Ritual trug der Vater das Kind um den Herd und stellte es Hestia und seiner Familie vor. Der Ritus der Aufnahme und des Willkommenheißens – der Heimkehr – erkannte das neue Leben bewußt als Teil des Ganzen an.

Es ist möglich, nach Hause zu kommen.

«Zu Hause» ist ein psychologisches Ziel, wo wir mit einem spirituellen Zentrum verbunden sind, ebenso wie im alten Griechenland das Zuhause ein heiliger Ort war, weil es Hestias Feuer barg. Als Symbol des Selbst oder Mittelpunkt der Persönlichkeit erleben wir unsere persönliche «Hestia» als ruhenden Pol in unserem Inneren, der unser Gefühl für Ganzheitlichkeit anspricht. Wir begegnen Hestia immer dann, wenn wir ein Heiligtum betreten und einen Herd finden, der uns willkommen heißt. Es kann ein Heim im wahrsten Sinne des Wortes sein, aber auch ein Ort, an dem man Ruhe und Frieden findet, Abgeschiedenheit und Natur. Vielleicht erleben wir unser persönliches Zuhause in den Armen eines anderen Menschen, beim Spiel, bei der Arbeit, an einem Ort der Verehrung. Wo und wann immer wir uns «zu Hause» fühlen, finden wir Harmonie und Zufriedenheit, leben wir unseren persönlichen Mythos.

12. Der fehlende Gott

Es gibt einen fehlenden Gott unter den Olympiern – einen Sohn von Metis und Zeus, dessen Geburt prophezeit worden war, und der seinen Vater Zeus ersetzen und mit liebevollem Herzen regieren sollte. Damit er geboren würde, müßte Metis – weibliche Weisheit – in der westlichen Kultur und in unserem Bewußtsein zu neuem Leben erwachen. Ein Sohn von Metis und Zeus hätte außergewöhnliche Eltern. Als die Große Göttin in ihren unterschiedlichen Aspekten Muttergöttin war, galt die Vaterschaft nichts, möglicherweise wurde sie nicht einmal anerkannt. Als die Himmelsvätergötter eine patriarchalische Vorherrschaft etablierten, schwang das Pendel in die andere Richtung: Göttin und Frauen wurden unterjocht, und dieser geschichtliche und theologische Zustand hat sich seit mehreren tausend Jahren nicht mehr verändert. Männliche Götter hatten die Vormacht, und keiner von ihnen, weder in der griechischen Mythologie noch in der jüdisch-christlichen Tradition hatte eine starke und weise Mutter und zugleich einen mächtigen und liebevollen Vater. Dasselbe trifft für die meisten Menschen zu.

Zeus: Vaterarchetyp im Übergang

Der mythologische Himmelsvater Zeus machte eine Entwicklung durch. Er begann als gefürchteter Vater, der Metis verschlang, um zu verhindern, daß sein ungeborener Sohn ihn eines Tages besiegen und die Herrschaft übernehmen würde (wie sein eigener Vater Kronos seine Kinder gefürchtet und daraufhin verschlungen hatte, während Kronos' Vater Uranus, der Urvater, die seinen vergraben hatte). Dann wurde Zeus Vater vieler Kinder – der Olympier und der weniger bedeutenden Götter und Halbgötter. Er war ein distanzierter Vater, der einige seiner zahlreichen Kinder akzeptierte, andere ablehnte und sie häufig von weitem beschützte. Darin unterschied er sich von seinem Vater und seinem Großvater: sie hatten keine positiven väterlichen Gefühle und wollten keine Kinder. Doch mit seinem Sohn Dionysos, dem jüngsten Olympier, dem Kind, das er rettete und dann selbst ernährte, machte Zeus eine weitere Veränderung durch.

Die Mythologie der Himmelsgötter (Uranos, Kronos und Zeus) spiegelt Veränderungen im Vaterarchetyp wider, die sogar in der Bibel Parallelen haben – der Gott des Alten Testaments war ein eifersüchtiger und rachsüchtiger Gott, der sich zum liebevollen und verzeihenden Gott des Neuen Testaments entwickelte. Dionysos war der einzige Olympier mit einer sterblichen Mutter – wie Jesus. Beide wurden verfolgt, geopfert und wiedergeboren oder wiedererweckt. Bilder des Dionysos als göttliches Kind sehen dem Jesuskind zum Verwechseln ähnlich: das Kind der Schwarzen Madonna von Montserrat zum Beispiel hält etwas in der Hand, das aussieht wie ein Tannenzapfen oder eine umgedrehte Ananas – der Thyrsosstab, Symbol des Dionysos.

Der Vaterarchetyp verändert sich, und je mehr Männer in seine Richtung neigen, um so deutlicher tritt der neue Vaterarchetyp in der Kultur zutage. Während eine Generation nach der anderen Kinder hervorbringt, gibt es im letzten Drittel des zwanzigsten Jahrhunderts immer mehr Väter, die die Geburt ihrer Kinder aktiv miterlebt haben. Diese Männer entwickeln normalerweise eine enge Beziehung zu ihren Kindern und sind häufig engagierte Väter, keine emotional distanzierten oder unerreichbaren Himmelsväter. Sie spiegeln die Evolution des Zeus von einem fernen Himmelsgott zu einem, der den Sohn in seinen Schenkel einnähte, um sein Überleben zu sichern. Damit nahm der Himmelsvater Zeus einen irdischen Aspekt an, wie es auch bei modernen Vätern der Fall ist. Und manche Väter werden sogar richtige Erdväter.

In *Earth Father/Sky Father* beschreiben Arthur und Libby Colman den Erdvater als einen Mann, der mit seiner Familie auf einer alltäglichen Basis interagiert. Selbst, wenn er nicht zu Hause ist, ist er im Geiste bei seinen Kindern. Zu Hause kümmert er sich um ihr Essen und konzentriert sich auf die intimen elterlichen Verhaltensweisen, die die Beziehungen innerhalb der Familie erhalten. Die Colmans unterstreichen diese Art und Qualität der Vaterschaft und die Schwierigkeit eines solchen Verhaltens in einem Patriarchat:

> Von allen Elternbildern ist das des Erdvaters dasjenige, das am weitesten von den Werten und Ambitionen entfernt ist, die heranwachsenden jungen Männern in Amerika eingeflößt werden. Vielleicht ist es das Bild, durch das sich ein Mann am wenigsten bereichert fühlt, und dennoch stellt es eine fundamentale Stufe von Elternschaft dar. Statt ein Held zu sein, ein Zuchtmeister, eine Brücke zur äußeren Welt oder eine Kraft, die es zu überwinden gilt, übernimmt der Erdvater die Aufgabe, seinen Kindern das grundsätzliche Vertrauen in die Welt und die innere Sicherheit zu vermitteln, mit der sie aufwachsen, sich aus der Familie lösen, unabhängig werden und eine eigene Identität entwickeln können.[1]

In meiner Praxis habe ich Männer, deren Stellung in der Welt der eines Zeus ähnelte, den Wunsch äußern gehört, bei ihren Kindern zu Hause bleiben zu können. Sie erzählten mir, wieviel Spaß es machte, die Kinder zu baden oder ihnen vor dem Schlafengehen eine Geschichte zu erzählen. Diese Väter hegen keinen Groll gegen ihre kleinen Kinder, sondern lieben sie über alles. Manche würden nicht einmal eine unglückliche Ehe auflösen, wenn dies bedeutete, den täglichen Kontakt zu ihren Kindern aufgeben zu müssen.

So verändert sich in heutigen amerikanischen Männern der Archetyp des Vaters. Obgleich der patriarchalische Himmelsvater noch immer vorherrscht, hat das Bewußtsein des Individuums unmerklich eine neue Richtung eingeschlagen. Möglicherweise spiegelt es einen ähnlichen Übergang, wenn westliche politische und religiöse Führer nicht mehr dieselbe Autorität ausüben wie früher. Man hält sie nicht mehr für unfehlbar, und sie merken, daß es nicht mehr so leicht ist, junge Männer dazu zu bringen, ihr Leben aufs Spiel zu setzen, um Kriege auszufechten. Auch darin ähneln sie Zeus.

Metis: Der wiedererstandene Archetyp der weisen Mutter

Die griechische Mythologie liefert kaum Hinweise auf Metis. Dieses Schweigen ist nur natürlich: immerhin wurde sie überredet, sich kleinzumachen und dann verschlungen. Alles, was sie einmal darstellte, wurde reduziert, falls es überhaupt bekannt war. Wir wissen nur, daß sie Zeus half, seine Brüder und Schwestern zu befreien, die von Kronos verschlungen worden waren. Sie wußte als einzige, wie es angestellt werden mußte und besorgte das Brechmittel. Metis war eine Göttin der Weisheit, eine Gottheit, die lange vor Zeus und den Olympiern verehrt wurde. Wir wissen auch, daß sie seine erste Gefährtin war und eine Prophezeiung existierte, daß sie zwei Kinder haben würde, eine Tochter mit dem Mut und der Klarheit eines Mannes, und einen Sohn, «der Götter und Menschen König, dess' Herz voll übergewaltigem Hochsinn»[2]. Als daher Metis schwanger wurde, fürchtete Zeus, daß das Kind, das sie trug, der prophezeite Sohn wäre, der ihn ersetzen sollte. Deshalb überredete er sie, sich kleinzumachen und verschlang sie.

Wie sich herausstellte, war das Kind, das sie trug, nicht der Sohn, sondern seine Tochter Athene, die Zeus' Kopf als ausgewachsene Frau mit goldenem Panzer entstieg. Athene hatte keine Erinnerung an ihre Mutter und hielt Zeus für Vater und Mutter in einer Person.

Metis oder die göttliche Weisheit der Frau wurde tatsächlich vom Patriarchat verschlungen und verschwand aus der westlichen Welt. Der Mythos spiegelt wieder, was (wahrscheinlich zwischen 4.500 v. Chr. und 2.400 v. Chr.) historisch passierte: aufeinanderfolgende Wellen von indo-europäischen Invasoren mit Kriegsgöttern und von Vatergöttern geprägten Religionen unterjochten die Völker des alten Europa, die 25.000 Jahre lang Muttergöttinnen verehrt und eine friedliche, kulturell hochentwickelte Zivilisation geschaffen hatten, die Ackerbau betrieb und ihre Mitglieder als ebenbürtig ansah. Da ihre Städte nicht befestigt waren und sie selbst über keinerlei militärischen Fähigkeiten verfügten, wurden sie eine leichte Beute für die berittenen Eindringlinge, die den besiegten Völkern alsdann ihre patriarchalische Kultur und Religion aufzwangen.

Die Göttin (die unter vielen Namen bekannt war) wurde zur gefügigen Gemahlin der feindlichen Götter. Eine männliche Gottheit absorbierte (verschlang) ihre Eigenschaften und Kräfte und übte Druck auf sie aus. Sie beanspruchte sogar die Fähigkeit, zu gebären oder Leben zu schaffen, bis dahin ein natürlicher Bereich der Frauen und der Göttin. Nun schufen die Himmelsgötter Leben mit Hilfe des Wortes oder des Willens – also durch ihren Kopf.

Die Frauen vergaßen sie und ähnelten damit Athene, die als ausgewachsene Frau Zeus' Kopf entstieg, ohne sich an ihre Mutter Metis erinnern zu können. Wie Athene sind die meisten Frauen Töchter des Patriarchats, die nur Gott, den Vater, als göttlich anerkennen. Erst in jüngster Zeit erinnern sich Frauen wieder daran, daß es eine Zeit gab, «in der Gott eine Frau war». So lag die Existenz der Mutter, der großen Göttin, des weiblichen Aspekts des Gottes über Jahrtausende hinweg im Dunkeln. Erst im letzten Jahrzehnt taucht «Metis» wieder auf. In einer zeitgenössischen Frauenzeitschrift namens *Women of Power* wird diese Renaissance beschrieben:

> Die alte, spirituelle Stimme der Frau spricht nun ihre lange verborgene Weisheit und wird zu einer aktiven Kraft für die bewußte Evolution unserer Welt... Diese Stimme spricht von der Verbundenheit allen Lebens; von der Erkenntnis, daß alles Bewußtsein hat und heilig ist; von der Erinnerung, daß wir heilige Wesen sind und unsere Psyche, Körper und Emotionen Liebe ausstrahlen; von der neuen Macht der Frauen und aller unterdrückten Völker; von der Schaffung des Weltfriedens, sozialer Gerechtigkeit und einer harmonischen Umwelt; von der Aktivierung der weiblichen Göttlichkeit, der Ehrfurcht vor der Erde und dem Respekt vor ihren Jahreszeiten und Zyklen, wie auch denen unseres eigenen Lebens.[3]

Die Spiritualität der Frauen taucht in unserer Kultur als eine Dimension der Frauenbewegung wieder auf, und diese Erneuerung fällt synchronistisch mit bedeutenden archäologischen Funden zusammen, die Zeugnis für die historische Periode des Matriarchats ablegen. Diese lange, friedliche Periode der Geschichte, in der die Göttin verehrt wurde, beschreiben Marija Gimbutas in ihrem Werk *The Goddesses and Gods of Old Europe*, Merlin Stone in *When God Was A Woman* und Riane Eisler in *The Chalice and the Blade*. Die bei Nag Hammadi gefundenen gnostischen *Papyrus-Kodices*, über die Elaine Pagels berichtet hat, enthüllen, daß bei den griechisch-orthodoxen Christen Sophia oder ein femininer Aspekt verehrt wurde. Ihr größter Schrein, die Hagia Sophia (die Kirche der Hl. Sophia oder der Heiligen Weisheit der Frau) wurde in Konstantinopel (dem heutigen Istanbul) gebaut. Römische Christen behaupteten später, sie sei einer unbedeutenden jungfräulichen Märtyrerin geweiht gewesen. Im jüdischen Mystizismus war Sophias Name Shekina. Metis, Sophia und Shekina sind unterschiedliche Bezeichnungen für dieselbe vergessene Weisheit der Frau, die einst göttlich war.

Viele Jahrhunderte lang war die Weisheit der Frau unsichtbar und vergessen, und erkannte man sie, wurde sie nicht als Weisheit definiert. Wenn es um ethische Entscheidungen ging, galt der Grundsatz, Frauen besäßen ein weniger entwickeltes ethisches Bewußtsein als Männer. Carol Gilligan wies in ihrem Buch *In a Different Voice* darauf hin, daß die meisten Frauen eine Situation anders beurteilen als die meisten Männer, indem sie Menschen und Beziehungen über abstrakte Prinzipien stellen. Eine solche Entscheidung muß daher nicht unbedingt ein unterentwickeltes ethisches Bewußtsein widerspiegeln, sondern kann ein Beweis für unterschiedliche Wertungen sein. Wenn Werte der Zugehörigkeit oder Verbundenheit auf dieselbe Stufe gestellt werden wie Prinzipien, können Mitgefühl und Gerechtigkeit nebeneinander existieren und eins wird durch das andere ergänzt. Carol Gilligan brachte hier eine Metis-Position zum Ausdruck, mit der Klugheit und geistigen Klarheit, die für eine akademische Auseinandersetzung notwendig ist – eine zeitgenössische Athene, die sich an Metis erinnert.

Wir erleben, wie Frauen heute ständig über ihre Wahrnehmungen und Werte sprechen, im Privatleben ebenso wie in der akademischen Welt oder am Arbeitsplatz. Und zum ersten Mal in der Geschichte ist es vielleicht für Frauen als Gruppe möglich – denn außergewöhnliche Individuen gab es schon immer –, starke und weise Mütter zu werden, die ihren Geist oder ihren Willen nicht ihren Ehemännern unterordnen, nicht davor zurückschrecken, ihre Werte zu formulieren, und sich, wenn nötig, einmischen und ihre Söhne und Töchter beschützen können.

Metis' Sohn als neuer Archetyp

Zwar war der Archetyp des Sohns mit dem liebenden Herzen im Westen als Jesus Christus und im Osten als Krishna präsent, doch hat ihre Anwesenheit in der Kultur nicht die grundlegende Machtstruktur des Patriarchats zu ändern vermocht. Immer noch ist Zeus auf dem Olymp das beherrschende kulturelle Prinzip und wird es so lange bleiben, wie wir für unsere Sicherheit nach größerer Macht oder größerer Waffengewalt trachten und Isolation von anderen nicht nur für möglich, sondern auch erstrebenswert halten.

Lange Zeit schien die Stellung Zeus' buchstäblich unantastbar. Doch nun haben wir gesehen, wie radioaktive Teilchen aus einem Reaktorunglück in Tschernobyl die Milch in Holland vergiften, die Zerstörung der Regenwälder in Brasilien Auswirkungen auf die Atmosphäre der ganzen Welt hat, und ein Atomkrieg einen nuklearen Winter auf dem Planeten herbeiführen kann. Wir werden uns zunehmend der Tatsache bewußt, daß wir alle miteinander verbunden sind, daß wir den Planeten und dessen Schicksal teilen. Noch immer ist Zeus das vorherrschende Prinzip, aber was soll aus ihm werden, wenn klar wird, daß er seine Blitze nicht abschießen kann, ohne das Leben auf der Erde zu zerstören?

Globales Bewußtsein, mehr Schutz für die Umwelt, Ökologie, weibliche Spiritualität und nukleare Abrüstung sind Ausdruck des Wiedererstehens von Metis als Metapher für die Weisheit, daß wir alle miteinander und mit dem Mutterarchetyp verbunden sind. Dies ist die Zeit für einen kulturellen Übergang, eine Zeit für die Wiederkehr Metis', als weibliche Weisheit, als Mutter Natur, als Heiligkeit der Erde. Die Göttlichkeit der Großen Mutter kehrt genau in dem Augenblick in die Kultur zurück, da der Vaterarchetyp in zeitgenössischen Männern sich zu verändern beginnt.

Neue Archetypen und morphische Felder

In seinem Buch *Das schöpferische Universum. Die Theorie des morphogenetischen Feldes* (1981) schlug der Biologe Rupert Sheldrake eine radikale neue Theorie dazu vor, wie alles Lebendige lernen und neue Formen annehmen kann. Seine Theorie liefert eine Erklärung dafür, wie man neue Archetypen ins Leben rufen – und damit die menschliche Natur verändern – könnte.

Sheldrakes Hypothese lautet folgendermaßen: Wenn ein Verhalten oft genug wiederholt wird, bildet es ein «morphogenetisches (oder formbildendes) Feld». Dieses Feld (das Sheldrake nun «morphisch» nennt), besitzt eine

Art kumulatives Gedächtnis, das alles speichert, was der Spezies in der Vergangenheit widerfahren ist. Alle Mitglieder der Spezies (nicht nur lebende Organismen, sondern auch Proteinmoleküle, Kristalle und sogar Atome) stellen sich auf ihr spezielles morphisches Feld ein, das in einem Prozeß, der «morphische Resonanz» genannt wird, Zeit und Raum überbrückt.

Im Reich der Kristalle zum Beispiel besagt die Theorie, daß die Form oder Struktur, die ein Kristall annimmt, von seinem charakteristischen Feld abhängt. Eine neue Verbindung wäre beim ersten Mal schwer zu kristallisieren, doch danach müßte es immer leichter sein, denn das morphische Feld (das «Gedächtnis») hat dafür gesorgt, daß jede vorangegangene Kristallisation gespeichert wurde. Diese Tatsache ist unter Chemikern wohlbekannt, wie Sheldrake betont.

Auf uns angewendet erklärt Sheldrakes Theorie, wie fundamentale (oder archetypische) Veränderungen in Menschen zustande kommen könnten. Zuerst ist eine Änderung in der Einstellung oder im Verhalten schwierig, aber je mehr einzelne Menschen sich verändern, um so leichter wird es für die anderen, es ihnen gleichzutun, und dies nicht nur durch direkten Einfluß. Sheldrake behauptet, daß Menschen sich mit Hilfe morphischer Resonanz auf das neue Muster innerhalb des morphischen Feldes einstellen und davon beeinflußt werden. Dadurch erklärt sich, warum die Veränderung zunehmend einfacher wird. Irgendwann ist die Anzahl von Individuen, die benötigt werden, um den Ausschlag für eine allgemeine Veränderung zu geben, erreicht, und das kollektive Unbewußte verfügt über einen neuen Archetyp. Sheldrake selbst hat die beiden Ideen verbunden:

> Mein Ansatz hat sehr viel Ähnlichkeit mit Jungs Vorstellung vom kollektiven Unbewußten. Der Hauptunterschied liegt darin, daß Jungs Vorstellung vor allem auf menschliche Erfahrung und menschliche kollektive Erinnerung angewandt wurde. Ich behaupte, daß es ein sehr ähnliches Prinzip gibt, das im ganzen Universum hindurch wirksam ist, nicht nur in menschlichen Wesen.[4]

Der hundertste Affe: Ein zeitgenössischer Mythos

Der hundertste Affe ist die Bezeichnung für einen neuen Mythos. Es ist eine Geschichte, die erst in den letzten zwei Jahrzehnten aufgetaucht ist. Sie ist also sehr jung und dennoch ist, genau wie bei den Mythen, die vom Trojanischen Krieg erzählen, nicht ganz klar, wo die Tatsachen aufhören und die Metapher beginnt. Die Geschichte basiert auf Beobachtungen japanischer Wissenschaftler in Affenkolonien. Die bekannteste Version stammt von Ken Keyes, jun., die ich hier zusammenfassend wiedergebe:

Seit über dreißig Jahren hatten Wissenschaftler auf einer Reihe von Inseln vor der japanischen Küste Affenkolonien studiert. Um die Tiere besser beobachten zu können, legten sie am Strand Süßkartoffeln für sie aus. Die Affen kletterten von den Bäumen, um sie zu holen. Eines Tages begann ein achtzehn Monate altes Affenweibchen namens Imo, seine Süßkartoffel im Meer zu waschen, bevor es sie aß. Man kann sich vorstellen, daß sie ohne Sand und Dreck besser schmeckte als vorher, vielleicht war sie sogar etwas gesalzen. Imo zeigte ihren Spielkameraden und ihrer Mutter, wie es ging, und ihre Freunde wiederum zeigten es ihren Müttern. Ganz allmählich wuschen immer mehr Affen ihre Süßkartoffeln im Meer, statt sie mit Sand und Dreck zu essen. Zuerst lernten nur die ausgewachsenen Tiere, die ihre Jungen imitierten; nach und nach kamen auch andere hinzu. Eines Tages beobachteten die Wissenschaftler, daß alle Affen auf dieser Insel ihre Süßkartoffeln wuschen.

Das allein war schon bedeutsam genug, noch faszinierender aber war die Tatsache, daß sich auch das Verhalten der Affen auf den anderen Inseln veränderte, nachdem sich das neue Muster auf der ersten Insel durchgesetzt hatte. Plötzlich wuschen alle Affen vor den Küsten Japans ihre Süßkartoffeln – trotz der Tatsache, daß die Kolonien auf den verschiedenen Inseln keinen direkten Kontakt untereinander hatten.

Hier bot sich eine Bestätigung für die Theorie des morphogenetischen Feldes: vielleicht konnte man mit seiner Hilfe erklären, was geschehen war. Der «hundertste Affe» war der hypothetische, anonyme Affe, der für den Umschwung den Ausschlag gab: der eine, dessen Verhaltensänderung signalisierte, daß die kritische Zahl von weiterentwickelten Affen erreicht war, nach der alle Affen auf allen Inseln das neue Verhalten an den Tag legten.

Der hundertste Affe ist eine New-Age-Allegorie, neue Hoffnung für Leute, die daran arbeiten, sich selbst zu verändern und den Planeten zu retten. Möglicherweise fragen Sie sich gelegentlich, ob ihre Anstrengungen je etwas bewirken werden. Als Mythos ist der hundertste Affe ein Symbol für Engagement. So lohnt schon der Versuch, die Erde von Atomwaffen zu befreien – selbst wenn eine sichtbare Wirkung lange Zeit auf sich warten läßt. Wenn es tatsächlich einen hundertsten Affen geben soll, müssen menschliche Gegenstücke zu Imo und ihren Freunden existieren; irgend jemand muß der dreiundzwanzigste und einundachtzigste und neunundneunzigste Affe sein, bevor sich ein neuer Archetyp etabliert.

Sheldrakes Hypothese vermittelt uns die Erkenntnis, daß eine Veränderung in einer Spezies durch die Handlungen einzelner bewirkt werden könnte, die, einer nach dem anderen, etwas Neues ausprobieren. Wenn Metis' Sohn Zeus ersetzen soll, tritt dieser Wechsel vielleicht erst auf, wenn eine kritische Zahl von individuellen Männern (und Frauen) mehr auf Liebe als auf Macht baut und sich entsprechend verhält. Je mehr Leute mitmachen, so Sheldrakes Hypothese, um so einfacher wird es, bis eines schönen Tages irgend jemand der hundertste Affe ist.

Die meisten Menschen haben jedoch weder das Bedürfnis noch den rechten Glauben, daß es lohnen könnte, sich mit der Veränderung der Welt herumzuschlagen. Diejenigen, die es trotzdem versuchen, finden Ermutigung im Beispiel des hundertsten Affen, denn es ist ein Mythos, der etwas beschreibt, wozu sie sich ohnehin berufen fühlen. Immer wenn wir uns in einem Mythos erkennen, fühlen wir uns bestärkt. Ein Mythos, der ein Aha-Erlebnis provoziert, hilft uns, dem treu zu bleiben, was uns tief berührt, unserem eigentlichen Selbst zu folgen.

Abgesehen davon, daß er diejenigen anspricht, die innerlich motiviert sind, die äußere Welt zu verändern, ist der hundertste Affe auch eine Metapher für das, was in einer individuellen Psyche vor sich geht. In der inneren Welt ist «tun» gleichbedeutend mit «werden»: wenn wir ein von einer Haltung oder einem Prinzip motiviertes Verhalten oft genug wiederholen, werden wir zu dem, was wir tun.

Metis' Sohn als persönlicher Archetyp

Luke Skywalker verläßt sich in den *Star Wars*-Filmen stets auf das, was sein Herz schon weiß oder wonach es sich sehnt – daß es einen liebenden Vater in Darth Vader gibt. Er weiß, daß er, der Sohn, sich nicht durch Hoffnungslosigkeit und Furcht verleiten lassen darf, diese Möglichkeit aufzugeben und «einer von ihnen» zu werden, wie es der Emperor Darth Vader versichert hatte. In seinem Kampf auf Leben und Tod gegen Darth Vader verliert Luke nie die Überzeugung, daß in dieser finsteren Gestalt ein liebender Vater verborgen sein könnte, und mit dieser Einstellung bringt er ihn schließlich auch zum Vorschein. Als moderne mythische Figuren sind der Emperor und Darth Vader auf den neuesten Stand gebrachte Versionen von Uranos und Kronos, feindselige Väter, die ihre Söhne ablehnen oder fürchten. Luke ist der Sohn mit dem liebevollen Herzen, der den negativen Vater besiegt, um den zärtlichen Vater zu erlösen.

Steven Spielbergs außerordentlich erfolgreicher Film *E.T.* ist ebenfalls ein moderner Mythos über einen Jungen, der auf sein Herz hört. Auch hier kontrollieren mächtige Männer die Situation, diesmal in der Verkleidung rationaler Wissenschaftler. E.T., der unschuldige Außerirdische, wird als Untersuchungsobjekt gefangengehalten. Als es schon so aussieht, als würde er in der Isolierung sterben – wie es Kindern passiert ist, die ohne Liebe oder Streicheleinheiten aufwachsen mußten –, holt ihn die Zuneigung des Jungen ins Leben zurück.

Ebenso ist Frodo ein jungenhafter Held und Hauptdarsteller in J. R. R. Tolkiens Trilogie *Der Herr der Ringe*. Frodo ist ein Hobbit; Hobbits sind ungefähr so groß wie halbwüchsige Jungen, haben behaarte Füße und positive Eigenschaften wie Loyalität, Vertrauen und Verletzlichkeit. Die Aufgabe, die Frodo und seine Freunde übernehmen – und erfolgreich bewältigen –, ist gewaltig: den Ring der Macht zu zerstören, statt sich verleiten zu lassen, ihn zu gebrauchen.

In all diesen Beispielen erreichen die Protagonisten einen Augenblick innerer Wahrheit oder Überzeugung, von der der Ausgang der Geschichte abhängt. Individuelle Männer und Frauen in einer patriarchalischen Gesellschaft stehen vor denselben Entscheidungen: Werden wir uns mit dem Aggressor identifizieren, den Darth Vader symbolisiert? Werden wir einander vertrauen als Teil der Gemeinschaft oder der Macht des Rings erliegen? Werden wir unserem Herzen folgen und glauben oder einen Menschen oder eine Sache aufgeben, weil die Experten den Fall für hoffnungslos erklärt haben? Werden wir nur für uns selbst sorgen oder unseren Gefährten die Treue halten?

In modernen Mythen ist Metis – die Weisheit der Frau – wie in den griechischen Mythen abwesend, doch «ihre» Werte, die Verbundenheit mit anderen und Achtung vor der Welt und allem Lebendigen propagieren, tauchen ganz allmählich wieder auf. Und während nun auch Männer eine neue Verbindung zu dieser weiblichen Weisheit suchen, die viele Frauen bereits kennen, nehmen sie Verbindung mit einem fehlenden Elternteil auf und finden den fehlenden Gott in sich selbst.

Ich habe den Eindruck, daß wir alle als Kinder zur Welt kommen, die Liebe suchen, und wenn wir keine Liebe finden, begnügen wir uns stattdessen mit Macht. Erinnern wir uns an Metis, so rufen wir uns ins Gedächtnis zurück, daß Liebe das ist, was wir eigentlich die ganze Zeit gesucht haben.

Auf einer persönlichen Ebene heißt das: Wenn die Macht zum vorherrschenden Archetyp in der Psyche eines Menschen wird, trifft dieser Mensch Entscheidungen, um eine Position zu erringen, seine Macht zu festigen, gut dazustehen und Kontrolle auszuüben. Machtentscheidungen werden nicht für die Liebe getroffen – um ihrer selbst (oder einer Befriedigung) willen, nicht, weil sie Spaß machen, aus Liebe zu jemandem oder etwas oder um des Guten willen, das damit bewirkt wird. Wenn wir uns bewußt werden, daß unsere Entscheidungen etwas damit zu tun haben, welche Prinzipien wir ihnen zugrunde legen, können wir entscheiden, etwas anzustreben, das wir lieben

– also etwas, das eine Bedeutung hat oder uns persönlich wichtig ist.

Immer wieder werden wir im Leben mit Augenblicken konfrontiert, in denen wir uns entscheiden müssen. Treffen wir eine Entscheidung, die auf Liebe und Weisheit basiert und lehnen bewußt eine Alternative ab, die unsere Macht vergrößern würde, ist die erste beherzte Entscheidung häufig die schwierigste. Bei jedem nächsten Mal wird es leichter, bis das, was vorher schwierig erschien, ganz natürlich erscheint. Dann ist die Liebe zum beherrschenden Prinzip in unserer Psyche geworden.

Der letzte Abschnitt sollte den Schluß des Buches bilden, doch bevor das Manuskript zum Setzer ging, fielen mir plötzlich noch einige Zeilen aus T. S. Eliots *Vier Quartetten* ein, die mir immer sehr tröstlich erschienen, weil ich weiß, daß sie richtig sind und ich Kraft aus ihnen schöpfen kann. Vielleicht geht es Ihnen genauso.

Was wir den Anfang nennen, ist oft das Ende
Und ein Ende machen heißt einen Anfang machen.
Das Ende ist unser Anfang.[5]

Anhang

Das Who's Who der griechischen Mythologie

Aphrodite, Göttin der Liebe und der Schönheit, von den Römern Venus genannt. Als treulose Gemahlin von Hephaistos, dem lahmen Gott der Schmiede, hatte sie viele Liebesaffären mit Göttern und Sterblichen, vor allem mit Ares, dem Kriegsgott.

Apollon, auch von den Römern Apollon genannt, der gutaussehende Sonnengott, Gesetzgeber, Bogenschütze und Schutzpatron der bildenden Künste, Sohn von Zeus und Leto, Zwillingsbruder der Artemis. Manchmal auch Helios genannt.

Ares, oder Mars, wie er von den Römern genannt wurde, war der Gott des Krieges und archetypische Krieger, Liebhaber und Tänzer. Er war der Sohn von Zeus und Hera, der von seinem Vater wegen seiner Kampfeslust verachtet wurde. Ares war einer der Geliebten von Aphrodite und zeugte mit ihr eine Tochter namens Harmonia und die beiden Söhne Angst (Phobos) und Schrecken (Deimos), die ihm auf dem Schlachtfeld beistanden.

Artemis, die die Römer Diana nannten, war die Göttin der Jagd und des Mondes. Sie war die Tochter von Zeus und Leto und Zwillingsschwester des Sonnengottes Apollon.

Athene, den Römern als Minerva bekannt. Sie war die Göttin der Weisheit und der Künste der Frauen, Schutzheilige der nach ihr benannten Stadt Athen und von zahlreichen Helden. Normalerweise wird sie in einer Rüstung dargestellt; zudem ist sie als beste Strategin im Krieg bekannt. Sie erkannte nur einen Elternteil an, nämlich Zeus, galt jedoch als Tochter der weisen Metis, der ersten Gattin des Zeus, die dieser verschlungen hatte.

Demeter, den Römern als Ceres bekannt. Demeter war die Göttin der Kornfelder und Mutter von Persephone, die Hades in die Unterwelt entführte.

Dionysos, von den Römern Bacchus genannt, Gott des Weines und der Ekstase. Er war der Sohn von Zeus und Semele und wurde bis zu seiner Geburt in Zeus' Schenkel ausgetragen. Seine archetypischen Rollen sind die des ekstatischen Liebhabers, Wanderers und Mystikers.

Gaia, die Erdgöttin. Mutter und Gemahlin von Uranos (Himmel), Mutter der Titanen und Großmutter der ersten Generation der Olympier.

Hades oder Pluto, Herrscher der Unterwelt, ein Sohn von Rhea und Kronos, Entführer und Gatte von Persephone, Bruder von Zeus und Poseidon und einer der drei Aspekte des Vaterarchetyps. Er herrschte über das Reich der Seelen und das kollektive Unbewußte.

Hephaistos, von den Römern Vulkan genannt, lahmer Gott der Schmiede und der einzige Gott des Olymp, der arbeitete. Er war der zum Hahnrei gemachte Gatte von Aphrodite und der abgelehnte Sohn der Hera, die ihn allein aufzog. Auch Zeus, sein offizieller Vater, verstieß ihn. Seine archetypischen Rollen waren Werkmeister, Kunsthandwerker, Krüppel und Einzelgänger.

Hera, den Römern auch als Juno bekannt, war die Göttin der Ehe. Als Gattin des Schürzenjägers Zeus wurde sie als rachsüchtiges und eifersüchtiges Weib dargestellt.

Hermes, besser unter seinem römischen Namen Merkur bekannt, der Götterbote, Schutzherr des Handels, der Wege, der Wanderer und Diebe. Er führte die Seelen zu Hades, rettete Dionysos und brachte Persephone aus der Unterwelt zurück. Er hatte eine Affäre mit Aphrodite, die ihm Hermaphroditos gebar.

Hestia, auch als römische Göttin Vesta bekannt, die jungfräuliche Göttin des Herdes und die am wenigsten bekannte Göttin der Olympier. Ihr Feuer heiligte das Haus und den Tempel. Sie personifiziert den Archetyp des Selbst.

Kronos, von den Römern Saturn genannt, war einer der Titanen und jüngster Sohn von Gaia und Uranos, der seinen Vater entmannte und zum höchsten Gott wurde. Gatte von Rhea und Vater von sechs Olympiern (Hestia, Demeter, Hera, Hades, Poseidon und Zeus), der seine Kinder sofort nach deren Geburt verschlang. Er selbst wurde von seinem jüngsten Sohn Zeus entmachtet.

Persephone, von den Griechen auch die Kore oder das Mädchen und von den Römern Proserpina genannt, war die entführte Tochter Demeters und wurde Königin der Unterwelt.

Poseidon, der Meeresgott und Erderschütterer, ein Olympier, der unter seinem römischen Namen Neptun bekannter ist. Er stritt mit Athene um Athen und verlor. Bruder von Zeus und Hades und einer der drei Aspekte des Vaterarchetyps.

Rhea, Tochter von Gaia und Uranos, Schwester und Gattin von Kronos. Mutter von Hestia, Demeter, Hera, Hades, Poseidon und Zeus.

Uranos, der erste Himmelsgott, Gaias Sohn und Gatte. Er zeugte die Titanen und wurde von Kronos, seinem jüngsten Sohn entmannt und gestürzt.

Zeus, von den Römern Jupiter genannt, höchster Gott der Olympier, Herr über Blitz und Donner, jüngster Sohn von Rhea und Kronos. Er stürzte die Titanen und begründete die Vormachtstellung der olympischen Götter als Herrscher des Universums. Treuloser Gatte von Hera, der viele Ehefrauen und Affairen vor ihr, und zahlreiche Kinder aus diesen Verbindungen hatte – von denen viele Olympier der zweiten Generation oder Helden der griechischen Mythologie wurden.

Übersicht über die Götter

Gott	**Kategorie**	**Archetypische Rollen**	**Wichtige Bezugspersonen**
Zeus (Jupiter) Gott des Himmels und der Blitze Reich des Willens und der Macht	Patriarchal. Gott	König, Himmelsvater, Handelnder, Bündnisstifter, Schürzenjäger	Gattin (Hera) Kinder (olymp. Söhne und Töchter)
Poseidon (Neptun) Meeresgott, Erderschütterer, Reich der Emotionen, Instinkt	Patriarchal. Gott	König, Erdvater; instinktiver, gefühlsbetonter Mann; unversöhnlicher Gegner	Gattin (Amphitrite) Feinde (Odysseus)
Hades (Pluto) Gott der Unterwelt Reich der Seelen und des Unbewußten	Patriarchal. Gott	König Einsiedler	Gattin (Persephone) Bilder (oder Schatten)
Apollon Sonnengott	Bevorzugter Sohn	Erfolgreicher Stratege	Keine besonderen Geschwister (Artemis, Hermes)
Hermes (Merkur) Götterbote	Bevorzugter Sohn	Vermittler, Führer, Trickster	Vorübergehend Freunde
Ares (Mars) Kriegsgott	Abgelehnter Sohn	Krieger, Liebhaber, Tänzer, Verkörperung des «Mannes»	Geliebte (Aphrodite) Kinder

Hephaistos (Vulkan) Gott der Schmiede	Abgelehnter Sohn	Handwerker, schöpferischer Mensch	Gattin (Aphrodite)
Dionysos (Bacchus) Gott der Ekstase und des Weines	Abgelehnter Sohn	Mystiker, Wanderer, ekstatischer Liebhaber	Frauen Gattin (Ariadne)

Gott	Psychologischer Typus nach Jung, Zeitgefühl	Psychologische Schwierigkeiten	Psychische Stärken
Zeus	Meistens extravertiert Ausgeprägtes Denkvermögen Intuition und Empfindung Gegenwart und Zukunft	Rücksichtslosigkeit Emotionale Unreife Selbstüberschätzung	Fähigkeit, Macht zu gebrauchen Zeugungskraft
Poseidon	Extravertiert oder introvertiert Ausgeprägte Gefühlsbetontheit Vergangenheit und Gegenwart	Zerstörerische Emotionalität Instabilität Niedrige Selbstachtung	Loyalität Zugang zu Gefühlen
Hades	Eindeutig introvertiert Ausgeprägte Empfindung Zeitlos	Soziale Unauffälligkeit Depression, Verzerrung der Wahrnehmung Niedrige Selbstachtung	Reiche innere Bilderwelt Distanz
Apollon	Meist extravertiert Meist Denkvermögen Meist Intuition Zukunft	Emotionale Distanz Arroganz Gift	Fähigkeit, Ziele zu setzen und zu erreichen Erkennen von Reinheit und Form
Hermes	Meist extravertiert, Intuitiv Meist Denkvermögen Bewußtsein von Vergangenheit, Gegenwart, Zukunft	Impulsivität Psychopath Ewiger Jüngling Emotionale Reaktion	Fähigkeit, Bedeutung zu entdecken Ideenvermittler Freundlichkeit

Ares	Extravertiert Ausgeprägtes Gefühl Ausgeprägte Empfindung Unmittelbare Gegenwart	Sündenbock und Mißhandler Niedrige Selbstachtung	Integration von Körper und Geist Emotionale Ausdruckskraft
Hephaistos	Sehr introvertiert Viel Gefühl Ausgeprägte Empfindung Gegenwart	Sozial ungeeignet Hanswurst Niedrige Selbstachtung	Kreativität Sinn für Schönheit Geschick für Handarbeit
Dionysos	Extravertiert oder introvertiert Ausgeprägte Empfindung Unmittelbare Gegenwart Zeitlosigkeit	Falsche Selbsteinschätzung Suchtverhalten Mangelnde Selbstachtung	Streben nach sinnlicher Erfahrung Liebe zur Natur Leidenschaftliche Intensität

Anmerkungen

Vorwort

1. Levinson, Daniel: *Das Leben eines Mannes*, Köln 1978, S. 159f.
2. McGill, Michael E.: *The McGill Report on Male Intimacy*, New York 1986, S. 157.
3. Miller, Jean Baker: *Toward a New Psychology of Women*, Boston 1976, S. 3–12.

1. Kapitel

Quellen

Bolen, Jean Shinoda: *Göttinnen in jeder Frau. Psychologie einer neuen Weiblichkeit*, Basel 1989, S.375 ff.

Jung, C. G.: *Über den Begriff des kollektiven Unbewußten*, Zürich 1936. In: GW, Olten 1976, Band 9,1.

Levinson, Daniel: *Das Leben eines Mannes*, Köln 1978.

McGill, Michael E.: *The McGill Report on Male Intimacy* , New York 1986.

Miller, Jean Baker: «Domination–Subordination», in: *Toward a New Psychology of Women*, Boston 1976, S. 3–12.

Anmerkungen

1. William Broyles, jun. «Pushing the Mid-life Envelope», in: *Esquire*, Juni 1987.
2. Die psychologische Konzeption von Extravertiertheit (lateinisch *extra* heißt ‹außen›) und Introvertiertheit und die Worte extravertiert und introvertiert wurden von C. G. Jung eingeführt. Im alltäglichen Sprachgebrauch hat sich Schreibweise und Bedeutung leicht verändert. Extravertiert ist dort die gebräuchlichere Schreibweise und bezeichnet einen Menschen mit freundlicher und sozialer Persona.
   Jung verwandte *extravertiert* um ein Verhalten zu beschreiben, daß durch das Fließen von psychischer Energie in Richtung auf die äußere Welt und die Objekte charakterisiert ist, was zu einem Interesse an Ereignissen, Leuten und Dingen und einer Abhängigkeit von ihnen führt. Bei dem Introvertierten ist der Fluß der psychischen Energie nach innen gerichtet, der Brennpunkt liegt in subjektiven Faktoren und inneren Entsprechungen
3. May, Rollo: *Der Mut zur Kreativität*, Frankfurt 1987

2. Kapitel

Quellen

Colman, Arthur und Colman, Libby: *Earth Father/Sky Father – The Changing Concept of Fathering*, Englewood Cliffs, NJ 1981.

Davis, John H.: *The Kennedys: Dynasty and Disaster 1848–1984*, New York 1984.

Dinnerstein, Dorothy: *The Mermaid and the Minotaur: Sexual Arrangements and Human Malaise*, New York 1977.

Hesiod: Theogonia (griech. und dt.), Phaidon 1978.

Die Heilige Schrift.

Jung, C. G.: *Erinnerungen, Träume, Gedanken.* Aufgezeichnet und herausgegeben von A. Jaffé, Stuttgart 1962.

Lucas, George: *Krieg der Sterne* (Film).

Lucas, George: *Rückkehr der Jedi-Ritter* (Film).

Masson, Jeffrey Moussaieff: *Was hat man dir, du armes Kind, getan?* o.O. 1984.

Mayerson, Philip: *Classical Mythology in Literature, Music, and Art*, New York 1979.

Miller, Alice: *Das Drama des begabten Kindes und die Suche nach dem wahren Selbst*, Frankfurt 1979.

Miller, Alice: *Am Anfang war Erziehung*, Frankfurt 1980.

Miller, Alice: *Du sollst nicht merken – Variationen über das Paradies-Thema*, Frankfurt 1981.

Samuels, Andrew (Ed.): *The Father: Contemporary Jungian Perspectives*, New York 1985.

Anmerkungen

1. Hesiod: *Theogonia* (griech. und dt.), Phaidon 1978, S. 40.
2. Hesiod: *Theogonia* (griech. und dt.), Phaidon 1978, S. 40.
3. Jung, C. G.: «Sigmund Freud», in: *Erinnerungen, Träume, Gedanken*, Aufgezeichnet und herausgegeben von A. Jaffé, Stuttgart 1962, S. 151–174.
4. Miller, Alice: *Du sollst nicht merken – Variationen über das Paradies-Thema*, Frankfurt 1981, S. 185.
5. Miller, Alice: ebd.
6. Bruce Ogilvie, «Interview» in: *Omni* (September 1987), S. 82.
7. Genesis 22,7–8; *Die Heilige Schrift.*
8. Genesis 22,12; *Die Heilige Schrift.*
9. Genesis 22, 16–17; *Die Heilige Schrift.*

10 .George Lucas, *Rückkehr der Jedi-Ritter* (Film).

3. Kapitel

Quellen

Bolen, Jean Shinoda: «Hera: Die Göttin der Ehe; die Frau, die Bindungen eingeht; die Ehefrau.», in: *Göttinnen in jeder Frau,* Basel 1989.
Colman, Arthur und Colman, Libby: *Earth Father/Sky Father: The Changing Concept of Fathering*, Englewood Cliffs, NJ 1981.
Ranke-Graves, Robert von: *Griechische Mythologie*, Reinbek 1960.
Guthrie, W.K.C.: *The Greeks and Their Gods*, Boston 1950.
Hamilton, Edith: *Mythology*, Boston 1942.
Hesiod: *Theogonia* (griech. und dt.), Phaidon 1978.
Iaccocca, Lee (und William Novak): *Eine amerikanische Karriere*, Berlin 1987.
Kerenyi, Karl: *Zeus und Hera: Abbild des Vaters, des Gatten und der Frau*, Leiden 1972.
Bollingen Series LXV, Vol. 5: *Archetypal Images in Greek Religion*, Princeton University Press 1975.
Kerenyi, Karl: *Die Mythologie der Griechen*, Zürich 1951.
Mayerson, Philip: «Battles of the Titans and the Rise of Zeus», «The Gods of Mount Olympus, Zeus.» in *Classical Mythology in Literature, Music, and Art*, NY 1979.
Stassinopoulos, Arianna (Text) und Roloff, Benny (Photos): *The Gods of Greece*, New York 1983.
Stein, Murray: «Hera: Bound and Unbound.» In: *Spring 1977*, Zürich 1977.

Anmerkungen

Epigraph: Hamilton, Edith: *Mythology*, Boston 1942, S. 25.
Epigraph: Stassinopoulos, Arianna (Text) und Roloff, Benny (Photos): *The Gods of Greece*, New York 1983, S. 131.
1. Iaccocca, Lee (und William Novak): *Eine amerikanische Karriere*, Berlin 1987.

4. Kapitel

Quellen

Colman, Arthur und Colman, Libby: *Earth Father/Sky Father – The Changing Concept of Fathering*, Englewood Cliffs, NJ 1981.
Grant, Michael und Hazel, John: *Lexikon der antiken Mythen und Gestalten*, München 1980.

Ranke-Graves, Robert von: *Griechische Mythologie*, Reinbek 1960.
Gebrüder Grimm: «Der Eisenhans» in: *Die Märchen der Gebrüder Grimm,* Stuttgart 1989, S. 279–89.
Mayerson, Philip: «Poseidon (Neptune)», in: *Classical Mythology in Literature, Music, and Art*, New York 1979.
Shaffer, Peter: *Equus*, New York 1975.
Stassinopoulos, Arianna (Text) und Roloff, Benny (Photos): *The Gods of Greece*, New York 1983.
Walker, Barbara: *The Woman's Encyclopedia of Myths and Secrets*, San Francisco 1983.

ANMERKUNGEN

Epigraph: Stassinopoulos, Arianna (Text) und Roloff, Benny (Photos): *The Gods of Greece*, New York 1983, S. 42.
Epigraph: Homer: *Homerische Hymnen*, München 1961, S. 122.
1. Dylan, Thomas «Do Not Go Gentle into That Good Night», in: *Deaths and Entrances*, 1946.

5. Kapitel

QUELLEN

Grant, Michael und Hazel, John: *Lexikon der antiken Mythen und Gestalten*, München 1980.
Ranke-Graves, Robert von: *Griechische Mythologie*, Reinbek 1960.
Kerenyi, C. *Die Mysterien von Eleusis*, Zürich 1962.
Mayerson, Philip: «The House of Hades: God of the Underworld», in: *Classical Mythology in Literature, Music, and Art*, New York 1979.
Otto, Walter F.: *Dionysos: Mythos und Kultus*, Frankfurt 1939.
Stassinopoulos, Arianna (Text) und Roloff, Benny (Photos): «Hades», in: *The Gods of Greece*, New York 1983, S. 187–89.
Walker, Barbara: «Hel» and «Hell». in: *The Woman's Encyclopedia of Myths and Secrets*, San Francisco 1983, S. 380–90.

ANMERKUNGEN

Epigraph: Mayerson, Philip: *Classical Mythology in Literature, Music, and Art*, New York 1979, S. 229.

Epigraph: Stassinopoulos, Arianna (Text) und Roloff, Benny (Photos): *The Gods of Greece*, New York 1983, S. 187.

1. Otto, Walter F.: *Dionysos: Mythos und Kultus*, Frankfurt 1939, S. 107.

6. Kapitel

Quellen

Fontenrose, Joseph: Python: *A Study of Delphic Myth and Its Origins*, Berkeley 1980.

Grant, Michael und Hazel, John: *Lexikon der antiken Mythen und Gestalten*, München 1980.

Guthrie, W. K. C.: *The Greeks and Their Gods*, Boston 1950.

Homer: «An Apollon», in: *Homerische Hymnen*, München 1961.

Kerenyi, Karl: *Apollon – Studien über antike Religion und Humanität*, Düsseldorf 1953.

Mayerson, Philip: *Classical Mythology in Literature, Music, and Art*, New York 1979.

Otto, Walter F.: *Die Götter Griechenlands – Das Bild des Göttlichen im Spiegel des griechischen Geistes*, Frankfurt 1987.

Anmerkungen

Epigraph: Guthrie, W. K. C.: *The Greeks and Their Gods*, Boston 1950, S. 73 u. 183.

Epigraph: Otto, Walter F.: *Die Götter Griechenlands – Das Bild des Göttlichen im Spiegel des griechischen Geistes*, Frankfurt 1987.

1. Guthrie, W. K. C.: *The Greeks and Their Gods*, Boston 1950, S. 1842.
2. Otto, Walter F.: *Die Götter Griechenlands – Das Bild des Göttlichen im Spiegel des griechischen Geistes*, Frankfurt 1987, S. 77.
3. ebd. S. 64.
4. Homer: *Homerische Hymnen*, München 1961, S. 35.
5. ebda. S. 41.
7. ebda. S. 45.
8. «A Pair for the Court», *Newsweek*, June 30th, 1986.

7. Kapitel

Quellen

Moore, Tom: «Artemis and the Puer». in: James Hillman (Hrsg.): *Puer Papers*, Irving 1979.

Grant, Michael und Hazel, John: *Lexikon der antiken Mythen und Gestalten*, München 1980.

Guthrie, W. K. C.: «The Divine Family: Section 5; Hermes», in: *The Greeks and Their Gods*, Boston 1950.

Hillman, James «Notes on Opportunism», in: Hillman, James (Hrsg.): *Puer Papers*, Irving 1979.

Hirshey, Gerri: «Sting Feels the Burn», in: *Rolling Stone*, September 1985, S. 32.

Homer: «Hymne an Hermes», in: *Homerische Hymnen*, München 1961.

Jung, C. G.: «Zur Psychologie der Schelmenfigur». in: *GW*, Olten 1976, Band 9,1.

Jung, C. G.: «Psychologie und Alchemie» Zürich 1944. in: *GW*, Olten 1976, Band 12.

Kerenyi, Karl: «Maia, Hermes, Pan und die Nymphen», in: *Die Mythologie der Griechen*, Zürich 1951.

Kerenyi, Karl: *Hermes, der Seelenführer. Die Mythologien vom männlichen Lebensursprung*, Zürich 1944.

Lopez-Pedraza, Rafael: *Hermes oder die Schule des Schwindelns – Ein neuer Weg in die Psychotherapie*. Schweizer Spiegel 1983.

Mayerson, Philip: «Hermes», in: *Classical Mythology in Literature, Music, and Art*, New York 1979.

Needleman, Jacob: *The Way of the Physician*, San Francisco 1985.

Otto, Walter F.: «Hermes», in: *Die Götter Griechenlands – Das Bild des Göttlichen im Spiegel des griechischen Geistes*, Frankfurt 1987.

Peisch, Jeffrey: «Sting», *Record*, September 1985, S. 31.

Smith, Betty «The Wayfarer God.» C. G. Jung Institute of Los Angeles, Lecture Series, 1981, 4 Bänder.

Stassinopoulos, Arianna (Text) und Roloff, Benny (Photos): *The Gods of Greece*, New York 1983.

Stein, Murray: «The World of Hermes, God of Significant Passage: Reflections on the Mid-Life Transition», Vortrag am C. G. Jung Institute, San Francisco, 28. Februar 1981 bis 1. März 1981. Tonband.

von Franz, Marie Louise: *Der ewige Jüngling*, Zürich 1970.

Walker, Barbara: «Alchemy» und «Hermes», in: *The Woman's Encyclopedia of Myths and Secrets*, San Francisco 1983.

Anmerkungen

Epigraph: Stassinopoulos, Arianna (Text) und Roloff, Benny (Photos): *The Gods of Greece*, New York 1983, S. 190.

Epigraph: Otto, Walter F.: *Die Götter Griechenlands – Das Bild des Göttlichen im Spiegel des griechischen Geistes*, Frankfurt 1987, S. 125 f.

1. Jung, C. G.: «Psychologie und Alchemie», Zürich 1944, in: *GW*, Olten 1976, Band 12.
2. Stein, Murray: «The World of Hermes, God of Significant Passage: Reflections on

the Mid-Life Transition», Vortrag am C. G. Jung Institute, San Francisco, 28. Februar 1981 bis 1. März 1981. Tonband.
3. Homer: «Hymne an Hermes» in: *Homerische Hymnen*, München 1961, S. 71.
4. ebd. S. 83.
5. Johnson, Adelaide, M. «Sanctions for the Superego Lacunae of Adolescence», in: *Searchlight on Delinquency – New Psychoanalytical Studies*, herausgegeben von K. R. Eissler, New York 1949, S, 225–45.
6. Hirshey, Gerri: «Sting Feels the Burn», in: *Rolling Stone*, September 1985, S. 32.
7. Peisch, Jeffrey: «Sting», *Record*, September 1985, S. 31.
8. Lopez-Pedraza, Rafael: *Hermes oder die Schule des Schwindelns – Ein neuer Weg in die Psychotherapie*. Schweizer Spiegel 1983.

8. Kapitel

Quellen

Grant, Michael und Hazel, John: *Lexikon der antiken Mythen und Gestalten*,München 1980.
Hall, James: *Dictionary of Subjects and Symbols in Art*, New York 1974.
Hamilton, Edith: *Mythology*, Boston 1942.
Homer: «Hymne an Ares», in: *Homerische Hymnen*, München 1961.
Kerenyi, Karl: *Die Mythologie der Griechen*, Zürich 1951.
Miller, Alice: *Am Anfang war Erziehung*, Frankfurt 1980.
Miller, Alice: *Du sollst nicht merken – Variationen über das Paradies-Thema*, Frankfurt 1981.
Otto, Walter F.: *Die Götter Griechenlands – Das Bild des Göttlichen im Spiegel des griechischen Geistes*, Frankfurt 1987.
Perera, Sylvia Brinton: *The Scapegoat Complex*, Toronto 1986.
Stassinopoulos, Arianna (Text) und Roloff, Benny (Photos): «Ares», in: *The Gods of Greece*, New York 1983.
Tripp, Edward: The *Meridian Handbook of Classical Mythology* (Zuerst erschienen als *Crowell's Handbook of Classical Mythology*), New York 1970.

Anmerkungen

Epigraph: Stassinopoulos, Arianna (Text) und Roloff, Benny (Photos): *The Gods of Greece*, New York 1983, S. 170.
Epigraph: Mayerson, Philip: *Classical Mythology in Literature, Music, and Art*, New York 1979, S. 181.

1. Otto, Walter F.: *Die Götter Griechenlands – Das Bild des Göttlichen im Spiegel des griechischen Geistes*, Frankfurt 1987. S. 48.
2. Homer: «Hymne an Ares», in: *Homerische Hymnen*, München 1961, S. 113f.
3. Associated Press: «Sean Penn Sentenced – 60 Days in Jail», *San Francisco Chronicle*, 24. Juni 1987.
4. Homer: *Ilias*, Erster Gesang, 207–14, Stuttgart 1979, S. 9.

9. Kapitel

Quellen

Bolen, Jean : «Aphrodite und Hephaistos», in: *Göttinnen in jeder Frau*, S. 323 ff.
Corliss, Richard: «Andrew Wyeth's Stunning Secret», *Time*, 18. August 1986.
Hillman, James: «Puer Wounds and Ulysses' Scar». in: James Hillman (Hrsg.): *Puer Papers*, Irving 1979.
Jung, C. G.: «Konfrontation mit dem Unbewußten», in: *Erinnerungen, Träume, Gedanken*. Aufgezeichnet und herausgegeben von A. Jaffé, Stuttgart 1962.
Kerenyi, Karl: *Die Mythologie der Griechen*, Zürich 1951.
Mayerson, Philip: «Hephaistos», in: *Classical Mythology in Literature, Music, and Art*, New York 1979.
Slater, Philip: «Self-Emasculation: Hephaistos», in: *The Glory of Hera*, Boston 1968.
Stassinopoulos, Arianna (Text) und Roloff, Benny (Photos): «Hephaistos», in: *The Gods of Greece*, New York 1983.
Stein, Murray: «Hephaistos: A Pattern of Introversion.», in: James Hillman (Hrsg.): *Facing the Gods*, Irving 1980.
Stein, Murray: «Hera: Bound and Unbound.», in: *Spring 1977*, Zürich 1977

Anmerkungen

Epigraph: Stassinopoulos, Arianna (Text) und Roloff, Benny (Photos): *The Gods of Greece*, New York 1983, S. 175.
Epigraph: Stein, Murray: «Hephaistos: A Pattern of Introversion.», in: James Hillman (Hrsg.): *Facing the Gods*, Irving 1980, S. 35.
1. Hillman, James: «Puer Wounds and Ulysses' Scar», in: James Hillman (Hrsg.): *Puer Papers*, Irving 1979, S. 101 f.
2. Otto, Walter F.: *Die Götter Griechenlands – Das Bild des Göttlichen im Spiegel des griechischen Geistes*, Frankfurt 1987, S. 130.
3. Jung, C. G.: *Erinnerungen, Träume, Gedanken*. Aufgezeichnet und herausgegeben von A. Jaffé, Stuttgart 1962, S. 177f

4. Corliss, Richard: «Andrew Wyeth's Stunning Secret», *Time*, 18. August 1986.
5. ebd.
6. Slater, Philip: «Self-Emasculation: Hephaistos», in: *The Glory of Hera*, Boston 1968, S. 193.

10. Kapitel

Quellen

Colman, Arthur und Colman, Libby: *Love and Ecstasy*, New York 1975.

Freedman, Samuel G.: «Why Artists Pay the Wages of Creativity», in: *San Francisco Chronicle*, Datebook, 1. Dezember 1985, S. 27–29.

Keen, Sam: *Die Lust an der Liebe – Leidenschaft als Lebensform*, Weinheim 1985.

Kerenyi, Karl: *Die Mythologie der Griechen*, Zürich 1951.

Hillman, James: «Puer Wounds and Ulysses' Scar», in: James Hillman (Hrsg.): *Puer Papers*, Irving 1979.

Hillman, James: «Dionysos in Jung's Writings», in: James Hillman (Hrsg.): *Facing the Gods*, Irving 1980.

Hillman, James: «Dionysos», in: James Hillman (Hrsg.): *Facing the Gods*, Irving 1980.

Lukoff, David und Everest, Howard C.: «The Diagnosis of Mystical Experiences with Psychotic Features», in: *Journal of Transpersonal Psychology 17*, Nr. 2 (1985).

Mayerson, Philip: *Classical Mythology in Literature, Music, and Art*, New York 1979.

Moore, Tom: «Artemis and the Puer», in: James Hillman (Hrsg.): *Puer Papers*, Irving 1979.

Neumann, Erich: *Ursprungsgeschichte des Bewußtseins*, Zürich 1949.

Otto, Walter F.: *Dionysos: Mythos und Kultus*, Frankfurt 1939.

Anmerkungen

Epigraph: Moore, Tom: „Artemis and the Puer". In: James Hillman, ed.: *Puer Papers*, Irving 1979, S. 176.

Epigraph: Otto, Walter F.: *Dionysos: Mythos und Kultus*, Frankfurt 1939, S. 49.

1. Otto, Walter F.: *Dionysos: Mythos und Kultus*, Frankfurt 1939, S. 162.
2. Mayerson, Philip: *Classical Mythology in Literature, Music, and Art*, New York 1979, S. 249.
3. Otto, Walter F.: *Dionysos: Mythos und Kultus*, Frankfurt 1939, S. 160.
4. ebd., S. 111.
5. Freedman, Samuel G., «Why Artists Pay the Wages of Creativity», in: *San Francisco Chronicle*, Datebook, 1. Dezember 1985.

6. Hillman, James: «Dionysos in Jung's Writings», in: James Hillman (Hrsg.): *Facing the Gods*, Irving 1980, S. 199.
7. «The Bill W. - Carl Jung Letters», in: *Revision 10* (1987):21. Zuerst veröffentlicht in *Grapevine*, Januar 1963.
8. Neumann, Erich: *Ursprungsgeschichte des Bewußtseins*, Zürich 1949, S. 147 ff.

11. Kapitel

Quellen

Allison, Ralph B.: «A New Treatment Approach for Multiple Personalities», in: *American Journal of Clinical Hypnosis 17*, (1947): 15–32.
Allison, Ralph B.: *Minds in Many Pieces*, New York 1980.
Bolen, Jean Shinoda: «Hestia», in: *Göttinnen in jeder Frau – Psychologie einer neuen Weiblichkeit*, Basel 1989.
Damgaard, Jacqueline A.: «The Inner Self Helper: Transcendent Life Within Life?», in: *Noetic Sciences Review* (Winter 1987). S. 24–28.
Jung, C. G.: «Über Mandalasymbolik», Zürich 1938. In: *GW*, Olten 1976, Band 9,1.

Anmerkungen

1. Thompson, Keith «Myths as Souls of the World» (Rezension: *Inner Reaches of Outer Space* von Joseph Campbell), in: *Noetic Sciences Review* (Winter 1986), S. 24.

12. Kapitel

Quellen

Colman, Arthur und Colman, Libby: *Earth Father/Sky Father: The Changing Concept of Fathering*, Englewood Cliffs, NJ 1981.
Eisler, Riane: *The Chalice and the Blade*, San Francisco 1987.
Gilligan, Carol: *Die andere Stimme – Lebenskonflikte und die Moral der Frau*, München 1988.
Gimbutas, Marija: *The Goddesses and Gods of Old Europe – 6500–3500, Myths and Cult Images*, Berkeley 1982.
Godavitarne, Pia M. (Hrsg.): «Statement of Philosophy», in: *Woman of Power*, Nr. 8 (Winter 1988), S. 1.
Keyes, Ken, jun.: The Hundredth Monkey, Coos Bay 1982.

The Nag Hammadi Library, hrsg.v. James Robinson. Übersetzt von Mitgliedern des Coptic Gnostic Library Project of the Institute for Antiquity and Christianity, San Francisco 1978.

Pagels, Elaine: *Versuchung durch Erkenntnis*, Frankfurt 1981.

Sheldrake, Rupert: *Das schöpferische Universum – Die Theorie des morphogenetischen Feldes*, München 1984.

Sheldrake, Rupert: «Mind, Memory and Archetype: Morphic Resonance and the Collective Unconscious», in: *Psychological Perspectives 18* (1987):1.

Sheldrake, Rupert: «Society, Spirit and Ritual: Morphic Resonance and the Collective Unconscious», in: *Psychological Perspectives 18* (1987):1.

Stone, Merlin: *Als Gott eine Frau war – Die Geschichte der Ur-Religion unserer Kultur*, München 1989.

Anmerkungen

1. Colman, Arthur und Colman, Libby: *Earth Father/Sky Father: The Changing Concept of Fathering*, Englewood Cliffs, NJ 1981, S. 31.
2. Hesiod: *Theogonia* (griech. und dt.), Phaidon 1978, S. 65.
3. Godavitarne, Pia M. (Hrsg.): «Statement of Philosophy», in: *Woman of Power*, Nr.8 (Winter 1988), S. 1.
4. Sheldrake, Rupert: «Mind, Memory and Archetype: Morphic Resonance and the Collective Unconscious», in: *Psychological Perspectives 18* (1987):25.
5. Eliot, T. S. «Vier Quartette», in: *Gesammelte Gedichte 1909–1962*, Werke IV, Frankfurt 1972, S. 333.

Bibliographie

Diese Bibliographie ist in vier Abschnitte unterteilt: (1) Mythologie; (2) Archetypische Psychologie (Jungsche Analytische Psychologie); (3) Psychologie des Mannes (andere als Jung); (4) Allgemeines zu Psychologie, Theologie und Religion.

1. Mythologie

Brown, Norman O.: *Hermes the Thief: Evolution of a Myth*, New York 1969.

Bullfinch's Mythology, Middlesex, England 1964.

Bullfinch's Mythology – The Greek and Roman Fables Illustrated. Compiled by Brian Holme, with an Introduction by Joseph Campbell, New York 1979.

Campbell, Joseph: *Der Heros in tausend Gestalten*, Frankfurt 1978.

Fontenrose, Joseph: *Python – A Study of Delphic Myth and Its Origins*, Berkeley 1980.

Gimbutas, Marija: *The Goddesses and Gods of Old Europe – 6500–3500, Myths and Cult Images*, Berkeley 1982.

Grant, Michael und Hazel, John: *Lexikon der antiken Mythen und Gestalten*, München 1980.

Guthrie, W. K. C.: *The Greeks and Their Gods*, Boston 1950.

Hamilton, Edith: *Mythology*, Boston 1942.

Harrison, Jane Ellen: *Mythology*, New York 1963.

Hesiod: *Theogonia* (griech. und dt.), Phaidon 1978.

Homer: *Ilias*, Stuttgart 1979.

Homer: *Homerische Hymnen*, München 1961.

Kerenyi, Karl: *Die Heroen der Griechen*, Zürich 1958.

Kerenyi, Karl: *Die Mythologie der Griechen*, Zürich 1951.

Kerenyi, Karl: *Zeus und Hera – Abbild des Vaters, des Gatten und der Frau*, Leiden 1972.

Kerenyi, Karl: *Apollon – Studien über antike Religion und Humanität*, Düsseldorf 1953.

Kerenyi, Karl: *Hermes, der Seelenführer – Die Mythologien vom männlichen Lebensursprung,* Zürich 1944.

Mayerson, Philip: *Classical Mythology in Literature, Music, and Art*, New York 1979.
Otto, Walter F.: *Dionysos: Mythos und Kultus*, Frankfurt 1983.
Otto, Walter F.: *Die Götter Griechenlands – Das Bild des Göttlichen im Spiegel des griechischen Geistes*, Frankfurt 1987.
Ranke-Graves, Robert von: *Griechische Mythologie*, Reinbek 1960.
Stassinopoulos, Arianna (Text) und Roloff, Benny (Photos): *The Gods of Greece*, New York 1983.
Tripp, Edward: *The Meridian Handbook of Classical Mythology* (Zuerst erschienen als *Crowell's Handbook of Classical Mythology*), New York 1970.
Walker, Barbara: *The Woman's Encyclopedia of Myths and Secrets*, San Francisco 1983.
Zimmerman, J. E.: *Dictionary of Classical Mythology*, New York 1978 (Erstveröffentlichung 1964).

2. Archetypische Psychologie (Jungsche Analytische Psychologie)

Bolen, Jean Shinoda: *Göttinnen in jeder Frau – Psychologie einer neuen Weiblichkeit*, Basel 1989.
Colman, Arthur und Colman, Libby: *Earth Father/Sky Father: The Changing Concept of Fathering*, Englewood Cliffs, NJ 1981.
Henderson, Joseph L.: «Archetype: Father», in: *International Encyclopedia of Psychiatry, Psychology, Psychoanalysis, and Neurology*, 1977.
Hillman, James: «Dionysos in Jung's Writings», in: James Hillman (Hrsg.): *Facing the Gods*, Irving 1980.
Hillman, James, ed.: *Facing the Gods*, Irving 1980.
Hillman, James (Hrsg.): *Fathers and Mothers: Five Papers on the Archetypal Background of Family Psychology*, New York 1973.
Hillman, James: «Puer Wounds and Ulysses' Scar», in: James Hillman (Hrsg.): *Puer Papers*, Irving 1979.
Hillman, James (Hrsg.): *Puer Papers*, Irving 1979.
Johnson, Robert A.: *He: Understanding Masculine Psychology*, New York 1977.
Jung, C. G.: *Gesammelte Werke*, Olten 1976.
Jung, C. G.: *Die Bedeutung des Vaters für das Schicksal des Einzelnen*, Zürich 1949.
Jung, C. G.: «Die Archetypen und das kollektive Unbewußte» (1934), in: *GW*, Olten 1976, Band 9.
Jung, C .G.: «Über den Begriff des kollektiven Unbewußten"(1936), in: *GW*, Olten 1976, Band 9,1.
Jung, C. G.: «Zur Psychologie der Schelmenfigur», in: *GW*, Olten 1976, Band 9,1.
Jung, C. G.: «Psychologie und Alchemie» Zürich 1944, in: *GW*, Olten 1976, Band 12.

Jung, C. G.: *Erinnerungen, Träume, Gedanken.* Aufgezeichnet und herausgegeben von A. Jaffé, Stuttgart 1962.

Kerenyi, Karl: *Die Jungfrau und Mutter der griechischen Religion*, Zürich 1952.

Kerenyi, Karl: *Die Mysterien von Eleusis*, Zürich 1962.

Kerenyi, Karl: *Zeus und Hera: Abbild des Vaters, des Gatten und der Frau*, Leiden 1972.

Lopez-Pedraza, Rafael: *Hermes oder die Schule des Schwindelns – Ein neuer Weg in die Psychotherapie*. Schweizer Spiegel 1983.

Monick, Eugene: *Phallos: Sacred Image of the Masculine*. Toronto 1987.

Moore, Tom: «Artemis and the Puer», in: James Hillman (Hrsg.): *Puer Papers*, Irving 1979.

Neumann, Erich: *Ursprungsgeschichte des Bewußtseins*, Zürich 1949.

Perera, Sylvia Brinton: *The Scapegoat Complex*, Toronto 1986.

Samuels, Andrew (Hrsg.): *The Father: Contemporary Jungian Perspectives*, New York 1985.

Sheldrake, Rupert «Mind, Memory, and Archetype: Morphic Resonance and the Collective Unconscious», in: *Psychological Perspectives*, Vol. 18: Nr. 1 (1987), S. 9–25.

Sheldrake, Rupert «Society, Spirit, and Ritual: Morphic Resonance and the Collective Unconscious», in: *Psychological Perspectives*, Vol. 18: Nr. 2 (1987), S. 320–331.

Stein, Murray: «Hephaistos: A Pattern of Introversion», in: James Hillman (Hrsg.): *Facing the Gods*, Irving 1980.

Stein, Murray: «Hera: Bound and Unbound», in: *Spring 1977*, Zürich 1977.

Stein, Murray: *In Midlife: A Jungian Perspective*, Dallas 1983.

von Franz, Marie Louise: *Der ewige Jüngling*, Zürich 1970.

3. Psychologie des Mannes (andere als Jung)

Freud, Sigmund: *Studienausgabe*, Frankfurt 1975.

Freud, Sigmund: «Über Psychoanalyse» (5 Vorlesungen) Band VIII, 3–60, «Aus der Geschichte einer infantilen Neurose», Band XII 29–157, in: *Studienausgabe,* Frankfurt 1975.

Levinson, Daniel: *Das Leben eines Mannes*, Köln 1978.

Maccoby, Michael: *The Gamesman: The New Corporate Leaders*, New York 1976.

McGill, Michael E.: *The McGill Report on Male Intimacy*, New York, 1986.

Tiger, Lionel: *Men in Groups*, New York 1970.

Vaillant, George E.: *Werdegänge*, Reinbek 1980.

Whyte, William H. jun.: *Herr und Opfer der Organisation*, Düsseldorf 1958.

4. Allgemeines zu Psychologie, Theologie, Religion

Dinnerstein, Dorothy: *The Mermaid and the Minotaur: Sexual Arrangements and Human Malaise*, New York 1977.

Eisler, Riane: *The Chalice and the Blade*, San Francisco 1987.

Gilligan, Carol: *Die andere Stimme – Lebenskonflikte und die Moral der Frau*, München 1988.

Keen, Sam: *Die Lust an der Liebe – Leidenschaft als Lebensform*, Weinheim 1985.

Lukoff, David und Everest, Howard C.: «The Diagnosis of Mystical Experiences with Psychotic Features», in: *Journal of Transpersonal Psychology 17*, Nr.2 (1985).

Masson, Jeffrey Moussaieff: *Was hat man dir, du armes Kind, getan?*, o.O. 1984.

May, Rollo: *Der Mut zur Kreativität*, Frankfurt 1987.

Miller, Alice: *Das Drama des begabten Kindes und die Suche nach dem wahren Selbst*, Frankfurt 1979.

Miller, Alice: *Am Anfang war Erziehung*, Frankfurt 1980

Miller, Alice: *Du sollst nicht merken – Variationen über das Paradies-Thema*, Frankfurt 1981.

Miller, Jean Baker: «Domination–Subordination», in: *Toward a New Psychology of Women*, Boston 1976, S. 3–12.

The Nag Hammadi Library, hrsg.v. James Robinson. Übersetzt von Mitgliedern des Coptic Gnostic Library Project of the Institute for Antiquity and Christianity, San Francisco 1978.

Needleman, Jacob: *The Way of the Physician*, San Francisco 1985.

Pagels, Elaine: *Versuchung durch Erkenntnis*, Frankfurt 1981.

Sheldrake, Rupert: *Das schöpferische Universum – Die Theorie des morphogenetischen Feldes*, München 1984.

Slater, Philip: *The Glory of Hera*, Boston 1968.

Stone, Merlin: *Als Gott eine Frau war – Die Geschichte der Ur-Religion unserer Kultur*. München 1989.

Das Buch

Das Buch zeigt, wie der Mann die in ihm wirkenden ‹göttlichen› Kräfte besser verstehen und einsetzen kann. Frauen hilft es zu erkennen, welche archetypischen Bilder im Mann ihren Vorstellungen entsprechen und welche ihre Erwartungen kaum erfüllen werden. Gestützt auf die Lehre von C. G. Jung erklärt die Autorin, wie sowohl Männer als auch Frauen ein Gefühl der Ganzheit und Integration erfahren, wenn sie das tun, was mit ihrem Wesen übereinstimmt. Von den autoritären, machtbegierigen Göttern (Zeus, Poseidon) über die schöpferischen Götter (Apollo der Musische, Hephaistos der Handwerker) zum sinnlichen Dionysos lehrt Bolen die Leser die individuellen Archetypen festzustellen. So erkennen Männer, welche Eigenschaften sie kultivieren sollten und welche zu überwinden sind. Machen sie sich die Kraft der innewohnenden Archetypen nutzbar, werden sie zu ‹Helden› der eigenen Lebensgeschichte. *Götter in jedem Mann* hilft Männern *und* Frauen, sich selbst und die Beziehungen zu Vätern, Söhnen, Brüdern und Liebhabern besser zu verstehen

Die Autorin

Jean Shinoda Bolen ist Psychologin und Jungsche Analytikerin, Professorin für Psychiatrie an der Universität von Kalifornien in San Francisco und gehört zum Lehrkörper des C. G. Jung Instituts. Sie ist Delegierte der Amerikanischen Behörde für Psychiatrie, der Akademie für Psychoanalyse und der Orthopsychiatrischen Gesellschaft. Sie gehört der Internationalen Gesellschaft für Analytische Psychologie an und ist auf der ganzen Welt durch ihre Vorträge und Bücher bekannt geworden. Von ihr sind *Tao der Psychologie* und *Göttinnen in jeder Frau* im Sphinx Verlag erschienen.